U0898283

中国劳动关系报告（2021~2022）

REPORT OF CHINA LABOR RELATIONS

乔健 ◎ 主编

社会科学文献出版社
SOCIAL SCIENCES ACADEMIC PRESS (CHINA)

目 录

Ⅰ 总报告

Ⅱ 专题报告

Ⅲ　国际比较参考报告

总 报 告

General Report

第一章 2021~2022：迈向高质量发展和“共同富裕”的劳动者权益保障与劳动关系规制

乔 健*

摘 要： 2021年，面对严峻复杂的国际环境和疫情多点散发的国内形势，我国劳动者就业总体保持稳定，重点群体就业状况逐步改善；收入增长与经济增长基本同步，最低工资和工资指导线密集调整发布；“996”违法加班制度被规范，企业“加班文化”前景难料；社会保险从广覆盖转向全覆盖，企业社保合规形势依然严峻；安全生产事故总量继续下降，《中华人民共和国安全生产法》修订实施；劳动争议持续大幅增加，其中，劳动报酬是主要争议标的。当前，高质量发展和“共同富裕”在劳动领域主要表现为新业态劳动者权益保障和劳动

* 乔健，中国劳动关系学院教授，主要从事劳动关系、职工状况和工会研究。

关系规制，本章重点阐述了新业态劳动者现状和推动实现体面劳动的劳动保障政策。工会法修改，保障新业态劳动者团结权实现突破，并探索形成新业态工会组织体系，构建维权服务机制。

关键词： 高质量发展　共同富裕　新业态劳动者　劳动保障政策　工会法修改

一　迈向高质量发展和“共同富裕”的劳动者权益保障现状

（一）就业总体保持稳定，重点群体就业状况逐步改善

2021年，面对严峻复杂的国际环境和疫情多点散发的国内形势，党和政府坚持稳中求进的工作总基调，做好“六稳”“六保”工作，经济恢复发展，国内生产总值为1143670亿元，比上年增长8.1%，两年平均增长5.1%。分季度看，一季度同比增长18.3%，二季度同比增长7.9%，三季度同比增长4.9%，四季度同比增长4.0%。其中，工业生产持续发展，全国规模以上工业增加值比上年增长9.6%，两年平均增长6.1%；固定资产投资达544547亿元，比上年略增4.9%；货物进出口总额391009亿元，比上年增长21.4%。[①] 然而，我国经济发展也面临需求收缩、经济结构加速调整和降低碳排放等多重压力。

据国家统计局数据，2021年城镇新增就业1269万人，比上年增加83万人。[②] 全年城镇登记失业率为3.96%。城镇调查失业率均值为5.1%，低于5.5%左右的宏观调控目标。其中，一季度受春节因素和部分地区散发新

① 《统计局：2021年全年国内生产总值1143670亿元，比上年增长8.1%》国家统计局官网，2022年1月17日。

② 《统计局：2021年全年国内生产总值1143670亿元，比上年增长8.1%》国家统计局官网，2022年1月17日。

冠肺炎疫情影响，城镇调查失业率水平相对较高，2月升至年内高点5.5%，随着企业生产经营趋于稳定，失业率逐步回落；二季度调查失业率保持在5.0%~5.1%的区间；三季度受毕业季和局部地区疫情汛情影响，调查失业率有所波动，随着毕业生陆续入职以及疫情汛情影响减弱，9月调查失业率回落至4.9%。四季度调查失业率保持在4.9%~5.1%的区间。11月以后，建筑业、制造业、住宿餐饮业、互联网、教育等行业出现较多离职人员，但交通运输业、批发零售业、商务服务业、居民服务业等行业就业人员有所增加，总体失业率略有上升。到12月，调查失业率为5.1%，环比上升0.1个百分点，比上年同期低0.1个百分点。[①] 全国企业就业人员周平均工作时间为47.8小时。

重点群体就业状况逐步改善。2021年下半年，就业主体人群25~59岁人口失业率一直稳定在4.5%以下，且低于上年同期水平。农民工就业形势趋好。2021年春节后，外来农村户籍人口失业率连续回落，至12月，外来农村户籍人口失业率为4.6%，低于全国水平0.5个百分点。2021年年末，全国农民工规模达到29251万人，比上年末增加691万人，已恢复至2019年同期水平，同比增长2.4%。其中，本地农民工12079万人，同比增长4.1%；外出农民工17172万人，同比增长1.3%。高校毕业生就业形势总体稳定。6~7月，由于高校毕业生集中求职，16~24岁青年失业率明显上升。9月以后，随着毕业生工作落实，青年失业率逐步下降。12月，16~24岁青年失业率为14.3%，与上月持平。[②] 城镇失业人员再就业为545万人，就业困难人员就业为183万人。[③]

2021年第三季度，全国80个城市劳动力市场运行呈现以下特点：一是市场需求大于供给，市场需求人数和求职人数同比、环比均有所下降。用人单位招聘各类人员约402.4万人，求职者约263.5万人，求人倍率约为

---

① 王萍萍：《2021年就业形势总体稳定》，中国经济网，2022年1月18日。

② 王萍萍：《2021年就业形势总体稳定》，中国经济网，2022年1月18日。

③ 《2021年人力资源和社会保障统计快报数据》，人力资源和社会保障部官网，2022年1月27日。

1.53，同比上升0.13点，环比下降0.05点。从供求总量看，与上年同期相比，本季度需求人数和求职人数分别减少18.0万人和40.5万人，各下降4.4%和13.8%。与上季度相比，本季度需求人数和求职人数分别减少160.6万人和87.2万人，各下降29.2%和25.2%。二是分区域看，东部、中部地区市场用工需求和求职人数同比均有所下降，西部地区市场用工需求和求职人数保持增长；与上季度相比，东、中、西部地区本季度市场用工需求和求职人数均有所减少。三是从行业需求看，制造业、电力热力燃气及水生产和供应业、建筑业等第二产业行业用工需求同比有所增长；科学研究和技术服务业、文化体育和娱乐业、租赁和商务服务业等第三产业用人需求有所增长。与上季度相比，采矿业、制造业、建筑业等第二产业行业用工需求有所减少；第三产业各行业用人需求均有所减少，其中，与上年同期相比减幅较大的行业有：批发和零售业（-23.6%）、金融业（-18.0%）、交通运输仓储和邮政业（-13.9%）、信息传输软件和信息技术服务业（-13.0%）、房地产业（-12.0%）、居民服务修理和其他服务业（-11.8%）等。①

以中国人民大学和智联招聘联合发布的中国就业市场景气指数（CIER）测量高校毕业生就业，2021年三季度CIER指数为1.24，就业市场景气指数环比下降，但同比上升。到四季度CIER指数回落为0.88，就业景气指数同比、环比均有所下降。

分行业和职业来看，基金/证券/期货，以及智能制造等新兴行业就业市场景气指数向好；教育/培训、互联网/电子商务行业的CIER指数虽仍位居前三，但呈现出逐渐下降的趋势，与“双减”政策、互联网反垄断有关，就业市场景气指数在2021年下半年呈现明显的下降趋势。

分区域来看，2021年第四季度东部地区的CIER指数最高，中部、东北地区的CIER指数接近，而西部地区CIER指数相对较低。分经济圈来看，长三角、珠三角城市经济圈CIER指数较高，而京津冀城市经济圈CIER指

① 《2021年第三季度百城市公共就业服务机构市场供求状况分析报告》，人力资源和社会保障部官网，2021年11月19日。

数相对较低。分企业规模与性质来看，大型企业的 CIER 指数最高，其次是中型企业，再次为小型企业和微型企业。该报告认为，2021 年高校毕业生就业走势稳中承压，与特定行业受宏观经济政策影响有关。①

总体上看，面对疫情和复杂严峻的国内外形势，我国保持就业稳定殊为不易，这得益于疫情防控精准有效，经济发展稳步恢复，稳岗措施应变及时和就业政策的有力推动。但就业领域仍然面临相当大的压力和挑战。

一是就业增长动力有待加强。2021 年城镇新增就业人数比 2019 年减少 83 万人，降低 6.1%。二是疫情致使服务业稳岗压力较大，非制造业从业人员指数持续处于 50 以下，且低于制造业从业人员指数，2021 年 8 月降至 47.0，是近年来的低位。三是中小企业压力持续加大，用工需求不振。四是重点群体就业面临问题，突出表现在“一小一老”和“半边天”。2021 年青年失业率上升早且快，4 月，20～24 岁本科以上的青年失业率突破 20%，比往年提前了 2～3 个月。大龄劳动者在就业市场上遭遇 35 岁的就业门槛，就业空间进一步受到挤压。女性失业率一直高出总体失业率 1～1.5 个百分点。随着三孩政策的放开，女性的求职难度将进一步加大。四是制造业招工难问题日益凸显，缺工面有所扩大。从岗位构成看，缺工人数中普工占七成，技工占两成，研发管理类岗位占一成。② 五是伴随 2021 年 7 月“双减”政策出台，教育培训行业转岗裁员已成规模趋势。据估计，仅政策出台一个月，约有 20%～30% 的行业人员被裁，接下来行业整体裁员比例可能达到 50%。而根据《中国企业家》数据，我国校外培训机构从业者超过 1000 万人。③

此外，为彰显我国保护劳动人权的力度和决心，且有助于申请加入更多的国际贸易协定，2022 年 4 月，第十三届全国人民代表大会常务委员会第

① 《2021 年第四季度中国就业季度分析会成功举办》，中国人民大学劳动人事学院官网，2022 年 1 月 18 日。

② 参见《人社部就业促进司司长张莹在全国劳动和社会保障科研工作座谈会上的发言》，2021 年 7 月 31 日。

③ 《“双减”政策满月 万亿教培机构迷茫中转型》，证券时报网，2021 年 8 月 30 日。

三十四次会议决定，正式批准国际劳工组织《1930年强迫劳动公约》（第29号）和《1957年废除强迫劳动公约》（第105号）。这两个核心公约的批准，使中国批准的国际劳工组织公约总数达到28个，其中包括9个核心公约中的7个。这些公约将在其批准书交存国际劳工组织一年后生效。通过批准这些公约，我国进一步承诺消除一切形式的强迫劳动，使劳动者实现自由的工作，并尊重国际劳工组织的工作中基本原则和权利。国际劳工组织总干事盖·莱德认为，"这表明中国对国际劳工组织价值观的坚定支持"。[①]

（二）职工收入增长与经济增长基本同步，最低工资和工资指导线密集调整发布

2021年全国居民人均可支配收入35128元，比上年名义增长9.1%，两年平均名义增长6.9%；扣除价格因素实际增长8.1%，两年平均增长5.1%，与经济增长基本同步。其中，城镇居民人均可支配收入47412元，比上年名义增长8.2%，扣除价格因素实际增长7.1%。农民工月均收入水平4432元，比上年增长8.8%。[②]

在最低工资方面，截至2021年8月，已有上海、北京、浙江、江苏、天津、陕西、宁夏、新疆、黑龙江、西藏、江西等11个省、区、市启动调整最低工资标准，各地涨幅在每人每月80元至200元不等。其中，上海月最低工资标准从每人2480元调整到2590元，稳居全国首位；最高的小时最低工资标准是北京的25.3元。不少省市还据此上调了其失业保险金和工伤人员伤残津贴的标准。各地密集上调最低工资标准，既有本年度经济复苏的支撑，也遵循了最低工资制度规定调整频次的政策要求，更是促进企业低工资劳动者提高收入的现实需要。[③]

在工资指导线方面，2021年以来，天津、新疆、内蒙古、陕西、西藏、

① 《国际劳工组织欢迎中国批准两项强迫劳动公约》，国际劳工组织官网，2022年4月20日。

② 《统计局：2021年全年国内生产总值1143670亿元，比上年增长8.1%》，国家统计局官网，2022年1月17日。

③ 李金磊：《11省份上调2021年最低工资标准 这些人群受益》，中国新闻网，2021年7月31日。

山东、江西、山西、福建、四川、辽宁、甘肃、吉林、湖南等 14 个省、区、市相继发布了 2021 年企业工资指导线。其中，12 个省份的工资增长基准线在 6%~8%。此次各地发布工资指导线的特点包括：一是向基层劳动者倾斜，如江西省提出，企业应在坚持按劳分配原则前提下，努力提高一线职工特别是技术工人、农民工的工资水平，使一线职工工资增长不低于本企业平均工资的增长。二是弹性调整指导线，江西、山西的基准线最高，达到 8%。唯一上调基准线的是陕西，从 7%调整至 7.5%。其余省份保持不变。在上线设定上，湖南、甘肃、天津、江西、福建、山东、陕西、西藏均未设置工资增长上线。已设置工资增长上线的省份中，山西为 12%、四川为 10%、吉林为 8%、新疆为 6.5%、辽宁为 8%、内蒙古为 6.8%。在下线设定上，10 个省份的下线基本在 3%~4%浮动。[①] 三是引导提升实施效果。梳理各地公告发现，尽管企业工资指导线并非硬性规定，但其是工资集体协商的重要影响因素，对当地收入水平、生活状况发挥一定的导向作用。

根据上海“薪智”的市场调查，2021 年第四季度全行业涨薪率为 8.92%，同比及环比均略有降低。其中，信息技术行业涨薪率为 10.71%，金融行业为 10.76%，医药行业为 12.12%，消费品行业为 9.05%，文化传媒行业为 9.36%，制造业为 9.02%，地产建筑业和教育行业排在末尾，其行业涨薪率仅为 1.91%和 0.42%。就不同所有制企业而言，外资企业相对保守，超过四成的雇主承诺给员工涨薪；民营企业平均涨薪幅度在 8%左右；国企的薪酬增速最高，环比增速达 4.7%。[②]

在治理工资拖欠方面，2021 年 1 月，人社部官网公布了 2021 年第一批拖欠农民工工资“黑名单”，30 家企业上榜。8 月，又通报了第二批拖欠农民工工资“黑名单”，20 家违法企业榜上有名。据统计，2021 年前三季度，各地共有 599 个失信主体被纳入拖欠农民工工资“黑名单”管理。[③] 劳动保

---

① 《14 省份发布 2021 年企业工资指导线 向基层劳动者倾斜》，经济日报，2021 年 11 月 18 日。

② 《2022 年市场薪酬白皮书（2021 下期-2022 上期）》，上海“薪智”官网，2022 年 1 月。

③ 《“让劳动者在被欠薪时能及时有个说法”——人社系统畅通劳动者欠薪维权渠道有实招》，人力资源和社会保障部官网，2021 年 10 月 26 日。

障监察机构全年追发工资等待遇金额达 79.9 亿元。①

为从根本上改变我国当前收入和财富差距较大，且收入分配调节机制有待完善的现状，不断提高人民群众的获得感、幸福感、安全感，2021 年 8 月中央财经委员会第十次会议提出，“要坚持以人民为中心的发展思想，在高质量发展中促进共同富裕。”中共中央、国务院印发《关于支持浙江高质量发展建设共同富裕示范区的意见》，对浙江省深化收入分配制度改革、着力缩小收入差距提出了具体意见建议，特别是赋予浙江建设“收入分配制度改革试验区”的任务。宣示了“第二个百年”要实现共同富裕的奋斗目标，这成为我国继脱贫攻坚战之后的第二个主战场。

共同富裕是社会主义的本质要求，是中国式现代化的重要特征。促进共同富裕，要把握好以下原则：坚持基本经济制度；尽力而为量力而行；坚持循序渐进。其总的思路是，坚持以人民为中心的发展思想，在高质量发展中促进共同富裕，正确处理效率和公平的关系，构建初次分配、再分配、三次分配协调配套的基础性制度安排，加大税收、社保、转移支付等调节力度并提高精准性，扩大中等收入群体比重，增加低收入群体收入，合理调节高收入，取缔非法收入，形成“中间大、两头小”的橄榄形分配结构，促进社会公平正义，促进人的全面发展，使全体人民朝着共同富裕目标扎实迈进。

国家发改委将按照党中央决策部署，制定促进共同富裕行动纲要，推动构建初次分配、再分配、三次分配协调配套的基础性制度安排，多渠道增加城乡居民收入，切实逐步提高居民收入和实际消费水平。摩根士丹利一项研究认为，中国正在转换经济发展的底层逻辑，从增速优先转向兼顾公平。在新的范式下，中国似乎正在尝试将经济利益分配向劳动者倾斜，这将会带来企业盈利占比的下降。②

① 《2021 年人力资源和社会保障统计快报数据》，人力资源和社会保障部官网，2022 年 1 月 27 日。

② 摩根士丹利：《中国正在重置其经济底层逻辑》，新浪财经，2021 年 8 月 14 日。

（三）“996”违法加班制度被规范，企业“加班文化”前景难料

人力资源和社会保障部与最高人民法院 2021 年 8 月联合发布《超时加班劳动人事争议典型案例》，旨在明确工时及加班工资法律适用标准，加大仲裁机构和人民法院办案指导力度，以有效保障劳动者休息权及劳动报酬权。在其中一个涉及员工“拒绝违法超时加班安排，雇主能否解除劳动合同”的案例中，某快递公司张某在试用期拒绝超时加班，被雇主解除录用。张某向劳动人事争议仲裁委员会申请仲裁。仲裁委员会援引《中华人民共和国劳动法》中有关“雇主生产经营需要延长工时，必须要与工会和员工协商，但每日不得超过三小时”“用人单位不得违反本法规定延长劳动者的工作时间”等规定，裁定该快递公司规章制度中“工作时间为早 9 时至晚 9 时，每周工作 6 天”（“996”）的内容，“严重违反法律关于延长工作时间上线的规定”。张某拒绝违法超时加班，系维护自身合法权益，雇主不能据此认定其试用期不符合录用条件，因此仲裁机构裁决，该快递公司支付张某违法解除劳动合同赔偿金 8000 元。① 至此，人社部和最高法通过以案说法的方式，宣布争论已三年的企业“996”加班制度违反劳动法律规定，应认定为无效。

近年来，“996”“007”“大小周”等加班形式在企业日常运行中司空见惯，一方面迫于现实的经济因素，部分职场人则习惯了延长工作时长以获取更多加班报酬。另一方面，那些渴望时间自由、工作和生活平衡的青年员工则在试图逃离加班文化，在他们看来，工作虽然重要，但也要有自己的生活。根据界面职场的一项职场人业余兴趣爱好调研，在受访的职场人中，业余兴趣爱好居首位的为“看书阅读”，占比 50. 10%，紧随其后的分别为“刷手机（刷短视频、新闻资讯、社交平台等）”“运动健身”，占比分别为 44. 3%、34. 3%。此外，“旅游户外运动”、“玩电子游戏”以及“看电

① 《人力资源和社会保障部、最高人民法院联合发布超时加班劳动人事争议典型案例》，澎湃新闻，2021 年 8 月 27 日。

影、话剧”这三项兴趣爱好也获得较高的得票率，分别占比31.8%、30.1%、26.9%。[①] 有学者认为，政府通过这些裁决有利于员工的“典型案例”，不仅要保障员工的合法休息权和劳动报酬权，也能让企业减少员工的工作时长和压力，让适婚的年轻人，从长时间和繁重工作中摆脱出来，响应政府号召，去恋爱、结婚、生养儿女。也有学者认为，之所以“996”工作制屡禁不止，有经济发展水平、文化、法律制度设计、制度实践、法律救济等多方面原因。目前企业宁可安排加班也不愿意增加人员的情况与劳动合同中的解雇保护导致解除困难及社会保险缴费基数计算等有一定的关系。但让人尴尬的是，以抑制用人单位安排加班的加班费制度，在实际操作中却沦为了鼓励劳动者加班的动力。[②]

（四）社会保险从广覆盖转向全覆盖，企业社保合规形势依然严峻

2021年以来，我国社会保障事业取得了长足发展。一是实施全民参保计划，各项社会保险覆盖范围不断扩大。在“十三五”时期基本实现社会保险法定人员全覆盖的基础上，继续聚焦新业态从业人员、农民工灵活就业人员的重点群体，实施全民参保计划，将越来越多的人纳入社保体系。截至2021年年末，全国基本养老、失业、工伤保险参保人数分别为10.29亿人、2.30亿人、2.83亿人，分别比上年增加3000万人、1300万人和1500万人。[③] 在医疗保障方面，到2020年年底，全国基本医疗保险参保人数达13.61亿人。2020年基本医疗保险基金（含生育保险）总收入为2.46万亿元，总支出为2.09万亿元，年末基本医疗保险（含生育保险）累计结存3.14万亿元。职工医保政策范围内住院费用基金支付比例提高到85%，城乡居民医保政策范围内住院费用基金支付比例也提高到70%。[④]

---

① 《调研报告：逃离加班的年轻人都在干什么?》，界面新闻，2021年10月1日。

② 陈威敬：《“996”明确违法，之后呢?》《中国新闻周刊》，2021年9月6日。

③ 《2021年人力资源和社会保障统计快报数据》，人力资源和社会保障部官网，2022年1月27日。

④ 金维刚：《社会保险从广覆盖向全覆盖转变》，《经济日报》，2021年7月1日。

二是政策执行有序，社保基金运行总体平稳。各地社保费实现正常征收，征缴收入进入恢复性增长阶段，基金总体呈现收大于支的状态，累计结余规模保持基本稳定，稳中有增，基金运行整体平稳，稳中加固。2021年1~9月，基金总收入4.78万亿元，总支出4.57万亿元，累计结余6.53万亿元。①

三是各项社保待遇按时足额发放。企业职工月人均养老金从2012年的1686元增长到2020年的2900元左右。失业、工伤保险待遇水平稳步提升，全国月人均失业保险金水平由686元提高到2020年的1506元。2021年4月，国务院决定再次提高退休人员养老金水平，全国总体调整比例为4.5%，受益退休人员达1.27亿人。从2005年开始，已连续17年调整退休人员养老金。② 同时，城乡居民基本养老保险月人均养老金待遇水平逐步提高。2021年1~9月，16个省份提高了城乡居民养老保险省级基础养老金。③

四是各地推进完善企业职工养老保险省级统筹管理，加快推进全国统筹。进一步完善全国统筹实施办法，做好全国统筹实施的准备工作，探索构建与全国统筹相适应的经办管理服务体系。

五是推进平台灵活就业人员职业伤害保障制度的试点工作。人社部2022年1月印发《关于开展新就业形态就业人员职业伤害保障试点工作的通知》，在北京、海南等7省份及出行、外卖、即时配送等领域的7家互联网平台企业开展新业态就业人员职业伤害保障试点。细化保费的征缴、基金的管理、待遇的支付、经办服务等具体方式和操作流程，完善职业伤害保障全国信息平台电子化的业务流程。

六是完善延迟退休的实施方案。2021年“两会”后公布的“十四五”规划纲要已明确将延迟退休列为“十四五”规划中的改革任务，延迟退休既是人均预期寿命提高的客观要求，也是应对我国人口老龄化的需要；既是

① 《人社部2021年第三季度新闻发布会》，中国网，2021年10月27日。

② 《应保尽保建成世界最大社保网——中国共产党成立100周年社会保障工作述评》，《中国劳动保障报》，2021年7月1日。

③ 《人社部2021年第三季度新闻发布会》，中国网，2021年10月27日。

顺应平均受教育年限提高的现实需要；也有利于适应矛盾与结构的变化。2021年已有28个省份上报了改革方案。实施延迟退休的基本原则包括：一是小步调整，改革不会一步到位；二是弹性实施，改革不搞一刀切，既体现公平性也体现包容性；三是分类推进，保证各类人群能够有序推进；四是统筹兼顾，这也需要有一系列配套改革措施的支持。

此外，为应对人口出生率持续下降的严峻趋势，2021年8月，全国人大常委会对《中华人民共和国人口与计划生育法》作出修改决定，以贯彻实施三孩生育政策。修正案明确，实施一对夫妻可以生育三个子女政策及配套支持措施。修正案的主要规定还包括：国家采取综合措施，推动实现适度生育水平，优化人口结构，促进人口长期均衡发展。此后，多个省份启动省级人口与计划生育条例的修订，除贯彻实施三孩生育政策外，多地增加了婚假天数，10~27天不等。

根据“51社保”的2021年企业调查，2021年社保基数完全合规的企业仅为29.9%，同比稳中略降，合规形势依然严峻。其中“人力成本控制”得分和“社保管理复杂度”得分均有明显下降，说明从2021年年初开始社保征收从减免缓状态恢复成正常缴纳状态，企业成本压力明显上升。企业对社保的认知态度日趋成熟且灵活化。一方面，企业社保第三方外包趋势稳定，社保泛外包率达40.5%；另一方面，认为社保“对公司很重要”的企业比重逐年上升，达到63.4%。社保商保搭配多层次综合保障成为企业趋势。在社保之外，有34%的企业购买了补充医疗保险，35%的企业购买了意外伤害保险。①

总体上，我国社会保障正在从“广覆盖”向“全覆盖”转变，已基本建立覆盖全民、多个层次的社会保障制度体系，且逐步提高各项待遇水平，为促进社会发展更加公平奠定了坚实基础。2021年2月，中共中央政治局就完善覆盖全民的社会保障体系进行第二十八次集体学习时强调，要加大再分配力度，强化互助共济功能，把更多人纳入社会保障体系，为广大人民群

① “51社保”：《中国企业社保白皮书2021》，2021年12月。

众提供更可靠、更充分的保障，不断满足人民群众多层次多样化需求，健全覆盖全民、统筹城乡、公平统一、可持续的多层次社会保障体系，进一步织密社会保障安全网，促进我国社会保障事业高质量发展、可持续发展。[①]

（五）安全生产事故总量继续下降，《中华人民共和国安全生产法》修改实施

2021年，面对大宗商品价格过快上涨、暴雨洪涝等极端天气频发、煤炭增产保供等一系列因素的冲击和挑战，经过企业和政府部门的多方努力，全国安全生产形势持续稳定向好，总体呈现“两个下降、一个基本持平、一个零发生”的特点，即：事故总量持续下降、较大事故同比下降；重大事故基本持平；未发生特别重大事故。2021年全年共发生各类生产安全事故3.46万起、死亡2.63万人，同比分别下降9%、4%。[②]

从重大事故来看，2021年发生死亡10人以上的重大事故16起，事故发生数同比持平，另外还发生1起直接经济损失超过5000万元的重大事故。这些事故分布在山东、江苏、安徽、河北、山西、吉林、黑龙江、河南、湖北、广东、甘肃、青海、新疆等13个省（区）和道路运输、煤矿、金属非金属矿山、建筑业、水上运输、火灾和燃气等行业领域。从较大事故来看，一些地方和行业领域事故起数和死亡人数出现“双上升”：辽宁、浙江、福建、山东、云南5个省较大事故均超过20起且与死亡人数同比“双上升”；工贸、水上运输、渔业船舶、烟花爆竹等行业领域较大事故发生数与死亡人数同比“双上升”。

当前安全生产工作面临的风险挑战主要包括：有的地区不能坚守安全“红线”，仍存在只重发展不顾安全的问题。各类风险交织叠加，高危企业、工程桥梁、地下管网、农村建筑等存量风险凸显，新的风险又涌现，如城市煤改气、液化天然气项目，一些玻璃栈道、网红吊桥等新兴旅游项目，及外卖骑手所带来的城市交通安全问题。一些企业安全生产主体责任不落实，违

① 《习近平：完善覆盖全民的社会保障体系 促进社会保障事业高质量发展可持续发展》，《人民日报》，2021年2月27日。

② 《应急管理部2022年1月20日例行新闻发布会》，应急管理部官网，2022年1月20日。

法违规导致事故多发。企业安全基础仍然薄弱，尤其是人员安全素质、企业工艺装备水平、科技支撑等方面还有较大差距。

此外，由于煤价上扬，2021 年矿山安全事故有所抬头。山东、河南、黑龙江等地发生重大或较大安全事故。事故暴露出一些地区和矿山企业安全发展理念树得不牢固，重生产、轻安全，抢工期、赶产量，重大灾害治理措施落实不到位，甚至于超能力、超强度、超定员等违法违规生产建设，导致了同类事故重蹈覆辙。

2021 年 6 月，全国人大常委会第三次修改《中华人民共和国安全生产法》，并于 2021 年 9 月 1 日施行。此次修改条款共 42 条，占原来条款的 1/3 左右，主要包括以下内容：一是贯彻新思想、新理念。将习近平总书记关于安全生产工作一系列重要指示批示的精神转化为法律规定，增加了安全生产工作坚持人民至上、生命至上，树牢安全发展理念，从源头上防范化解重大安全风险等规定，为统筹发展和安全两件大事提供了坚强的法治保障。二是落实中央决策部署。增加规定了重大事故隐患排查治理情况的报告、高危行业领域强制实施安全生产责任保险、安全生产公益诉讼等重要制度。三是健全安全生产责任体系。第一，强化党委和政府的领导责任，要求各级政府加强安全生产基础设施建设和安全生产监管能力建设，所需经费列入本级预算；第二，明确了各有关部门的监管职责，规定安全生产工作实行“管行业必须管安全、管业务必须管安全、管生产经营必须管安全”；第三，压实生产经营单位的主体责任，明确了生产经营单位的主要负责人是本单位的安全生产第一责任人。四是强化新问题、新风险的防范应对。如要求餐饮行业使用燃气的生产经营单位要安装可燃气体报警装置，并且保障其正常使用；要求矿山等高危行业施工单位加强安全管理，不得非法转让施工的资质，不得违法分包、转包；对于新业态、新模式产生的新风险，也强调了应当建立健全并落实安全责任制，加强从业人员的教育和培训，履行法定的安全生产义务。五是加大对违法行为的惩处力度。罚款金额更高，处罚方式更严，惩戒力度更大。[①] 工

① 《国新办举行贯彻落实〈安全生产法〉推动安全发展发布会》，国新网，2021 年 6 月 11 日。

会法修法过程中，针对人大常委会人员提出，应当进一步完善工会职责，加强职业安全和劳动保护等方面的责任，最终将工会法第三十一条修改为：“工会会同用人单位加强对职工的思想政治引领……推进职业安全健康教育和劳动保护工作。”[①]

在职业病防治方面，2021 年全国共报告各类职业病新发病例 15407 例，同比下降 9.7%。其中职业性尘肺病及其他呼吸系统疾病 11877 例（其中职业性尘肺病 11809 例，同比下降 17.8%）。[②] 全国报告新发职业病病例数从 2012 年的 27420 例下降至 2021 年 15407 例，降幅达 43.8%；其中，报告新发职业性尘肺病病例数从 2012 年的 24206 例下降至 2021 年的 11809 例，降幅达 51.2%。尘肺病等重点职业病高发势头得到进一步遏制。[③]

（六）劳动争议持续大幅增加，劳动报酬是主要争议标的

2021 年全国各级劳动人事争议调解组织和仲裁机构共办理劳动人事争议案件 263.1 万件，同比增长 18.6%；涉及劳动者 285.8 万人，同比增长 15.9%；涉案金额 576.3 亿元，同比增长 8.6%。全年办结争议案件 252 万件，调解成功率 73.3%，仲裁结案率 97.0%，仲裁终结率 71.1%。[④] 从劳动保障执法监察情况看，2021 年共查处各类劳动保障违法案件 10.6 万件，与上年持平；为 85.3 万名劳动者追发工资等待遇 79.9 亿元，分别比上年增加 20.5 万人和 14.7 亿元。[⑤]

从 2021 年争议情况看，劳动争议案件呈现以下特点：一是劳动争议案件总量和涉及劳动者人数比上一年都有大幅增加；二是案件以劳动报酬争议

---

① 《全国人民代表大会常务委员会关于修改〈中华人民共和国工会法〉的决定》，新华社，2021 年 12 月 25 日。

② 《2021 年我国卫生健康事业发展统计公报》，国家卫健委官网，2022 年 7 月 12 日。

③ 国家卫健委：《2021 年新发职业病病例数从 2012 年的 27420 例下降至 2021 年 15407 例，降幅达 43.8%》，《新民晚报》，2022 年 4 月 25 日。

④ 《2021 年度人力资源和社会保障事业发展统计公报》，人力资源和社会保障部官网，2022 年 6 月 7 日。

⑤ 《2021 年度人力资源和社会保障事业发展统计公报》，人力资源和社会保障部官网，2022 年 6 月 7 日。

为主，有相当多的案件是用人单位拖欠员工工资；三是涉及的用人单位以非公企业为主；四是争议案件主要发生在交通运输等服务业和房地产行业；五是涉及外地劳动者争议案件较多，占审结案件的相当比例。

针对部分行业企业欠薪问题有所抬头，房地产开发企业欠款导致的欠薪源头风险增多，校外培训机构规模裁员减员导致的欠薪等问题，2021 年国务院开展根治欠薪冬季专项行动，人社部分三批公布拖欠农民工工资企业“黑名单”[①]，并以工程建设领域和其他欠薪易发多发行业企业为重点，对欠薪问题实施集中专项治理，全面强化欠薪违法惩戒，用好用足行政、刑事、信用等惩戒手段，加强行政执法和刑事司法衔接，对欠薪特别是恶意欠薪从严惩处。

如北京市采取一系列措施，畅通劳动人事争议调解仲裁机构“绿色通道”，深入开展根治欠薪冬季专项行动。突出欠薪隐患核查重点。梳理汇总在建工程项目、基本制度落实、欠薪易发多发企业、监察员包案“四个清单”。针对涉奥等重点工程、“双减”政策实施下校外培训机构、部分房地产企业、受新冠肺炎疫情影响较大行业企业开展拉网式风险隐患摸排，针对可能出现的问题主动治理、未诉先办，挂账督办、办结销号。组建专项行动联动处置工作专班。人社部门牵头，会同发改、财政、公安、国资、住建、交通、水务、园林绿化等部门组建“9+X”根治欠薪冬季专项行动联动处置工作专班，强化会商研判、执法调度、复杂疑难案件提级办理、领导包案等措施，推进欠薪问题及时有效联动处置。畅通群众诉求办理绿色通道。强化“全国根治欠薪线索反映平台”督办线索办理，坚决杜绝“红灯”，狠抓“黄灯”督办，对列入“黄灯”多、办理质效不高的区予以通报。落实“接诉即办”“每月一题”解决拖欠工资问题督办机制，强化 12345 市民服务热线和 12333 热线、举报投诉接待窗口、劳动保障监察举报投诉“二维码”等渠道，解决群众欠薪诉求，切实提高响应率、解决率、满意率。强化多元化解联动处置机制。劳动人事争议调解仲裁机构畅通“绿色通道”，对农民工工资争议案件快立快调快审快结，加大案件调解和一裁终局力度，提高农

① 参见人力资源和社会保障部官网，http：//www.mohrss.gov.cn/SYrlzyhshbzb/rdzt/gznmgqxwt/bgt/。

民工工资争议案件仲裁终结率。[①] 强化与公安部门行刑衔接机制，对涉嫌拒不支付劳动报酬罪的做到应移尽移，与检察机关联动建立支持起诉长效机制，对侵害农民工等弱势群体或个人的合法权益，且被侵害人因缺乏诉讼能力等原因不能或不敢提起诉讼的案件支持向人民法院起诉。与法院联动开展拖欠农民工工资案件集中审理优先执行行动。加大劳动保障重大违法行为和欠薪“黑名单”社会公布力度，会同有关部门开展失信惩戒，使欠薪违法者“一处违法、处处受限”。

总的来看，受疫情散发及经济下行、产业结构调整等复杂因素影响，劳动争议案件的处理面临更大挑战。第一，案件数量大幅增长带来新挑战。由于企业效益普遍不佳，民营企业尤为突出，尤其是小微企业，因疫情造成资金款项不能及时到位而影响工人工资发放。但新冠肺炎疫情和外部环境仍存在诸多不确定性，预计今后一段时期，劳动人事争议案件将持续保持数量高位运行与处理难度加大并存态势。第二，不予受理案件占全部申请仲裁案件的比重明显上升的挑战。近年来，不予受理案件占全部申请仲裁案件的比重[当期不予受理案件数/（当期不予受理案件数+当期立案受理案件总数）]有明显上升，2019年已经达到13.7%，有必要分析具体原因并思考当前仲裁案件的受案范围是否合理，这类案件预计还会增加，长此以往，对仲裁的公信力也是一种伤害。第三，劳动力市场变化的新挑战。如劳动力供给总量减少意味着劳动力市场总体上将向卖方市场转变，部分强势劳动者的市场地位和议价能力提高，竞业限制补偿、员工股权期权等类型争议将增多；新生代劳动者受教育程度更高，更加注重精神层面的需求，更加追求工作和生活的平衡。他们愿意提供碎片化、灵活性的劳动，他们对传统的劳动关系规制不以为然，导致劳动关系的建立、变更也更为频繁，发生争议的可能性增大。而随着老年人就业数量持续增加，与超龄劳动者再就业中的权益保障问题相关的争议也可能增多。第四，新就业形态发展迅速，而劳动者权益保护

① 《北京市采取十项措施深入开展根治欠薪冬季专项行动》，人力资源和社会保障部官网，2021年11月17日。

法律政策供给不足带来新挑战。第五，部分用人单位管理粗放，侵害职工合法权益而引发争议，企业生产经营状况不佳造成争议调解难、仲裁结果执行难。此外，还有疫情防控常态化下可能带来案件数量的快速增长的新挑战等。

在当前形势下，劳动争议调解仲裁工作既要依法快速处置争议、维护和谐稳定的劳动关系，也要主动作为，更加积极地在促进就业、维护经济社会健康发展的工作大局中发挥作用。

二 通过政策规制推动新就业形态劳动者实现体面劳动

在新发展阶段，稳就业是我国经济发展的首要任务，而数字经济的持续快速发展，成为稳定就业的重要途径。2020年，尽管有部分行业市场规模有所下降，但测算表明，数字经济参与者约为8.3亿人，其中服务提供者约为8400万人，同比增长约7.7%；平台企业劳动者约631万人，同比增长约1.3%。[①] 到2021年年末，我国数字经济市场交易规模约为36881亿元，同比增长约9.2%，增速较上年明显提升。[②] 数字经济在服务和消费等方面继续发挥稳增长的支撑功能，对“保市场主体”和稳就业的作用也日益凸显。

根据华南理工大学零工经济研究中心2021年的调查，新业态劳动者的职业涵盖了外卖骑手、网约车司机、自由摄影师、网络主播、自由律师、自媒体达人、在线培训教育者等21种。在概念分类上，他们根据劳动者对平台的依赖程度及平台对劳动者的控制程度两个维度，将新业态劳动者区分为四种类型，即高控制高依赖的全职App劳动者，高控制低依赖的兼职按需劳动者，低控制高依赖的众包劳动者，以及低控制低依赖的自由劳动者。

高控制高依赖的全职App劳动者通常对平台有很高的依赖性，其收入来源主要是通过平台工作获取，且工作时间长。同时，平台对其工作的各个

---

① 《〈中国共享经济发展报告（2021）〉正式发布》，国家发改委官网，2021年2月22日。

② 国家信息中心：《中国共享经济发展报告（2022）》，2022年2月。

方面存在高度控制。这类劳动者大多集中于全职的基于 App 的按需工作，如外卖配送、即时配送、共享出行、快递等。App 劳动者以男性为主，占比为 76%，其中 62.0% 的群体为城市户籍，20~30 岁青年占比最大，高达 62.0%；从学历层次来看，67.0%的劳动者学历为大专及以下，教育程度总体偏低。调查发现，超六成劳动者收入低于 7500 元，仅有 14%的劳动者月收入达 10000 元以上；过度劳动在全职 App 劳动者中属于常态，59%的劳动者日工作时长超 8 小时，超额工作时长导致睡眠时间严重不足；就业时长低于 1 年的劳动者占比达到 67%，短期流动性较高；技术平台通过数字化全景式监管、精准的奖惩压力等多种手段，使劳动者处于“高度紧张但又欲罢不能”的焦虑状态中；相较于其他平台劳动者，在平台算法的高度控制和工作者对平台的高度依赖下，全职 App 劳动者体验到的价值感和社会尊重感更低，不能自由自主以及对工作和生活的不满体验感更强。总体上看，由于平台工作合规化进程的持续推进、平台控制趋于人性化等因素，兼职 App 劳动者专职化趋势较为明显。

低控制高依赖的众包劳动者整体心理体验感最佳。调查发现，众包劳动者包括程序开发、自由设计师、网红主播、翻译等职业，以男性为主，占比为 64.21%，年龄趋于年轻化，90 后成为主力军，21~30 岁占比高达 66.97%；高学历是众包工作者特点，本科及以上学历的劳动者占比高达七成。他们工作相对稳定，就业时长超 1 年的劳动者占 50.74%。熟人推荐（41.33%）、平台推广人员介绍（56.64%）等是进入众包行业的主要途径，而技能提升主要通过论坛、百度搜索（49.45%）、网络培训课程（43.36%）等渠道开展。众包劳动者日工作时长超 8 小时的达 45.57%，周工作 6 天及以上占比 27.49%，日工作时长和周工作天数均超过国家正常标准。进入众包行业前，82.66%工作者投入资金超 1000 元。由于工作中的众包者自主性较高，因而体验到较低的疲惫感和倦怠感，相应数值远低于全职 App 劳动者。超过八成劳动者对职业、生活的满意度水平较高。从群体比较看，众包劳动者比非众包劳动者更看好行业前景，且他们的价值感、社会尊重感和自由度在所有类别中处于最高水平。

低控制低依赖的不依托平台的自由职业者最大压力是收入来源，他们涉及教育培训工作者、自媒体自由作者、自由文案等6个职业。相较全职App劳动者和众包劳动者，自由职业者以女性为主，占比56.46%，其中未婚者占64.26%；在年龄方面，年轻人更愿意接受新事物，90后和00后占比达八成，超五成自由职业者拥有本科以上学历。自由职业者睡眠时间和身体状态良好，但缺乏社交，孤独感强烈，超20%的自由职业者未参加任何社群交流。他们的工作状态相对稳定、收入和发展前途是他们离开前一份工作的主要动机。在合同签订和保险缴纳方面，47.72%自由职业者未签订任何合同，22.24%没有缴纳任何保险。自由职业者的满意度显著低于众包劳动者，且他们的压力感、疲劳感和倦怠感虽有所降低，但价值感、满意度、社会尊重感和社会阶层感也相应较低。

这项研究认为，平台控制降低了劳动者的自主性。"Z世代"作为数字用工的主力军，崇尚自由、灵活、弹性和个性化的工作方式。而算法平台通过全景监督和扣罚机制实现对劳动者实时控制，使其丧失工作自由感并产生焦虑感，进而降低零工工作者体验感。但是，平台依赖为劳动者提供稳定的收入来源。他们通过平台获得有效的工作任务信息和稳定的收入来源。同时平台持续、实时的信息支持，有效提高了工作过程中的效率。其中，尤以低控制高依赖的众包工作者工作体验感最佳。[①]

另据中国人民大学的研究[②]，2021年我国灵活用工人数规模在1亿人左右，约是全国企事业单位总用工数的27%。超过六成的企业使用灵活用工，超四成的企业采用狭义灵活用工，即企业采取与劳动者没有劳动关系的用工形式。在组织变革和技术革新的背景下，灵活用工的理念已被越来越多的企业接受，灵活用工的实践也成为大多数企业生产经营活动中的一个有机组成部分，人力资源服务市场规模正在逐年扩大，且企业灵活用工岗位向专业

---

① 刘善仕、玉胜贤、刘树兵：《2021数字化零工就业质量研究报告》，薪宝科技，2022年2月10日。

② 杨伟国、吴清军、张建国等：《中国灵活用工发展报告（2022）》，社会科学文献出版社，2021。

性、技术性岗位扩展。该研究指出，企业灵活用工人员以男性为主，追求更高到手收入为主，且从事“灵活”工作具有一定的持续性。从灵活用工的保障维度看，传统零工、平台用工、实习这三种狭义灵活用工类型的劳动权益保障程度总体处于非常低的水准。平台用工的合规性最低，其次为实习，传统零工的合规性相对较高。

与此同时，国际劳工组织的一项研究[①]对数字劳动力平台重新进行了理论上的概念分类。将数字劳动力平台分为两类：基于在线网络平台和基于指定位置平台。前者是指工作任务由工人线上远程完成，主要包括提供翻译、法律、金融和专利咨询服务；基于竞赛和非竞赛类软件设计与开发；在指定时间内进行复杂数据处理和分析的竞争类编程；或完成短期任务。后者是指任务由个人在指定位置完成，例如出租车司机、快递员和上门服务（包括水管工或电工）、家政服务和护理服务。就立法规制的分类看，研究依循了学术界通常的分类：一是基于平台的执行控制任务，将相关劳动者划分为雇员；二是为确保某些工人权益，将相关劳动者划分为建立在事实基础上的中间类别；三是根据工作的灵活性和自由性，将相关劳动者划分为自雇工人。这种规制划分也正是目前国内的政策主管部门和研究者所热烈探讨的。此外，针对数字劳动力平台存在的诸多问题，许多国家已经开始尝试解决平台用工的监管规制，研究对这些实践经验进行了制度与案例结合的比较研究。如德国、奥地利、瑞典推动平台工人加入工会，丹麦的相关平台已签署了第一个集体协议，南非、阿根廷适用了平台工人在内的反歧视法和禁止使用童工等法律，美国颁行了规制平台工人分类的多种方法，印度、韩国、印度尼西亚将社会保障或部分保险惠及平台工人，巴西、澳大利亚和新西兰规定了超越雇佣关系的平台职业安全与健康义务，尼日利亚颁布了保护隐私权和数据保护条例等。由此不难看出，面对未来工作，全世界的监管经验为我国对平台用工的规制政策工具箱提供了丰富资源。

---

① 国际劳工组织：《2021 世界就业和社会展望：数字劳动力平台在改变工作世界中的作用》，经济科学出版社，2022。

从我国新业态劳动者权益保障及平台用工关系的规制来看，总体呈现了以下几个特点。

第一，用工就业数量非常庞大。相比国外的头部平台企业来说，中国的头部平台企业，劳动者从业人数大多是以百万以来进行计算，如美团平台等。

第二，由于平台工作非常灵活，进入门槛不高，收入水平较其他工作来说，整体上不低，是当前推进劳动者灵活就业和增加收入的一个重要渠道。据调查，2021 年从事交通运输仓储和邮政业的农民工月均收入 5151 元，比上年增加 337 元，增长 7.0%，是农民工月收入最高的行业。[①]

第三，在平台上从业的劳动者，大多数是农民工群体。他们从事劳动密集程度较大的网约平台工作，他们的就业方式也多种多样，专职的、兼职的劳动者和平台企业之间的关系也体现出差异较大的特性。平台企业管理和控制程度，与劳动者的从属性差异很大。平台企业与劳动者之间的关系很难被直接界定为劳动关系，故此，劳动者权益很难直接纳入我国劳动法律体系的保护范围，此类劳动形式存在社会保险不足，收入的稳定性差，劳动强度较高，未来缺乏职业发展空间等问题。

遇到上述问题，劳动者的维权渠道并不畅通。由于他们与平台企业的关系很难界定为劳动关系，所以在适用法律方面遇到了一些困难，在向劳动监察部门或者是仲裁部门进行投诉举报时，相关部门介入存在一定阻碍。近年来，交通运输业、服务业劳动者集体维权事件数量上升。尤其是新业态如外卖送餐、快递、货运平台、网约车等行业劳动者集体维权事件迅速增加。这些问题也是新发展阶段亟须重视的社会问题。

早在 2019 年，人社部门就希望结束新业态用工的无序状态，对新业态劳动者劳动保障权益进行政策规制和保护，促进新业态用工健康发展和就业质量提升。但终因经济下行期的就业压力增大，规制的努力只取得了阶段性成果。2019 年 8 月，《国务院办公厅关于促进平台经济规范健康发展的指导

---

① 《2021 年农民工监测调查报告》，国家统计局官网，2022 年 4 月 29 日。

意见》颁行，继续实行包容审慎监管，要求抓紧研究完善平台企业用工和灵活就业等从业人员社保政策，开展职业伤害保障试点，积极推进全民参保计划，引导更多平台从业人员参保。加强对平台从业人员的职业技能培训，将其纳入职业技能提升行动。2019 年年末，浙江省颁行了关于优化新业态劳动用工服务的指导意见，要求采取灵活多样的劳动用工方式，深化特殊工时制度改革，构建多层次的社会保险体系。

自全面建成小康社会后，党中央将“共同富裕”确定为中国经济社会发展的新方向，从而开启了深化劳动政策法律改革完善的帷幕。2021 年 10 月中共中央政治局还专门召开数字经济健康发展集体学习会，重申了关于数字经济发展的主张，包括促进数字经济发展和监管并重，要求在发展中规范，在规范中发展，再次明确要保护平台从业人员的合法权益。①

在这种背景下，加强平台从业人员的权益保障成为我国引导和规范平台经济健康发展的重要内容。2021 年加强平台劳动者权益保障的工作得到各级政府部门和平台企业的高度关注，相关政策措施加快了制定完善的步伐（见表 1）。

表 1　2021 年以来我国加强新业态劳动者权益保障的主要政策措施

时间	文件/会议	相关要求
2021 年 4 月	国务院办公厅《关于服务“六稳”“六保”进一步做好“放管服”改革有关工作的意见》	完善适应灵活就业人员的社保政策措施，推动放开在就业地参加社会保险的户籍限制，加快推进职业伤害保障试点，扩大工伤保险覆盖面，维护灵活就业人员合法权益
2021 年 5 月 26 日	国务院常务会议	做好基本保障兜底，推动个体工商户及灵活就业人员参加社保，放开在就业地参保的户籍限制，探索将灵活就业人员纳入工伤保险范围

① 《习近平主持中央政治局第三十四次集体学习：把握数字经济发展趋势和规律 推动我国数字经济健康发展》，新华社，2021 年 10 月 19 日。

续表

时间	文件/会议	相关要求
2021 年 7 月 7 日	国务院常务会议	一系列加强新业态劳动者权益保障的政策措施被明确：包括以出行、外卖、即时配送等行业为重点开展灵活就业人员职业伤害保障试点，要求企业不得制定损害劳动者安全健康的考核指标等。按照此次会议和相关部门部署，下一步，我国将在部分重点行业开展灵活就业人员职业伤害保障试点，探索用工企业购买商业保险、保险公司适当让利、政府加大支持的机制，为外卖员、快递员、网约车司机等提供与工伤保险待遇接近的保障等
2021 年 7 月	人力资源和社会保障部等八部门《关于维护新就业形态劳动者劳动保障权益的指导意见》	首次明确平台企业对劳动者权益保障应承担相应责任，从多个方面提出了健全劳动者权益保障制度的相关政策
2021 年 7 月	交通运输部等多部门《关于做好快递员群体合法权益保障工作的意见》	聚焦保障合理的劳动报酬、完善社会保障增强社会认同、压实快递企业主体责任、强化政府监管与服务 4 个方面，助力解决快递员收入不稳、保障不全、职业认同不高等问题
2021 年 7 月	国家市场监管总局等多部门《关于落实网络餐饮平台责任切实维护外卖送餐员权益的指导意见》	针对外卖送餐员的劳动收入、劳动安全、食品安全、社会保障、从业环境、组织建设、矛盾处置 7 个方面提出要求，以保障外卖送餐员正当权益
2022 年 1 月	人力资源和社会保障部印发《关于开展新就业形态就业人员职业伤害保障试点工作的通知》	在北京、海南等 7 省份及出行、外卖、即时配送等领域的 7 家互联网平台企业开展新就业形态就业人员职业伤害保障试点，让外卖骑手、网约车司机等享受与工伤保险基本一致的保障待遇

资料来源：国家信息中心：《中国共享经济发展报告（2022）》，2022 年 2 月。

以人社部等八部门联合发布的《关于维护新就业形态劳动者劳动保障权益的指导意见》（以下简称《指导意见》）为例，政策制定者积极开展相关研究，多方面听取各方意见和建议，同时也借鉴了国外的一些新立法，包括美国的 ab5 法案、英国的非公务员工作者法、西班牙的骑手法等。在此基础上制定出台了这份指导意见，并经过了国务院常务会议讨论通过。

针对社会上质疑《指导意见》的强制性的问题，是否应通过立法来予以解决？政策制定者认为，立法的程序、时间会比较长，为尽快解决一些亟待解决的现实问题，通过政策先行的方式来解决目前新就业形态劳动者权益保障的一些具体问题，是适宜的。①

《指导意见》的颁行，标志着我国在新业态劳动者权益保障方面迈出了重要一步，也是对中国劳动法律法规政策体系的创新和完善。这份指导意见根据三方面的原则制定。第一，统筹促进平台经济的健康发展和保护新业态劳动者的权益。第二，由于数字经济的发展对带动就业有极大的促进作用，所以需要统筹企业和劳动者双方的利益诉求，同时也要创新适应平台用工形势变化的劳动者权益保障制度，根据平台用工方式和劳动者就业方式的不同，来健全劳动者权益保障体系。第三，明确平台企业的劳动保障的责任，加强对劳动者的权益保障，填补制度空白。

《指导意见》明确了四个方面的内容。第一，明确了企业对劳动者权益保障的责任。第二，健全了我国劳动者权益保障的制度。第三，优化了对劳动者应该提供哪些服务，政府应采取的相关措施。第四，要健全社会各方面，包括政府、工会及相关部门和全体社会，全面完善劳动者权益保障的工作机制。

第一方面的主要内容，针对之前平台企业撇清对新业态劳动者劳动权益保障的责任问题，《指导意见》第一次明确了用工企业应当承担的劳动者权益保障的责任，这包括三个具体内容。一是要求企业必须依法合规用工及其履行用工责任。二是要区分不同的用工形式来明确企业的劳动保护责任。三是对于平台采取一种合作用工方式的，明确了平台企业和合作企业依法承担各自的用工责任。

对于学术界最关心的用工形式的分类界定问题，《指导意见》把企业和劳动者之间的关系划分为三个类别。第一类建立劳动关系的情形明确为，如

① 本目中关于新业态劳动者权益保障政策的概括提法，引述自鄢敏《在构建新发展格局中推动新就业形态劳动者实现体面劳动》，2021 年中国劳动世界的未来国际研讨会，2021 年 10 月 22 日。

果劳动者对企业提供劳动和企业对劳动者的劳动过程进行了严格管理，那么企业和劳动者之间的关系就会被认定为确立劳动关系的情形，要依据现行的劳动法予以保护。第二类的情形，如果劳动者的工作自主权确实很大，其工作和休息都很自由的话，那么可以认定为不完全符合确立劳动关系的情形，企业要对劳动者签订公平的书面协议，明确双方的权利和义务。第三类则是针对一些工作相对自由，主要依托平台开展经营活动和社会职业的劳动者，把他们纳入民事法律的调整范围，包括一些在平台上开店经营的店主，一些出租房屋的房主，以及从事自由写作的劳动者与平台之间的关系被纳入民事关系的调整范畴。

许多劳动法和劳动关系专家将指导意见的上述分类解读为劳动关系的三分法。但政策制定者认为，这只是在原来的劳动关系及民事关系之间，提出了一个不完全符合确立劳动关系的情形，是一个理论创新，但实践中可能并非简单三分法的问题。

第二方面的主要内容，《指导意见》从七个方面明确了新业态劳动者的基本权益。第一是建立公平的就业制度，消除就业歧视。针对目前中国数字平台上的一些关于公平就业的问题，《指导意见》提出，不得设置性别、民族和年龄的歧视性条件；不得要求劳动者缴纳保证金和押金等；对于相对自由劳动者的就业要求，不得违法限制劳动者的多平台就业。

第二是提出要健全最低工资和支付保障制度，也就是说，把那些工作相对自由、不完全符合劳动关系情形的劳动者，要纳入最低工资制度和支付保障制度的保护范畴。但这一问题在实践中还需要继续探索，包括劳动者在平台工作时间的计算方法，最低工资适用是以日、小时最低工资标准进行计算等，还需要做进一步研究。

第三是明确要求企业要保障劳动者获得合理的休息，要求科学确定劳动者的工作量和劳动强度，合理确定休息办法，明确在法定节假日要支付高于正常工作时间劳动报酬的合理报酬。这是根据目前部分劳动者在平台工作上劳动强度较大的规定。

第四是劳动安全卫生保障的要求，比如要强化在恶劣天气等特殊情形下的保护，还要求平台企业不能制定损害劳动者健康的考核指标和配备必要的安全生产设施等。

第五及第六是关于社会保险的内容。在养老保险和医疗保险制度方面，要求放开灵活就业人员在参加养老和医疗保险的户籍限制，对于确属就业的劳动者，无法参加职工养老保险的，按规定参加城乡居民保险。对于那些不完全符合确立劳动关系情形的劳动者，引导和支持他们参加相应的社会保险制度。在职业伤害保障方面，《指导意见》确定了出行外卖、及时配送和同城货运行业为重点，要求企业按规定组织参加职业伤害保障的试点，同时鼓励平台企业购买人身意外保险，还有对于第三方损害造成损害赔偿的雇主责任险等商业保险。

第七是关于劳动者诉求表达的内容。针对新业态劳动者缺乏参与平台规则制定的话语权，《指导意见》要求企业要充分听取劳动者的意见和建议，包括合理制定进入或退出平台的规则、订单分配的规则、抽成比例、报酬构成支付等。特别要求这些规则通过公示告知劳动者。在集体协商方面也明确如果工会和劳动者提出协商要求的，企业应该积极响应并且提供必要的信息和材料。对于此前劳动者反映经常受到一些恶意或大额罚款的问题，要求企业要建立劳动者的申诉机制，企业要及时回应和公正处理劳动者的申诉。

第三方面主要是对政府提出要求，《指导意见》把各类新业态劳动者统一纳入基本公共服务保障的范围，包括提供就业服务、社会保险经办服务、加强相关的职业培训及提供工作和生活服务保障。例如在城市和劳动者集中工作的区域建立综合服务网点，方便他们的休息，并加强对他们子女教育的配套服务等。

在第四方面，《指导意见》明确了健全劳动者权益保障的工作机制及各方的工作职责。同时要求工会组织要扩大覆盖范围，更好地服务新业态劳动者的需求；要求法院和劳动争议仲裁机构根据用工的事实来认定企业和劳动者之间的关系；发挥专业化社会组织的作用，包括一些律师事务所、会计师事务所等；更重要的是需要平台企业的参与，督促平台企业积极履行用工责任和社会责任，研究典型行业的劳动合同和书面协议的使用文本和典型争议案例；加强媒体和公众的社会监督。

此外，国家市场监管总局等七部门发布的《关于落实网络餐饮平台责任切实维护外卖送餐员权益的指导意见》，要求企业要合理制定订单分配、计件单价、抽成比例、报酬构成及支付、工作时间、奖惩等制度规则和平台算法，提出通过“算法取中”等方式，替代“最严算法”的考核要求。2022 年 1 月中央网信办出台的《互联网信息服务算法推荐管理规定》第 20 条提出：“算法推荐服务提供者向劳动者提供工作调度服务的，应当保护劳动者取得劳动报酬、休息休假等合法权益，建立完善平台订单分配、报酬构成及支付、工作时间、奖惩等相关算法。”

总体上，在新发展阶段，我国政府在高质量发展和共同富裕的发展目标下，希望通过上述政策措施在数字经济劳动领域建立一个保障更广泛、更平衡的劳动法律制度，实现对所有劳动群体的有差别、多层次的保护，以促进新业态劳动者实现体面劳动。

三　工会法修改与组织新业态劳动者建会入会的探索

（一）工会法修改保障新业态劳动者的团结权

在新发展阶段，工会工作也面临数字经济发展带来的新形势和新挑战，这主要体现在以下几个方面。

首先，新发展阶段产业结构转型升级，工会工作对象要聚焦新业态劳动者。随着高质量发展的不断推进，战略性新兴产业、现代服务业、数字经济等产业加快发展。与此相适应，我国职工队伍由第二产业向第三产业转移的趋势明显。特别是以货车司机、网约车司机、快递员、外卖配送员等为代表的新业态劳动者群体大量涌现，成为职工队伍的新生力量。这一群体具有组织方式平台化、工作机会互联网化、工作时间碎片化、就业契约去劳动关系化、流动性强、收入不确定等特点。[①] 这对工会保障平台劳动者权益提出了

① 陈刚：《关于新发展阶段工会工作的形势与任务》，《工人日报》，2021 年 6 月 18 日。

新的课题。

其次，新发展阶段要推进高质量发展和“共同富裕”，对工会工作标准提出更高要求。当前我国人力资源结构性矛盾突出，特别是技能劳动者占就业人口总量仅为26%，高技能人才仅占就业人口总量的7%，远低于工业强国的水平。[①] 这对工会提高职工技术技能素质提出了更高要求，扎实推进产业工人队伍建设改革，为高质量发展提供强大人力资源支撑。推进实现“共同富裕”，迫切要求维护和发展好广大职工合法权益。当前新业态劳动者等群体利益的实现还有不少难点，要求工会适应职工群众需求变化，聚焦维权服务基本职责，不断改善和提升职工生活品质。

再次，新发展阶段融合数字信息技术，工会工作方法手段需更加智能化。在疫情助推下，以人工智能、大数据、物联网、区块链为代表的新一代信息技术加速应用，成为推动社会生产方式变革、创造人类生活新空间的重要力量。随着职工生产生活方式日益在线化，传统的线下型、单向型工作方式正面临挑战，迫切需要改革创新。要求加快推进“互联网+工会建设”，推动工作方式线上线下相融合。

为保障新业态劳动者的团结权，2018年3月，全国总工会下发了《推进货车司机等群体入会工作方案》旨在最大限度地把货运驾驶员、物流快递员、护工护理员、家政服务员、商场信息员、网约送餐员、房产中介员、保安保洁员等八大群体纳入工会中来。但是，中国工会十七大召开时，由于内部对会员是否与用人单位存在劳动关系、是否以工资收入作为主要生活来源存在争论，工会章程未能对会员条件做出及时修改，仍然维持“凡在中国境内的企业、事业单位、机关和其他社会组织中，以工资收入为主要生活来源或者与用人单位建立劳动关系的体力劳动者和脑力劳动者，不分民族、种族、性别、职业、宗教信仰、教育程度，承认工会章程，都可以加入工会为会员”的原有提法。

2019年，全国总工会转向推动工会法修改，在全国范围内开展了工会

---

① 陈刚：《关于新发展阶段工会工作的形势与任务》，《工人日报》，2021年6月18日。

法实施情况专题调研，在此基础上形成修正案建议稿。全国总工会专门就工会法修改及修改内容向党中央请示并征得同意。2021 年 4 月，工会法修改列入全国人大常委会 2021 年度立法工作计划。其后，全国人大法工委征求中央和国家有关部门、部分省人大、基层立法联系点的意见，与全国总工会共同开展调研。在此基础上，提出了修正草案。2021 年 12 月 24 日，十三届全国人大常委会第三十二次会议通过了关于修改《中华人民共和国工会法》的决定，新修改的工会法于 2022 年 1 月 1 日起施行。

针对近年来新业态劳动者大幅增加，企业组织形式和劳动者就业方式发生深刻变化的现实情况，新修改的工会法的最大亮点是明确新业态劳动者参加和组织工会的权利。修正案第三条关于工会会员资格条件除维持原有提法外，增加了以下新的规定："工会适应企业组织形式、职工队伍结构、劳动关系、就业形态等方面的发展变化，依法维护劳动者参加和组织工会的权利。"这一修改，将在法律层面上为新业态劳动者建会入会提供明确依据，也明确了工会组织服务新业态劳动者，维护其合法权益的职责，以此来消除近年来关于新业态劳动者入会和建会资格的意见分歧，同时也将近年来新业态劳动者入会的尝试以法律的形式予以制度化。[①]

具体在 2021 年 9 月全国总工会下发的《关于推进新就业形态劳动者入会工作的若干意见（试行）》中，根据新业态劳动者用工关系的不同，将劳动者入会规定为两种路径：第一种路径是与用人单位建立劳动关系或符合确定劳动关系的新就业形态，劳动者应加入用人单位工会，用人单位没有成立工会的，可按照职工单体入会模式，加入用人单位所在地的乡镇街道、开发区工业园区、村社区工会或区域性行业性工会联合会、联合基层工会等，即"小三级"工会，待用人单位建立工会后，及时办理会员组织关系接转手续。第二种路径是不完全符合确立劳动关系情形，即个人依托平台自主开展经营活动的经济形态，劳动者可以加入工作或居住地的乡镇街道、开发

① 沈建峰：《工会法修改，适应数字时代劳动关系变革的重要调整》，《工人日报》，2021 年 12 月 27 日。

区、工业园区、村社区及区域性行业性工会联合会等，鼓励平台企业挂靠企业工会，积极吸纳新业态劳动者入会。

（二）近年工会组织新业态劳动者建会入会的探索

2021 年以来，工会在维护新业态劳动者权益和组织其建会入会方面，主要开展了以下工作。

一是为充分履行工会维权服务基本职责，全国总工会于 2021 年分别下发了《关于切实维护新就业形态劳动者劳动保障权益的意见》和《关于推进新就业形态劳动者入会工作的若干意见（试行）》等指导性文件，从夯实新就业形态劳动者入会组织基础、明确入会路径、创新入会及管理方式作出明确规定，最大限度把新就业形态劳动者组织到工会中来。

二是围绕新业态劳动者权益保障开展专题调研，形成研究报告并提交立法机关和相关部委。2021 年 3 月通过全国政协总工会界别向全国政协十三届四次会议提交《关于加强对新就业形态劳动者权益保障的建议》，明确提出完善法律政策、加强执法监管、强化行业自律等建议。

三是通过不同方式参与有关部委关于新业态劳动者权益维护的政策文件制定，代表职工表达意见诉求，加入相关行业新业态协同监管部际联席会议机制，提出明确平台企业责任、分类规范用工行为、建立协商协调机制等建议，推动解决新业态劳动者最为关心的职业风险高、工作时间长、劳动强度大、保障水平低等问题。

四是指导部分地方工会探索建立网约送餐行业、快递行业集体协商机制，协商制定配送单价、劳动保护等相关行业劳动标准，并总结推广相关经验。

五是开展包括推行工会劳动法律监督“两书”制度、开展劳动用工“法律体检”等在内的工会劳动法律监督工作，推动劳动保障法律执行。与最高人民法院联合下发通知，指导各级工会依托人民法院调解信息平台，聚焦新业态劳动者权益等问题，加强工会参与劳动争议线上线下调解工作。

在如何建会的问题上，近年来全国总工会在探索构建新业态纵横交织的工会组织体系取得了工作经验：推动平台企业及关联企业“重点建”；采用行业工会覆盖，推进行业工会联合会建设，将其作为发展新业态劳动者入会和管理服务的重要载体；以“小三级”工会组织“兜底建”，实现有效覆盖。

第一种建会模式是紧抓平台企业实施“重点建”。目前 12 个平台头部企业，包括货运行业的满帮、路哥和货拉拉，快递行业的京东、顺丰、韵达、申通、圆通、中通，外卖配送行业的美团、饿了么等均已实现建会突破。2021 年 7 月以来，全国总工会两次组织 12 家头部企业进行座谈，联合发出倡议，并推广组建工会经验。全总要求，企业建会应遵循属地管理原则。鉴于平台企业组织形式的特殊性，对人数较多的子公司分公司应当单独建立基层工会委员会，对工作场所分散、规模较小、人数较少的子公司分公司，经上级工会批准，也可以探索跨县、市、区建立基层工会委员会，但不得跨省，且这种探索目前仅限于平台企业的特殊情况。在工会经费收缴比例上，由各地工会根据相关规定执行，也可以通过项目制提高回拨比例，加大支持力度。

第二种模式是聚焦行业工会实施“行业建”，将建立行业工会联合会作为组织新业态劳动者入会的抓手，切实发挥其组织入会和管理服务的重要阵地作用。在组织形式上，可以按照单一行业或综合多个行业，成立各层级的行业工会联合会。新业态劳动者数量较少、行业特点不明显的，也可以建立县级或市级的综合性新业态工会联合会，或建立县级以下的新业态联合工会委员会，实现对新业态劳动者的全覆盖。在工作保障上，加大对行业工会联合会的资源投入，有条件的配备专职人员。在组织运行上，行业工会联合会应有两个以上基层工会委员会，遵循联合制、代表制原则规范建立。同时落实“五个一”要求，即每年召开一次会员代表大会，一次职工代表大会，开展一次集体协商，组织一次劳动技能竞赛，开展一项文化体育活动。

第三种模式是做实“小三级”工会实施“兜底建”，包括三个层面：一是要建强乡镇街道工会，充分发挥兜底性的枢纽作用。二是要扩面村社区工会，推动有条件的村社区普遍建立工会组织。三是激活网格工会对应党建片区、社会治理网格、园区商圈、楼宇，建立相应的区域工会，推行网格化管理，确保将工会建到流动分散的新业态劳动者身边。

针对新业态劳动者用工关系复杂、就业灵活、流动性大、自组织维权等特点，在劳动者如何入会和管理方面，各地工会业已探索出一批行之有效的经验，包括优化入会流程，探索推行集体登记入会、流动窗口入会、职工沟通会现场入会等方式，举行集中入会仪式等做法，增强会员意识，扩大工会影响；结合智慧工会建设，加快推进网上入会试点步伐，逐步健全支持网上便捷入会的数据系统和服务平台，有条件的地方可试行网上入会全流程操作。探索依托平台企业开展宣传引导、网上入会和维权服务。

例如职工沟通会，是指各级工会干部深入社区楼宇等劳动者密集区域进行摆摊设点，利用劳动者休息时间，宣传工会，倾听劳动者心声，掌握其动态，以此吸引劳动者入会。举行集中入会仪式，也是各地普遍采取的一种入会方式。2021 年 9 月，顺丰集团工会在东莞举行了广东区域职工万人集中入会仪式。10 月，国防邮电工会在浙江桐庐举行非公快递企业 5 万职工网上入会仪式，超过 5 万名快递员在网上集中加入工会，同时在北京、河北等地设立 100 多个分会场，在社会上产生良好反响。

在吸引新业态劳动者入会方面，全国总工会认为，最根本的要靠深化维权服务机制建设，使劳动者加入工会能有更多的获得感、归属感和安全感。坚持服务先行，打造线上线下有机融合的服务新业态劳动者工作体系。争取社会力量支持参与，探索面向货车司机等重点群体的关爱基金和意外伤害险等服务项目。开展以满足新业态劳动者需求为导向的服务活动，做好工会户外劳动者服务站点相关工作，推动“司机之家”建设和“会、站、家”一体化建设，有效凝聚新业态劳动者。

以“会、站、家”一体化建设为例，首先是把配送快递员组织起来，为履行工会职责提供组织保障。其次是建立职工服务站，把快递员、外卖送餐员、环卫工人等群体吸引过来。最后是在一线站点与建会同步开展小家建设，关注解决一线职工急难愁盼问题。2016 年以来，工会选定顺丰公司开展“会、站、家”一体化建设的试点工作，提出“四好”和“五有”的工作标准。随着工作推进，试点单位还民主选举分工会主席，职工入会率动态保持在 80%以上。

此外，探索平台企业实行民主管理集体协商的工作方法，注重发挥产业、行业工会作用，引导平台企业和劳动者在劳动报酬、奖惩办法、工作时间、劳动定额等方面进行协商，为劳动者搭建理性有序表达诉求的渠道，保障劳动者对涉及切身利益重要事项的知情权、参与权、表达权，加强对平台企业执行劳动法律法规的有效监督。2021 年 10 月，沈阳市工会推动签订了快递业“1+3”行业集体合同，其中包括沈阳市快递行业集体合同及快递行业工资专项协议书、劳动安全卫生专项协议书、女职工特殊权益保护专项协议书等三份协议，在维护新业态劳动者权益方面具有里程碑意义。[①] 京东集团率先在平台企业中建立了全国性、跨区域的集体协商及职工代表大会制度，实现了集体协商与职代会制度的同步推进。2021 年 12 月，该集团达成集体合同，覆盖配送快递员、仓储分拣员、货运司机近 26 万人，合同为配送快递员、货车司机提供婚育礼金、亲属身故补充抚恤金等福利；除社会保险和住房公积金外，还为他们提供补充意外伤害保险和劳动安全装备。2022 年 7 月，上海“饿了么”平台与外卖送餐员签订协商恳谈会会议纪要，此协商涵盖了劳动报酬、算法优化、劳动安全、职业发展、关心关爱、争议处理等六个方面，确定外卖骑手在恶劣天气时可获得恶劣天气补贴；按照“算法取中”要求优化算法规则，使配送时间趋于合理；加强送餐员安全防护体系建设，保障送餐员配送安全。[②]

综上，经过多年努力，2021 年工会在新业态劳动者团结权的法律保障方面取得了重大突破，并根据新业态劳动者的工作特点，探索形成新业态工会组织体系，构建维权服务机制，增强劳动者对工会的归属感和凝聚力。当然，这种成效是初步的、个案式的。总体上工会仍面对新业态劳动用工不规范、社会保障缺失、建会入会进展缓慢、维权效果不彰等问题，需要久久为功，持续用力。

① 汤洪伟：《〈关于推进新就业形态劳动者入会工作的若干意见（试行）〉重点问题解读，“新就业形态劳动者建会入会”专题网络培训班》，全国工会干部教育培训官网，2021 年 12 月 24 日。

② 《“饿了么”诞生首份外卖骑手民主协商纪要！恶劣天气获补贴！算法优化，配送时间趋于合理！》，申工社，2022 年 7 月 8 日。

四 结语

规制新业态用工关系和保障劳动者合法权益是在迈向高质量发展和“共同富裕”进程中的一个里程碑式的事件。它是党和政府更加关心发展的可持续性、社会公平、数据安全和防止资本无序扩张等一系列政策的组成部分，促使效率和公平更为平衡。它为数字经济时代如何规范更趋复杂的用工关系提供了政策法律依据，也为国际劳动世界更有效地处理数字平台与劳动者的关系提供了参照系和可能的解决方案。

参考文献

《全国人民代表大会常务委员会关于修改〈中华人民共和国工会法〉的决定》，新华社，2021 年 12 月 25 日。

人力资源和社会保障部等：《关于维护新就业形态劳动者劳动保障权益的指导意见》，2021 年 7 月。

国家统计局：《2021 年国民经济和社会发展统计公报》，2022 年 2 月 28 日。

人力资源和社会保障部：《2021 年度人力资源和社会保障事业发展统计公报》，2022 年 6 月 7 日。

国家信息中心：《中国共享经济发展报告（2022）》，2022 年 2 月。

鄢敏：《在构建新发展格局中推动新就业形态劳动者实现体面劳动》，2021 年中国劳动世界的未来国际研讨会，2021 年 10 月 22 日。

刘善仕、刘树兵、刘小浪：《平台劳动者：分类、权益与治理》，经济科学出版社，2022。

杨伟国、吴清军、张建国等：《中国灵活用工发展报告（2022）》，社会科学文献出版社，2021。

汤洪伟：《〈关于推进新就业形态劳动者入会工作的若干意见（试行）〉重点问题解读，“新就业形态劳动者建会入会”专题网络培训班》，全国工会干部教育培训网，2021 年 12 月。

专题报告 

Special Reports

第二章　中国“七普”人口数据变化趋势对劳动力市场的影响与未来劳动政策展望

张　勇　王珊娜*

摘　要： “七普”人口数据反映出当前中国劳动力市场在数量、结构、素质和分布等方面呈现出系列重要特征和变化趋势，这将导致未来中国劳动力市场上总量供给相对不足、素质提升需求日益紧迫、年龄结构继续老化等问题日益凸显，为此，中国劳动政策预计将逐步由控制数量向稳定数量转变、由更多关注人口数量向更多关注劳动素质转变、由保就业促就业向提高就业质量转变，并有望在降低孩子抚养成本、全面提升劳

* 张勇，中国劳动关系学院经济管理学院副教授，主要研究方向为人口素质与产业转型升级的协同化问题；王珊娜，中国劳动关系学院经济管理学院讲师，主要研究方向为劳动经济学。

动者素质、促进劳动力顺畅迁移、改善劳动用工效能、强化劳动力内外部市场对接等五大重点领域集中发力。

关键词： 七普　生育率　老龄化　劳动力市场　劳动政策

人口是经济社会均衡发展的基础性、全局性、关键性要素。通常而言，人口状况可能会从数量、结果、素质和分布四个方面对劳动力市场产生影响，这些影响存在长期与短期之分，也有直接与间接的区别，存在正向与负向的不同，也有确定与不确定的差异，而相关人口政策正是要统筹经济社会发展的长期性和全局性要求，有针对性地扬长避短，实现人口与经济社会协同发展。

一　劳动力数量变化趋势及政策需求分析

与自然资源的单向生产功能不同，人既是经济活动的生产者又是消费者，这就使得劳动力数量变化对经济发展存在双向影响。一方面，与自然资源供应短缺会造成物价上涨的规律类似，劳动力供应不足同样会带来工资水平上升，这不仅会提高生产中的人工成本，而且会降低经济活力；另一方面，自然资源供应过剩可以降低价格或暂时搁置开发，而劳动力供给过剩导致的过低工资或失业问题却不能视而不见，处理不当就很有可能演变为经济危机或社会危机。

（一）中国“七普”人口总量数据特征分析

“七普”数据显示，2010～2020 年，中国人口总量继续保持增长态势，2020 年中国大陆总人口为 141178 万人，仍然是世界第一人口大国。但对比历次人口普查基本数据发现，中国人口总量的年均增长率从 1982 年“三普”之后就开始下滑，由最高时的 2.09%持续下降至 2020 年“七普”时的 0.53%（见图 1）。

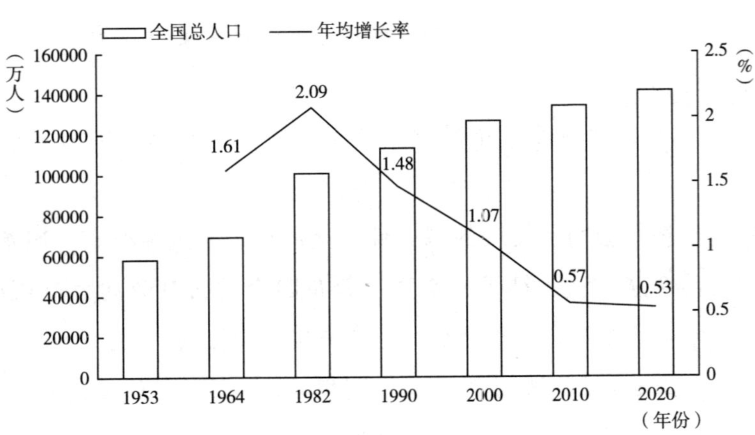

图1　历次人口普查全国人口及年均增长率

资料来源：作者根据历次全国人口普查数据制作。

人口总量变化是出生率和死亡率共同作用的结果，由于人均寿命一直在稳步增长，人口死亡率多年来始终稳定在7‰左右的水平，因而导致中国人口总量增速放缓并最终进入负增长区间的主要原因是人口出生率的下降，反应在生育水平上就是总和生育率的下滑和低位运行（见图2）。人口学界通常将总和生育率2.1作为世代更替水平，在生育政策、经济发展和避孕措施多重因素共同作用下，中国持续二十多年5.0以上的总和生育率在1971年开始下降，1992年全国总和生育率降至更替水平之下，进入21世纪后基本保持在1.7以下的较低生育水平，中国已经快步加入了低生育率国家的行列①。

（二）从“七普”人口数据看中国劳动力数量趋势

劳动人口是经济发展的动力源，中国劳动力规模虽然在未来一段时期还能保持在较高区间，但受到人口总量增速下降影响，劳动力总量下滑趋势也很明显。

---

① 郑真真：《生育转变的多重推动力：从亚洲看中国》，《中国社会科学》2021年第3期，第65～85、205页

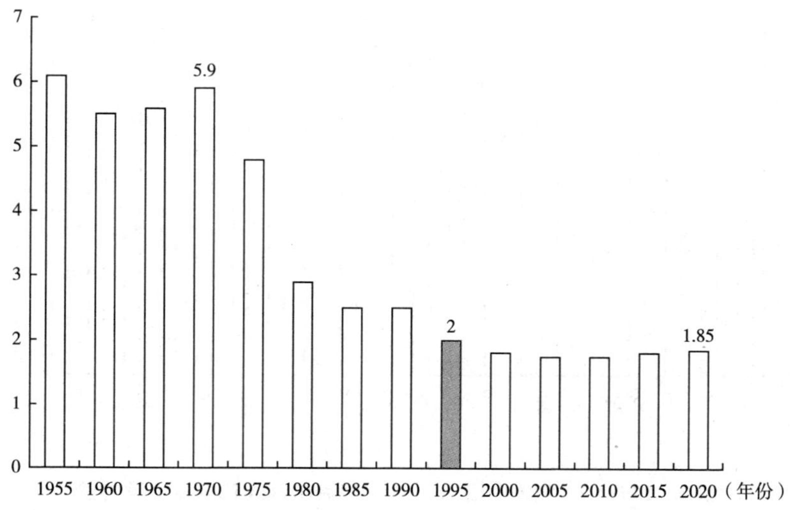

图 2　1955~2020 年中国总和生育率变化情况

资料来源：作者根据国家统计局网站相关数据制作。

1. 劳动年龄人口规模已经由上升转为下降

1978 年改革开放后，中国依靠庞大且年轻的劳动力资源，以及与之相关的巨大市场，仅用了 30 余年便成为世界第二大经济体，但这种依靠劳动力数量充裕带来的发展优势正在消失。“七普”数据显示（见图 3），中国 15~64 岁劳动年龄人口规模在 2013 年达到 10.06 亿人的峰值，之后开始逐年下降，2020 年下降至 9.68 亿人，净减少达到 3800 万人，与 2010 年相比也减少超过 3000 万人。

2. 未来劳动年龄人口规模和比重料将继续呈现下降趋势

根据联合国《世界人口展望》最新人口预测及国内学者的分析，未来中国 15~64 岁劳动力人口规模将继续减少，这也意味着中国劳动力总量供给将进一步减少，人口数量红利逐渐消失，甚至可能出现劳动力数量短缺风险①。如果劳动

① 童玉芬、刘志丽、宫倩楠：《从七普数据看中国劳动力人口的变动》，《人口研究》2021 年第 3 期，第 65~74 页。

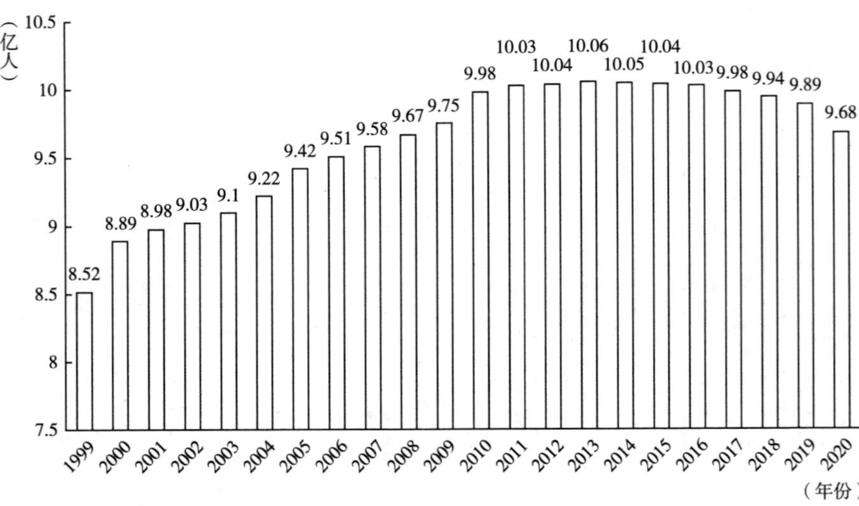

图 3　1999~2020 年中国 15~64 岁劳动年龄人口规模变动趋势

资料来源：作者根据第七次全国人口普查以及《中国统计年鉴》相关数据制作。

力供给总量萎缩趋势无法得到有效控制，未来劳动力成本将不断上升（见图 4）。

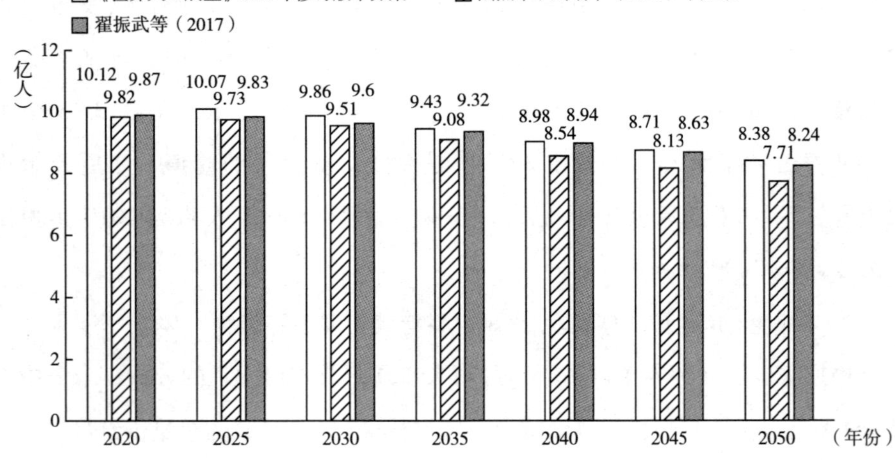

图 4　中国 15~64 岁劳动年龄人口规模（亿人）预测结果

资料来源：作者根据联合国人口司发布的《世界人口展望》2019 年修订版数据（United Nations, 2019）以及陆杰华、刘瑞平（2020）和翟振武等（2017）文章中的相关数据制作。

（三）中国劳动力总量变化趋势引发的政策诉求

中国于20世纪七八十年代开启的计划生育政策在控制人口总量方面的效果是十分明显的，这对于改革开放以来持续快速的人均国民收入增长发挥了不可忽视的作用。但2013年以后陆续出台的二孩调整政策效果却明显低于预期，二孩出生人数仅仅在2016年和2017年短暂回升，2018年和2019年又相继大幅回落。如果认定人口数量红利消失对于中国经济社会发展的影响是显著的，未来稳定劳动力总量的政策也就是重要的，鉴于低生育率巨大的人口惯性作用，未来相关劳动力总量政策既要关注生育意愿（可能性），也要关注生育负担（可行性）。

其一，政策要关注女性婚姻推迟的影响。2017年全国生育状况抽样调查数据表明，与发达国家相比，中国女性婚内生育率总体上仍保持在相对较高的水平，但中国青年女性婚姻推迟现象却越来越普遍，生育旺盛期的女性已婚比例有不断下降趋势。随着育龄妇女队列结构的变化，婚姻推迟将成为引起中国低生育率风险的重要因素①，过去一直提倡“晚婚晚育”的政策导向需要及时转变。

其二，政策要重点关注生育负担的降低。有不少机构的调查结果显示，生育成本仍然是影响中国女性生育意愿的主要因素。虽然中国的“三孩政策”已经于2021年全面施行，但从“二孩政策”实施的效果来看，释放生育潜能比控制生育要难得多，既要通过政策引导提升生育意愿，让人们（特别是女性）看到养育孩子的正效应，还要有切实的举措降低生育成本，实现从“想要生”向“养得起”过渡。

二　劳动力结构变化趋势及政策需求分析

中国人口总量和劳动力总量由升转降的迹象都已经十分明显，但人口总

---

① 李月、张许颖：《婚姻推迟、婚内生育率对中国生育水平的影响——基于对总和生育率分解的研究》，《人口学刊》2021年第4期，第1~11页。

量能否成为国家政策的调控目标一直就存在着不少争议，即便人口与经济社会协同发展的“适度人口论”能够得到大多数人的认可，关于“什么是适度”的认识也存在不同理解。如果能够通过技术革新和产业升级等手段设法保持稳定的经济增速，人口数量减少至少意味着人均国民收入提升速度可能更快，但维持经济增速又不能不考虑作为财富创造者和作为财富消耗者的人口比例关系。因而，与人口总量相比，人口结构问题对于劳动力市场的影响或许更加值得关注。

（一）中国“七普”人口结构特征分析

人口结构包括性别结构、民族结构、年龄结构等诸多方面，从对劳动力市场的影响程度来讲，年龄结构的影响无疑要显著得多，它直接决定了一个社会参与财富创造可能的人口比重以及整个社会的抚养负担。

1. 老龄化程度正在快速靠近发达国家水平

“七普”数据显示，2020 年中国有 1.9 亿 65 岁及以上人口，占到了全部人口的 13.5%（老龄化率），几乎相当于老龄化社会标准 7%的两倍，正在逼近 14%的深度老龄化标准，且人口老龄化程度已高于世界平均水平（9.3%），与发达国家平均水平（19.3%）不断接近。由于绝大多数老年人口会逐渐退出劳动力市场，老龄化速度加快和程度加深客观上意味着社会抚养负担增大。从图 5 数据变化趋势可以看出，随着老年人口占比的持续增大（65 岁及以上人口占总人口的比重在 1990 年时仅有 5.6%），中国社会老年人口抚养比也在快速上升（从 1990 年的 8.3%上升至 2020 年的 19.7%）。[①]

2. 未来人口老龄化大概率将呈现加快加深趋势

人口年龄结构具有接续性特征，当前的年轻人口数量就是未来的中年人口数量，当前的中年人口数量就是未来的老年人口数量。形成怎样的人口年龄结构主要取决于生育率和人均预期寿命的相对变化情况。由于 20 世纪五

① 老年抚养比 =（65 岁以上人口数/15～64 岁劳动年龄人口数）×100%，老年抚养比用以表明每 100 名劳动年龄人口要负担多少名老年人。

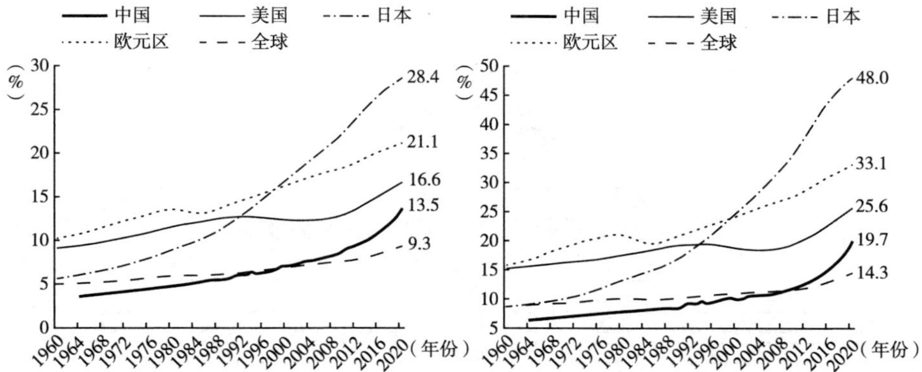

图 5　主要经济体老龄化率（左）与老年人口抚养比（右）

资料来源：作者根据世界银行（World Bank）相关数据整理。

六十年代高峰期出生的人口正在陆续进入老年人口队伍，加之人均寿命还在继续升高，假如年轻一代生育率持续下滑的趋势没有明显改观，未来中国老龄化加速加重的趋势料难以扭转（见图 6）。根据恒大研究院的相关预测，到 2050 年，中国 65 岁以上人口将逼近 4 亿人，占比将超过 30%，追上 2020 年日本 28.4%的水平，远远大于业界扩展的 21%的超高老龄化标准（见图 7）。

（二）从“七普”人口数据看中国劳动力结构趋势

数量庞大的老年人口需要抚养，本质上是对就业数量和质量提出了更高要求。改革开放以来，中国老年人口占比上升和低龄人口占比下降一直是同步出现的，且由于前者上升速度低于后者下降速度，中国劳动年龄人口比重一直保持上升趋势，这也使得中国的人口数量红利得以长期维持。但“七普”数据显示，这一趋势已经发生转折性改变，且在可预期的未来仍将保持下行趋势。

1. 劳动年龄人口比重开始进入下行通道

从图 8 中历次普查人口年龄结构对比可以看出，由于 2010~2020 年 0~

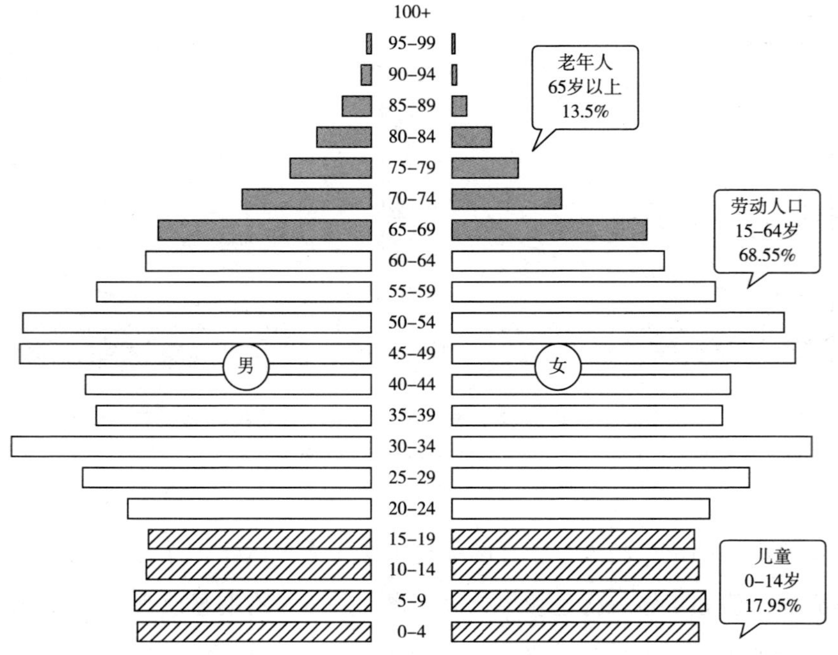

图 6 “七普”人口年龄结构

资料来源：作者根据第七次人口普查数据制作。

14 岁人口的比例小幅回升和 65 岁及以上人口比重的继续快速增加，导致中国 15~64 岁劳动年龄人口比重由 2010 年峰值时的 74.53%逐年下降至 2020 年的 68.55%，下降幅度达到 5.98 个百分点。从国际比较来看，中国劳动年龄人口比例在 2010 年见顶，比日本（1991 年）晚了 19 年，与美国（2009 年）相当，比英国（2013 年）还早了三年，但在对应年份我国人均国民收入却远低于这些国家。

2. 未来劳动年龄人口比重或将继续保持下降趋势

根据联合国《世界人口展望》最新人口预测及国内学者的预测（见图 9），2050 年中国 15~64 岁劳动力人口比重将下降至 58.28%，与 2020 年相比减少 10 个百分点，这就呼应前文中国劳动力总量供给将进一步减少的预测，也在一定程度上支持了人口数量红利逐渐消失的结论。

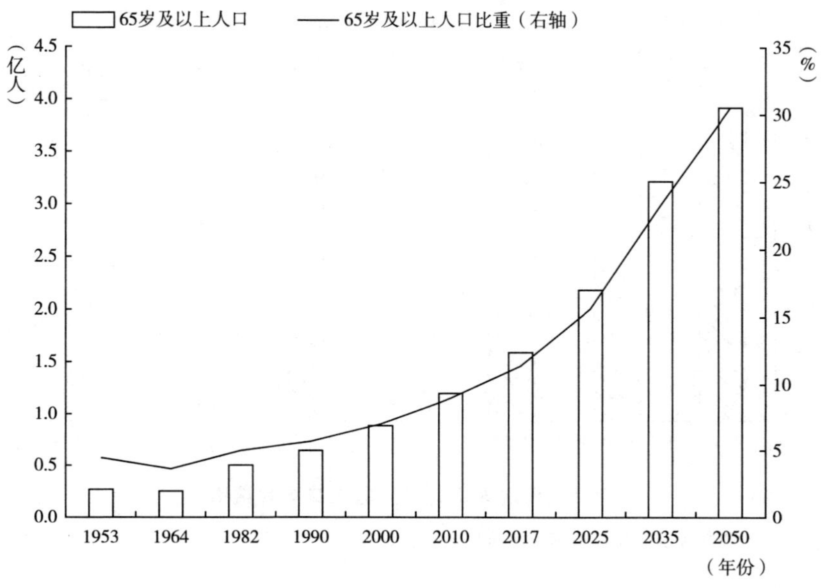

图 7　中国人口老龄化速度及规模

资料来源：国家统计局，恒大研究院。

3. 劳动力队伍内部的年龄结构也在趋向老化

与劳动力规模和比重下滑同步出现的是中国劳动力人口内部年龄结构也在趋于老化，45 岁及以上高龄劳动力人口的规模在不断扩大，而中青年劳动力人口作为劳动力市场上最为活跃的要素，其规模和比重却呈现下降趋势。依据历年《中国统计年鉴》（见图 10）①，中国 15~64 岁劳动年龄人口内部年龄结构呈现明显的老化趋势。2011~2019 年，15~24 岁劳动力人口占劳动力人口的比重从 22.18%持续下降至 15.2%，下降幅度接近 7 个百分点，25~44 岁劳动力人口比重在波动中从 44.09%下降至 42.86%，然而 45~64 岁劳动力人口比重呈现明显的持续上升趋势，从 33.74%上升至 41.94%，上升了 8.2 个百分点。

① “七普”目前没有公布详细的年龄结构数据。

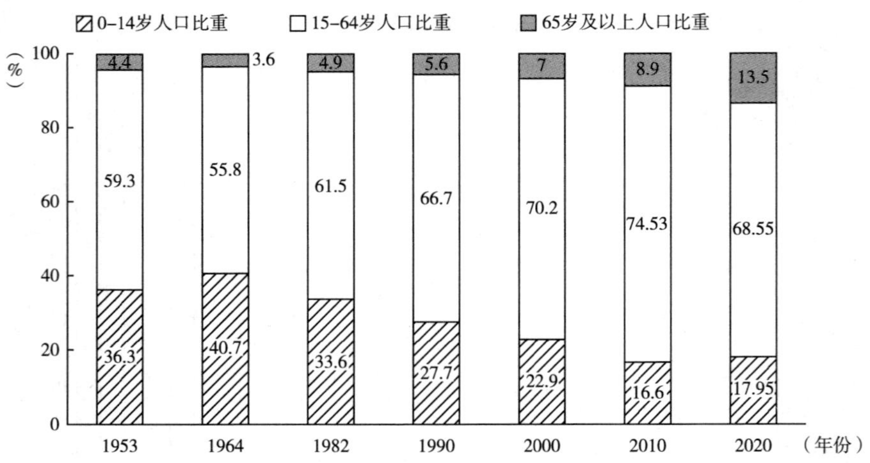

图 8 历次人口普查全国人口年龄结构

资料来源：作者根据历次全国人口普查数据制作。

（三）中国劳动力结构变化趋势引发的政策诉求

由于人口繁育周期较长，人口年龄结构的变动趋势一旦形成，很有可能产生路径惯性，要改变的难度将非常之大。中国正在经历的人口和劳动力老龄化过程很有可能将是一个较长时期的趋势，由于老年人口在身体素质、继续学习和知识更新能力等方面存在的客观短板。因而，未来中国劳动政策除了积极关注总量变化，采取积极措施提高人口出生率之外，还应该在人口结构优化方面有所作为，未雨绸缪，多渠道疏解社会养老压力。

其一，释放老年人口的生产潜能。积极老龄化理论主张把老年人口看作宝贵资源而非社会负担，国家劳动政策可从两个方面挖掘和释放老年人口的生产潜能。从需求端来讲，老年人口在健康、交际、旅游等方面存在其特殊的需求，各地可根据实际情况布局相关银发产业，带动就业和地区经济发展；从供给端来讲，国家有必要尽快考虑推行一定范围内的弹性退休年龄，并创造相应的配套设施和条件，让有能力有意愿的老年人继续留存在劳动力队伍当中。

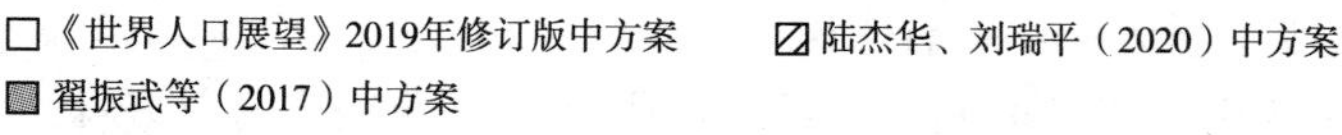

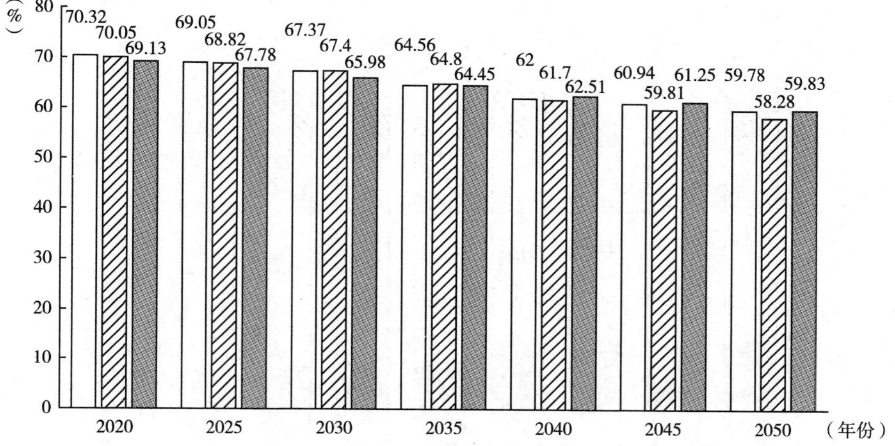

图 9　中国 15~64 岁劳动年龄人口比重的 3 种预测结果

资料来源：作者根据联合国人口司发布的《世界人口展望》2019 年修订版数据（United Nations，2019）以及陆杰华、刘瑞平（2020）和翟振武等（2017）文章中的相关数据制作。

其二，提升中青年劳动力的就业质量。老龄化是经济发展的正常结果，随着经济持续发展，全球各国都不同程度出现了人口老龄化现象，因而，即便是从抚养负担的角度考虑，应对老龄化的根本举措还是提升在业劳动者的就业质量，进而提升其抚养能力。从劳动政策角度看，国家除了继续推动产业结构优化升级，创造更多高质量就业岗位以外，还需要下大力气疏通劳动力流动渠道，提高岗位的劳动供需匹配度（第三节讨论），同时要加大高质量劳动技能培训，提升劳动者就业能力（第四节讨论）。

其三，考虑其他非确定性劳动替代措施。国家可根据人口变化形势，谨慎考虑在一定框架下、在高水平开放地区引入移民支持政策，待条件成熟时择机在全国稳步落实外籍人才永久居住政策；面对人工智能风起云涌形势，国家也可考虑专项扶持机器人替代行业发展，用于缓解劳动力突发性或深度性不足问题。

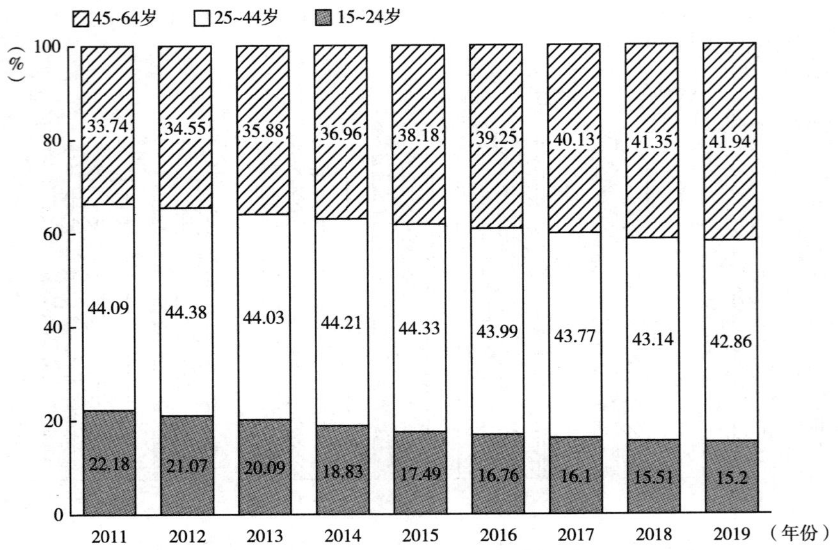

图 10　中国不同年龄段劳动力人口比重变动趋势

资料来源：作者根据历年《中国统计年鉴》相关数据制作。

三　劳动力素质变化趋势及政策需求分析

无论是人口总量短缺或者过剩，还是人口结构老龄化，其背后都隐含着一个更为关键的问题——人口素质。毫不夸张地讲，绝大多数关于人口的数量化或结构化问题，只要不是过分极端，实际上都可以通过提高人口素质的办法加以解决。纵观中国改革开放的历程，在充分肯定人口数量红利对于产业布局和经济发展模式发挥重大影响的同时，决不可忽视劳动力质量提升的重要贡献。

（一）中国“七普”人口素质特征分析

人口素质是一个包含身体健康、科学文化、专业技能、道德品行等诸多内涵的综合概念，这些因素既有交叉影响的一面，又有相互独立的一面，导致研究者在全面准确衡量这些因素时存在一定困难，因此，学者在开展科学研究时往往都会对其进行简化处理。经济学意义上的人口素质即人力资本，通常用文盲率、人口受教育程度等指标来衡量，而“七普”人口数据在这些方面的表现均可圈可点，表明中国人口整体素质仍在继续提升，这将为中国未来经济发展中全要素生产率提升提供重要支撑。

1. 中国的文盲率已持续下降至历史最低值

越是基础的教育越是具有明显的公共属性，扫除文盲一直就是中国教育政策的重要目标之一。对比历次人口普查数据可以看出（见图 11），中国的文盲率（15 岁及以上不识字人口的比重）在“二普”时仍高达 33.6%，此后随着教育事业的发展一路走低，特别是 1986 年 7 月《中华人民共和国义务教育法》正式实施，全国开始有针对性地扫除青少年文盲以来，中国的文盲率快速下降至 10%以下。根据“七普”数据，2020 年，全国文盲人口总数为 3775 万人，与 2010 年相比，减少了 1690 万人，文盲率从 2010 年的 4.1%下降到 2020 年的 2.67%，已经接近美、英、法等多数发达国家的水平（从全球范围来看，文盲率能够控制在 2%以内的国家很少）。文盲率显著下降，是中国人口素质持续稳步提升的重要标志，对脱贫攻坚具有十分重要的意义。

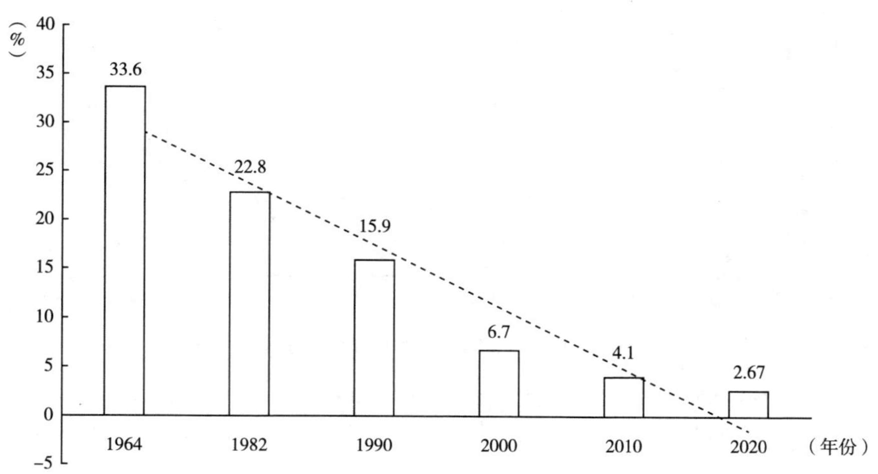

图 11　历次人口普查文盲率变化

资料来源：作者根据历次全国人口普查数据制作。

2. 大专及以上学历人口数量继续快速增长

在全力扫除文盲的同时，中国还在努力发展教育事业，并于1996年将科教兴国作为基本国策，全国人口受教育年限普遍得到持续提升。历次普查数据显示（见图12），我国每十万人中受教育程度为大专及以上的人数在20世纪80年代中期之前不足千人，2000年就快速跃升至3611人；进入21世纪后提升速度进一步加快，2010年为8930人，2020年增长为15467人。2010~2020年，中国总人口中受教育程度为大专及以上学历的人口比重从8.9%上升为15.5%，增长幅度到达73.2%；每十万人中高中（中专）学历人口数增长7.5%，初中和小学学历分别减少11%、7.5%。尽管总体受教育程度与发达国家还有一定差距，但小学和初中学历人口占比曲线相继于"四普"和"六普"之后拐头向下，高中学历人口占比曲线也出现见顶迹象，只有大专以上学历人口占比柱状线在持续攀升，充分表明了中国人口受教育程度的整体改善效果，也为未来人口数量红利转向人口质量红利奠定了较好的基础。

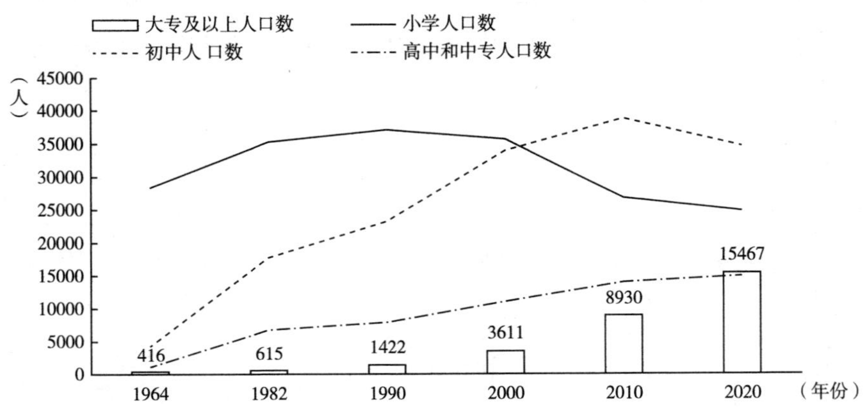

图12 历次人口普查每10万人中各类学历人口数

资料来源：作者根据历次全国人口普查数据制作。

（二）从"七普"人口数据看中国劳动力素质趋势

20世纪80年代中期兴起的新经济增长理论的重要内容之一，就是把新古典经济增长模型中的“劳动力”定义扩大为人力资本投资，包括劳动力教育水平、生产技能训练和相互协作能力的培养等，其中教育水平被认为是最基本的人力资本内容，也被视为衡量劳动力素质最主要的指标。中央财经大学人力资本与劳动经济研究中心发布的《中国人力资本报告 2020》显示，1985~2018 年，中国人力资本总量的年均增长率为 7.8%，而 2009~2018 年，人力资本总量的年均增长率为 9.0%。“七普”数据显示，中国 2020 年 15 岁及以上人口平均受教育年限由 9.08 年升至 9.91 年，提高 9.1%；其中，16~59 岁的劳动年龄人口平均受教育年限达到 10.8 年，比 2010 年提高 1.1 年，是 1982 年“三普”时的两倍（见图 13），与多数发达国家平均水平差距在 1~3 年。①

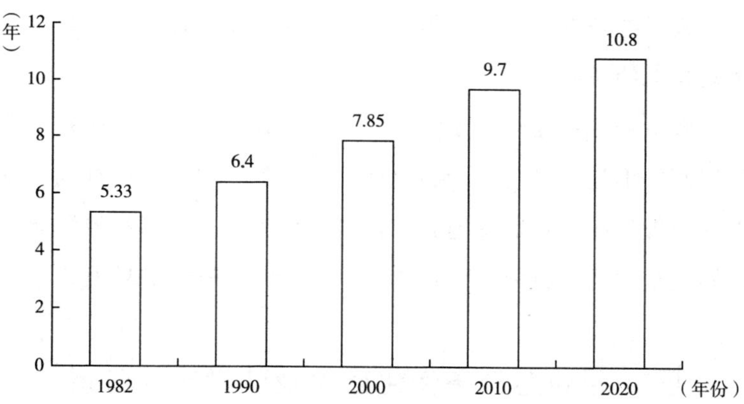

图 13 历次人口普查 16~59 岁劳动年龄人口平均受教育年限

资料来源：作者根据历次全国人口普查数据制作。

（三）中国劳动力素质变化趋势引发的政策诉求

由于中国大规模开启现代教育的时间相对西方国家较晚（1990 年以前

① 2018 年，各国劳动年龄人口平均受教育年限为：加拿大 14.6 年，澳大利亚 14.4 年，英国 14 年，芬兰 13.5 年，美国 13.4 年，法国 13.1 年，日本 11.1 年，中国 10.5 年。

上高中的人口占比很低，高等院校2000年以后才开始扩大招生规模），20世纪70年代以前出生目前仍然驻留劳动力市场的劳动者整体受教育年限不高，因而在进行国际比较时，劳动力的年龄结构对结果影响较大。也就是说，中国中低龄劳动力平均受教育年限与发达国家差距已经不太明显，而高龄劳动人口则存在很大差距，随着高龄劳动者逐步退出劳动力市场，十年后“八普”时的中国劳动力受教育年限有望赶上发达国家平均水平。然而，要使得中国劳动力素质满足经济高质量发展的要求，未来真正需要弥补的差距或许在于教育质量而非受教育年限。

其一，政策需更加注重人才培养质量。通过教育体制改革，引导各级教育人才培养朝着两个基本方向转变：一是学生综合素养提升，注重德智体美劳全面发展，以德育领衔，智育为本，体美劳三育协同发展，特别要补足劳育和美育短板；二是自主意识和创新能力培养，改革教育教学方式，充分释放学生主动探索的潜能。

其二，政策需更加注重人才使用效益。充分尊重各行各业各用人主体的自主用人权利，不过度迷信身份和学历，坚持正确的人才效益观，灵活采用差异化人才评价标准，特别要把激发科研人员的自主创新精神和能力作为深化科技体制改革的重要目标，为科研人员创造潜心研究的环境和条件。

四　劳动力分布变化趋势及政策需求分析

地域广阔、地形复杂、资源多样是中国的基本国情，加之中国各地人口数量和结构差异十分大。复杂的人口分布状况既是酝酿多样产业和多样文化的沃土，又提出了人口合理布局的重要课题。

（一）中国“七普”人口分布数据特征分析

由于各地经济发展水平和资源承载力不同，单纯意义上的区域总人口没有太大分析价值，关注人口分布状况主要考察人口结构和人口素质的分布情况，另外，人口在区域之间的流动规模和趋势也值得积极关注。

1. 东北、川渝、苏沪三地区老龄化程度相对严重

中国老龄化地域差异大，老龄化率最高的辽宁是最低西藏的三倍左右。从2020年分省数据来看，如果分别以10%和15.5%为界，可以将中国不同省份分为三部分（图14）：东北、川渝、苏沪三地为高老龄化地区；西藏、新疆、广东、青海、宁夏5省区为低老龄化地区；其余19省、区、市为中老龄化地区。导致老龄化地区差异的因素各不相同，苏沪地区的高老龄化和西部省份的低老龄化主要是经济快速发展的结果，东北、川渝等地的高老龄化更多受到人口流出的影响，而广东的低老龄化则与其产业结构升级和劳动力持续流入相关。

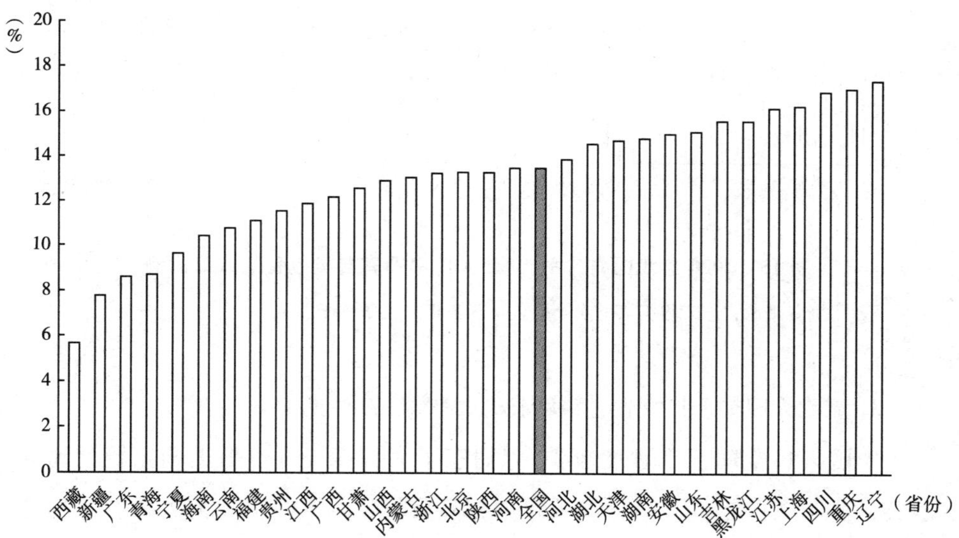

图14　2020年各省65岁及以上人口占比（老龄化率）

资料来源：作者根据第七次全国人口普查相关数据制作。

2. 北京、上海和天津三地受教育程度明显较高

中国分地区教育发展程度与经济发展程度特别是城市化水平具有较高相关度。从图15可以看出，2020年，北京、上海和天津三个直辖市大学（大专）学历人口比例最高，分别达到42%、34%和27%，小学和初中教育程度人口占比相对比较低。其余省份中，华北、华中和东北地区9年义务教育实施成效较为显

著；而中国西南部和更偏远的西部地区，人口的教育水平仍然偏低，贵州、云南、西藏、四川、青海、甘肃等省份未能完成9年义务教育的人口比重还在30%以上，加大对西部地区基础教育的支持力度仍然是一项艰巨的任务。

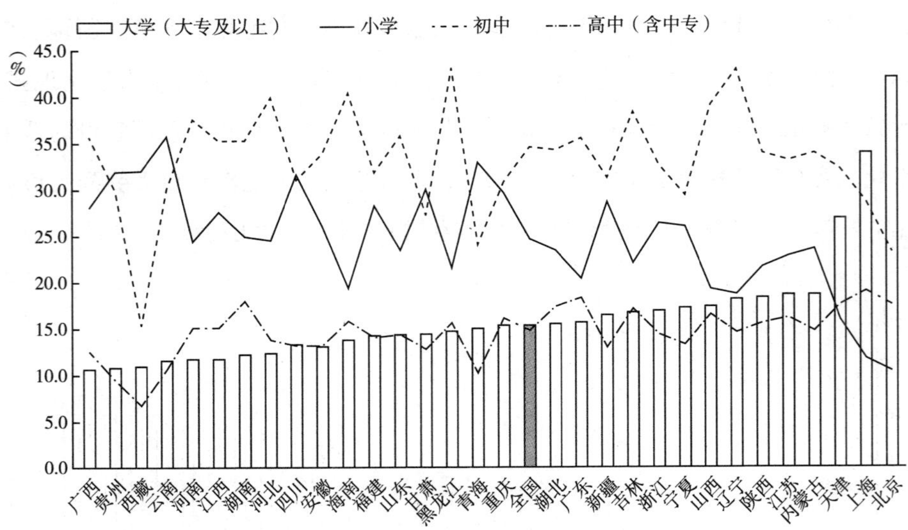

图15　2020年我国各省每10万人口中拥有各类教育的人口比例

资料来源：作者根据第七次全国人口普查相关数据制作。

3. 流动人口规模扩大，持续向东部聚集趋势明显

中国人口空间活动程度较10年间有了大幅度提升。根据国家统计局的定义，流动人口是指人户分离人口中扣除市辖区内人户分离的人口，包括省内流动人口和跨省流动人口。“七普”数据显示，2020年中国流动人口规模达到3.76亿人，与2010年相比增加了1.55亿人，增幅高达69.73%。也就是说，中国平均每4个人里面就有一个人是流动人口[①]。流动人口从2010~2020年间增长了将近70%（1.55亿人），这与东部人口进一步聚集的趋势一致（见图16）。

① “七普”加入了身份号码识别，有效减少流动人口的漏报和重报，高估的可能性不大。另外需要注意的是，“七普”数据是在2020年11月收集的，疫情期间部分返乡流动人口尚未回归工作岗位。有学者提出2020年新冠肺炎疫情对于跨地区的劳动流动是一个制约因素，存在流动人口的数据被低估的可能性（上海交通大学安泰经济管理学院陆铭教授）。

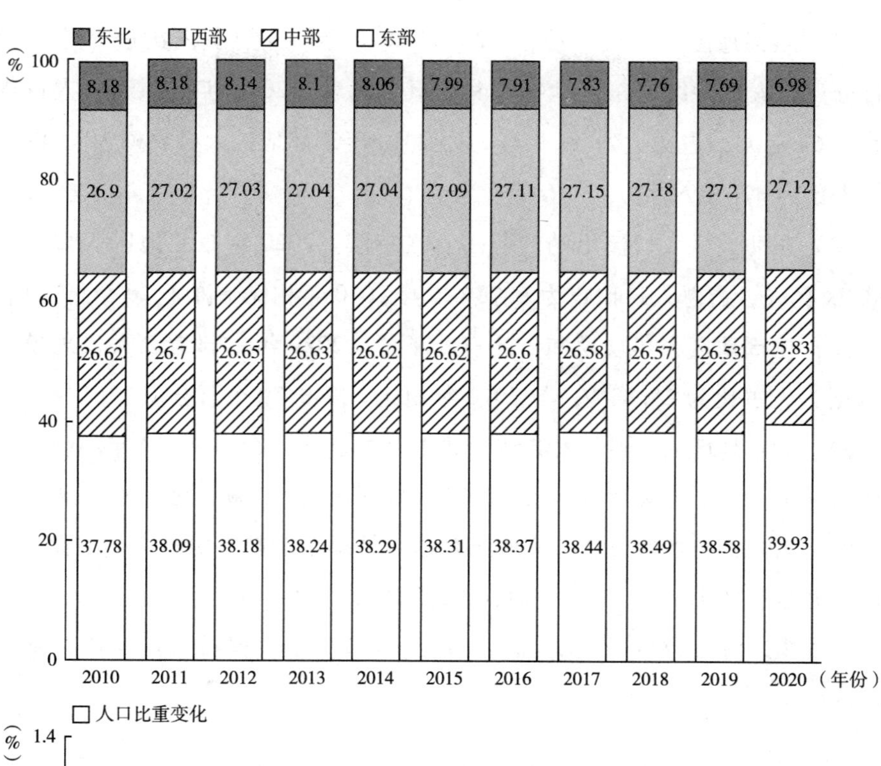

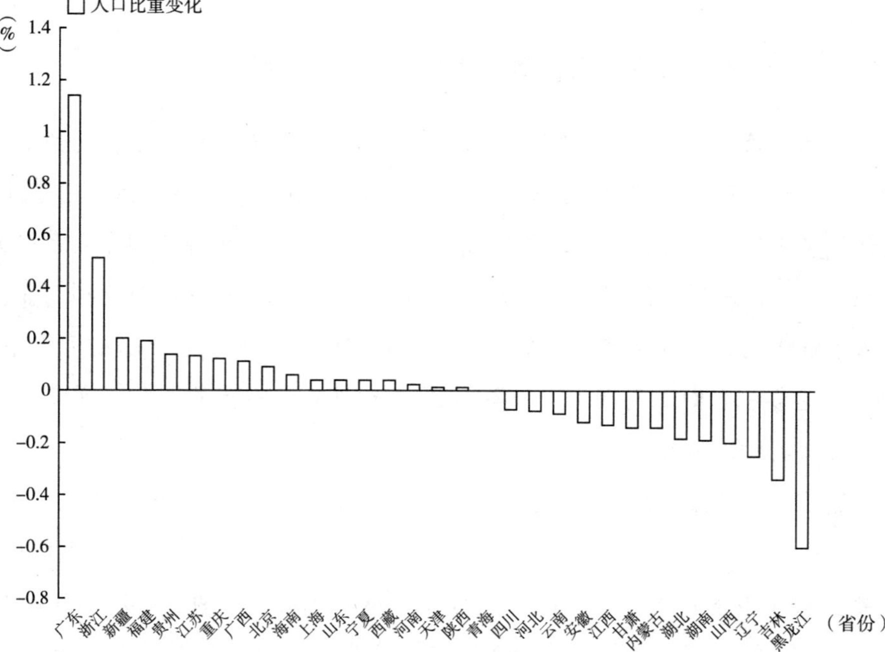

图 16　2010~2020 年中国不同地区人口比重变动趋势

资料来源：作者根据《中国统计年鉴》及第六次、第七次全国人口普查相关数据制作。

（1）东部地区人口聚集明显。2010～2020年间人口所占比重上升2.15个百分点，人口持续向东部地区聚集。具体而言，2020年东部地区人口规模为5.64亿人，占比达到39.93%，而2010年东部地区人口规模为5.06亿人，占比为37.78%。

（2）东北地区人口流出的趋势一直在持续。2020年东北地区人口规模为0.99亿人，占总人口比重为6.98%，与2010年相比下降1.20个百分点。

（3）中部地区人口规模和占比有所下降。2020年中部地区人口规模为3.65亿人，占比为25.83%，与2010年相比下降0.79个百分点。

（4）西部地区人口近年来有波动式上升的趋势。2010～2020年小幅度上升0.22个百分点，总体幅度不大。2020年西部地区人口规模为3.83亿人，占27.12%，人口的自然增长和经济增长对这一结果可能都有贡献。一方面，西部地区生育率相对较高；另一方面，2010～2020年西部地区经济、交通、科技等发展较快，对人口的吸引力加大，促进西部劳动力保持在区域内部就业生活。

（二）从“七普”人口数据看中国劳动力分布趋势

劳动力跨区流动是市场经济的常态，自20世纪90年代开始，受到市场意识觉醒和政策松动双重因素刺激，中国就业市场开始出现大规模户籍地、居住地和工作地多样化分离现象，成千上万的劳动力或单独或举家由乡村奔向城市、由内陆迁往沿海、由北方流入南方，为中国的快速城市化和工业化注入了强大动力。近年来，在经济转型压力和国家区域发展战略的引导下，劳动力迁移在方向、周期、人群等方面都出现了一些新的变化，逆流、回流、交叉流动同时并存。

1. 乡村劳动力进入城市仍是主流，特大城市隐现人才“逃离”迹象

从改革开放到城镇化率跨越50%门槛，中国的城镇化进程大致可以分为爬坡期（1978～1995年）和加速期（1996～2010年）两个阶段。2010年之后，中国的城镇化进程继续快速推进，按照“七普”数据，2020年中国居住在城镇的人口为90199万人，城镇人口占比已经达到63.89%，与2010

年相比，城镇人口增加 23642 万人，城镇人口比重上升 14.21 个百分点。可见，随着中国新型工业化、信息化和农业现代化的深入发展和农业转移人口市民化政策落实落地，2010~2020 年乡村劳动力继续流向城镇仍然是劳动力迁移的主流（见图 17）。值得一提的是，在新加入劳动力纷纷流向广州、深圳、成都、西安、郑州、武汉等大中城市之时，部分像京沪这样的特大城市因为生存压力或功能疏解压力一度出现劳动力减少现象。

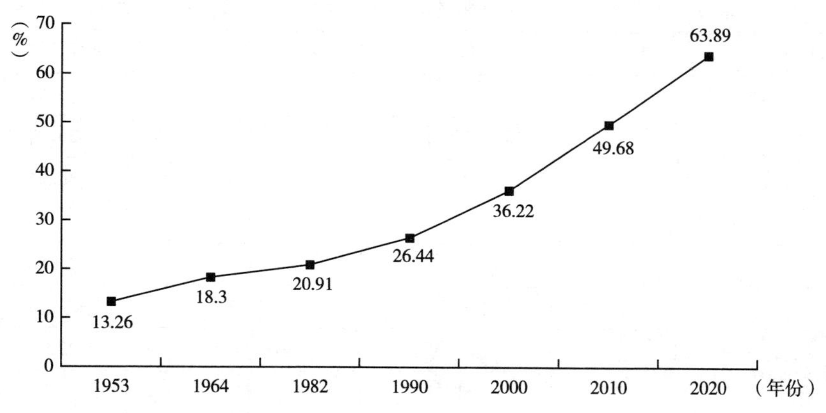

图 17　历次人口普查中国常住人口城镇化率

资料来源：作者根据历次全国人口普查相关数据制作。

2. 流向更为复杂，原先跨区域单向流动呈现双向或交叉流动特征

经济社会持续发展为人口迁移流动创造了条件，中国的劳动力跨区流动规模整体上在持续扩大。2020 年人户分离人口为 49276 万人，比 2010 年大幅提高 88.52%。在劳动力流动规模上升的同时，流动的方向也日趋复杂化。

第一，东南和南部沿海地区劳动力增长依旧较快。随着东南沿海产业转型升级稳步推进，西部开发力度加大和乡村振兴战略逐步落地，劳动力迁移在经历了从“孔雀东南飞”到 2010 年后的回流中西部之后，近年来则呈现出粤浙人口再集聚和回流中西部并存的复杂状态，这就使得广东、浙江、江苏等经济发达省份得以继续保持劳动力净流入优势（见表 1）。

第二，东北人口大幅流失，劳动力南北流动更明显。2010~2020 年，全

国人口“坍塌”最快的10个城市全部集中在东北（见表1）：通化、大兴安岭、绥化、白山、七台河、齐齐哈尔、白城、伊春、黑河、本溪。东北人口快速成规模地离开也带动北方其他省份劳动力悄然南迁，导致劳动力跨区域南北流动规模加大，甚至有超越东西流动的趋势（过去十年，中部和西部地区劳动力移动规模和比重基本保持稳定，这就说明劳动力的东西跨区转移有所降温）。

表1　近十年人口增加最多的5个省份和增速最慢的10个地区

省份	增量（万人）	地区	增量（万人）	增速（%）
广东	2171	通化	-102.25	-43.97
		大兴安岭行署	-18.03	-35.24
浙江	1014	绥化	-166.03	-30.65
		白山	-34.47	-26.59
江苏	609	七台河	-23.08	-25.08
		齐齐哈尔	-129.95	-24.21
山东	573	白城	-48.17	-23.69
		伊春	-26.92	-23.45
河南	534	黑河	-38.75	-23.15
		本溪	-38.35	-22.43

资料来源：2010~2020年各省统计年鉴。

3. 劳动力流动的距离有缩短趋势，就地转移比例增大

值得注意的是，在劳动力流动规模继续攀升的同时，流动距离却有缩短趋势。2020年，市辖区内人户分离人口为11694万人，外出流动人口为37582万人；与2010年相比，市辖区内人户分离人口增长达到192.66%，而外出流动人口增长只有69.73%。劳动力就地转移加快可能意味着地区发展差距有缩小趋势。

（三）中国劳动力分布变化趋势引发的政策诉求

其一，继续优化户籍管理制度和政策，促进劳动力合理自由流动。除了个别特大城市之外，绝大多数地区的户籍约束正在逐步放松，但附着在户籍

之上的住房、教育、医疗、社保等还不同程度影响着劳动力跨地区移动，未来让就业和户籍继续脱钩的需求会更加强烈，对公共产品均等化的要求也会进一步提升。

其二，加大城市反哺农村力度，优化配合乡村振兴战略的人才政策。强化人才是经济发展第一资源的理念，针对城乡差距仍然是最突出的发展差距的现实，有必要配合乡村振兴战略，出台特殊政策鼓励和引导人才服务农村发展。

其三，稳定东北等特定区域发展的专项劳动力引导政策。与乡村原本就产业基础薄弱的情况不同，东北劳动力流失伴随的是原先领先工业优势的衰落，在广袤肥沃的黑土地培育新的产业优势意义重大，有必要出台专项人才支持政策。

五　中国劳动力市场整体趋势及未来劳动政策展望

在出生率持续下滑和年龄结构不断老化的双重影响下，未来中国劳动力市场很有可能要同时面对绝对性不足和结构性短缺双重困局，劳动政策势必会面临整体性挑战和方向性调整。

（一）未来中国劳动力市场整体趋势及劳动政策总体方向

综合前文分析，未来中国劳动力市场难以避免地要全面应对总量供给相对不足、素质提升日益紧迫、年龄结构继续老化三大突出问题，这将构成很长一段时期中国劳动力市场基本供求格局，预计也将成为劳动政策的总体施策方向。

第一，劳动力总量供给相对不足问题会逐步显现，劳动政策将由控制数量向稳定数量转变。按照多方预测，未来十年内我国人口总量触顶下行已成大势，为顺应《中华人民共和国人口与计划生育法》（2001 年通过，2015 年和 2021 年两次修正）的总体基调转换，原先配合人口数量控制的户籍制度、社保制度、教育制度等劳动数量管控制度势必要进行深度改革，在分阶段有步骤地适当提升人口出生率的同时，政策要在稳定劳动参与率、提升劳动流动性、保障劳动者权益等方面持续发力，避免劳动力数量急剧变化对经济社会造成过度冲击。

第二，伴随人口总量下行，劳动人口结构老化问题也会日趋明显，劳动政策将由更多关注人口数量向更多关注劳动素质转变。随着经济新常态的到来，面对严峻复杂的国际形势和艰巨繁重的国内改革发展稳定任务，与关注劳动力数量调整相比，全面改善劳动力素质的意义显然更加显著。高素质的劳动力大军是创新发展的根本源泉，节约劳动力的创新型新兴产业的培育情况、针对老年人口的服务性产业的发展情况等，都会在很大程度上决定未来产业结构转型升级的效果，并进一步决定实现共享发展和共同富裕的效果。为配合人才素质提升要求，未来劳动政策会将更多精力放在教育培训领域，预计中国教育事业从理念和制度到路径和方式都将发生重大转变。

第三，伴随人口总量下行和结构老化，原先劳动力利用效率不高的问题会逐渐浮出水面，劳动政策将由保就业促就业向提高就业质量转变。在长期劳动力市场供大于求的状态下，劳动力低效利用问题被不同程度忽略或掩盖。为配合经济高质量发展的要求，更加充分更高质量就业就是要把人才素质提升与产业结构升级协调起来，把劳动力就业意愿与岗位用人要求结合起来，把个人工作能力和劳动回报统一起来，不闲置不滥用，通过有针对性的精准就业政策努力实现人岗匹配、人尽其才。

（二）未来中国劳动政策有望逐步关注的五个重点领域

第一，切实降低孩子抚养成本的系统化政策。除了文化等其他因素的影响，育儿成本高仍然是生育率下降的主要原因，避免劳动力供给剧烈波动就必须要通过降低育儿成本来稳定生育率，促进人口长期均衡发展。《关于优化生育政策促进人口长期均衡发展的决定》提出，到 2025 年，积极生育支持政策体系基本建立，居民家庭生育、养育、教育成本显著降低，生育水平适当提高；到 2035 年，促进人口长期均衡发展的政策法规体系更加完善，服务管理机制运转高效，生育水平更加适度，人口结构进一步改善。

第二，全面提升劳动者素质的协同化政策。提升劳动者素质的根本途径还在于教育，既要合理界定学校教育、家庭教育、社会教育之间的合理分工，又要科学划定学校教育中基础教育、高等教育、职业教育边界和目标。更重要的是要持续推动教育评价科学化，《深化新时代教育评价改革总体方案》已经从党和政府、学校、教师、学生、用人单位五大主体角度做出了教育评价改革重点任务安排，其基本思路就是要克服简单化、表面化、数量化的评价，真正让教育服务于人的全面发展和社会的用人需求。

第三，促进劳动力市场顺畅迁移的引导性政策。面对日益凸显的结构性就业矛盾，提高就业质量既要努力提高劳动力素质，也要设法改善劳动力要素的配置效率。《“十四五”就业促进规划》强调要重视充分发挥市场配置劳动力资源的决定性作用，推动形成劳动力市场更高水平的供需动态平衡。预计相关劳动政策将会把扫除劳动力流动障碍与服务地区产业升级相配合，按照“试行以经常居住地登记户口制度和探索城乡双向流动的户口迁移政策”的思路，为促进劳动力在城乡之间、区域之间、行业之间进行顺畅迁移创造条件。

第四，改善劳动用工效能的激励性政策。这方面主要有两大任务：一是针对学术型和技术型人才创新潜能的释放激励，政策基本导向是让科研人员真正拥有科研自主权，特别是在经费管理要进一步放权（《关于改革完善中央财政科研经费管理的若干意见》），在项目成果评审方面更加注重过程评价和综合评价；二是针对普通劳动者的权益保障型激励，相关政策将在继续落实好“两个同步”基础上①，进一步发挥工会组织（特别是基层工会组织和产业工会组织）的作用，推动工会工作、劳动标准、集体合同、企业民主决策等方面的立法进程，更好地维护广大劳动者在就业、社会保障、参与社会治理等多方面的权益。

第五，强化劳动力内外部市场对接的政策。劳动力市场的供求失衡是一

---

① 党的十八大提出“两个同步”，一个就是城乡居民收入水平要和经济增长同步，另一个就是劳动者报酬要和生产率提高同步。

个常态化问题，而缓解劳动力供求矛盾的一个有效办法就是加强与国际市场的有机衔接。改革开放以来，中国的对外人才政策整体上是日趋开放的，但在现实中主要表现为“人才流出”，随着中国经济实力的增强，不仅留学人才回国比例会提高，对国际人才的吸引力也将不断提升。未来中国势必会加快实施更开放的全球人才吸引和管理制度，对外籍人才进入中国、临时或永久居留中国、在中国法定机构担任职务等提供必要的服务保障。（《全面深化前海深港现代服务业合作区改革开放方案》中已经对此提出了明确的探索要求）

第三章　人力资源算法管理相关研究的回顾、评述和文献概述

叶　迎*

摘　要：随着劳动力数字化正在创造"不断增加的数据量"，算法技术的运用在人力资源管理中正在发挥着重要的作用。算法管理是一把双刃剑，在提升人力资源管理效率的同时，也不可避免地带来一系列负面影响。本文的主要目的是对国内外相关学术研究以及商业期刊、大众媒体中关于HRM算法管理研究文献进行综述，并企图解决几个研究问题：首先，我们试图澄清人力资源算法管理的定义，包括它们的应用与传统研究使用的统计方法有何不同。其次，我们评估了HRM中特定主题中的算法管理运用及其所带来积极或负面影响。最后，针对HRM算法管理的现状与问题，本文论述了针对人力资源算法管理弊端的规制措施。

关键词：人力资源管理　算法管理　平台经济　综述

一　共享经济的兴起以及新就业形态的产生与发展

随着互联网对社会资源分配机制的深度渗透与整合，在以"物"为标

* 叶迎，中国劳动关系学院劳动关系与人力资源学院副教授，主要研究方向为劳动经济学和人力资源管理。

的的常规网络交易中逐步衍生出以“劳务”为标的的新型交易形态，并呈现出快速增长之趋势[①]。在互联网信息技术的推动下，以网约车为代表的互联网经济模式迅速发展，这为我国劳动力市场带来了极大的灵活性，创造了许多新型的就业岗位。互联网技术及共享经济带动了互联网平台劳动的发展，平台中新型劳动的兴起提高了闲置劳动资源利用率和社会吸纳就业能力[②]。有观点将其称为“零工经济”，也有观点将其称为“分享经济”[③]。

“共享经济”（Sharing Economy）一词作为舶来语，最早由美国社会学家马科斯·费尔逊和琼·斯潘思于1978年提出，马丁·威尔茨于1984年将其正式发展为“共享经济”[④]。平台经济模式依托互联网平台和移动终端等实现网状点对点分享，信息传递的边际成本几乎为零，平台的价值也随着用户的加入和分享的增多呈指数级增长。平台经济的兴起催生出形态各异的网络平台劳动（Online Platform Labor），日渐成为数字化时代就业方式和劳动组织最引人注目的新变化。实践中，因不同网络平台劳动的工作内容和工作方式迥异，从而网络平台劳动又被冠以“云劳动（Cloud Work）、“众包”（Crowd Work）、“网约零工”（Gig Work）、“工作优步化”（Uberization）等不同称谓[⑤]。

《中国分享经济发展报告2016》显示，2015年中国共享经济市场规模约为19560亿元，该领域参与提供服务者约5000万人，占劳动人口总数的5.5%[⑥]。自2005年以来，通过数字劳动平台提供的工作种类急剧增加。2010年，中国最新平台工作回顾发布，截至当年，线上和线下的威客工作

① 王天玉：《基于互联网平台提供劳务的劳动关系认定——以“e代驾”在京、沪、穗三地法院的判决为切入点》，《法学》2016年第6期，第50~60页。

② 王珏：《基于互联网平台的新型劳动关系研究》，博士学位论文，江西财经大学，2020.

③ 班小辉：《“零工经济”下任务化用工的劳动法规制》，《法学评论》2019年第3期，第106~118页。

④ 汪雁、张丽华：《关于我国共享经济新就业形态的研究》，《中国劳动关系学院学报》2019年第2期，第49~59页。

⑤ 黄再胜：《网络平台劳动的合约特征、实践挑战与治理路径》，《外国经济与管理》2019年第7期，第99~111页。

⑥ 何勤、王琦、赖德胜：《平台型灵活就业者收入差距及影响机制研究》，《人口与经济》2018年第5期，第1~9页。

类别超过1000个，其中400个是常见类别中国的在线平台工作与其他国家类似，任务通过远程完成，并且需要员工使用计算机并连接互联网①。由于技术的快速发展带来了生产和组织方式的变革，新就业形态劳动者数量不断增多，《中国分享经济发展报告2020》显示，到2020年，我国参与数字经济活动的人数约8.3亿人，参与提供服务者约为8400万人，其中通过数字劳动力平台的就业人员631万人，新冠肺炎疫情加速了这一就业群体的扩张，这些劳动者被归类为“自雇”或“独立承包商”②。纪雯雯和赖德胜提出工作场所分割理论来解释网络平台对劳动关系的影响机制，并认为网络平台劳动力市场的出现是对传统工作场所劳动力市场的补充，扩大了整体劳动力市场规模，起到了岗位创造效应③。

随着互联网技术的飞速发展，传统服务业在“互联网+”时代发生了根本性的模式变革，通过价值链、产业链的融合以及嫁接互联网信息形成了新型的组织形态④。在此背景下产生了所谓共享经济“新就业形态”，共享经济平台“网约工”，因就业方式、所受劳动管理方式、劳动报酬获取方式、就业关系等方面迥然不同于传统标准就业形态，其就业形态也被称为“共享经济新就业形态”。学者王珏将互联网平台的新型劳动关系分为“类租佃式自主劳动关系”和“新型雇佣关系”两类⑤。

这种新型的就业形态主要包括两种形式的工作：“众包工作”和“应召工作”。第一个术语通常指的是通过在线平台完成一系列任务的工作活动。通常这些平台通过互联网与无限数量的组织和个人联结，甚至可能允许在全球范围内连接客户和工作人员。相反，“应召工作”是一种工作形式，其中

① 陈耀波：《中国在线数字劳工平台：工作条件、政策问题和未来前景》，日内瓦：国际劳工组织工作报告，2021.

② 乔健：《新发展阶段我国劳动关系面临的挑战与政策趋向》（7.22修改稿），2021.

③ 纪雯雯、赖德胜：《网络平台就业对劳动关系的影响机制与实践分析》，《中国劳动关系学院学报》2016年第4期，第6~16页。

④ 宋紫薇：《网约车平台公司与驾驶员用工关系之法律认定——以网约车经营服务管理相关规定为切入点》，《工会理论研究》（上海工会管理职业学院学报）2017年第3期，第19~22页。

⑤ 王珏：《基于互联网平台的新型劳动关系研究》，博士学位论文，江西财经大学，2020。

传统工作活动（如运输、清洁和跑腿等）的执行，以及文书工作，都是通过公司管理的应用程序进行的[①]。

汪雁和张丽华认为这种新就业形态的主要特质表现为用工主体的平台性、轻资产化和就业主体的原子性和重资产化，用工方式的高弹性和社会化，就业方式的网约性和非标准化，用工管理上的“重绩效轻责任”非均衡性以及就业关系的去劳动关系化等[②]。

在这种用工方式下，个人或企业之间的通过数字平台实现有偿劳动交换，这种用工方式通常是为实现平台提供者和用户之间的交易而出现的一种短期的、以任务计酬的工作方式。零散从业人员可以为多家公司工作，以工作任务计酬。吴静等以平台司机的职业群体为例，基于自我决定理论的观点发现：平台司机个体心理感知的满足程度是促进外部动机向内部动机转化的关键；经济效益对平台司机参与行为的影响最大，自主感知在动机转化过程中起关键作用[③]。由此可见，其主要优势在于职业准入门槛比较低、灵活性高、工作种类繁多和可利用各种互联网、手机 App、电子商务平台寻找工作，独立性强、有机会尝试新工作体验；而主要问题与挑战则包括收入水平一般、缺乏持久保证、工作福利差、劳工权益缺乏清晰界定，往往被视为自雇人员而需要缴税费，往往还伴随潜在的压力、焦虑和过度疲劳[④]。

哈佛大学法学院的劳动与工作生活研究所高级研究员陈耀波针对 1016 名网络平台工作者开展问卷调查，并获得数据：考虑到相当比例的受访者除了从事其他职业外，还从事平台工作，人们在数字劳动平台上工作的一个最常见原因是“补充其他工作的收入”（25.5%），这一点并不令人惊讶。许

① De Stefano Valerio.：“The Rise of the Just-In Time Workforce：On-demand Work，Crowdwork and Labour Protection in the Gig Economy，Comparative Labor Law”，*Policy Journal*，2016 (37)，p. 474.

② 汪雁、张丽华：《关于我国共享经济新就业形态的研究》，《中国劳动关系学院学报》2019 年第 2 期，第 49~59 页。

③ 吴静、张天怡、周嘉南：《基于扎根理论的零工参与动机演化机制研究——以平台司机为例》，《中国人力资源开发》2021 年第 9 期，第 110~123 页。

④ 曹学兵：《后疫情时期英国平台经济发展和灵活用工的现状与展望》，2021 全球劳动力市场灵活化与数字经济用工规制国际会议工作论文，2021 年 5 月 20 日。

多工人从事平台工作是出于喜欢，与之相关的回答有因为他们喜欢平台工作（19.6%）和因为他们觉得这是一种休闲方式（14.1%），两者都获得了较高的选择率。相当大比例的中国员工也更喜欢居家工作（13.8%），考虑到这些平台上的学生比例很高，另外14.3%的人从事网络平台工作是为了边上学边获得收入①。由此可见，平台型灵活就业作为基于互联网、新媒体等介质的兼职就业模式，其发展提高了灵活用工的使用频率②。

二　人力资源算法管理的概念内容

随着共享经济的兴起与发展，当今的人力资源管理领域也正在经历一个“机器换人”的时代，比如外卖送餐平台对于骑手的管理，网约车平台对于司机的管理等，很多的人力资源管理项目都是通过平台自动评分而实现，而非通过传统的人力资源管理者的人工操作而完成，从而推动人力资源管理进入了一个“算法管理”的新时代。大数据和相关算法的可用性已经彻底改变了人力资源管理格局，包括谷歌、微软、IBM和LinkedIn在内的主要技术巨头都推出了软件或平台，这些软件或平台既可以完成诸多人力资源管理功能，也可以通过过程中积累的数据来分析企业过往人力资源管理实践和结果，包括与招聘筛选、业绩考核、薪酬管理、员工敬业度和营业额管理相关的各个方面。

“算法”这一概念源自8世纪波斯数学家穆罕默德·花拉子米，指代“能够运行的系统性计算”，其后在12世纪传至阿拉伯与拉丁语系国家。在19世纪，数学家开始重视算法问题并将其纳入学术讨论。由于算法与编码、指令、推理等天然形成密切关系，它也成为人类解决生产实践中的数学物理问题的重要依托。伴随着电子计算机的发明，算法开始真正进入人类视野，它日渐依托软件和编码而存在，成为计算机应用与实践不可或缺的一部分。

① 陈耀波：《中国在线数字劳工平台：工作条件、政策问题和未来前景》，日内瓦：国际劳工组织工作报告，2021.

② 何勤、王琦、赖德胜：《平台型灵活就业者收入差距及影响机制研究》，《人口与经济》2018年第5期，第1~9页。

近些年的“算法热”，主要归因于大数据和人工智能的勃兴。伴随着算法与数字生产日益密切的联系，算法概念的内涵和外延正在超越计算机、数学、信息技术等领域而变得更加宏观和更具跨学科属性①，其功能延伸至管理领域是当代数字经济发展的必然。

用于监控、协调和控制零工员工活动的算法流程和机制统称为算法管理。算法管理被定义为一种控制系统，其中自学算法负责制定和执行影响劳动的决策。使用算法作为虚拟自动化管理器可节省大量成本，从而消除对人工主管和经理的需求②。人力资源算法管理即利用算法软件进行劳动者的自动化组织管理，既包括工作安排、优化和评估，也包括标准化管理、员工行为标准化评估和奖惩合作管理。当今的平台企业已经开始部分依靠算法管理原则，通过员工手持设备和计算机进行自动化、标准管理。经济数字化程度越高，算法系统软件越趋向取代管理人员。在人力资源管理中，算法管理的应用主要体现在如下几个方面。

（一）招聘和选拔中的算法管理应用

算法技术可以将那些拥有未充分利用的资产、技能或时间的人与潜在消费者联系起来，这是一种降低拥有成本并更有效地分配商品和服务的商业形式③。在人力资源管理领域，使用大数据评估工人的潜在或实际绩效的做法被称为人员分析。它创建了一个基于互联网平台的劳动力市场，在这个劳动力市场上，平台使用的先进算法成为强化、加速和扩大劳动力市场的管理工具④。比如在

---

① 孙萍：《“算法逻辑”下的数字劳动：一项对平台经济下外卖送餐员的研究》，《思想战线》2019年第6期，第50~57页。

② Duggan J.，Sherman U.，Carbery R.，McDonnell A.：“Algorithmic management and app work in the gig economy：A research agenda for employment relations and HRM”，*Hum Resour Manag J*，2019，pp. 1-19. https：//doi. org/10. 1111/1748-8583. 12258.

③ Alex Rosenblat：“Uberland：*HOW ALGORITHMS ARE REWRITING THE RULES OF WORK* Oakland，California：university of california press，2018，p. 296.

④ Duggan J.，Sherman U.，Carbery R.，McDonnell A.：“Algorithmic management and app work in the gig economy：A research agenda for employment relations and HRM”，*Hum Resour Manag J*，2019，pp. 1-19. https：//doi. org/10. 1111/1748-8583. 12258.

雇用阶段，平台使用软件来分析和评估申请人在社交媒体网站上的行为，并用数据足迹标记和拒绝表现出潜在“问题”的候选人，由此来确定潜在员工与工作的匹配性。入职后，雇主可以使用算法技术更轻松地监控，奖励和惩罚工人①。

平台企业在招聘和选拔员工时通过算法管理实现劳动力供需匹配。Meijerink 和 Keegan 认为中介平台公司为了保证实现劳动力供需匹配最优化的需要。在某些情况下，会利用算法技术仔细选择零工请求者，这对于保证为这个平台生态系统的所有参与这创造多边价值至关重要。例如，就业平台 Clickworker 会根据他们特定的资格要求去通过算法选择零工工人，并在他们的资格通过算法评估提高后，为他们提供更复杂的任务②。

（二）培训和发展中的算法管理应用

尽管据称中介平台公司没有强烈的动机向零工工人提供培训和发展服务，但情况并非总是如此。例如，Uber 司机会获得有关如何提高乘客评分和收入的说明，而在线中介可能会为临时项目经理提供职前培训。除了培训临时工外，平台公司还培训任务请求者（平台企业）。例如，Deliveroo 和 Uber Eats 等送餐平台会指导他们的请求者（即餐厅）运行算法，以确保按时准备餐点，以便零工人员不会浪费时间在餐厅等待。另外，还会允许零工人员和任务请求者通过应用程序相互提供反馈来促进彼此的完善和发展③。

（三）绩效管理中的算法应用

进入数字化时代，伴随着劳动型平台经济“陌生人交易”的制度演化，

---

① Berg J.：“Protecting Workers in the Digital Age：Technology”，Outsourcing and the Growing Precariousness of Work，2019.

② Jeroen Meijerink，Anne Keegan：“Conceptualizing human resource management in the gig economy Toward a platform ecosystem perspective”，*Journal of Managerial Psychology*，2019（34），pp. 214-232.

③ Jeroen Meijerink，Anne Keegan：“Conceptualizing human resource management in the gig economy Toward a platform ecosystem perspective”，*Journal of Managerial Psychology*，2019（34），pp. 214-232.

数据驱动的算法管理成为劳动过程控制的主要方式[①]。在大多数情况下，零工经济中的绩效管理是通过设置绩效标准和使用请求者反馈来评估零工员工绩效来实现的。例如，Uber、Lyft 和 Deliveroo 使用的评级系统时就星级评分标准和实施细节征求请求者的反馈[②]。除了向司机发送即时提示外，Uber 还通过每周绩效指标设定和反馈进行长期绩效管理。该公司跟踪个性化统计数据的组合，包括评分、乘车接受率、取消率、在线时间、出行次数以及与其他司机的比较等（例如司机的个人评分与顶级司机的评分对比）[③]。吴清军和李贞采用混合研究的方法对国内某移动出行平台上司机的劳动过程及劳动供给进行了分析，提出了平台控制劳动过程并使劳动者产生工作认同的三种核心机制，即工作自主性机制、计薪与激励机制以及星级评分机制，因此从业者对工作的认同可转化为超额劳动，由此可以看出与传统劳动过程控制不同的是，平台对劳动控制变得更加碎片化，平台对劳动过程的控制和劳动者拥有工作自主权是同时并存的[④]。

Berg 指出，算法管理已被定义为“通过算法和跟踪数据来分配，优化和评估人工作业”的工作设置。Möhlmann 和 Zalmanson（2017）概述了算法管理的五个特征：（1）持续跟踪工人的行为；（2）对工人进行持续绩效评估；（3）自动执行决策，无须人工干预；（4）工人与“系统”而不是与人类的互动，这种管理形式剥夺了他们与主管进行面对面反馈或讨论和谈判的机会；（5）透明度低。透明度低反映了企业选择不公开算法的工作原理，

① 黄再胜：《网络平台劳动的合约特征、实践挑战与治理路径》，《外国经济与管理》2019 年第 7 期，第 99~111 页。

② Jeroen Meijerink，Anne Keegan：“Conceptualizing human resource management in the gig economy Toward a platform ecosystem perspective”，*Journal of Managerial Psychology*，2019（34），pp. 214-232.

③ Alex Rosenblat：*Uberland*：*HOW ALGORITHMS ARE REWRITING THE RULES OF WORK*，Oakland，California：university of california press，2018，p. 296.

④ 吴清军、李贞：《分享经济下的劳动控制与工作自主性——关于网约车司机工作的混合研究》，《社会学研究》2018 年第 4 期，第 137~162 页。

但也部分反映了算法的自适应性，从而根据所收集的数据来改变决策[①]。

（四）薪酬和福利管理中的算法应用

Meijerink 和 Keegan 提出在薪酬管理方面，平台中任务请求者（企业或其他任务发布方）用薪酬补偿零工工人提供的服务以及中介为匹配劳动力供需所付出的努力。然而，对零工绩效的这种薪酬补偿是间接的，因为任务请求者向中介平台公司支付费用，其中一部分由中介获取，其余部分转移给零工劳动者[②]。

算法奖励系统可以对劳动者遵守预先指定的行为要求而提供的实时回报，并使用精神激励（比如星级评分）和物质激励来延续彼此的合作。例如，有报道称，零工工人完成了预定义的任务要求，平台大数据会即时给出相应的星级评定，评定等次高的劳动者立即获得了更多的工作机会、更高的工资和更高的灵活性和选择权。因此，通过这种方式，算法奖励可用于提高员工的工作效率、质量以及在调度方面的更大自主权和灵活性——这是零工经济的关键卖点之一[③]。学者郑文睿认为 AI 算法击穿了《中华人民共和国劳动法》（以下简称《劳动法》）中的劳动报酬、劳动时间、安全卫生、社会保险等规定，有意无意地实施着另外一套劳动力管理体系。平台用工需要凭借算法管理来安排指令、发布任务、执行规则，为人力资源管理带来更高效便捷的优化配置。这种科技的初衷是好的，使得算法通过智能调配能力，达到最优运力调度。不过，算法是建立在大数据的基础上，这种“数字逻

① Berg J：“Protecting Workers in the Digital Age：Technology”，*Outsourcing and the Growing Precariousness of Work*，2019.

② Jeroen Meijerink，Anne Keegan：“Conceptualizing human resource management in the gig economy Toward a platform ecosystem perspective”，*Journal of Managerial Psychology*，2019（34），pp. 214-232.

③ Duggan J.，Sherman U.，Carbery R.，McDonnell A：“Algorithmic management and app work in the gig economy：A research agenda for employment relations and HRM”，*Hum Resour Manag J*，2019，pp. 1-19. https：//doi. org/10. 1111/1748-8583. 12258.

辑”关心的是经济效益[①]。由此可见，算法管理的结果是不断增加劳动时间，突破了“道德”和“健康”的底线，一旦出现事故，相关案件难以处理，平台劳动者的合法权益更难以得到保障。

三 评估人力资源算法管理的正负影响

（一）积极作用：提高效率

人力资源算法管理是共享经济对劳动要素优化配置的内在要求。“共享经济”作为“利用网络信息技术，通过互联网平台将分散资源进行优化配置，提高利用效率的新型经济形态”，它有两个明显特征：一是技术特征，即以互联网为主的技术平台。互联网（尤其是移动互联网）、AI、云计算、大数据、物联网、移动支付、定位技术等现代信息技术的广泛应用，是其迅猛发展的技术基础。该特征使其明显区别于以传统实体型为主经济模式。二是权属特征，强调所有权与使用权相对分离，倡导不求拥有但求所用[②]。共享经济这种商业模式依托互联网平台控制的算法，对商品、服务和信息的需求与供给进行快速实时匹配[③]。

人力资源算法管理通过日益增强的精准性和标准化管理，将从业者的劳动过程置于细致入微的监管之下。从言语表述、肢体行为到时间、空间、数量、级别等各个层面的数字操控，使得技术理性最终管理“人的情感”，并以此实现劳动价值的最大化和高效化。例如，美国管理协会（American Management Association）对美国公司进行的一项调查显示，三分之二的美国公司在人力资源管理中会利用算法监控员工的互联网使用情况，比如，他们会记录45%的日志击键和43%的员工跟踪电子邮件等方面的信息。UPS和亚

---

① 郑文睿：《“互联网+”时代劳动关系变革的法理分析和立法回应——互联网平台用工关系定性释疑》，《社会科学》2021年第1期，第89~99页。

② 汪雁、张丽华：《关于我国共享经济新就业形态的研究》，《中国劳动关系学院学报》2019年第2期，第49~59页。

③ 周畅：《中国数字劳工平台和工人权益保障》，《国际劳工组织工作报告》2020年。

马逊等公司也在广泛使用技术来追踪员工的地点以及工作的速度和效率[1]。

可以说，人力资源算法管理展示了新战略和新技术如何帮助劳动关系从传统的直接雇佣关系“脱嵌”：（1）技术可以将传统工作拆分为具体的小任务，分派给不同工人完成；（2）工人的工资将由当时的供求关系动态决定，其工作表现会持续被追踪和审核；（3）工人的绩效评估和所得工资受制于顾客满意度测评；（4）技术不仅用于管理工作者，还可以用于协调工作进度，比如将“用手机 App 管理员工”确立为公司惯例，促使“工作优步化”成为一个不可避免的全球趋势[2]。在高效便捷的算法管理下，网络平台凭借数据驱动的智能化决策，快速完成人与工作任务的精准匹配、劳动过程的瞬时优化、劳动定价的动态调整以及劳务准入与退出的即时管理[3]。

（二）消极作用：引发社会问题的新议题

1. 人力资源算法管理开启了劳动控制的新模式，加剧了劳资不平等

虽然算法管理的使用近年来在人力资源管理实践中得到了蓬勃发展，但有关其使用的学术研究（包括相关的分析模型）却反映了一种相对谨慎、保守的观点。例如，人力资源管理研究人员质疑算法软件对决策的实际价值，并表示几乎没有证据支持这些工具的战略价值。他们认为，在实践中某些企业在人力资源管理中过于狂热地采用算法模型似乎成为一种管理时尚，但这未必是一种社会进步。王楠也指出人工智能被应用于招聘领域时，人工智能只能对数据进行客观分析而不具有主观思维，可能会带来一定的就业歧视进而影响劳动者的平等就业权[4]。

① Berg J：“Protecting Workers in the Digital Age：Technology，Outsourcing and the Growing Precariousness of Work”，2019.

② 叶韦明、欧阳荣鑫：《重塑时空：算法中介的网约劳动研究》，《浙江学刊》2020 年第 2 期，第 167～176 页。

③ 黄再胜：《网络平台劳动的合约特征、实践挑战与治理路径》，《外国经济与管理》2019 年第 7 期，第 99～111 页。

④ 王楠：《人工智能背景下劳动法的机遇与挑战——以“劳动者劳动权”为视角》，《中外企业文化》2020 年第 8 期，第 58～59 页。

在当今时代人工智能的出现所引发的科技热潮下，劳动经济领域的问题获得了越来越多国际学者的关注和研究[①]。算法管理是一把双刃剑，在提升人力资源管理效率的同时，也对劳动者的权益造成了伤害，比如《困在算法里的骑手》就描述了算法管理给平台骑手群体造成的极度内卷。自2015年以来，外卖行业进入迅猛发展阶段，各个外卖平台为了占领市场，开始大规模招募外卖员工，并以红包、奖励、补贴等形式展开市场争夺。高额的奖励使得外卖行业就业激增，并出现了外卖骑手“月收入过万”的情形。但平台经济的本质仍旧为劳动密集型经济。外卖骑手高收入的背后是超长劳动时间、超大密度、超大强度的劳动付出。而且，随着外卖市场的饱和与平台垄断结构的逐渐形成，外卖骑手的收入在这种饱和中，由于行业和地域的差异以及骑手的个体差异，也逐渐呈现出在分化中不断下滑趋势。平台用工的灵活性和零散性，使得外卖骑手呈现出多元化的就业特征和就业结构[②]。

涂永前等以外卖骑手为例，指出平台通过限时计件工资制和消费者主导的工作质量评价系统，将监管控制权转移至消费者以实现对外卖骑手的经济控制；为提高收入，外卖骑手延长软件在线时间、缩短每一单配送时间，导致产生超长工作时间、违反交通规则等不安全因素[③]。人力资源算法管理在带来技术便捷的同时，也不可避免地导致一系列后果，如加快标准化、减少人性化管理、个性化技术运用、工作环境恶化，各种复杂情况，催生了外包、分包、代理和数字雇佣平台中劳动关系中的不确定因素[④]。

当算法介入劳动领域，平台劳动者容易完全被系统与时间支配，也意味着奖励与惩罚规则一并被纳入整个管理系统之中，开启新的劳动控制模式。

① 罗润东、滕宽：《人工智能时代背景下技术变革对劳动经济领域研究的影响分析——基于近20年国外文献数据的可视化解读》，《劳动经济评论》2019年第1期，第1~21页。

② 孙萍：《“算法逻辑”下的数字劳动：一项对平台经济下外卖送餐员的研究》，《思想战线》2019年第6期，第50~57页。

③ 涂永前、谢文曦、熊赟：《平台经济下劳动者职业安全探究——基于对北京X站点外卖骑手的劳动社会学调查》，《温州大学学报》（社会科学版）2021年第2期，第26~38页。

④ 曹学兵：《后疫情时期英国平台经济发展和灵活用工的现状与展望》，2021全球劳动力市场灵活化与数字经济用工规制国际会议工作论文，2021年5月20日。

这种劳动控制模式一旦运行，平台劳动者就会被算法困在系统中，陷入一个无法自拔、无限循环的“恶性”无底洞。因为在平台经济中，AI算法会精确地计算出平台劳动者需要在限定的劳动时间内所应完成的劳动任务量，而且这种劳动任务量是多数普通劳动者在正常劳动时间里做不到的。于是，为追求平台的经济效益和服务效果，系统就会不断地缩减个体劳动时间、增加个体劳动任务量。当系统第一次缩减单位劳动时间后，恶性循环就已注定，平台劳动者越按照平台算法及奖惩规则抓紧时间完成劳动任务，依据大数据计算出的平台劳动者所需要完成工作量的时间越短，就会更加缩短平台劳动者的单位劳动时间，周而复始，循环往复[①]。

学者孙萍提出，算法的隐蔽性使在数字经济下劳动特征的发掘变得更具挑战性，但这并不意味着我们应该忽视技术发展“光环”下的劳动政治，恰巧相反，算法权力结构下的不平等，内嵌于更加多元的权力关系景观之中，在算法之外，我们要看到更广阔的历史文化和社会情境[②]。数字化的组织形式更新，使平台成为“算法化的、无法协商的雇主”。平台劳动者面对分类计算系统向他们承诺加薪的可能性，以及持续变化和更新的奖励规则，成为“被算法管理的劳动者”，又称为“被计算的工人”[③]。

在人力资源算法管理中，工人更加隐形，不是因为他们的工作是无形的，而是因为他们以新的方式在新的技术环境下工作。另外，通过IT渠道“提供”的事实工作，都可能“扭曲”企业和客户对劳动者和劳动的看法，工人的劳动被认为是“非人化”的，这些劳动甚至不被认为是真实意义上的工作[④]。另外，算法管理虽然极大地降低了网络平台劳动市场的交易成

① 郑文睿：《“互联网+”时代劳动关系变革的法理分析和立法回应——互联网平台用工关系定性释疑》，《社会科学》2021年第1期，第89~99页。

② 孙萍：《“算法逻辑”下的数字劳动：一项对平台经济下外卖送餐员的研究》，《思想战线》2019年第6期，第50~57页。

③ 叶韦明、欧阳荣鑫：《重塑时空：算法中介的网约劳动研究》，《浙江学刊》2020年第2期，第167~176页。

④ De Stefano Valerio: “The Rise of the Just-In Time Workforce: On-demand Work, Crowdwork and Labour Pro-tection in the Gig Economy, Comparative Labor Law”, *Policy Journal*, 2016 (37), p. 474.

本，但其供需匹配规则和定价机制具有不透明性。并且，在日益激烈的平台竞争中，为维持自身的核心竞争力，网络平台通常对算法功能及其评分标准“秘而不宣”，这进一步加剧了网络平台劳动过程管理的不透明程度。劳动型平台算法管理的“黑箱化”，极易引发基于用户画像的“算法偏见”，从而不同程度地影响网络平台劳动者的接单机会、交易公平感知和从业满意度[①]。

Berg 指出全球化带来的组织变革以及技术进步的推动，导致了更加不稳定的就业形式的出现。数字化劳动力平台的开发和使用促进了跨境劳动力的提供并建立了新的工人控制形式。劳动监管滞后于这些变革，暴露了覆盖面的差距，加剧了不安全感和不平等[②]。

2. 侵害劳动者的合法权益

近年来，新就业形态劳动者权益保障成为学界关注的热点问题。新就业形态劳动者是指伴随着互联网、大数据等现代信息科技进步，依托互联网平台实现就业，其就业方式有别于传统的稳定就业和灵活就业的劳动者，网约配送员、网约车驾驶员、代驾司机、互联网营销师、网点店主等都属于典型的新就业形态劳动者。这个劳动者群体经常要面对如下问题：低工资、缺乏福利和工作保障，以及在与资方的冲突解决中缺乏权力等[③]。

针对新就业形态劳动者的权益保护，李怡然指出目前以外卖骑手为代表的互联网平台灵活就业者的权益保障困境主要根源在于外部制度的供给不足，具体表现在：有关外卖骑手的法律关系、劳动基准等基础性立法供给模糊导致的制度衔接困难，行业标准和行业协会未建立导致的制度执行困难，外卖骑手点状分布与群体组织化管理之间矛盾导致的制度下沉困难，政府治理的地方性与平台治理的全域性之间矛盾导致的制度普及困难等。并提出了

① 黄再胜：《网络平台劳动的合约特征、实践挑战与治理路径》，《外国经济与管理》2019 年第 7 期，第 99~111 页。

② Berg J.：“Protecting Workers in the Digital Age：Technology，Outsourcing and the Growing Precariousness of Work”，2019.

③ Bush，Balven：“Catering to the crowd：An HRM perspective on crowd worker engagement”，*Human Resource Management Review*，2018.

相关建议，即“运用总体性思维打破内外制约，从明确法律关系、建立行业标准、提升基层组织功效、厘清层级立法等方面完善制度的接续自洽、公平自洽、层级自洽和全域自洽”①。

杨伟国、吴清军和张建国等在《中国灵活用工发展报告（2022）》一书中就在国家政策大方向指引下进一步规范灵活用工发展的政策，提出建议思路：第一，对互联网平台用工与其他灵活用工类型分类治理（这一条已经明确将互联网平台灵活用工与其他类型区别开来）；第二，补齐制度短板，针对平台劳动者权益保障制度出台具体、可操作的配套政策；第三，加强对平台用工的协同治理和联合监管；第四，加强平台企业的工会建设，积极发挥其在思想政治引领、集体协商、民主参与、劳动立法、劳动法律监督等方面的职能；第五，加强行业自律；第六，在通过加强监管执法力度规范人力资源服务业发展的同时，通过政策倾斜引导专业化的人力资源服务业态的发展②。

Berg 认为应该将学界辩论重新聚焦于如何减少劳动力市场的不稳定状态，并制定战略以确保所有工人都从劳动法所规定的基本劳动保护中受益，为此他提出三点对策：确保对所有工人的保护、减少工作时间和技术为工作服务③。

3. 司法实践中的劳动关系难以界定

为了促进平台经济中的劳动保护，首先需要的是大力倡导将这一类型的劳动充分认可为工作④。众包生产体制使平台资本实现了跨时空、跨阶级的弹性积累和新形态的垄断控制，模糊了真实的劳资关系。基于互联网提供劳务是否应认定为劳动关系，司法实践中存有分歧，一方面，如果过于轻易地将劳动者与网络平台之间的关系都定义为劳动关系，那么这将带来一些不合

---

① 李怡然：《困住骑手的是系统吗？——论互联网外卖平台灵活用工保障制度的完善》，《中国劳动关系学院学报》2022 年第 1 期，第 67~79 页。

② 杨伟国、吴清军、张建国等：《中国灵活用工发展报告（2022）》，社会科学文献出版社，2021。

③ Berg J.：“Protecting Workers in the Digital Age：Technology，Outsourcing and the Growing Precariousness of Work”，2019.

④ De Stefano Valerio：“The Rise of the Just-In Time Workforce：On-demand Work，Crowdwork and Labour Pro-tection in the Gig Economy，Comparative Labor Law”，*Policy Journal*，2016（37），p. 474.

理的负担。另一方面，如果将劳动者与网络平台之间的关系都视为非劳动关系，那么劳动者的有些权益将得不到保障。作为此类争议的典型代表，美国联邦地区法院判决 Uber 公司与司机之间存在劳动关系，但是其所依据的 Borello 测试体系并不代表美国法律判断劳动关系的标准①。虽然联邦地区法院对 Uber 公司施加给司机的控制行为进行了分析，但是仍需陪审团确定司机是否属于劳动者②。欧盟委员会经过数年的研讨和公众咨询，最终于 2016 年 2 月完成了仅具指导性而非法令性的《欧盟分享经济指南》。指南维持了传统劳动关系认定的三项标准，主张将是否存在劳动关系问题留给个案来具体判断③。

在我国现行劳动关系认定体系下，平台公司出于其运营模式的考虑，有绕开劳动关系的趋势。尽管劳动用工的其他形式，如劳务派遣、非全日制用工等得到较普遍的运用，但平台更多地采用了加盟、代理、劳务外包以及个人签订民事劳务合同等合同安排④。这导致了互联网平台用工关系性质界定不清、劳动保护难以适用，不利于劳动者的权益保护，也加大了司法实践难度，阻碍了司法实践统一化和平台经济的发展。司法实践的困境，反映出平台经济背景下日益灵活化的劳动力市场与相对滞后的现行劳动关系认定标准之间的冲突⑤。用工性质的模糊性不仅为平台公司带来不确定性和虚增的成本，也为劳动者带来了潜在的风险⑥。

总的来说，从全球范围来看，平台经济发展迅速促进了就业市场的转变，但总体经济规模及其影响偏小。平台中的企业与零工从业人员之间的劳

① 王天玉：《基于互联网平台提供劳务的劳动关系认定——以“e代驾”在京、沪、穗三地法院的判决为切入点》，《法学》2016 年第 6 期，第 50~60 页。

② 柯振兴：《网约用工的规制路径及权益保障——以美国 Uber 司机为例》，《工会理论研究》（上海工会管理职业学院学报）2017 年第 3 期，第 15~18 页。

③ 王文珍，李文静：《平台经济发展对我国劳动关系的影响》，《中国劳动》2017 年第 1 期，第 4~12 页。

④ 周畅：《中国数字劳工平台和工人权益保障》，《国际劳工组织工作报告》2020 年。

⑤ 翁玉玲：《互联网平台就业保护的困境与对策——以劳动关系认定的司法实践为切入点》，《网络法律评论》2017 年第 1 期，第 134~148 页。

⑥ 王琦、吴清军、杨伟国：《平台企业劳动用工性质研究：基于 P 网约车平台的案例》，《中国人力资源开发》2018 年第 8 期，第 96~104 页。

动关系仍未规范，在法律规制上未纳入传统劳动关系范畴。这种关系中仍然存在剥削与反抗的动态关系，目前劳动者的抗争基本上是以个体的，或零星的集体形式进行的，自发组织工会的作用虽在逐渐显现，但扩大组织影响方面仍需努力。而零工经济仍会大规模增长，这种新型劳动关系将是劳动关系研究与实践的下一个热点①。

四　应对人力资源算法管理不足的规制研究

新业态的兴起带来了商务模式和用工模式的全新变化，有着灵活性、结果导向性等优势的同时，也存在一些问题和风险，突出表现为劳动关系的认定标准滞后、劳动者之社保时空陡现间断甚至空白、劳动关系主体难以确定权责以及劳动关系之持续协调性无法得到保障等②。因此，行业、学界和政府之间应该加强交流和合作，建立相应的应对政策和措施，以促进零工经济优势的发挥和问题的缓解甚至解决③。

（一）司法实践回应：劳动关系认定

在我国，数字经济时代的劳动关系走向、平台经济的异军突起所带来的社会变迁发展，平台经济中的算法管理运用为劳动用工带来新的管理模式变化，加大了互联网平台用工关系定性的难度，也向立法者和裁判者提出了如何妥当回应此类问题的时代之问④。

互联网平台用工呈现出从业者从属性弱化、收入分配逆向性、业务范畴

① 曹学兵：《后疫情时期英国平台经济发展和灵活用工的现状与展望》，2021 全球劳动力市场灵活化与数字经济用工规制国际会议工作论文，2021 年 5 月 20 日。

② 赵乾：《新业态背景下成都劳动关系发展与工会对策法律问题研究》，《法制博览》2020 年第 36 期，第 1~5 页。

③ 郑祁、杨伟国：《零工经济的研究视角——基于西方经典文献的述评》，《中国人力资源开发》2019 年第 1 期，第 129~137 页。

④ 郑文睿：《“互联网+”时代劳动关系变革的法理分析和立法回应——互联网平台用工关系定性释疑》，《社会科学》2021 年第 1 期，第 89~99 页。

差异性等特点，对传统劳动关系认定产生挑战。若严格依照传统劳动关系认定理论进行司法案件审查，难以适应目前复杂多变的用工形式。王亚楠指出在司法裁判时，应秉持劳动者权益保护和尊重新型用工模式的司法理念，把握从属性及“合意”的考察来进行综合判断①。另外，在对互联网平台用工的劳动关系认定时不应局限于传统劳动关系认定思维，应当结合互联网平台用工的特征，注重对从属性的实质性审查及对要素的综合考察②。

班小辉提出，为应对零工经济下劳动力市场就业主体和用工模式的多元化，我国司法机关应当发挥司法能动性，对劳动关系的判定标准作灵活化的理解，防止法律关系的错误分类；劳动立法应改变二元化的调整模式，增设中间类保护主体；确立劳动关系推定排除的工作时间门槛，减少零星劳务提供者的诉讼纠纷③。然而，对于是否需要设立中间类或者第三类保护主体，也有学者对此表示担忧：为灰色地带案件提出新的法律定义可能会使问题复杂化，法律定义在实践中应用时总是很“狡猾”：如果被有意规避，就很难给予该类别的工人的权利有意义的保护④。

郑文睿针对此问题做出相关建议：首先，适当地改造重塑劳动关系。可将劳动关系大致拆分为“传统劳动关系”和“互联网+劳动关系”以拓展劳动关系的包容性。其次，适当地改造重塑劳动基准。立法应针对互联网用工利益共享化，进行规范并制定适合于“互联网+”背景下的最低工资、休息休假工资、工资支付保障等制度。再次，适当地改造重塑社会保险。立法中不妨设定新的适合于“互联网+”背景下的社会保险税种，结合互联网平台盈利情况、平台劳动者数量、抽成比例、管理费金额等，由互联网平台为平

① 王亚楠：《共享经济视域下互联网平台用工劳动关系认定司法裁量》，《华北水利水电大学学报》（社会科学版）2020年第2期，第85~90页。

② 吴丽丽：《互联网平台用工的劳动关系认定》，博士学位论文，四川省社会科学院，2020.

③ 班小辉：《“零工经济”下任务化用工的劳动法规制》，《法学评论》2019年第3期，第106~118页。

④ De Stefano Valerio：“The Rise of the Just－In Time Workforce：On－demand Work，Crowdwork and Labour Pro－tection in the Gig Economy，Comparative Labor Law”，*Policy Journal*，2016（37），p. 474.

台劳动者承担缴纳社会保险税的义务[①]。

谢增毅认为，我国有必要对保护平台工人权益专门立法。平台工人权益保护立法的基本思路是确保符合“劳动者”标准的工人得到劳动法保护，并为一般平台工人提供基本劳动权益保障。立法应通过劳动关系举证责任转移规则，使平台工人身份得到正确归类。平台工人的基本权益内容应根据所有工人应享有的基本权益、平台用工的灵活性以及平台主要依靠算法运行的特点而设计，应赋予平台工人平等就业、职业安全卫生、工资、工时、加入工会和集体协商等方面的权利，以及与算法相关的权利[②]。

（二）工人主导的回应：工会组织

这一类别的研究侧重于平台劳动者的观点以及他们推动平台经济变革的能力。随着很多平台劳动者正式加入工会或创建非正式社区以共享信息和资源的报道的出现，这一类别的研究在整个研究中受到越来越多的关注。同时，专注于了解零工工人生活经历的文献目前正在显著增长[③]。

由工人组成的集体组织可能是解决这些政策问题的另一种机制[④]。在缺乏组织或专业成员的情况下，工人会经历严重的情感紧张，包括在不稳定的工作状态以及个人条件下工作的焦虑和成就感缺失[⑤]。

党对工会工作的领导提出明确要求；强调工人阶级是我国的领导阶级，必须坚持全心全意依靠工人阶级的方针；指出工会要认真履行维护职工合法权益、竭诚服务职工群众的基本职责，建立联系广泛、服务职工的工会工作体系；要

---

① 郑文睿：《“互联网+”时代劳动关系变革的法理分析和立法回应——互联网平台用工关系定性释疑》，《社会科学》2021年第1期，第89~99页。

② 谢增毅：《平台用工劳动权益保护的立法进路》，《中外法学》2022年第1期。

③ Duggan J., Sherman U., Carbery R., McDonnell A.: “Algorithmic management and app work in the gig economy: A research agenda for employment relations and HRM”, *Hum Resour Manag* J, 2019, pp. 1-19. https://doi.org/10.1111/1748-8583.12258

④ 陈耀波：《中国在线数字劳工平台：工作条件、政策问题和未来前景》，日内瓦：国际劳工组织工作报告，2021.

⑤ 吴静、张天怡、周嘉南：《基于扎根理论的零工参与动机演化机制研究——以平台司机为例》，《中国人力资源开发》2021年第9期，第110~123页。

求工会推动产业工人队伍建设改革，提高产业工人整体素质，不断弘扬劳模精神、劳动精神、工匠精神；要求工会改革和创新发展，适应企业组织形式、职工队伍结构、劳动关系、就业形态等方面的发展变化[①]。雷晓天、黄丹和范丽娜针对快递员群体，从工资收入、工作时间和劳动安全保护三个方面探讨研究工会组织的新业态领域从业者劳动权益维护实践[②]。他们认为工会组织应该发挥源头参与作用，推动有关法律政策的出台完善；同时工会要积极扩大自身组织覆盖面，不断提升快递企业建会和职工入会力度；增强工会组织的吸引力和凝聚力；最后，要推动建立行业集体协商制度，促进劳动关系的稳定和谐。

闻效仪指出《关于维护新就业形态劳动者劳动保障权益的指导意见》围绕加快推进建会入会、协商治理、提供优质服务三个方面就工会开展维护新就业形态劳动者劳动保障权益工作提出要求[③]。维护劳动者的合法权益是工会的一项基本职责。在新业态经济的劳动用工中，由于没有统一的模式模板，更加需要工会组织渗透其中，对劳动者采取分类认定和托底政策管理，保障和维护劳动者合法权益，防止企业在用工中规避劳动法律对劳动者保护的框架[④]。

首先，加快推进建会入会是维护新就业形态劳动者劳动保障权益工作的基本前提[⑤]。中华全国总工会已经表达出将在线工人组织起来的兴趣。例如，在 2017 年，中华全国总工会委托团队对平台指定工人进行了深入调查，其调查内容包括北京、山东、河南、广东、浙江等地的社会保险问题。同年，在上海市工会第十三次代表大会上，新当选的上海市总工会主席在致辞中提到扩大社会福利项目和推动个人工会成员参与新型就业群体，包括平台指派工人。纪雯雯和赖德胜也提出平衡网络平台就业的灵活性和劳动关系的

① 闻效仪：《学习宣传贯彻〈中华人民共和国工会法〉系列解读之三，工会法修改是中国特色社会主义工会发展道路的里程碑》，《工人日报》，2022 年 1 月 13 日。

② 雷晓天、黄丹、范丽娜：《工会如何维护快递员群体的劳动权益？——基于北京市快递员的调查研究》，《山东工会论坛》2021 年第 1 期，第 10~20 页。

③ 闻效仪：《工会维护新业态劳动者劳动保障权益的三个着力点》《工人日报》，2021 年 8 月 16 日。

④ 王静媛：《新业态下劳动关系及工会工作》，《天津市工会管理干部学院学报》2020 年第 3 期，第 12~16 页。

⑤ 闻效仪：《学习宣传贯彻〈中华人民共和国工会法〉系列解读之三，工会法修改是中国特色社会主义工会发展道路的里程碑》，《工人日报》，2022 年 1 月 13 日。

稳定性是分享经济下构建和谐劳动关系的关键。这依赖于强化行业工会治理能力，以对新型劳动关系的广覆盖重塑工会对劳方的代表性①。

2017 年 4 月 6 日，由上海工会管理职业学院和劳动报共同主办的“网约工权益保障研讨会”在劳动报报社召开。工会界代表人士就网约工权益保障方面的现实困境，提出工会组织可从以下方面加以考虑：一是创新工会组织形式。随着网络用工规模的不断扩大，工会要不断扩大工作覆盖面，将网约工这种新型的灵活就业者也纳入工会体系中，借助工会力量维护其合法权益。二是发挥行业工会的作用。行业工会是由同一行业从事相同或相近工作的人所组成的，更适应于对分散的、易流动的网约工个体，通过扁平化的管理机制将其组织起来，推动行业性集体协商、完善行业工时及行业劳动保护标准等。三是创新工会组织管理手段，借助互联网技术的应用，给网约工提供多样化的服务形式和服务内容如法律援助、继续教育培训和咨询等，把分散的网约工吸引过来、组织起来、凝聚起来。四是将网约工社保问题纳入工会视野。面对越来越多的网约工社保权益保护问题，工会应进一步推进工会在社保方面的立法参与和维权监督工作②。

其次，协商是维护新就业形态劳动者劳动保障权益工作的重要抓手③。关于协商机制，在 2020 年发布的《北京市人力资源和社会保障局多渠道支持灵活就业实施措施》中提出了具体的协商方式：“对新就业形态人员，引导互联网平台企业、关联企业与劳动者协商确定劳动报酬、休息休假、职业安全保障等事项。支持和鼓励产业（行业）工会与企业或行业协会或行业企业代表协商制定行业劳动定额标准、工时标准等规范，并在服务时间、报酬、休息休假、劳动保护等方面确定最低保护标准。”雷晓天、黄丹和范丽娜也指出，平台用工的去劳动关系化和法律保护的不足以及劳动过程中的控

① 纪雯雯、赖德胜：《网络平台就业对劳动关系的影响机制与实践分析》，《中国劳动关系学院学报》2016 年第 4 期，第 6~16 页。

② 朱鸣：《“网约工权益保障研讨会”综述》，《工会理论研究》（上海工会管理职业学院学报）2017 年第 3 期，第 9~14 页。

③ 闻效仪：《学习宣传贯彻〈中华人民共和国工会法〉系列解读之三，工会法修改是中国特色社会主义工会发展道路的里程碑》，《工人日报》，2022 年 1 月 13 日。

制强化不可避免地导致工会在维护劳动权益方面略显乏力。

最后，提供优质服务是维护新就业形态劳动者劳动保障权益工作的系统工程[①]。邹新凯也从工会层面尝试解决新形态劳动从业者的权益维护问题，提出了“互联网+工会”的挑战和应对建议，即存在经验不足、发展不均和资源滥用的问题，更无法应对新业态的挑战，可以从建会入会、权益维护和民主协商为例对“互联网+工会”2.0进行完善，包括重视产业行业工会的专业性优势，结合国家治理的辅助性原则，若以产业行业工会为主更有利于促进相关从业人员权益保障，同级地方总工会不宜过多干预，只需要做好必要分工，提供相应辅助；依托“互联网+工会”2.0等信息基础设施，工会可从以下三个方面创新网上服务内容。第一，与相关商业保险公司洽谈合作，为各类会员群众提供价格较低保障较高的优质险种。第二，争取各类经费支持、实施精准帮扶，为困难会员或劳动风险较高但无法参加社会保险的会员提供专项补贴，代其支付部分或全部基本养老、医疗、工伤、失业保险的参保费用。第三，地方总工会、相关产业行业工会协调，或组成工作小组有针对性与行业内典型企业开展民主协商，或代表本地区新业态下的相关劳动提供者实行全行业民主协商，将劳动保护和社会保障等内容写入协商协议或行业标准、行政模板合同中；而工会应当帮助、指导劳动者或职工与用人单位建立集体协商机制、维护劳动者权益[②]。

（三）政府和公共部门的回应：法规政策

从政策理念上，我国政府明确支持新就业形态发展。2018年政府工作报告指出，运用“互联网+”发展新就业形态。但从政策制定和执行上，支持新就业形态发展的公共政策还在探索和尝试中[③]。学者 Duggan 指出可以

① 闻效仪：《工会维护新业态劳动者劳动保障权益的三个着力点》，《工人日报》，2021年8月16日。

② 邹新凯：《“互联网+”新业态下的工会：挑战与回应》，《中山大学法律评论》2018年第1期，第105～118页。

③ 张成刚：《问题与对策：我国新就业形态发展中的公共政策研究》，《中国人力资源开发》2019年第2期，第74～82页。

通过关注立法和政策驱动措施的制定为零工工人提供更大的福利和保护，包括重新分类就业状况等①。

平台劳动者工作的特殊性与他们身份的模糊性对劳动政策体系提出了的挑战，其结果是导致部分劳动者群体尚游离于劳动法保护范围之外，他们的权益仍未得到有效保护。2022 年新年伊始，欧洲当地时间 1 月 20 日，欧洲议会以 530 票赞成、78 票反对、80 票弃权的表决结果通过了《数字服务法》。这一法案旨在进一步加强对大型互联网平台的监管，确保平台对其算法负责，并改进内容审核。《数字服务法》（DSA）为数字服务提供者（特别是社交平台和电商平台等在线平台），明确了责任和问责制。另外，建立了“通知-行动”机制和保障措施，以清除网上的非法产品和服务。总的来说，《数字服务法》是欧盟提出的一套全新规则，规范了作为中介机构的平台将消费者与商品、服务和内容连接起来的数字服务的法律责任和义务。②

我国的相关机构和部门也对此做出了相关回应。目前我国的劳动法律体系由《劳动法》、《中华人民共和国工会法》（以下简称《工会法》）、《中华人民共和国劳动合同法》（以下简称《劳动合同法》）为主体以及一系列相应的法律法规条例构成。现有的社会保障制度，包括劳动关系制度，绝大部分仍是脱胎于工业时代劳动关系制度，适用于在固定地点固定时间从事固定工作的劳动者。由于数字经济、共享经济、零工经济的兴起使得劳动形态发生了根本变化，劳动者的劳动时间存在很大灵活性，他们也可以选择利用多个平台提供服务，这些都与传统的劳动雇佣关系有较大区别，因而需要新的认定标准③。在 2021 年 7 月 23 日，人社部等八部门曾联合发布《关于维护新就业形态劳动者劳动保障权益的指导意见》，强调建立劳动者权益保护的工作机制，健全符合确立劳动关系情形、不完全符合确立劳动关系情形的

① Duggan J., Sherman U., Carbery R., McDonnell A.: “Algorithmic management and app work in the gig economy: A research agenda for employment relations and HRM”, *Hum Resour Manag J*, 2019, pp. 1-19. https://doi.org/10.1111/1748-8583.12258

② 此内容来源于 DPOHUB 数据保护官俱乐部官网。

③ 此为清华大学公共管理学院教授梁正的接受《界面新闻》采访所述内容。

新就业形态劳动者公平就业、劳动报酬、休息、劳动安全、社会保险等方面的制度，同时还要求工会介入，维护劳动者的合法权益①。

人社部社保事业管理中心指出社保经办机构要重点做好积极推进平台灵活就业人员职业伤害保障制度的试点工作落地，积极会同有关部门加快制定平台灵活就业人员职业伤害保障经办规程，研究细化保费的征缴、基金的管理、待遇的支付、经办服务等具体方式和操作流程，不断完善职业伤害保障全国信息平台电子化的业务流程，确保试点能够落实落地落细。②

在此基础上，2021 年 12 月 24 日国家发展和改革委等部门发布了《关于推动平台经济规范健康持续发展的若干意见》，这份意见中提出“平台经济是以互联网平台为主要载体，以数据为关键生产要素，以新一代信息技术为核心驱动力、以网络信息基础设施为重要支撑的新型经济形态。同日，十三届全国人大常委会第三十二次会议表决通过了《工会法》的修改。此次工会法修改最重要的成果是把习近平新时代中国特色社会主义思想确立为工会法和工会工作的指导思想③。近年来我国平台经济快速发展，在经济社会发展全局中的地位和作用日益凸显。要坚持以习近平新时代中国特色社会主义思想为指导，全面贯彻党的十九大和十九届历次全会精神，深入落实党中央、国务院决策部署，健全完善规则制度、提升监管能力和水平、优化发展环境、增强创新发展能力、赋能经济转型发展以及保障措施④。

（四）私营部门的回应：平台和相关企业主体的实践

还有一部分学者的研究侧重于平台组织通过更有效的自我监管自愿解决

① 国务院：《关于维护新就业形态劳动者劳动保障权益的指导意见》［EB/OL］，http://www.mohrss.gov.cn/SYrlzyhshbzb/dongtaixinwen/buneiyaowen/rsxw/202107/t20210722_419104.html.

② 参见《人社部社保事业管理中心党委副书记郭建华在介绍 2021 年以来社保经办工作进展情况面临的形势和下一步的工作任务时讲话内容》。

③ 闻效仪：《学习宣传贯彻《中华人民共和国工会法》系列解读之三，工会法修改是中国特色社会主义工会发展道路的里程碑》，《工人日报》，2022 年 1 月 13 日。

④ 国家发展改革委：《关于推动平台经济规范健康持续发展的若干意见》，［EB/OL］，http://www.gov.cn/zhengce/zhengceku/2022-01/20/content_5669431.htm.

零工经济中的各类问题的潜力，包括雇佣零工工人作为雇员以及提供健康保险、最低工资权利等。然而，鉴于平台组织之间缺乏同质性以及实施缺乏的具体政策和流程规范，这一类别的研究文献似乎是现有文献中最不常见的[①]。针对人力资源算法管理中显露出的对于劳动者权益的侵害，平台和相关企业主体采取了相关措施。涂永前等认为时间是影响外卖骑手职业安全的最关键因素，应当更新平台算法，分割商家出餐时间和外卖骑手配送时间[②]。2021 年 9 月，美团公布了外卖配送中的“预估到达时间”算法规则，即通过相关算法规则的调整尽可能保障外卖骑手的合理送餐时间，从而有效维护外卖送餐从业者的劳动权益。比如在美团，算法测算出的“预估到达时间”其实不是一个时间，而是四个时间，即“模型预估时间”和“三层保护时间”。因为担心模型预估时间与现实情况不符，导致骑手配送压力增加，美团从城市特性、配送过程分段累加和距离三个维度，额外测算出了三个时间。外卖配送场景复杂且多变，骑手在每一个环节都可能面临一些突发状况。为此，美团邀请了不同相关方与其一起探讨配送时间的计算规则：在骑手恳谈会上，美团邀请了骑手对配送全流程的多个耗时环节进行重点反馈，此外，还邀请了外部专家学者一起讨论算法的调整方向和细节，并在部分城市进行了试点和用户调研。通过骑手、用户、专家学者的合力，美团优化了算法策略，目前，美团有两项算法正在持续迭代调整：一是在异常场景下为骑手提供时间补充，二是在部分情况下，将“预估到达时间”变为“预估到达时间段”。[③]

忻隶丞表示拥有全国外卖骑手数量最多的平台型企业美团在全国各地召开了几十场骑手恳谈会，由此细化骑手的权益要求，以期在推出的“同舟计划”中平衡和落实包括骑手在内的平台劳动者的权益。这样的做法，正

① Duggan J., Sherman U., Carbery R., McDonnell A.: “Algorithmic management and app work in the gig economy: A research agenda for employment relations and HRM”, *Hum Resour Manag J*, 2019, pp. 1-19. https://doi.org/10.1111/1748-8583.12258.

② 涂永前、谢文曦、熊赟：《平台经济下劳动者职业安全探究——基于对北京 X 站点外卖骑手的劳动社会学调查》，《温州大学学报》（社会科学版）2021 年第 2 期，第 26~38 页。

③ 2021 年 9 月 10 日美团公司在微信公众号“美团 Meituan”中公开外卖配送中的“预估到达时间”算法规则。

是对全国劳动模范和先进工作者表彰大会所要求的“采取多种手段，维护好快递员、网约工、货车司机等就业群体的合法权益”的一种探索[①]。

五 结语

技术进步和日益数字化的工作对于促进零工经济的形成和持续增长至关重要。在零工经济中，先进的算法技术在促进新型人力资源管理方面变得越来越普遍。本文的主要目的是对这一领域相关的著作、期刊和大众媒体中关于人力资源算法管理研究的文献进行综述。过程中，我们企图解决几个研究问题。首先，我们试图澄清人力资源管理算法的定义；其次，我们评估了人力资源管理中特定主题或问题所造成积极或负面影响；最后，鉴于人力资源管理算法管理的状态，我们论述了针对人力资源管理算法的规制措施。

近年来，关于数字经济、零工经济的学术研究无疑正在经历一个显著的激增，对零工工作的研究在跨越多个学科、观点和分析水平方面也非常多样化。有学者认为，未来有必要进一步拓展人力资源管理的分析框架，来适应实践领域日新月异的变化。

比如，可以根据生态系统的角度指导未来零工经济中人力资源管理的研究。有学者建议研究人力资源管理活动在维护零工、请求者和中介平台公司之间的多边交流中的作用，以及通过这些多边交流实施人力资源管理活动。

再如，可以关注零工工作中各利益相关者的关系。而且，因为零工经济中的制度主体往往在传统雇佣关系框架之外展开行动，因此应关注制度主体都有哪些，他们在塑造人力资源管理实践和结果方面有何作用（国家、国际劳动组织，社交媒体，消费者群体，同行等），在研究中有望纳入更多的制度主体，由此重塑数字经济下的人力资源管理框架[②]。

---

① 忻隶丞：《新业态应成为劳动权益保护高地》，《光明日报》，2020 年 12 月 1 日。

② 李应芳：《Digitally-enabled gig work and implications for human resource management》，2021 全球劳动力市场灵活化与数字经济用工规制国际会议工作论文，2021 年 10 月。

第四章　中国的职业伤害保障现状与政策展望

许素睿*

摘　要： 为缓解新就业形态劳动者职业伤害“无保可依、有保难依”的问题，本文在“三新”经济方兴未艾和新冠肺炎疫情防控常态化背景下研究中国职业伤害保障的发展现状与政策趋势。首先阐述中国职业伤害保障定位和参保对象，总结多层次工伤保障制度体系，在此基础上梳理中国在纵向、横向、立法、统筹四个方向上的职业伤害保障发展现状及挑战，分析职业伤害保障学理研究发展趋势和地方试点政策经验，提出中国职业伤害保障制度试点发展“创建奠基时期、改革探索时期、快速推进时期”三个重要阶段和基于“三新”经济业态下的中国职业伤害保障制度展望。结果表明，中国职业伤害保障制度是社会保险定位，参保对象应覆盖不具备劳动关系以及不完全符合确立劳动关系的新业态职业人群和呈现出新就业形态的传统行业职业人群，制度结构、参保范围、政策框架仍需在“十四五”期间不断完善。

关键词： 职业伤害保障　工伤保险　新就业形态劳动者

---

* 许素睿，中国劳动关系学院安全工程学院副教授，主要研究方向为行为安全、安全管理和工伤保险。

职业伤害（又称工伤）是职业人群缺勤、致残、致死的重要原因[①]，其在发达国家中的致死率达5%~7%[②]。近年来，随着中国“互联网+”的飞速发展与新冠肺炎疫情的影响，以新产业、新业态、新商业模式为核心的“三新”经济和各类新就业形态劳动者在全国遍地开花。然而，与新型经济相伴而生的是复杂环境下对中国工伤保险制度的重大影响和新就业形态劳动者对职业伤害保障的迫切需求。例如，2019年5月10日，一名网约车平台代驾司机在因交通事故去世后，该平台曾经承诺的最高120万元意外身故保险却变成了1万元[③]；2020年12月21日，北京某平台外卖骑手送餐途中猝死，平台以无劳动关系为由仅赔偿“人道主义费用”2000元[④]；2021年7月31日，深圳某外卖平台专职外卖骑手因车祸致半身瘫痪，骑手父亲在劳动仲裁庭与该平台深圳总部几经波折仍难得到赔偿结果[⑤]。尽管国务院于2017年4月发布《关于做好当前和今后一段时期就业创业工作的意见》并明确提出“新就业形态发展”议题后，中国便逐渐开始针对新就业形态下的劳动者职业伤害保障进行探索，但直到2021年7月16日，人社部等八部门共同印发《关于维护新就业形态劳动者劳动保障权益的指导意见》（以下简称《意见》）并规定平台企业应当参加职业伤害保障试点时，新就业形态劳动者仍深受职业伤害保障难题的困扰。为了推动解决新就业形态劳动者职业伤害“无保可依、有保难依”的问题，本文对中国的职业伤害保障概况、现状、挑战以及建议进行探讨。

---

① 武越、胡国清、胡建安：《职业伤害流行情况及其监测现状》，《中华劳动卫生职业病杂志》2015年第10期，第789~791页。

② International Labor Organization（ILO）：“Occupational safety and health：synergies between security and productivity”，2022年3月7日。

③ 李丹清：《网约工受“伤”，工伤保险来“埋单”》，虹网，2019年5月10日。

④ 卢思叶：《饿了么外卖骑手送餐途中猝死，平台：无雇佣关系，赔偿2000》，百度网，2021年1月8日。

⑤ 《深圳外卖骑手车祸瘫痪，老父举债度日，凸显行业工伤保障难题》，《南方都市报》，2021年9月3日。

一 中国职业伤害保障概况

（一）职业伤害保障定位及对象

1993 年，张海鹰主编的《社会保障辞典》指出，职业伤害保障是将现代社会中人们可能遭遇的与职业相关的伤、病风险的保障措施放在一个系列中进行通盘设计的综合性社会保障项目，在此意义上与工伤保障（险）等概念等同[①]。2003 年，国务院颁布《工伤保险条例》（以下简称《条例》）以保障职业伤害，但其参保对象仅为具有稳定劳动关系的职工，是基础的职业伤害保障制度。根据《条例》的立法本义，所有职业人群均应当享有职业伤害保障，新就业形态劳动者同样应当享有该权益[②]。为此，应建立新就业形态劳动者的职业伤害保障制度，并明确制度定位及保障对象。

新就业形态劳动者的职业伤害保障制度首先应明确两个定位：一是制度定位，即确定属于社会保险或商业保险；二是模式定位，即确定是照搬现行工伤保险制度，还是衔接现行工伤保险制度但适应新就业形态劳动者的特殊需要，抑或是另行开辟单独的职业伤害保障制度。根据 2021 年 8 月 18 日召开的国务院政策例行吹风会，新就业形态劳动者职业伤害保障的定位是社会保险，并在现行工伤保险制度的大框架下建立和实施[③]。

其次，应明确职业伤害保障制度的保障对象。由于社会经济和互联网的高速发展，无劳动关系的职业人群界定不清且概念使用十分混乱，各种代称不一而足，如平台就业者、共享经济从业人员、数字平台劳动者、新业态从业人员和灵活就业人员等。为此，本文以八部门出台的《意见》为标准，重点对新就业形态劳动者的概念进行界定，并将文献及政策中的各种代称视

① 汪发洋：《平台灵活就业人员职业伤害保障制度的构建》，《安徽农业大学学报》（社会科学版）2021 年第 5 期，第 112~118 页。

② 翁仁木：《灵活就业人员工伤保障境外经验——以日本、马来西亚、新西兰和我国台湾地区为例》，《中国劳动》2021 年第 2 期，第 82~94 页。

③ 国务院新闻办：《国务院政策例行吹风会文字实录》，2021 年 8 月 18 日。

同为“新就业形态劳动者”。与现行工伤保险制度对比，新就业形态劳动者职业伤害保障制度的保障对象应具备一个基本特性，即从用工属性上来讲是非劳动关系的职业人群，其中《意见》首次提出“不完全符合确立劳动关系情形”，还提出了个人依托平台自主开展经营活动、从事自由职业等情形，并将出行、外卖、即时配送、同城货运等行业的职业人群作为强化职业伤害保障的重点。此外，根据上海的实践经验，保障对象的具体范畴可以进一步拓展至家政、月嫂等呈现出新就业形态的传统行业。因此，新就业形态劳动者是不具备劳动关系以及不完全符合确立劳动关系的新业态职业人群和呈现出新就业形态的传统行业职业人群。

（二）多层次工伤保障制度体系梳理和总结

根据党的十九大报告提出的“全面建成覆盖全民、城乡统筹、权责清晰、保障适度、可持续的多层次社会保障体系”战略目标，本文梳理了中国现阶段的工伤保障制度体系。当前，中国的工伤保障制度体系仍停留在第一个层次，即属于基础职业伤害保障制度的职工工伤保险制度。为此，相关部门领导和学者均对未来的多层次工伤保障制度体系开展了探索，如人社部工伤保险司司长郑玄波指出，应探索建立具有中国特色的，以工伤保险为主体，其他多种形式的补充工伤保险和以商业保险为补充的多层次工伤保障制度体系①；陈刚指出，多层次工伤保险制度体系应包括职工工伤保险、新就业形态劳动者职业伤害保险、全民意外伤害保险②。学者翁仁木同样认为，职业伤害保障制度是工伤保险制度体系的子制度③。

综上所述，多层次工伤保障制度体系共分三个层次，第一层为职工工伤保险制度，是体系的基石和主体；第二层为新就业形态劳动者职业伤害保险

① 郑玄波：《筑牢“职业安全网”：我国工伤保险制度改革 70 年》，《中国人事科学》2019 年第 9 期，第 81~88 页。

② 陈刚主编《中国工伤保险发展报告（2004—2020 年）》，中国劳动社会保障出版社，2021。

③ 翁仁木：《对新经济新业态从业人员职业伤害保障制度定位的思考》，《中国人力资源社会保障》2019 年第 4 期，第 14~16 页。

制度，是职工工伤保险制度的补充、扩大和创新，同时鼓励以三者责任险、雇主责任等商业保险进一步加强职业伤害保障水平；第三层为全民意外伤害保险制度，是党的十九大战略目标实现的最终形式。其中，新就业形态劳动者职业伤害保障制度不仅是当前的政策导向和研究热点，而且是多层次工伤保障制度体系的组成成分和必要环节。

二　中国职业伤害保障发展现状及挑战

中国职业伤害保障发展现状可分为纵向发展、横向发展、立法发展和统筹发展，其中纵向发展指多层次工伤保障制度体系，以职工、新就业形态劳动者、公民 3 类参保对象为层次划分节点；横向发展指工伤预防、工伤补偿和工伤康复的“三位一体”工伤保险制度体系；立法发展是指新就业形态劳动者职业伤害保障法制化和试点合法性；统筹发展指职业伤害保障省级统筹和人性化、信息化、智慧化制度管理。

（一）纵向上，职业伤害保障正向多层次工伤保障制度体系第二层次迈进

近年来，“三新”经济持续扩展，新兴平台不断涌现。根据国家信息中心统计，2020 年中国共享经济参与者人数约为 8.3 亿人，其中服务提供者约为 8400 万人，平台企业员工数约为 631 万人，而多数人因未建立劳动关系而无法获得法定保护①。这催生了新就业形态劳动者对于职业伤害保障的需求，也推动了多层次工伤保障制度体系向第二层次迈进。尽管新就业形态劳动者的职业伤害保障制度是难度较大的制度创新和工伤保险所要探索的全新领域，但在《条例》无法提供新就业形态劳动者职业伤害保障且国家层面没有出台政策方案的情况下，中国部分市县已出台了相关政策并开展试

① 国家信息中心分享经济研究中心：《中国共享经济发展年度报告（2021）》，2021 年 2 月 19 日。

点，如2006年南通和2009年潍坊出台的《关于灵活就业人员参加工伤保险的通知》，已经开始探索如何保障灵活就业人员的参保权益。经过多年的摸索与实践，2021年八部门从顶层设计的角度出台《意见》，推动以新就业形态劳动者为对象的职业伤害保障制度在全国开展新一轮试点，并准备制度成熟后在全国推广，从而系统实现多层次工伤保障制度体系法定覆盖范围的第二次重大扩面，稳步迈上工伤保障制度体系第二层次的纵向阶梯。

（二）横向上，新就业形态劳动者“三位一体”工伤保险制度体系仍待建立健全

“三位一体”工伤保险制度体系几乎横贯中国工伤保险制度发展历程。1996年，劳动部颁布了《企业职工工伤保险试行办法》（以下简称《试行办法》），首次提出了工伤预防、工伤补偿和工伤康复相结合的目标。2007年，人社部印发了《关于加强工伤康复试点工作的指导意见》，逐步形成“康复早期介入”和“先康复、后评残”工作机制，工伤康复开始步入正轨。2010年，修订后的《条例》，增加了工伤预防、工伤康复费的制度安排，进一步形成了工伤预防、工伤补偿、工伤康复“三位一体”的制度框架。2021年，在全国普遍开展工伤预防工作的前提下，人社部等八部门联合印发《工伤预防五年行动计划（2021—2025年）》，将工伤预防工作的开展情况正式纳入省级政府安全生产目标责任考核内容，再次推动和落实了“大预防”工作机制。当前，中国正在调整完善工伤补偿政策，全面推进工伤预防和工伤康复工作，“三位一体”工伤保险制度体系实现了由“以工伤补偿为重点和优先”到“以工伤补偿为主体、工伤预防和工伤康复为两翼”，再到“伤后补偿向伤前预防倾斜”的转变。然而，结合横纵发展方向来看，新就业形态劳动者“三位一体”工伤保险制度体系处于纵向第二层次，参保对象和制度内容均发生了一定变化。为此，中国应在充分汲取职工工伤保险“三位一体”工伤保险制度体系建设经验的基础上，针对新就业形态劳动者无劳动关系、用工灵活、工伤认定难等特点，建立具有新就业形态劳动者特色的“三位一体”工伤保险制度，这是“十四五”时期完善工伤保险制度的一个重要任务。

（三）立法上，新就业形态劳动者职业伤害保障法制化和试点合法性亟待完善

《条例》为中国职工工伤保障提供了强有力的法制基础。然而，在施行过程中，《条例》在制度层面上的一些重大问题逐渐暴露出来，其中最迫切的问题就是新就业形态劳动者的立法支撑缺失。由于中国近几年“三新”经济特别是互联网平台企业的飞速发展，新就业形态劳动者社会化、行业化已经成为不可阻挡的发展趋势，对单个劳动者的网络技术赋能使其职业伤害保障缺失的后果尤为严重，这与之前国企改革等时代浪潮所导致的小众性灵活就业是不同量级的。此外，由于《条例》的适用范围不包括新就业形态劳动者，而《中华人民共和国社会保险法》（以下简称《社会保险法》）作为《条例》的上位法，也没有增加有关新就业形态劳动者职业伤害保障的专章及相应条款，导致一些省、区、市虽然因自身需要而开展了新就业形态劳动者职业伤害保障试点，但其合法性容易引起争议。无论是在现有制度上进行修订，还是建立新制度，都需要试点方案有法可依、依法试验。因此，推动《社会保险法》进行工伤保险专章修订或增加职业伤害保险专章，以及《条例》适用范围扩大和新就业形态劳动者职业伤害保障具体条款增加，也是“十四五”期间的一个重大任务。

（四）统筹上，工伤保险省级统筹模式和人性化、信息化、智慧化管理有待加强

自2003年《条例》颁布以来，工伤保险基金的统筹程度基本处于市县级，不利于基金的收支和管理。2010年《社会保险法》出台，工伤保险逐步实行省级统筹。2017年，人社部发布《关于工伤保险基金省级统筹的指导意见》，提出“六统一”或“五统一、一调剂”模式，并制定了在2020年年底全面实现省级统筹的目标。随后，各地纷纷响应，已率先实现省级统筹的安徽、贵州等省份和北京、上海等直辖市根据该指导意见进行调整，未实现省级统筹的省份根据省内的实际情况积极推进，大大提高了工伤保险基金对职

工的职业伤害保障能力，而对于新就业形态劳动者来说，在工伤保险框架下建立的职业伤害保障制度，其职业伤害保障基金有可能纳入工伤保险基金统一管理，从而直接实现职业伤害基金省级统筹，这也将为应对“三新”经济和新就业形态劳动者带来的挑战提供经济基础和重要支柱。此外，在大数据、人工智能繁荣发展的大背景下，新就业形态劳动者基本服务于平台企业，而职工工伤保险以稳定劳动关系为依托，尚且无法在工伤认定、劳动能力鉴定等环节完全实现网上处理，具有临时性、非全日制等特点的新就业形态劳动者职业伤害保险更是与人性化、信息化、智慧化管理的要求相差甚远，这也为省级统筹的进一步完善带来了阻碍，亟须在“十四五”期间将这一最大短板补实补强。

三　讨论与建议

（一）职业伤害保障学理研究发展趋势分析

2022 年 3 月 4 日，以“主题=职业伤害保障 OR 职业伤害保险”为关键词在 CNKI 上检索学者中文期刊，共得到文献 118 篇。通过筛除无关的通知和声明等后，得到该类主题的有效文献 71 篇。在此基础上，本文分析中国众学者对职业伤害保障的学理研究，总结中国学界关于职业伤害保障理论研究进展和发展趋势。

1994 年，曹振光等[①]最早在论文中提出制定《职业伤害保障法》、建立职业伤害保障基金，这是中国学界第一次正式提到“职业伤害保障”一词，并从立法和财政两方面给出建议。此后 25 年间，不时有以职业伤害保障为主题的研究论文产出，但总体来说，职业伤害保障研究还处于初级阶段，论文数量年平均不超过 2 篇。2017 年，人社部社会保障研究所张军[②]首次将新

① 曹振光、陈为民、刘正清：《关于我国社会保障制度改革与财税政策的探索》，《湖南财政与会计》1994 年第 1 期，第 8~12 页。

② 张军：《新业态从业人员参加工伤保险难点及对策建议》，《中国医疗保险》2017 年第 6 期，第 57~59 页。

业态从业人员与职业伤害保障结合起来研究，指出新业态从业人员可采用灵活就业人员身份，在工伤保险制度框架的指导下建立重大职业伤害保险。同年，江苏省人社厅陈韫竹等[①]在分析江苏南通、太仓两个试点经验后，同样认为不能将灵活就业人员直接纳入现行工伤保险制度，但提出了以政府主导、商业保险补缺的模式建立灵活就业人员职业伤害保障制度。2018 年，职业伤害保障研究进入“静默期”，论文产出量为 0。2019 年，职业伤害保障研究迎来了转折点，发文量猛增至 10 篇，且有 9 篇与新业态从业人员或灵活就业人员有关，还涌现了一批诸如翁仁木[②]等重要学者，站在高层设计的角度对新业态从业人员职业伤害保障的定位及制度进行研究。另一部分学者，如吴江区人社局沈宇红[③]、山东省人社厅赵晓燕等[④]分别总结苏州市吴江区和山东省的试点经验，并对新业态从业人员职业伤害参保缴费、筹资经办和保障待遇等方面进行了探索应用。2020~2021 年，职业伤害保障研究论文产出量不断增加，并在 2021 年达到 30 篇的“顶峰”时期，而 2022 年刚进入 3 月初，便已经有 5 篇职业伤害保障研究论文刊登，其中人社部工伤保险司司长郑玄波[⑤]不仅总结了中国工伤保险制度发展的“八字诀”，还旗帜鲜明地指出要更加注重该制度对职业人群的全覆盖，重点是做好外卖等平台企业的新业态从业人员的工伤保障工作。这充分说明了职业伤害保障研究已逐渐成为中国学者乃至政府部门所关注的一个研究热点，且未来还将持续聚焦。

（二）职业伤害保障制度地方试点比较分析

新就业形态劳动者职业伤害保障地方试点是强化职业伤害保障能力、

① 陈韫竹、倪宏：《关于现阶段灵活就业人员职业伤害保障的思考》，《中国医疗保险》2017 年第 10 期，第 62~65 页。

② 翁仁木：《平台从业人员职业伤害保障制度研究》，《中国劳动》2019 年第 10 期，第 78~90 页。

③ 沈宇红：《吴江区试行灵活就业人员职业伤害保险的探索与思考》，《中国医疗保险》2019 年第 7 期，第 62~64 页。

④ 赵晓燕、王娟：《新业态从业人员职业伤害保障路径初探》，《山东人力资源和社会保障》2019 年第 8 期，第 24~25 页。

⑤ 郑玄波：《“创新、调整、巩固、优化”——念好工伤保险的“八字诀”》，《中国社会保障》2021 年第 5 期，第 24~25 页。

健全多层次工伤保障制度体系、支持新业态稳定健康发展的重要举措，符合国际工伤保险制度的发展规律和中国工伤保险制度的发展需要。根据试点探索和政策出台时间，以工伤保险制度发展阶段为参照，本文将当前的地方试点政策划分为三个阶段，即创建奠基时期、改革探索时期和快速推进时期。本文将从政策阶段、制度模式、文件名称、制度特点、实施成效五个方面进行职业伤害保障制度地方试点比较分析，宏观呈现了七地试点情况（见表1）。

表1　新就业形态劳动者职业伤害保障制度地方试点比较

<table>
<tr><th>政策阶段</th><th>制度模式</th><th>试点</th><th>文件名称</th><th>制度特点</th><th>实施成效</th></tr>
<tr><td rowspan="4">创建奠基时期</td><td rowspan="2">直接参加现行工伤保险</td><td>南通</td><td>《关于灵活就业人员参加工伤保险的通知》（2006）
《灵活就业人员工作伤害保险暂行办法》（2015）</td><td rowspan="2">①参保对象为所有灵活就业人员；②与当地养老保险和医保制度捆绑；③个人自愿参保缴费；④工伤认定与《条例》完全一致；⑤代理机构不承担用人单位责任，用人单位支付待遇缺失</td><td>由于代理机构的用人单位责任划分问题，工伤保险基金收不抵支，工伤认定范围收紧和参保人经济压力大，以暂停状态告终</td></tr>
<tr><td>潍坊</td><td>《关于灵活就业人员参加工伤保险的通知》（2009）</td><td>仍在施行中，但有可能重复南通问题，难以有效衔接国家政策</td></tr>
<tr><td rowspan="2">非工伤保险</td><td>太仓</td><td>《关于推行灵活就业人员工伤保险的实施意见（试行）》（2010）
《灵活就业人员职业伤害保险暂行办法》（2015）</td><td>①参保对象为当地户籍灵活就业者；②已参加养老保险和医保，参保对象无劳动关系；③就业专项资金列支，无须个人和企业缴费；④待遇项目上不保职业伤害死亡；⑤与工伤保险不能并存</td><td>不符合工伤保险的社会保障理念和灵活就业人员的特点，基本无参考价值</td></tr>
<tr><td>吴江</td><td>《灵活就业人员职业伤害保险办法（试行）》（2018）</td><td>①参保对象为当地所有灵活就业人员；②无须户籍或劳动人事事务代理手续；③职业伤害符合工作原因即可认定；④在有医保或养老保险的情况下，参保将获政府每年120元财政补助；⑤商保一次性付给而无长期待遇；⑥不允许与工伤保险共存</td><td>不限制户籍和工伤认定程序简化的做法切实提高了灵活就业人员参保意愿，值得推广</td></tr>
</table>

续表

政策阶段	制度模式	试点	文件名称	制度特点	实施成效
改革探索时期	单工伤保险	浙江	《关于优化新业态劳动用工服务的指导意见》（2019）	①参保对象只针对新业态从业者；②与养老保险和医保解绑，参保对象无劳动关系；③平台自愿参保缴费；④工伤按“三工原则”认定；⑤待遇标准以《条例》为准，用人单位支付工伤待遇；⑥与工伤保险并存，多重劳动关系的新业态从业人员可以有多个用人单位的工伤保险缴费；⑦具有过渡性和探索性	补足了工伤保险未充分社会化的制度空白，相较于南通市和潍坊市，进步明显，可为全国其他试点提供参考
		广东	《关于单位从业的非劳动关系特定人员参加工伤保险的办法（试行）》（2020）	①参保对象除新业态从业者外，还包括超过法定退休年龄人员、家政服务人员、实习生等传统灵活就业人员；②与养老保险和医保解绑，参保对象无劳动关系；③平台自愿参保缴费；④工伤按“三工原则”认定；⑤待遇按《条例》，但用人单位支付工伤待遇“自行协商解决”；⑥与工伤保险并存；⑦有很明显的过渡性和探索性	包容性更强、覆盖范围更广，但在用人单位支付工伤待遇上并未给出具体解决方案，总体值得后续全国试点借鉴和参考
快速推进时期	非工伤保险	景德镇	《景德镇市新业态从业人员职业伤害险试行办法》（征求意见稿）（2021）	①参保对象是陶瓷从业人员（无劳动关系）、超法定退休年龄人员、两委人员和村干部、实习生、平台从业人员；②缴费标准合理设为三个档次，可区分职业伤害风险度和发生率；③个人自愿参保；④职业伤害认定按照“三工”原则判定；⑤职业伤害保障基金保“伤”也保“死”，有一次性职业死亡补助金50万元；⑥职业伤害保障基金单独建账，但会纳入工伤保险基金进行统一管理；⑦与工伤保险不能并存	尚未正式施行，但其对参保范围、职业伤害保障基金、职业伤害认定与劳动能力鉴定等方面的规定值得研究和分析

资料来源：作者根据相关文件及实践总结制作。

1. 创建奠基时期（2006~2018年）

在创建奠基时期，各省区市在没有国家政策指导的情况下，自行摸索新就业形态劳动者职业伤害保障制度，主要包括“直接参加现行工伤保险”和“非工伤保险”两种模式。

南通市（2006年、2015年）、潍坊市（2009年）是探索直接参加现行工伤保险制度的代表。然而，随着政策的施行，这一方案暴露出了诸多问题。南通市作为最早开展试点的地区，其结果却以暂停状态告终，主要原因就在于代理机构与用人单位责任划分不清、工伤保险基金收不抵支、工伤认定范围收紧和参保人经济压力过大。潍坊市的灵活就业人员虽然仍在参加工伤保险，但有可能面临与南通市类似的问题，还可能违背国家出台的方针政策，从长远发展来看，直接参加现行工伤保险制度难以为继且推广价值几乎为零。

非工伤保险的种类较多，如“灵活就业人员职业伤害保险”，苏州有太仓（2010年、2015年）和吴江区（2018年）两个试点，而太仓由于筹资来源为就业专项资金列支，无须个人和企业缴费的规定使其名义上是社会保险，实则为“社会福利”，但其参保门槛较高，基本无参考价值。与之相反，苏州吴江区推出一种定位为政府主导的商业保险，其不限制户籍和工伤认定程序简化的做法切实提高了灵活就业人员的参保意愿，十分值得推广。此外，江西九江在向吴江区人社局考察学习后，提出了“社会保险”版的灵活就业人员职业伤害保险，除与吴江区一样无附加参保条件和不与其他社保捆绑外，其优势在于参保和理赔均由社保机构直接经办，无商保的盈利需求。然而，需要指出的是，脱离社保定位的单一商保和脱离商保补充的社保均难以为新就业形态劳动者提供全面的职业伤害保障，为此，下一个阶段，新就业形态劳动者职业伤害保障制度应在国家政策的指导下科学布局、社商结合。

2. 改革探索时期（2019~2020年）

这一阶段以国务院发布的两大意见为标志性事件，是在国家政策指导下的试点探索阶段。2019年8月，国务院办公厅发布《关于促进平台经济规范健康发展的指导意见》（国办发〔2019〕38号），提出“抓紧研究完善平台企业用工和灵活就业等从业人员社保政策，开展职业伤害保障试点”。2020年2月，中共中央、国务院发布的《关于抓好“三农”领域重点工作确保如期实现全面小康的意见》（2020年中央一号文件），要求“开展新业态从业人员职业伤害保障试点”。随着一系列国家政策的出台，浙江、广东率先开展试点尝试，其职业伤害保障制度以“单工伤保险”模式为主。

单工伤保险是指在无须建立劳动关系、无须缴纳医保和养老保险的前提下，平台企业为新就业形态劳动者缴纳的单独工伤保险。浙江省（2019年）、广东省（2020年）是单工伤保险的代表试点，两者有许多共同特点，也有不同之处。如浙江省的参保对象只针对新业态从业者，承担用人单位支付工伤待遇，但创新性鼓励采用商保作为补充保险，这与国家政策提倡以商保来提升职业伤害保障水平的方向相符；广东省的参保对象除新业态从业者外，还包括超过法定退休年龄人员、家政服务人员、实习生等传统灵活就业人员，是包容性更强、覆盖范围更广的政策，但在用人单位支付工伤待遇上，广东省并未给出具体解决方案，而是以“自行协商解决”一笔带过。总体而言，两试点相较于南通市和潍坊市，其进步十分明显，同时也为后续全国试点提供一定参考价值和实践经验。

3. 快速推进时期（2021年至今）

这一阶段以2021年7月八部门发布的《意见》为标志性事件，是全面发展时期的前置阶段。与改革探索时期相比，《意见》使快速推进时期的新就业形态劳动者职业伤害保障总体方针、制度框架和保险定位有所依据，对重点行业有所限定，昭示着中国新一轮的新就业形态劳动者职业伤害保障试点即将在全国铺开。经统计，截至2022年3月初，已有20个省、4个直辖市、3个自治区在《意见》的指导下陆续出台相应文件。总体来说，这些文件大多以“关于维护新就业形态劳动者劳动保障权益的实施意见/办法”命名，整体框架依托于《意见》但又在部分规定细节上有自己的创新性。此外，各实施方案中均提出逐步放开新就业形态劳动者医保、养老保险等社保的户籍限制，而当前尚在建立的职业伤害保障制度已明确被定位为社会保险，这意味着，尽管目前尝试突破户籍限制的是医保等现有社会保险，但一旦职业伤害保障制度正式实施，那么后续的职业伤害保险也将不会再被户籍所限制。

由此可见，各省、自治区、直辖市的职业伤害保障制度探索颇有百花齐放的气势，而政府和学界需要时刻关注并及时归纳各地实践经验，继而提炼具有共性的有力措施，探索有差异性的争议举措，这将为职业保障制度正式出台提供较大参考价值。以景德镇市为例，在《意见》发布后，景德镇市是江西省经研讨决定推进该《意见》的第一批试点。虽然《景德镇市新业态从业人员职业伤害险试行办法》还未正式施行，但其在参保范围、职业伤害保障基金、职业伤害认定与劳动能力鉴定等方面有较多创新点，且职业伤害保障制度由社保经办机构承办，值得后续试点研究和参考。然而，该政策规定个人自愿参保，而社保却是强制由用人单位缴纳的。尽管新就业形态劳动者的无劳动关系特点使得平台是否承担用人单位责任还存在争论，但总体上这一规定与国家对职业伤害保障的社保定位并不相符。此外，工伤保险制度与职业伤害保障制度不能并存，否则，不利于职工在平台企业兼职时的职业伤害保障；职业伤害认定若与《条例》所规定的标准类似，且仍按照“三工”原则判定，也不利于新就业形态劳动者保障自身劳动权益。

（三）基于“三新”经济业态下的中国职业伤害保障制度展望

中国职业伤害保障制度是社会保险，是工伤保险制度框架下的外延及创新。“十四五”时期是职业伤害保障制度发展的重大机遇期，在“三新”经济业态的推动下，中国职业伤害保障制度将在国内试点的经验上和《意见》的指导下不断补充完善。

1. 持续优化职业伤害保障制度结构

职业伤害保障制度应对三个阶段中探索效果较好的试点制度结构进行提炼，在不冲击现行职工工伤保险制度的前提下，以政府主导的社会保险作为基础保险，以商业保险作为附加补充保险，以政府补贴作为制度基本运行费用和管理费用，以平台作为缴费主体强制参保，构建一个既符合新就业形态劳动者特殊性又同时具有互助共济性的职业伤害保障制度结构，并推动其不断与各类医疗保障制度衔接，最终形成多层次工伤保障制度体系。

2. 逐渐扩大职业伤害保障参保范围

职业伤害保障参保对象应从两个层面逐步扩大覆盖度。在职业人群层面，除了网约配送员等平台从业人员、当地支柱产业“地漂”等新就业形态劳动者，还应争取拓展至村干部、农民工、实习生等传统灵活工作人员以及月嫂等呈现出新就业形态的传统行业职业人群；在个人层面，应加快户籍与社保解绑进度，并尽快令符合劳动关系的新就业形态劳动者参加工伤保险，同时令职业伤害保险与工伤保险并存而非互斥，从而使人数众多的“有工伤保险型”平台兼职人员在下班后灵活就业的时间段也有保可依，继而能在最大程度上拓宽职业伤害保障参保范围。

3. 创新搭建职业伤害保障政策框架

政策框架是职业伤害保障制度的躯干，“五脏俱全”才能充分发挥职业伤害保障作用，在职业伤害保障政策框架中（见图 1），资金统筹是职业伤害保障制度的命脉，前期可采用平台承担主体缴费责任、职业人员承担部分费用的过渡模式，待到职业伤害保障政策稳定运行后，再逐步转为平台全额缴费形式；职业伤害认定是职业伤害保障制度实施的关键环节，在借鉴部分工伤认定条款的同时，根据新就业形态劳动者的特殊性具体细化认定内容，而非留给执行环节；保险待遇是职业伤害保障制度运转的不竭动力，应将长期待遇和一次性补偿相结合；经办服务是职业伤害保障制度施行的前台窗口，应由社保经办机构直接经办或政府推出定制商保；“三位一体”是职业伤害保障制度发展的指引方向，应提供工伤预防培训和工伤康复宣传，唤醒新就业形态劳动者的职业伤害预防意识和康复先行认知；基金管理是职业伤害保障制度的发展基石，职业伤害保障基金应单独建账，纳入工伤保险基金统一管理。

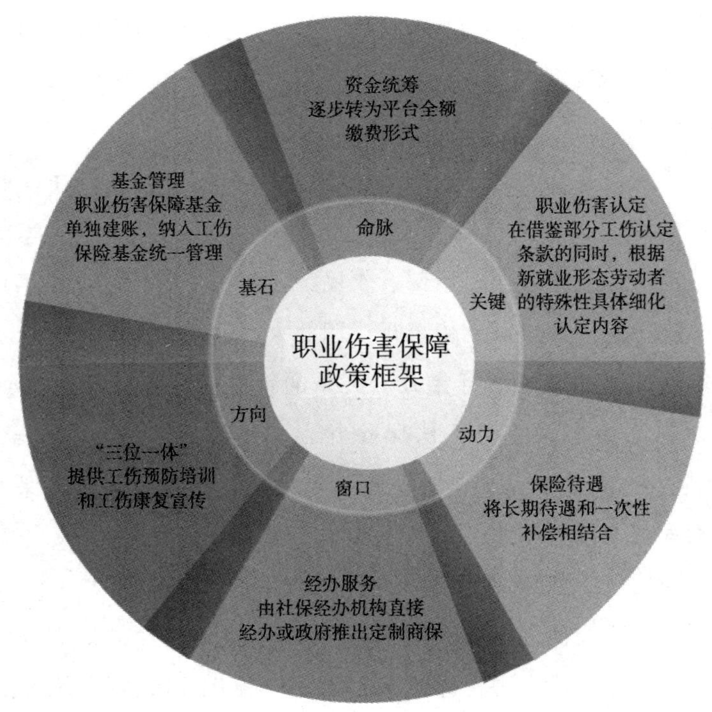

图 1　职业伤害保障政策框架

资料来源：作者自制。

四　结语

中国在工业时代诞生了保障职工职业伤害的工伤保险制度，而“三新”经济进一步催生了新就业形态劳动者的职业伤害保障制度探索，这是提高职业人群基本福利待遇和建设社会主义和谐社会的必然趋势。为此，中国职业伤害保障不仅应坚定社会保险定位，在横向、纵向、立法及统筹四个方向上不断发展和迎接挑战，而且应结合综合学理理论研究的基础和试点实践经验的利弊，建立基于“三新”经济业态下的中国职业伤害保障制度，在制度结构上形成多层次工伤保障制度体系，在参保范围上不断拓宽至新就业形态劳动者乃至其他职业人群，在政策框架上完善资金统筹、职业伤害认定、保险待遇、经办服务和"三位一体"，以期为"三新"经济健康发展和职业人群权益保障提供有力制度支撑。

附录：

表1　各省、自治区、直辖市的职业伤害保障制度地方特点及创新

省、自治区、直辖市	职业伤害保障制度地方特点及创新
北京	仅保障遭受职业伤害的平台网约劳动者"获得医疗救治和经济补偿"，"平台个人灵活就业人员"不考虑在内
江苏	落实平台企业职业伤害预防、保障的主体责任，由平台企业为新就业形态劳动者缴纳职业伤害保障费
海南	推进职业伤害保障与基本医疗保险、城乡居民大病保险等各类医疗保障制度衔接
贵州	未提到强化职业伤害保障，仅鼓励平台企业通过购买人身意外、雇主责任等商业保险，提升从业人员保障水平
安徽	探索建立新就业形态单险种参加工伤保险制度，暂时无法参加工伤保险的，企业应购买商保，并鼓励探索出台多样化商业保险方案
浙江	由平台企业按照《浙江省数字经济促进条例》规定为劳动者单险种参加工伤保险，平台企业遵循属地参保原则。如果劳动者同时接送多单且难以确定责任的，由同一路程首单平台企业承担工伤保险责任。需要指出的是，浙江省在定义新就业形态劳动者时，只支持不完全符合确立劳动关系情形，未建立劳动关系的劳动者不能以单险种参加工伤保险
福建	省内未列入职业伤害保障试点的地区，其平台企业应购买商业保险，促使新就业形态劳动者商保保障水平不低于职业伤害保障试点水平
甘肃	劳动者不完全符合确立劳动关系情形的，由平台企业购买保障水平不低于参加职工工伤保险人员的商保
江西	在景德镇开展职业伤害保障试点，解决"景漂"等灵活就业人员职业伤害保障问题；在赣州开展补充工伤保险试点，解决新经济环境下特定从业人员工伤保障问题；对用工灵活、流动性大的基层快递网点，可由用人单位或平台企业缴纳工伤保险费，优先参加工伤保险
四川	适时在全省组织开展平台灵活就业人员职业伤害保障试点，优先解决平台网约劳动者职业伤害保障问题
辽宁	平台企业或其合作企业要为建立劳动关系的新就业形态劳动者参加工伤保险，但其并未提及未建立劳动关系的新就业形态劳动者应该如何保障自身的职业伤害保障权益
宁夏	中小微企业应为与其建立了劳动关系和形成事实劳动关系的劳动者缴纳工伤保险费，优先参加工伤保险。工伤保险没有覆盖的其他劳动者应通过职业伤害保障制度，来保障自己的权益

续表

省、自治区、直辖市	职业伤害保障制度地方特点及创新
内蒙古	企业应当按照规定参加国家职业伤害保险，国家职业伤害保障制度实施前通过购买商业保险，建立新就业形态劳动者职业伤害底线保障
广西	由行业主管部门制定相应职业伤害保障措施；鼓励行业协会发挥自律作用，引导行业协会制定行业标准、行为规范等约束措施

注：除上述14个省、自治区、直辖市，上海、天津、重庆、河南、吉林、山东、青海、黑龙江、湖南、山西、陕西、云南、河北13个省市的职业伤害保障制度规定与《意见》基本一致，故不再一一描述。

第五章　共同富裕背景下的中国工会实践与思考

郭宇强　付　静*

摘　要： 工会是国家治理体系的重要组成部分，应在共同富裕的道路中发挥积极作用。从实践来看，工会的作用主要包括加强政治引领，提升职工思想素质；强化系统治理，协同推进制度建设；团结组织广大职工，多举措助力企业发展；健全工作机制，推动职工共享经济发展成果；开展技能培训，提升职工人力资本；帮困扶贫，兜住职工群众生活底线等方面。工会展现了思想引领、组织动员、分配保障、资源整合等功能，可以从三个方面进一步发挥工会作用：加强政治站位，推进系统治理，完善工会参与机制建设，提升工会能力；发挥工会牵头协调作用，激发职工主体作用，推进产业工人队伍建设常态化；构建工会参与的共同富裕服务体系。

关键词： 共同富裕　工会　工会实践

一　引言

在以习近平同志为核心的党中央的坚强领导下，我国经济社会持续稳步

* 郭宇强，中国劳动关系学院劳动关系与工会研究院执行院长，副教授，主要研究方向为工会与劳动关系；付静，中国劳动关系学院劳动关系与人力资源学院本科生。

发展，历史性地解决了绝对贫困问题，脱贫攻坚战取得了全面胜利，这为推进共同富裕奠定了良好的经济与社会基础。2021 年，面对国内外各种风险与挑战，我国经济发展和疫情防控取得良好成绩。国内生产总值为 114.4 万亿元，突破 110 万亿元，比上年增长 8.1%，完成了全年 6%以上的经济发展预期目标；按年平均汇率折算，达 17.7 万亿美元，稳居世界第二，占全球经济的比重预计超过 18%。城乡居民收入持续增长，城镇居民人均可支配收入实际增长 7.1%，农村居民人均可支配收入实际增长 9.7%。[①]

党的十八大以来，党中央多次强调要实现共同富裕，并深刻指出共同富裕是社会主义的本质要求，是中国式现代化的重要特征，要坚持以人民为中心的发展思想，在高质量发展中促进共同富裕，实现共同富裕不仅是经济问题，而且是关系党的执政基础的重大政治问题。2020 年 10 月，党的十九届五中全会提出“扎实推动共同富裕”，到 2035 年全体人民共同富裕取得更为明显的实质性进展。2021 年 11 月，党的十九届六中全会提出，到新中国成立百年之际，我国将建成社会主义现代化强国，全体人民共同富裕基本实现。2021 年 6 月，《中共中央国务院关于支持浙江高质量发展建设共同富裕示范区的意见》发布。2021 年 8 月，中央财经委员会召开第十次会议，对促进共同富裕进一步提出明确要求并做出具体工作部署，会议指出，现在我们正在向第二个百年奋斗目标迈进。适应我国社会主要矛盾的变化，更好满足人民日益增长的美好生活需要，必须把促进全体人民共同富裕作为为人民谋幸福的着力点，不断夯实党长期执政基础。2021 年 10 月，《求是》杂志发表习近平总书记重要文章《扎实推动共同富裕》，全面阐述了共同富裕的重大意义、基本原则和总体工作思路等。

共同富裕自提出以来引起社会各界广泛关注，并成为学界研究的热点。第一，就共同富裕的价值与意义而言。顾海良指出，共同富裕是习近平新时代中国特色社会主义思想的重要内容。[②] 张雷声认为，以习近平同志为核心

① 《国家统计局局长就 2021 年国民经济运行情况答记者问》，国家统计局官网，2022 年 1 月 17 日。

② 顾海良：《共同富裕是社会主义的本质要求》，《红旗文稿》2021 年第 20 期。

的党中央以对共同富裕思想的伟大创新，开创了新时代中国共产党带领全体人民走向共同富裕的新境界。[①] 第二，关于共同富裕的内涵与实质。李实、石丹淅认为扎实推动共同富裕，前提是富裕，核心是共同，重点是推动，保障是扎实。李毅认为"共同富裕"中，"富裕"反映的是经济社会发展水平，体现着物质丰富、精神富足和生活宽裕程度；"共同"体现的是让改革发展成果更多更公平惠及全体人民。共同富裕既是一个经济发展概念，也是一个社会发展概念，同时涉及政治、文化、生态等诸多领域，与人民生产生活息息相关。[②] 刘培林等指出共同富裕实质是全体人民共创共享日益美好的生活。[③] 刘元春、刘晓光认为，需要在超越简单的社会运动、超越简单的理论逻辑推演、超越一般的思想争论中准确把握共同富裕的理论基础、实践基础和规划纲领。[④] 第三，共同富裕的衡量指标与实现路径。蒋永穆、豆小磊提出了包括人民性、共享性、发展性和安全性的指标构建维度。[⑤] 李培林认为，扎实推进共同富裕需把握六个要点，主要包括不断扩大中等收入群体，拉动国内消费；把乡村振兴、缩小城乡差距作为推进共同富裕的重点；在改善收入分配结构的同时，也要改进财富分配的结构；注重收入分配公平的同时，更加要注重机会公平；处理好公平和效率的关系，完善勤劳致富的激励机制；大力加强人民的发展能力建设，普遍提高人民的受教育水平，增强劳动者的人力资本积累和发展能力。[⑥] 李实认为，中国在实现共同富裕进程中面临发展水平不高、收入和财产差距过大、中等收入人群比重偏低、基本公共服务均等化程度不高等挑战，应从初次分配、再分配和三次分配方面着

---

① 张雷声：《新时代中国共产党共同富裕思想的伟大创新》，《当代世界与社会主义》2021 年第 5 期。

② 李毅：《理解共同富裕的丰富内涵和目标任务》，《人民日报》，2021 年 11 月 11 日。

③ 刘培林、钱滔、黄先海、董雪兵：《共同富裕的内涵、实现路径与测度方法》，《管理世界》2021 年第 8 期。

④ 刘元春、刘晓光：《在三大超越中准确把握共同富裕的理论基础、实践基础和规划纲领．经济理论与经济管理》，2021 年第 12 期。

⑤ 蒋永穆、豆小磊：《扎实推动共同富裕指标体系构建：理论逻辑与初步设计》，《东南学术》2022 年第 1 期。

⑥ 李培林：《准确把握共同富裕的"是"与"不是"》，《探索与争鸣》2021 年第 11 期。

手，缩小城乡发展差距、地区差距和收入差距[①]；人力资本投资有助于形成新的发展格局，能否实现共同富裕很大程度上取决于能否实现人力资本投资均等化。[②] 赵忠认为，在初次分配方面，要推动要素市场化配置；在再分配领域，要推动基本公共服务均等化，畅通向上流动的渠道；要做好三次分配，应当明确划分政府和社会的边界。[③]

工会是国家治理体系的重要组成部分，应在实现共同富裕的道路上发挥积极作用。王东明指出，实现人民对美好生活的向往是我们党百年不变的追求，始终坚持以习近平总书记重要指示精神为指引，在新的征程上为实现广大职工对美好生活的向往不懈努力[④]；各级工会围绕履行维权服务基本职责，着眼促进共同富裕推进各项工作；坚持以职工为中心的工作导向，把维权服务工作放到促进共同富裕的大局中去思考和谋划。[⑤] 陈刚指出，必须牢记让人民生活幸福是“国之大者”，把促进全体人民共同富裕摆在更加重要的位置，实现好、维护好、发展好最广大人民群众的根本利益。[⑥] 谭天星指出，做好新就业形态劳动者入会和服务工作，有利于扎实推动包括新就业形态劳动者在内的全体人民共同富裕，进一步引导他们听党话、跟党走，不断夯实党执政的阶级基础和群众基础，凝聚起亿万职工共同奋斗的磅礴伟力。[⑦] 魏地春指出，要把“国之大者”和“民之盼者”结合起来，坚持以满足职工美好生活需求、提升职工生活品质为切入点，按照“思想引领、精神塑造、权益实现、保障兜底、机制推动”的基本思路，努力在实现共

① 李实：《共同富裕的目标和实现路径选择》，《经济研究》2021 年第 11 期。

② 李实：《在中国发展研究基金会与浙江敦和慈善基金会“毕节儿童发展示范区早期养育综合支持项目”签约仪式上的发言》，2021 年 12 月 7 日。

③ 赵忠：《共同富裕应推动基本公共服务均等化，畅通向上流动渠道》，《21 世纪经济报道》，2022 年 1 月 5 日。

④ 王东明：《为实现亿万职工对美好生活的向往不懈努力——学习贯彻习近平总书记“七一”重要讲话精神》，《求是》2021 年第 14 期。

⑤ 王东明：《团结动员亿万职工奋进新时代建功新征程》，《求是》2022 年第 2 期。

⑥ 陈刚：《关于新发展阶段工会工作的形势与任务》，《工人日报》，2021 年 6 月 22 日。

⑦ 谭天星：《自觉践行人民至上理念、扎实做好新就业形态劳动者服务工作》，《中国工人》2022 年第 1 期。

同富裕中发挥工会作用、展现工会作为。[①] 陶志勇提出从以下方面发挥工会作用：倡导勤劳致富，引导职工树立正确的共同富裕观；强化职业培训，以技能提升促进职工收入提高；开展集体协商，在初次分配中推动职工共享发展成果；促进社保制度完善，在再分配中维护职工社会保障权益；发挥传统优势，在三次分配中彰显中国工人阶级互助友爱精神；搞好思想引领，促进职工精神生活共同富裕。[②] 胡乐明认为要扎实推动共同富裕，必须促进劳动、资本等生产要素共享企业发展，完善政府、工会、企业共同参与的协商协调机制，更好发挥政府的调节作用，构建和谐劳动关系。[③]

二　中国工会的实践

（一）加强政治引领，提升职工思想素质

中国工会把学习宣传习近平新时代中国特色社会主义思想作为加强思想引领的第一要务，积极落实《关于新时代加强和改进思想政治工作的意见》的工作要求，持续推进职工思想政治引领工作。各级工会组织广大职工学习贯彻党的十九届六中全会精神，深刻领悟“两个确立”的决定性意义；大力弘扬劳模精神、劳动精神与工匠精神，开展“中国梦·劳动美”和“劳动创造幸福”主题宣传教育，推进劳模工匠进校园、进社区、进机关等活动，讲好劳模故事、讲好劳动故事、讲好工匠故事；持续推进党史学习教育，开展“我为群众办实事”实践活动，命名全国职工爱国主义教育基地，建立思想政治教育实践课堂，构建全方面、多样化的思想引领工作体系。

面对新业态、新经济的快速发展，各级工会以习近平总书记关于工人阶级和工会工作的重要论述为指引，积极推动建会工作，加强工作指导，将思想政治引领工作覆盖新就业形态劳动者。美团、京东等均成立了工会组织。2021 年 9 月，来自货运、网约车、快递、外卖配送 4 个行业的 12 家头部平

① 魏地春：《在推动实现共同富裕中贡献工会力量》，《学习时报》，2021 年 12 月 29 日。

② 陶志勇：《在推进共同富裕中积极发挥工会作用》，《工人日报》，2021 年 11 月 15 日。

③ 胡乐明：《构建和谐劳动关系、扎实推动共同富裕》，《光明日报》，2021 年 10 月 12 日。

台企业工会联合发出倡议书，呼吁广大平台企业工会切实发挥作用，努力践行工会使命，当好思想引领的“宣传员”、建会入会的“组织员”、维权服务的“勤务员”、企业发展的“助推员”。

（二）强化系统治理，协同推进制度建设

1. 完善法律体系

2021年12月，十三届全国人大常委会第三十二次会议表决通过了《工会法》修改决定。工会基本职责由“维护职工合法权益”扩展为“维护职工合法权益、竭诚服务职工群众”；明确新就业形态劳动者参加和组织工会的权利；增加关于产业工人队伍建设改革的规定：工会推动产业工人队伍建设改革，提高产业工人队伍整体素质，发挥产业工人骨干作用，维护产业工人合法权益，保障产业工人主人翁地位，造就一支有理想守信念、懂技术会创新、敢担当讲奉献的宏大产业工人队伍。

2. 加强政策指导

中华全国总工会（以下简称“全总”）与有关部门合作出台多项政策意见，加强工作指导，聚焦新业态群体权益保障。2021年6月，全总与交通运输部等部门联合发布《关于做好快递员群体合法权益保障工作的意见》，提出利益分配、劳动报酬、社会保险、作业环境、企业主责、规范管理、网络监管、职业发展等八项任务措施。2021年7月，全总与国家市场监管总局等部门联合发布《关于落实网络餐饮平台责任 切实维护外卖送餐员权益的指导意见》。2021年11月，全总与交通运输部等部门联合发布《关于加强交通运输新业态从业人员权益保障工作的意见》。2021年7月，全总等八部门联合发布《关于维护新就业形态劳动者劳动保障权益的指导意见》，这成为维护新就业形态劳动者权益的一份重要指导性文件。2021年7月，全总发布《关于切实维护新就业形态劳动者劳动保障权益的意见》，其中明确要求：发挥产业工会作用，积极与行业协会、头部企业或企业代表组织就行业计件单价、订单分配、抽成比例、劳动定额、报酬支付办法、进入退出平台规则、工作时间、休息休假、劳动保护、奖惩制度等开展协商，

维护新就业形态劳动者的劳动经济权益。

3. 推进民主参与

各级人大代表、政协委员运用参政议政平台，表达职工心声，推进将职工权益维护事项纳入国家和地方立法、经济社会发展规划等体系中。2021年3月，全国政协总工会界别委员向全国政协十三届四次会议提交《关于加强对新就业形态劳动者权益保障》界别提案，其中指出，我国依托互联网平台的新就业形态劳动者约有8400万人，在就业人数规模、涵盖服务类型等方面均处于世界前列，新业态从业人员法律短板要及时补齐，必须在变化中不断完善。2022年1月，各地两会期间，甘肃、四川、河北等地的代表委员围绕建立平台企业协商机制、加强职业技能培训、完善职业伤害保险体系、培养高技能人才的政策保障等建言献策。

（三）团结组织广大职工，多举措助力企业发展

各级工会组织动员广大职工充分发挥工人阶级主力军作用，通过劳动和技能竞赛、“五小”群众性创新活动等方式保障国家经济建设与社会发展需要，助力企业行业高质量发展，推进企业与职工共成长。

1. 开展劳动和技能竞赛

围绕粤港澳大湾区发展战略，粤港澳大湾区建设工程劳动和技能竞赛于2019年4月启动。截至2021年9月，仅工业赛区就涵纳了21个分赛区、384个项目、134万一线劳动者，完成产值3956亿元，产生“劳模和工匠人才创新工作室”近150个，荣获省级以上奖励100多项，广东省工业系统涌现出12名全国技术专家，6个行业领军人物，逐步建立起知识化、年轻化的一流产业工人队伍。[①] 围绕京津冀协同发展这一重大战略，2018~2020年，中国海员建设工会牵头开展了京津冀协同发展交通一体化建设全国引领性劳动和技能竞赛活动，聚焦冬奥会赛场、城市副中心、大兴机场等重点工

① 汤文诗、邓佩莹、阳雨薇：《赛出“飞”一般的速度，粤港澳大湾区建设工程劳动与技能竞赛交出阶段性成绩单》，《南方工报》，2021年9月30日。

程项目，开展职业技能大赛、练兵比武、专题培训等系列活动。竞赛期间，5赛区共有459个项目参赛，合同总造价5288亿元，45.3万建设者参与了竞赛活动。①

2021年4月，全总举行庆祝“五一”国际劳动节暨“建功‘十四五’、奋进新征程”主题劳动和技能竞赛动员大会。6月，全总印发《关于深入开展“十四五”全国引领性劳动和技能竞赛的通知》，围绕国家重大战略、重大工程、重大项目、重点产业，聚焦深入实施制造强国战略、坚持创新驱动发展、促进区域协调发展、振兴实体经济、重大基础设施建设、推动绿色发展及安全发展等，深入开展“十四五”全国引领性劳动和技能竞赛。7月，全国能源化学地质系统劳动竞赛启动。9月，西南地区油气勘探开发劳动和技能竞赛启动。10月，全国煤炭行业矿山智能化建设劳动和技能竞赛启动，长三角区域一体化发展城乡建设全国引领性劳动和技能竞赛推进会召开。

2. 深化“五小”群众性创新活动

“五小”活动（即小发明、小创造、小革新、小设计、小建议）是工会开展的一项传统活动。这项活动鼓励职工立足本职岗位，发挥聪明才智，推进企业技术进步与创新。2019年，全总下发《关于广泛深入持久开展“五小”活动的指导意见》，各级工会持续推进这项活动。2021年3月，福建省总工会举办2021年福建省百万职工“五小”创新大赛，聚焦技术革新、技术改造和技术攻关活动。11月，广东省职工“五小”创新成果竞赛落幕，这些成果基本都来源于一线职工的工作实践，小革新、小发明、小创造和小设计占据全部申报项目的95%以上，近半数项目具备一项及以上专利，大部分项目已经过验收，产生较高实际经济、社会等效益。其中，机电自动化类和智能信息化项目较上年有大幅提升，占全部项目的75%。②

① 郝赫：《京津冀协同发展交通一体化建设全国引领性劳动和技能竞赛举行表彰大会》，《工人日报》，2021年5月18日。

② 蓝娟、陈小玲、陈益莲：《2021年广东省职工“五小”创新成果竞赛落幕》，中工网，2021年11月26日。

（四）健全工作机制，推动职工共享经济发展成果

劳动者权益的核心内容是工资报酬权，这也是初次分配的重要事项。工会通过建立健全协调劳动关系三方机制、集体协商机制、政府和工会联席会议制度等制度与机制建设，不断提高劳动在初次分配中的比重，持续推动职工共享经济发展成果。

1. 协调劳动关系三方机制

国家协调劳动关系三方由人力资源和社会保障部、全总、中国企业联合会/中国企业家协会、全国工商联共同组成，定期召开会议研究劳动关系领域的重要事项。国家协调劳动关系三方部署实施“劳动关系‘和谐同行’能力提升三年行动计划”，自 2020 年 9 月至 2023 年 9 月在全国范围实施“和谐劳动关系百千万计划”“重点企业用工指导计划”“企业薪酬指引计划”。目前，全国共建立各级协调劳动关系三方组织上万个，县级以上普遍建立三方机制，并向乡镇（街道）和工业园区延伸。

2. 集体协商机制

集体协商机制是维护职工合法权益的重要机制，协商事项包括劳动报酬、工作时间、休息休假、劳动安全卫生、保险福利等多个方面。在各级工会的努力下，工会已经形成行业级、企业级等多层级集体协商机制。2021 年 9 月，浙江温岭举行自 2003 年以来推行的羊毛衫行业工资（工价）协商，聚焦手缝、摇纱等四大工种 11 道工序工价等事项，多道工序工价涨幅在 4%~6%。目前温岭已有 23 个行业工会与行业协会开展行业工资集体协商，覆盖 9000 多家企业，其中 2500 多家企业单独开展协商，总共惠及近 40 万名职工。2021 年 11 月，京东集团、京东物流职工方代表和企业代表就薪资待遇、福利保障、安全保护等 5 个方面开展协商工作，形成了《京东集团集体合同（草案）》、《京东物流集体合同（草案）》，并于 12 月经职代会民主程序审议通过。江苏省常州市推行职工技术创新专项集体合同，通过集体协商的方式，建立健全企业技术工人薪酬激励、促进技术创新的体制机制。

3. 政府和工会联席会议制度

这项制度是工会与政府就经济社会发展重大问题和涉及职工群众切身利益的实际问题进行沟通的制度，是工会实现源头参与、维护职工合法权益的有效平台。2014 年 5 月，全总发布《关于进一步推动完善政府和工会联席会议制度的意见》。全国 31 个省（区、市）建立了联席会议制度，并向市、县一级拓展，有条件的乡镇（街道）、开发区（工业园区）也在积极探索建立联席会议制度，一些产业（行业）工会也在推动与相应政府职能部门或者行业协会的联席会议制度，初步形成了政府牵头协调、工会组织运作、各相关部门积极参与、共同协商解决问题的有效机制。上海 16 个区已全部建立政府与工会联席会议制度，就助力经济社会发展、产业工人队伍建设、劳动关系调处、服务职工、工会组织建设发展等方面进行协商。

（五）开展技能培训，提升职工人力资本

各级工会落实《新时期产业工人队伍建设改革方案》要求，按照“政治上保证、制度上落实、素质上提高、权益上维护”的总体思路，通过技能培训、职业教育等多种形式，不断提高产业工人素质。2021 年 4 月，全国推进产业工人队伍建设改革工作经验交流会在江苏无锡召开，全国第二批产业工人队伍建设改革试点工作启动。全国有 23 个省（区、市）开展了改革试点工作，其中，省级层面试点约 350 个，地市级及以下试点超过 1200 个。[①] 5 月，“深化产业工人队伍建设改革”专题培训班在中国浦东干部学院举办，要求突出抓好思想引领、建功立业、素质提升、地位提高、队伍壮大五个重点任务，突出抓好工作机制、培训交流机制、分类指导机制、产业工会作用发挥机制、促进企业重视和积极推进改革机制、评价考核机制六个机制。

工会加强与政府各部门合作，持续提升职工技能水平。全总会同教育、人社等部门积极实施职业技能提升行动，落实“技能中国行动”实施方案，

① 郝赫、郑莉、王伟：《全国产业工人队伍建设改革第二批试点工作启动》，《工人日报》，2021 年 4 月 22 日。

通过指导企业加大技能要素参与分配的激励力度。2021 年 6 月，全总等五部门印发《关于全面推行中国特色企业新型学徒制 加强技能人才培养的指导意见》，持续实施职业技能提升行动，面向企业全面推行新型学徒制培训，为实现高质量发展提供有力的人才和技能支撑。北京市总工会落实工会改革和产业工人队伍建设改革任务，着力培育“高精尖”技能人才，推进职工素质提升、技能提升、创新及成果转化应用三大职业发展体系，助力培养高技能人才。山东省总工会打造的“齐鲁工匠”建设工程，被纳入省委、省政府人才发展规划，带动各级工会每年培育各类工匠人才近万名；安排 1600 余万元专项资金支持“齐鲁工匠”领衔创建劳模和工匠人才创新工作室，带动各级工会创建劳模和工匠人才工作室 9430 个，开展技术攻关和创新 13.18 万项，创效 317.56 亿元。①

（六）帮困扶贫，兜住职工群众生活底线

1. 推进工会帮扶工作

在全总指导下，全国 31 个省（区、市）和新疆生产建设兵团等 32 个省级总工会均制定了详细的工作规划，建设全国工会帮扶工作网上平台，推动将帮扶中心转变成惠及更多职工的服务平台，发挥全国 3500 个县级以上工会帮扶中心和 16 万个基层工会帮扶站点的作用，② 组织实施送温暖、金秋助学、农民工平安返乡等品牌活动。目前，工会建档立卡的 549.87 万户城市困难职工家庭全部如期实现解困脱困；各级工会还投入 11 亿多元建设户外劳动者服务站点，并联合有关部门建设了 400 多个“司机之家”，推动快递企业建成 640 多个一体化“会、站、家”。③

2. 助力脱贫攻坚工作

全总将扶贫列入工会重点工作，统筹推进脱贫攻坚和定点扶贫工作，根

① 田国垒、刘晓林：《山东工会书写新时代齐鲁工运新篇章》，《工人日报》，2021 年 5 月 26 日。

② 王东明：《为实现亿万职工对美好生活的向往不懈努力——学习贯彻习近平总书记“七一”重要讲话精神》，《求是》2021 年第 14 期。

③ 郑莉、朱欣：《积极作答推动构建中国特色和谐劳动关系的时代考题》，《工人日报》，2021 年 12 月 9 日。

据工作部署和要求，全总以及各省（区、市）的工会承担了国家级贫困、省级贫困或欠发达县的定点扶贫任务。一是技能扶贫。许多省（区、市）工会在贫困地区组织开展了水电、交通等基础设施建设，组织开展劳动和技能竞赛，通过技能培训、就业援助等多种形式提升贫困户就业能力。二是产业扶贫。根据当地的自然环境、资源分布、产业类型等情况，发展地方经济产业，引入社会资源和项目，建立生产基地。三是消费扶贫。工会启动消费扶贫行动，动员、组织广大职工积极参与扶贫工作，通过购买特色农产品、乡村旅游等形式带动贫困人口增收。四是开展生活救助、金秋助学等活动。

3. 开展送温暖活动

2021 年 12 月，全总印发《关于 2022 年元旦春节期间组织开展送温暖活动的通知》，要求各级工会结合疫情防控情况开展送温暖活动，全总安排 1 亿元送温暖资金用于送温暖走访慰问，其中 5000 万元用于“两节”送温暖活动。慰问困难职工、劳动模范、坚守在新冠肺炎疫情防控一线的医务人员、在国家重点工程重大项目和重大活动中作出突出贡献的职工和节日期间坚守一线岗位的干部职工。“两节”前，全总将下拨中央财政专项帮扶资金 3.73 亿元，向在档困难职工普遍发放生活补贴。2021 年，财政部、全总共下拨 11.3 亿元中央财政专项帮扶资金，用于保障困难职工基本生活。[①] 中国农林水利气象工会启动“两节”远洋渔业职工送温暖活动，将 86 万元送温暖资金发放给受新冠肺炎疫情影响导致生活困难的远洋渔业企业困难职工。2022 年 1 月，全总送温暖慰问团到冬奥会张家口赛区开展送温暖工作。2022 年 1 月，全总等八部门印发《关于开展 2022 年春节期间“春暖农民工”服务行动的通知》，集中为返乡返岗农民工、因疫情滞留的务工人员和脱贫人口、低收入人口等重点帮扶对象做出服务保障。

2021 年 11 月，全总启动“工会进万家·新就业形态劳动者温暖行动”服务月活动。活动面向快递员、外卖骑手、网约车司机、货车司机等新就业形态劳动者，推进以“送思想文化、送身心健康、送平安保障、送温暖关

---

① 王鑫：《全国总工会启动 2022 年元旦春节期间送温暖活动》，中工网，2021 年 12 月 14 日。

爱、送工作岗位、送技能提升”为主要内容的“六送”活动，引导全社会关心关爱新就业形态劳动者，帮助解决他们的急难愁盼问题。

4. 推进职工互助保障

职工互助保障是由全总统一组织开展、职工自愿参加的职工互助互济活动，是国家多层次社会保障体系的重要组成部分，其主要内容是建立以住院医疗互助为主，涵盖大病医疗、意外伤害及困难救助等日常保障需求的互助保障服务体系，被广大职工称为“工会给职工的二次医保”。

2020 年 2 月，中共中央国务院《关于深化医疗保障制度改革的意见》提出将医疗互助纳入国家医疗保障制度体系。2021 年 9 月，《国务院办公厅关于印发“十四五”全民医疗保障规划的通知》提出，支持医疗互助有序发展，坚持职工医疗互助的互济性和非营利性，更好减轻职工医疗费用负担，提高服务保障能力。2021 年 10 月，《国务院办公厅关于健全重特大疾病医疗保险和救助制度的意见》提出“工会要做好职工医疗互助和罹患大病困难职工帮扶”。

2018 年 9 月，全总发布《关于加强职工互助保障活动规范和管理的意见》。2020 年 3 月，全总通过《中国职工保险互助会关于加强自身建设推进职工互助保障活动创新发展实施方案》。各级工会组织按照要求开展相关工作。内蒙古职工互助保障协会在全区实施职工医疗互助保障行动，2021 年入会人数达到 119 万人，近 8.5 万人次从中受益，人均报销金额达 1331 元，补助金额最高达 34.54 万元。[①] 贵州省职工医疗互助中心推进职工医疗互助省级统筹，截至 2021 年 11 月，有 2259 家参与单位，参与职工达 22.4 万人、71.52 万人次，发放给付及慰问金累计 1771.56 万元，10911 人次职工及家属受益[②]，广东省职工保障互助会推出工会会员专属意外医疗互助保障计划（新就业形态劳动者 2022 年版），中国职工保险互助会北京办事处出台《八大群体及新就业形态劳动者专项互助保障活动》。

① 张璐：《我区职工参与医疗互助保障让 8.5 万人次从中受益》，《内蒙古日报》，2021 年 12 月 15 日。

② 吕静：《医疗互助保障为职工撑起一片天》，中工网，2021 年 11 月 23 日。

（七）提供公共服务，提升职工生活品质

1. 加强服务阵地建设

工会服务阵地是工会服务广大职工的重要平台，在满足职工多元需求、提升服务水平、增进工会影响力等方面发挥着重要作用。这些阵地既包括工人文化宫、职工学校、职工书屋、工会职工服务中心（困难职工帮扶中心）、职工疗（休）养院、劳模和工匠人才创新工作室等传统工会阵地，也包括司机之家、工会户外劳动者服务站点等新兴工会阵地。其中，工人文化宫、职工书屋等已经纳入国家公共文化设施范围。此外，全总大力推动在各地企事业单位、工业园区、商务楼宇中建立女职工休息哺乳室、母婴关爱室、妈咪小屋等，取得积极成效。北京市总工会等地推动建设由企业发展到商场、车站等公共场所。

（1）工人文化宫

工人文化宫以开展职工文体活动、心理咨询、教育培训等公益性、基本性、便利性公共文化活动为主，截至 2020 年 12 月，全国共有县级以上工人文化宫 1598 家。[①]《中国工运事业和工会工作“十四五”发展规划》提出，加强工人文化宫规范化建设管理，“十四五”期间，全国建设 100 家标准化工人文化宫，推动经济较发达、职工人数多的县（县级市）实现工人文化宫建设全覆盖；整合工会资源，把县级工人文化宫打造成工会组织综合服务阵地。各级工会组织持续推动工人文化宫、职工学校、职工书屋、工会职工服务中心（困难职工帮扶中心）等工会阵地建设纳入当地经济和社会发展规划。

（2）职工书屋

截至 2021 年 4 月，全国已累计建成工会职工书屋示范点 1.32 万余家，带动各地建成职工书屋 13 万余家，覆盖职工 6000 多万人。[②]《中国工运事

① 陈晓燕、郝赫、王维砚：《将工人文化宫纳入公共文化服务体系》，《工人日报》，2021 年 3 月 7 日。

② 郑莉、郝赫：《第五届全国工会职工书屋主题阅读交流活动启动》，《工人日报》，2021 年 4 月 24 日。

业和工会工作“十四五”发展规划》提出，力争到2025年年底全国工会职工书屋示范点达到1.6万家，带动各级工会自建职工书屋达到15万家，实现各类便利型阅读点、劳模工匠书架广泛覆盖；电子职工书屋覆盖职工逾5000万人，基本形成覆盖大多数职工的工会阅读推广服务体系。

（3）司机之家

全总和交通运输部联合开展“司机之家”建设工作，为货车司机提供休息、淋浴、洗衣、热水等便民服务。2021年12月，“司机之家”位置服务信息上线地图应用，精确标注“司机之家”位置，首批上线的295个“司机之家”服务点来自27个省市。[①] 截至2022年1月，全国验收合格正常运营的“司机之家”为848家。[②]

（4）工会户外劳动者服务站点

服务站点面向环卫工人、快递员、交通警察、出租司机等户外劳动者，提供就餐、休息、饮水等服务，是服务职工的重要平台载体。已经形成中国金融工会推动户外劳动者服务站点共建共享、北京市总工会职工暖心驿站、上海市总工会户外职工爱心接力站、贵州省总工会城区户外劳动者综合服务站、中国建设银行工会劳动者港湾等典型。目前，全国建设户外劳动者服务站点8.6万余个，投入11.67亿元，覆盖服务户外劳动者6202.15万人，为户外劳动者群体提供休息、饮水、热饭、如厕、充电、避雨等暖心服务。[③]

2. 启动提升职工生活品质试点工作

全总发布的《中国工运事业和工会工作“十四五”发展规划》，将“实施提升职工生活品质行动”纳入规划。2021年10月，全总决定以提升职工生活品质为目标开展试点工作。12月，全总办公厅印发《关于发布提升职工生活品质全总试点单位名单的通知》，20家单位、50家企业（工业园区）确定为试点单位。全总将对2021年列入全总试点的工会帮扶中心补助50万

---

① 宋子节：《“司机之家”位置服务信息上线地图应用》，人民网，2021年12月13日。

② 王鑫：《2021年验收合格“司机之家”建设项目名单公布》，中工网，2022年1月26日。

③ 谭天星：《自觉践行人民至上理念、扎实做好新就业形态劳动者服务工作》，《中国工人》2022年第1期。

元，对被列为全总试点的企业（工业园区）补助10万元，主要用于培育创新帮扶服务职工项目，重点帮助解决新就业形态劳动者、困难职工、劳务派遣工等特殊职工群体在生活服务、身心健康、托幼、子女教育、劳动安全卫生等方面遇到的急难愁盼问题。

2021年度全国职工健康促进工程成果丰硕，由11家单位主办或联合主办的提升职工生活品质行动，已覆盖110家地方工会和企业工会，超过200家单位，近50万职工。[①] 全国职工健康促进工程面向4亿职工重点推进"一普及、三健康、一计划"（即开展健康知识普及，推广健康小屋、健康运动、健康食堂，实施疗休养计划）。目前，实施提升职工生活品质行动覆盖110家地方工会和企业工会，超过200家单位，近50万职工；职工健康智慧云平台已服务职工超过40万人，健康促进内容观看超过1000万人次。[②]

3. 开展多元化服务活动

全总发挥引领作用，组织开展了多样化的活动，起到了很好的示范效应，例如2021年的一些文化活动（见表1）涉及文艺、体育、知识竞赛等领域，在加强思想引领、丰富职工文化生活、满足精神需求等方面起到了较好的效果。此外，工会聚焦社会发展与职工需求开展特色活动，展现工会共同富裕道路上的新作为。2021年9月，全总实施的"高原职工氧吧"项目在西藏自治区拉萨市启动。该项目计划在西藏7个地市、59个县区实施131个项目，包括提供集中供氧设备，赠送单体式、分体式制氧机等，为活动参与人数较多的职工服务中心、劳动强度大的工作场所和生活条件艰苦的边境乡镇，因地制宜开展送氧活动。中华全国总工会女职工委员会决定自2022年起在全国开展"幸福奶爸行动"，倡导各级工会以加强婴幼儿照护为主题，突出亲情和责任共担主线，开展奶爸宝妈培训、竞赛等活动。各级工会发挥能动性，采取普惠与精准相结合的形式，广泛开展文化、体育

① 中国职工国际旅行社总社：《2021年度全国职工健康促进工程成果丰硕》，全国总工会官网，2022年1月17日。

② 《全国职工健康促进工程首届年会在京举行》，全国总工会官网，2022年1月13日。

等多项活动，关爱职工身体与心理健康，不断满足职工日益增长的多元化需求。

表 1　2021 年全总开展的部分文体活动

时　间	名　称
2021 年 4 月	“中国梦 · 劳动美——永远跟党走 奋进新征程”百名劳模图片展
2021 年 5 月	“中国梦 · 劳动美——永远跟党走、奋进新征程”2021“五一”国际劳动节特别节目
2021 年 6 月	“中国梦 · 劳动美——我心向党”第八届全国职工摄影展
2021 年 6 至 12 月	全国职工党史知识竞赛
2021 年 10 月	全国职工“冰雪情 · 冬奥梦”冰雪主题绘画活动
2021 年 10 月	全国职工乒乓球大赛
2021 年 11 月	“中国梦 · 劳动美——永远跟党走 奋进新征程”全国职工线上运动会

资料来源：作者根据全总网站新闻整理。

三　结论与建议

中国要实现共同富裕，不是搞平均主义，而是要先把“蛋糕”做大，然后通过合理的制度安排把“蛋糕”分好，水涨船高、各得其所，让发展成果更多更公平惠及全体人民。中国工会作为国家治理体系重要组成部分，以维护职工合法权益、竭诚服务职工群众为基本职责，在推进共同富裕的时代进程中，发挥着独特功能与作用。第一，思想引领功能。中国工会坚持党的领导，以习近平新时代中国特色社会主义思想为引领，立足新发展阶段、贯彻新发展理念、构建新发展格局，以广大职工对美好生活的追求与向往为出发点推进工会各项工作，团结带领职工听党话，跟党走。第二，组织动员功能。中国工会发挥组织优势与人员优势，组织广大职工投入企业生产，倡导爱岗敬业，通过劳动竞赛、“五小”活动等多种形式激发广大职工的主动性与积极性，助力企业发展，提高生产效率，在构建企业与职工命运共同体中共同做强、做大企业，实现“做大蛋糕”。第三，分配保障功能。中国工会通过参与法律政策制定、完善协商机制、推进民主管理等参与初次分配，提高劳动要素参与分配的比例，有效防范“资本无序扩张”，推进分配的公平性、科学性与合理性；通过技能培训、技能竞赛等途径提高劳动者人力资本质量，增强其在市场的竞争力与话语权；通过公益、慈善、捐赠、困难帮扶、职工互助等形式参与第二、三次分配。第四，资源整合功能。工会发挥组织网络优势，有效整合社会资源，形成多样化的服务阵地，满足职工多元化的服务需要。

立足共同富裕的时代要求与责任，中国工会可以从三个方面深入推进相关工作。第一，加强政治站位，推进系统治理，完善工会参与机制建设，提升工会能力。以党建为引领，运用系统思维，发挥工会在生产、分配、交换、消费等环节中的作用，完善工会在制度立法、协商沟通、利益分配、社会治理等领域工作机制，推进工会参与机制化、职工利益表达组织化，发挥工会在规范资本有序发展中的作用。第二，发挥工会牵头协调作用，激发职工主体作用，推进产业工人队伍建设常态化。加强产业工人队伍建设改革效能评估，注重产业工人队伍素质的不均衡状态，立足区域、产业、群体等差距，精准推进制度建设与政策落实，以高质量产业工人队伍建设质量引领全体职工队伍素质提升，不断提高工人阶级的整体素质。第三，构建工会参与的共同富裕服务体系。发扬创新精神，构建立体化服务体系、工作机制与评价体系，推进服务项目体系化、服务内容多样化、服务对象精准化、服务方式专业化、服务获取可及化、服务评价多元化，争取更多项目纳入国家公共服务体系，在助力广大职工走向共同富裕的道路上彰显工会价值。

参考文献

《中共中央关于党的百年奋斗重大成就和历史经验的决议》，人民出版社，2021。

全国总工会课题组编《深入学习贯彻习近平总书记关于工人阶级和工会工作的重要论述》，工人出版社，2021。

习近平：《扎实推动共同富裕》，《求是》2021年第20期。

王东明：《为实现亿万职工对美好生活的向往不懈努力——学习贯彻习近平总书记

“七一”重要讲话精神》，《求是》2021年第14期。

王东明：《团结动员亿万职工奋进新时代建功新征程》，《求是》2022年第2期。

陈刚：《关于新发展阶段工会工作的形势与任务》，《工人日报》，2021年6月22日。

李实：《共同富裕的目标和实现路径选择》，《经济研究》2021年第11期。

顾海良：《共同富裕是社会主义的本质要求》，《红旗文稿》2021年第20期。

刘元春、刘晓光：《在三大超越中准确把握共同富裕的理论基础、实践基础和规划纲领》，《经济理论与经济管理》2021年第12期。

第六章　推动工会工作高质量发展的重要法治保障

——《中华人民共和国工会法》修改解读

杨思斌 *

摘　要：《中华人民共和国工会法》（以下简称《工会法》）是我国法律体系中一部重要的法律。2021 年，《工会法》进行了第三次修改。《工会法》修改的主要内容包括：落实习近平总书记指示批示精神和党中央决策部署；突出坚持党的领导，明确工会工作的基本要求；积极回应工会工作中的新情况、新问题，特别是明确新就业形态劳动者依法参加和组织工会的权利；完善工会基本职责及实现方式；做好与相关法律的衔接；完善工会在集体合同制度中作用的规定；完善工会教育和组织职工条款的规定；解决社会组织工会工作中的关键问题等。修改后的《工会法》为新时代工运事业和工会工作的创新发展提供了根本遵循，为坚定不移走中国特色社会主义工会发展道路提供了法治保障。

关键词：工会法　工会性质　工会活动准则　工会基本职责

2021 年 12 月 24 日，十三届全国人大常委会第三十二次会议通过了《全国人民代表大会常务委员会关于修改〈中华人民共和国工会法〉的决

* 杨思斌，中国劳动关系学院劳动关系与工会研究院教授，主要研究方向为社会法。

定》。修改后的《中华人民共和国工会法》（以下简称《工会法》）自2022年1月1日起施行。《工会法》修改是我国社会法领域具有标志性意义的事件，具有重大的理论与实践意义。深入学习，准确领会，用好用足修改后的《工会法》，是推动工会工作高质量发展的重要抓手。积极推动《工会法》的贯彻实施，也是各级工会组织和工会干部落实主体责任的必然要求。因此，对《工会法》修改的背景、主要内容等进行全面解读具有重要的意义。

一　《工会法》的地位及其修改背景、过程

（一）《工会法》在我国法律体系中的地位

《工会法》是规定工会的权利和义务，保障工会在国家政治、经济和社会生活中的地位，维护工人阶级和广大职工群众合法权益的一部重要法律。《工会法》是工会组织依法开展工作的"总章程"与法治保障。《工会法》在我国法律体系中具有重要的地位：从工会是集体劳动关系的重要一方，代表职工进行集体协商、签订集体合同的视角看，《工会法》属于劳动法体系中的集体劳动关系法，可以归属于中国特色社会主义法律体系中的社会法部门；从劳动者依法参加和组织工会是宪法规定的公民结社权的具体体现以及工会是国家政权的重要支柱，工会工作是党治国理政的一项经常性、基础性工作而言，《工会法》又可以归属于中国特色社会主义法律体系中的宪法及相关法部门。无论其归属于哪个法律部门，《工会法》在我国法律体系中都是一部非常重要的法律。我国现行的《工会法》是1992年第七届全国人民代表大会通过的法律，因此，就法的位阶而言，《工会法》是宪法之下、行政法规之上的法律中的基本法律，其地位要比由全国人民代表大会常务委员会通过的《中华人民共和国劳动法》（以下简称《劳动法》）、《中华人民共和国就业促进法》（以下简称《就业促进法》）、《中华人民共和国劳动合同法》（以下简称《劳动合同法》）、《中华人民共和国劳动争议调解仲裁法》（以下简称《劳动争议调解仲裁法》）、《中华人民共和国社会保险法》（以下简称《社会保险法》）等法律要高。

（二）《工会法》的修改背景

我国在1950年和1992年分别颁布了第一部《工会法》和第二部《工会法》。1992年《工会法》公布施行后，由全国人大常委会于2001年、2009年进行了两次修改；2021年，《工会法》进行了第三次修改。

《工会法》是一部历史悠久的法律。1950年6月，中央人民政府颁布了《工会法》，成为新中国最早实施的三部基本法律之一[①]。随着我国经济社会的发展特别是经济体制从计划经济到市场经济的转型，1950年制定的带有过渡时期痕迹的《工会法》表现出较大的滞后性和不适应性。1992年，《工会法》的修改终于列入七届全国人民代表大会的立法议程。同年4月3日，第七届全国人民代表大会第五次会议通过《工会法》（自公布之日起施行），1950年中央人民政府颁布的《工会法》同时废止。2001年为适应社会主义市场经济发展客观上要求工会更有效地维护劳动者的合法权益的需要，全国人大常委会对《工会法》进行了重大修改，其修改的主要内容为：第一，打破了所有制界限，有利于工会更加广泛地开展维护职工权益工作；第二，突出了维护职能，明确规定了维护职工合法权益是工会的基本职责；第三，强化了职工的组织权，有利于工会更加广泛和有效地把职工组织到工会中来；第四，加强了对工会干部的保护；第五，提出建立劳动关系三方机制；第六，加强了工会经费的收缴力度；第七，增加法律责任一章，增加了《工会法》的约束力和强制性[②]。2009年《工会法》的修改属于“打包修法”，只是将《工会法》第51条中的“治安管理处罚条例”修改为“治安管理处罚法”，并不涉及法律的实际内容，因此，属于技术性修改。

经过两次修改的《工会法》在框架结构上分为总则、工会组织、工会的权利和义务、基层工会组织、工会的经费和财产、法律责任、附则7章，共57条。《工会法》实施以来的实践表明，《工会法》总体上是适应经济社

---

① 这三部法律分别是：《中华人民共和国婚姻法》《中华人民共和国工会法》和《中华人民共和国土地改革法》。

② 郭军：《修改后的〈工会法〉体现了与时俱进的时代精神》，《中国工会财会》2001年第4期。

会发展的[①]。

党的十八大以来，党和国家事业取得历史性成就、发生历史性变革，具体体现在经济、政治、文化、社会建设以及坚持党的全面领导、全面从严治党、全面深化改革、全面推进依法治国等各个方面。这对新时期的工会工作和《工会法》的完善提出了新要求。例如：已经成为党和国家指导思想的习近平新时代中国特色社会主义思想作为工会组织和工会工作必须长期坚持的指导思想，亟须囊括在《工会法》之中；习近平总书记关于工人阶级和工会工作的重要论述是习近平中国特色社会主义思想在工会领域的重要体现，是中国特色社会主义工会道路的理论指南，其主要精神需要体现在《工会法》的具体规范中，以更好地发挥法律固根本、稳预期、利长远的作用。

“法与时转则治”，《工会法》必须与时俱进，回应新问题、新挑战，特别是需要回应新就业形态的涌现对职工参加和组织工会的影响，把实践中已经拓展的“维护职工合法权益、竭诚服务职工群众”的工会基本职责和工会推动产业工人队伍建设等行之有效的做法上升为法律。此外，维护国家法制统一是我国的宪法原则，也是全面推进依法治国题中应有之义。随着我国法治建设的推进，《中华人民共和国民法典》《中华人民共和国法律援助法》等相继颁布实施，这对《工会法》与其他法律的衔接提出了要求，需要通过修改《工会法》以妥善处理其与相关法律的关系，来维护法律体系的和谐，发挥法律的整体功能。因此，有必要对《工会法》再次进行修改。

（三）《工会法》的修改过程

2019 年以来，全国人大常委会法工委和全国总工会密切沟通，围绕

① 《工会法》实施以来，为各级工会履行团结引导职工群众听党话跟党走的政治责任提供了有力法治保障，在发挥工会职能作用，维护职工合法权益、构建和谐劳动关系、促进经济社会发展等方面起到了有力的推动作用，总体上适应经济社会发展需要。参见张勇《关于〈中华人民共和国工会法（修正草案）〉的说明——2021 年 12 月 20 日在第十三届全国人民代表大会常务委员会第三十二次会议上》，全国人大官网，http：//www. npc. gov. cn/npc/c30834/202112/77cb1805e7e84dc2ba7599dd38d24c49. shtml。

《工会法》修改做了比较充分的准备工作。2019年上半年，全国总工会在全国范围内开展了《工会法》实施情况专题调研，广泛听取各级工会组织、广大职工群众和社会各方面的意见建议，在此基础上形成修正草案建议稿。全国总工会专门就《工会法》修改及修改内容向党中央请示，党中央同意全国总工会的建议。2021年4月，《工会法》修改列入全国人大常委会2021年度立法工作计划。其后，全国人大常委会法工委进一步征求中央和国家有关部门、部分省（自治区、直辖市）人大、基层立法联系点的意见，与全国总工会共同开展调研。在此基础上，提出了修正草案①。2021年11月5日，第十三届全国人大常委会第一百零五次委员长会议审议通过了《〈工会法〉（修正草案）》的议案代拟稿。11月29日，委员长会议审议通过《〈工会法〉（修正草案）》。2021年12月22日全国人民代表大会常委会、宪法与法律委员会分别对修正案草案进行了审议。12月24日第十三届全国人民代表大会常委会第三十二次会议通过了《全国人民代表大会常务委员会关于修改〈工会法〉的决定》，《工会法》的修改顺利完成。

二 《工会法》修改的主要内容解读

关于《工会法》修改的主要内容，可以从不同方面进行解读，全国人大常委会法制工作委员会副主任张勇在《关于〈中华人民共和国工会法〉（修正草案）的说明》中将其分为七个方面，分别为：突出坚持党的领导；落实党中央对工会改革的新要求；完善工会法和工会工作指导思想；完善工会基本职责；体现中央对产业工人队伍建设改革的新要求；做好与相关法律的衔接；扩大基层工会组织覆盖面等②。全总办公厅发布的《关于学习宣传

① 张勇：《关于〈中华人民共和国工会法（修正草案）〉的说明——2021年12月20日在第十三届全国人民代表大会常务委员会第三十二次会议上》，全国人大官网，http：//www.npc.gov.cn/npc/c30834/202112/77cb1805e7e84dc2ba7599dd38d24c49.shtml。

② 张勇：《关于〈中华人民共和国工会法（修正草案）〉的说明——2021年12月20日在第十三届全国人民代表大会常务委员会第三十二次会议上》，全国人大官网，http：//www.npc.gov.cn/npc/c30834/202112/77cb1805e7e84dc2ba7599dd38d24c49.shtml。

贯彻〈中华人民共和国工会法〉的通知》（总工办发〔2021〕20号），把《工会法》修改的主要内容归纳为四个方面：落实习近平总书记重要指示批示精神和党中央决策部署，明确工会工作的基本要求，积极回应工会工作面临的新情况新问题，做好与相关法律的衔接等。

以上内容对于我们深入理解《工会法》修改具有重要的指导意义。为了全面、准确地理解《工会法》修改的主要内容，本文以上述两个文本为参考，结合具体法律条文，对《工会法》修改的主要内容进行学理解读。《工会法》修改的主要内容包括以下几个方面。

（一）落实习近平总书记指示批示精神和党中央决策部署

党的十八大以来，习近平总书记对工会工作多次作出重要指示批示，党中央也有有关决策部署，对加强和改进工会工作提出明确要求。《工会法》的修改需要落实习近平总书记指示批示精神和党中央决策部署，主要体现在以下两个方面。

第一，完善工会法和工会工作的指导思想。党的十九大对《中国共产党章程》进行了修改，其中的一项重要成果是将习近平新时代中国特色社会主义思想写入党章，实现了党的指导思想的与时俱进。第十三届全国人大一次会议通过的宪法修正案以国家根本法的形式确立习近平新时代中国特色社会主义思想的宪法地位以及其在国家政治和社会生活中的指导地位。为贯彻落实党的十九大精神，落实修改后的宪法规定，2018年，中国工会十七大通过的《中国工会章程修正案》在总则中的中国工会指导思想部分增加了“习近平新时代中国特色社会主义思想”。此次修法最重要的成果之一是明确将习近平新时代中国特色社会主义思想同马克思列宁主义、毛泽东思想、邓小平理论、“三个代表”重要思想、科学发展观一道，确立为工会法和工会工作的指导思想，为推进新时代党的工运事业和工会工作提供根本遵循。

第二，体现党中央对产业工人队伍建设改革的新要求，增加关于工会推动产业工人队伍建设改革的规定。此次《工会法》修改新增了一个条款，作为第八条，专门规定工会推动产业工人队伍建设改革，即“工会推动产业工人队伍建设改革，提高产业工人队伍整体素质，发挥产业工人骨干作用，维护产业工人合法权益，保障产业工人主人翁地位，造就一支有理想守信念、懂技术会创新、敢担当讲奉献的宏大产业工人队伍”。我国是工人阶级领导的、以工农联盟为基础的人民民主专政的社会主义国家。作为工人阶级主体力量的产业工人，在创造社会财富、实现社会经济高质量发展，推动实现共同富裕中发挥着中流砥柱作用。推动产业工人队伍建设改革，是全面贯彻落实全心全意依靠工人阶级方针的充分体现，是更好发挥工人阶级作用的现实需求，是提高工人阶级整体素质、凝聚工人阶级力量的迫切需要[①]。

党的十八大以来，习近平总书记高瞻远瞩，就产业工人队伍建设改革作出重要论述，提出了一系列新思想新观点新要求，涉及产业工人队伍建设改革的意义、目标、方向和重点等，为推动产业工人队伍建设改革提供了基本遵循和行动指南。为贯彻落实习近平总书记重要指示批示精神，2017 年 4 月，中共中央、国务院印发《新时期产业工人队伍建设改革方案》（以下简称《改革方案》），明确了改革的指导思想、基本原则、目标任务以及改革举措。为了把近年来通过实践证明行之有效的产业工人队伍建设改革的有益经验通过法律固定下来，并使之成为一项具有长期性、稳定性和可预期的制度安排，此次修法专门新增一个条款规定工会推动产业工人队伍建设改革，明确了工会推动产业工人队伍建设的目标任务是：“造就一支有理想守信念、懂技术会创新、敢担当讲奉献的宏大产业工人队伍”。这一目标任务既有思想政治（有理想守信念）、职业技能（懂技术会创新）、职业道德（敢担当讲奉献）等方面的质的要求，也包括量的要求，即宏大产业工人队伍。宏大产业工人队伍既包括传统产业领域的劳动者，也包括农民工和新就业形态劳动者。此条款同时明确了产业工人队伍建设的路径：一是提高产业工人队伍整体素质，二是发挥产业工人骨干作用，三是维护产业工人合法权益，四是保障产业工人主人翁地位。自此，推动产业工人队伍建设改革成为工会

---

① 全国总工会课题组：《深入学习贯彻习近平关于工人阶级和工会工作的重要论述》，中国工人出版社，2021，第 50 页。

的法定职责。

（二）突出坚持党的领导，明确工会工作的基本要求

坚持党的领导是做好工会工作的基本要求和根本保证，工会必须坚持正确的政治方向，自觉服从党的领导，贯彻党的意志和主张，严守政治纪律和政治规矩，在思想上、政治上、行动上始终同以习近平同志为核心的党中央保持高度一致。本次《工会法》的修改，进一步突出坚持党的领导。主要体现为，在《工会法》第 2 条关于工会性质的规定中增加了“中国共产党领导的”和“是中国共产党联系职工群众的桥梁和纽带”的表述。这是对中国工会本质属性的完善，强化了党对中国工会的领导，突出了中国工会的政治属性。中国共产党领导是中国特色社会主义最本质的特征，也是中国特色社会主义制度的最大优势。十三届全国人大一次会议审议通过的宪法修正案把“中国共产党领导是中国特色社会主义最本质的特征”写入宪法总纲中。中国共产党领导是我国的宪法原则，是一切国家机关、企事业单位、社会组织、公民必须遵循的根本政治原则。中国工会是中国共产党领导的工人阶级的群众组织。工会在国家政治、经济和社会生活中具有重要地位，工会工作是党治国理政的一项经常性、基础性工作。因此，中国共产党的领导是中国工会的基本政治属性，是中国工会不同于西方国家工会的显著标志。

中国工会也并非一般的群众组织，而是“中国共产党联系职工群众的桥梁和纽带”，在国家治理中发挥着重要作用。此次《工会法》的修改，不仅统一了《工会法》与《中国工会章程》关于工会性质表述上的差异，更重要的是，从国家法律上明确了中国工会的政治属性，完善了工会本质属性的法律定位，即中国工会除了具有群众性、自愿性、阶级性以外，还具有鲜明的政治性。工会在中国共产党的治国理政中具有非常重要的政治功能，是推进国家治理体系和治理能力现代化的重要力量。修改后的《工会法》关于工会政治属性和政治功能的立法表达完善了我国工会的性质，从政治上为工会工作把关定向，提供了根本遵循。坚持党对工会工作的领导，保持和增强工会的政治性是做好工会工作的政治原则和根本保证。

为明确工会工作的基本要求，本次修改在《工会法》第 4 条规定的工会活动活动准则中增加“保持和增强政治性、先进性、群众性”的规定。2015 年 7 月召开的中央党的群团会议指出，要切实保持和增强党的群团工作和群团组织的“三性”，即“政治性、先进性和群众性”。党的十九大报告指出：“推动工会、共青团、妇联等群团组织增强政治性、先进性、群众性”。2018 年 3 月，中共中央印发的《深化党和国家机构改革方案》再次强调了群团组织要“增三性”“去四化”（去机关化、行政化、贵族化、娱乐化），把群团组织建设得更加充满活力、更加坚强有力。《中国工会章程修正案》在总则部分鲜明提出中国工会“要保持和增强政治性、先进性、群众性”。政治性是工会组织的灵魂，是第一位的。坚持党的领导，避免工会成为一般的社会组织，确保工会走中国特色社会主义工会发展道路，中国工会须臾不能脱离政治性，更不能脱离党的领导，这是工会必须时刻遵循的重大政治原则。工会要忠诚党的事业，自觉接受党的全面领导，认真履行政治职责。党组织也要切实加强和改善对工会的领导，支持工会依法依章程独立自主地开展工作，团结引导亿万职工群众坚定不移听党话、矢志不渝跟党走。先进性是工会工作的力量之源，是工会工作的重要着力点，也是工会组织区别于一般社会组织的显著标志。工会的先进性首先体现在其具有与生俱来的先进的阶级基础，工人阶级是先进生产力的代表。中国工会的先进性体现在其有先进的政党——中国共产党的领导。中国工会的先进性还体现在其有先进的理论武装，即中国特色社会主义工会发展道路的指引。工会作为党联系职工群众的桥梁和纽带，肩负着引领广大职工群众跟党走，团结动员广大职工为完成党和国家的中心工作而奋斗的光荣使命。群众性是工会组织的根本特点。离开了群众性，工会组织容易产生官僚化、空壳化倾向。工会组织是党领导的工人阶级的群众组织，要竭诚服务职工群众，依法履行基本职责，扎实做好职工群众工作。此次《工会法》的修改，把工会保持和增强政治性、先进性、群众性写入法律，为工会加强自身建设，推进改革创新提供了法律遵循，指明了方向。

（三）积极回应工会工作中的新情况、新问题

法律必须具有稳定性，不能朝令夕改；法律又必须具有适时变化性，积极回应经济社会生活的变化，与时俱进。本次《工会法》修改积极回应了工会工作中的新情况、新问题，主要体现为以下两个方面。

第一，为新就业形态劳动者参加和组织工会提供更明确的法律依据。我国现行的劳动法制是以劳动关系为核心构建的，劳动者获得劳动法保护的前提条件是要有劳动关系。如果没有劳动关系，劳动者与接受劳动给付的一方的关系被看作用工关系（劳务关系），只能按照民事法律调整，而劳动关系的认定须遵循从属性劳动的标准。我国经济社会的发展已经不可逆转地进入了数字经济时代。数字经济深刻地影响着劳动组织和就业形态，但由于劳动关系认定的核心标准——从属性劳动在数字经济中的弱化或隐蔽化，新就业形态从业人员的劳动关系很难被认定，导致其劳动权利难以得到有效保障。"职业伤害频发""工作时间长""劳动强度高"等报道在媒体屡见，甚至冲击着社会的伦理底线。新就业形态劳动者的权利保护除了依赖国家的劳动基准立法提供最低限度的兜底保护以外，通过劳动者的组织——工会的保障不可或缺。2021 年，人力资源和社会保障部、国家发展和改革委员会等 8 部委印发的《关于维护新就业形态劳动者劳动保障权益的指导意见》中规定，"各级工会组织要加强组织和工作有效覆盖，拓宽维权和服务范围，积极吸纳新就业形态劳动者加入工会"。随后，全总也发布了《关于切实维护新就业形态劳动者劳动保障权益的意见》，明确提出要加快推进新就业形态劳动者建会入会，推动新就业形态劳动者参加和组织工会。

原《工会法》第 3 条规定劳动者有参加和组织工会的权利，但其规定中"以工资收入为主要生活来源的劳动者"不能完全涵盖新就业形态劳动者群体。为了弥补这个不足，给新就业形态劳动者建会入会提供更明确的法律依据，此次修法增加规定"工会适应企业组织形式、职工队伍结构、劳动关系、就业形态等方面的发展变化，依法维护劳动者参加和组织工会的权利"，把本条第一款规定的劳动者有参加和组织工会的权利的规定彻

底打开[①]，通过《工会法》的规定具体落实新就业形态劳动者源于宪法的公民结社权。值得注意的是，新增条款“工会适应企业组织形式、职工队伍结构、劳动关系、就业形态等”中的“等”应该理解为“等外等”，可以囊括以后社会经济发展出现的各种新情况。

此条款的修改，是工会适应新时代经济社会的发展变化，在更广范围、更宽领域不断扩大基层工会组织，实现工会工作、工会服务有效覆盖的有力举措，凸显了党全心全意依靠工人阶级的方针，是习近平新时代中国特色社会主义思想在《工会法》修改中的生动实践。

需要注意的是，本次《工会法》修改并没有使用“新就业形态劳动者”这一概念，主要考虑是：第一，“新就业形态劳动者”尚未成为法律概念。我国《劳动法》《劳动合同法》《就业促进法》《社会保险法》等法律并没有“新就业形态劳动者”这一概念，其内涵与外延具有不确定性，如果在《工会法》中使用，会出现理解上的不确定性及法律衔接困难。第二，“新就业形态劳动者”中的“新”是相对于传统就业方式而言的，随着互联网经济的不断发展，今天的“新”事物明天就不再“新”了[②]。而法律需要具有稳定性和连续性，应当尽可能避免使用那些带有临时性、暂时性的概念。

第二，明确社会组织中的劳动者有依法参加和组织工会的权利，为扩大基层工会组织的覆盖面提供法律依据。本次《工会法》修改在原《工会法》第3条使用“企业、事业单位、机关”后增加“社会组织”概念（以“用人单位”作为“企业、事业单位、机关、社会组织”的统称），为扩大基层工会组织的覆盖面提供法律依据。社会组织是指企业、事业单位、机关之外的其他社会组织，一般包括社会团体、基金会、社会服务机构、社会中介组织以及城乡社区社会组织等。

我国社会组织的规模整体上一直处于稳步增长扩大的趋势，全国性社会

① 张勇、许山松主编《中华人民共和国工会法释义》，中国法制出版社，2021，第19页。

② 张勇、许山松主编《中华人民共和国工会法释义》，中国法制出版社，2021，第20页。

组织和地方性社会组织已遍布所有行业和各个领域。目前全国登记的社会组织突破 90 万个，吸纳超过 1000 万人就业。社会组织的从业人员需要劳动法的保护。1994 年颁布的《劳动法》把社会团体纳入了劳动法的适用范围，2008 年实施的《劳动合同法》把用人单位扩展到民办非企业单位（现已更名为社会服务机构）等社会组织。同年，《劳动合同法实施条例》又进一步把基金会作为用人单位的重要组成部分予以明示。自此，社会团体、基金会、社会服务机构作为劳动法律体系中的用人单位的制度构建已经基本完成。社会组织的劳动者有参加和组织工会的权利。为扩大工会对社会组织的有效覆盖，2021 年全国总工会、民政部颁布作为社会组织工会建设重要指引的规范性文件——《关于加强社会组织工会建设的意见（试行）》。此次《工会法》的修改，为社会组织工会建设提供了法律依据，为实现“哪里有职工，哪里就有工会”的工会建设目标提供了更充分的法治保障。

（四）完善工会基本职责及实现方式

原《工会法》第 6 条是关于工会基本职责及实现方式的规定，本次修改主要体现在以下两个方面。

第一，从法律层面实现了工会法定基本职责的拓展。本次修改在原《工会法》第 6 条第一款中的“维护职工合法权益”（以下简称“维权”）后增加“竭诚服务职工群众”（以下简称“服务”），“维权+服务”成为工会法定的基本职责。工会的基本职责体现了工会性质的客观内在要求，是工会存在的价值所在。2001 年，《工会法》修改的重要成果之一是在法律层面将“维权”确定为中国工会的基本职责。自此，在《工会法》的指引下，工会的维权实践无论在广度还是在深度上都有了显著发展。工会的基本职责必须长期坚持，更要与时俱进。把“维权+服务”作为工会的基本职责”写入《工会法》有其必然性和必要性。

首先，是贯彻落实习近平总书记关于工人阶级和工会工作的重要论述的需要。党的十八大以来，习近平总书记在多个场合多次强调，要把竭诚为职工群众服务作为工会一切工作的出发点和落脚点[①]。为贯彻落实习近平总书记关于工人阶级和工会工作的重要论述精神，2018 年中国工会十七大通过的《中国工会章程（修正案）》在总则部分明确将工会的基本职责从“维权”拓展到“维权+服务”。此次修法从国家法律层面将工会的基本职责从“维权”拓展为“维权+服务”，这是新时代全面推进依法治国背景下党对工会组织的政治要求，是贯彻落实习近平总书记指示批示精神和党中央决策部署的重大举措。

其次，是回应新时代社会主要矛盾变化的要求。新时代我国社会主要矛盾转化为“人民日益增长的美好生活需要和不平衡不充分的发展之间的矛盾”。不断满足职工群众差异化、多样化、多层次的需求，在维护职工合法权益的同时，做好物质生活服务和精神文化服务，不断增强职工群众的幸福感、获得感、安全感成为新时代工会的奋斗目标和新的使命。因此，在法律层面拓展中国工会组织的基本职责，是工会法对社会主要矛盾变化的回应，是工会创新发展的必然立法表达。

最后，是完善工会基本职责的内在需要。工会职责并非一成不变，而是随着经济体制和国家职能的变化适时调整。计划经济时期，“生产、生活、教育三位一体”是中国工会的主要任务。1988 年，中国工会十一大提出了“工会职能”，以此取代“工会任务”，同时明确工会的维护、建设、参与、教育 4 项社会职能相辅相成的并列关系。1992 年的《工会法》规定了工会的“双维护”职能，即“工会在维护全国人民总体利益的同时，维护职工的合法权益”。为适应社会主义市场经济条件下工会维权的需要，2001 年《工会法》的修改，在坚持工会的“双维护”职能的同时，进一步明确“维权”是工会的基本职责。此次《工会法》的修改把工会的基本职责从“维

① 2013 年 4 月 28 日，习近平总书记在同全国劳动模范代表进行座谈时指出，“要把竭诚为职工群众服务作为工会一切工作的出发点和落脚点。”2013 年 10 月 23 日，习近平总书记在同全国总工会领导班子成员集体谈话时强调，要“竭诚为职工群众服务，切实维护职工群众权益”。2015 年 4 月 28 日，习近平总书记在庆祝“五一”国际劳动节暨表彰全国劳动模范和先进工作者大会上的讲话中再次强调：“要坚决履行维护职工合法权益的基本职责，把竭诚为群众服务作为工会一切工作的出发点和落脚点”。

权”拓展为“维护+服务”，符合中国工会的性质、基本定位和目标任务，从而是工会基本职责自身的完善。

第二，完善工会基本职责的实现方式。原《工会法》第 6 条在规定工会基本职责的同时，还规定了平等协商和集体合同制度、职工民主管理制度等实现工会基本职责的方式。本次修改，进一步完善了工会基本职责的实现方式。

首先，第二款中增加“构建和谐劳动关系”的表述，把“协调劳动关系”改为“推动健全劳动关系协调机制”。构建和谐劳动关系是新时代中国特色社会主义劳动关系治理追求的目标，也是社会主义制度优越性在劳动关系治理中的具体体现。党的十八大明确提出构建和谐劳动关系。党的十九大报告进一步提出，“完善政府、工会、企业共同参与的协商协调机制，构建和谐劳动关系”。此次《工会法》的修改把工会通过平等协商和集体合同等制度维护职工劳动权益的目标定位为构建和谐劳动关系，而手段则是健全劳动关系协调机制。“健全劳动关系协调机制”，蕴含着劳动关系协调机制的多元性、开放性、创新性，需要不断健全完善。

其次，在第三款中的“民主决策、民主管理、民主监督”前增加了“民主选举、民主协商”的规定，这是适应全过程人民民主建设的需要。全过程人民民主是一种社会主义新型民主形态，是我国社会主义制度下人民民主的显著优越性所在，也是对西方非全过程的“自由民主”的超越。此次修法增加“民主选举”“民主协商”的规定，契合了全过程人民民主的广覆盖，既为工会组织推动全过程人民民主提供了法律依据，也对工会民主管理提出了新的要求。工会是群团组织，无立法权、行政执法权、司法权，但工会是职工自愿结合的工人阶级的群众组织，联系职工群众是工会的最大资源和底气。工会工作具有广泛的群众基础，在推动全过程人民民主实现的过程中具有明显优势。工会需特别重视全过程人民民主的运用，不断探索，通过运用民主手段和方法形成共识，更好地发挥在源头参与中的重要功能，通过协商民主，发挥其在劳动争议处理中维护职工合法权益、构建和谐劳动关系中的重要作用。

最后，将“建立联系广泛、服务职工的工会工作体系”写入工会基本职责及其实现方式条款。党的十九届三中全会提出要“建立联系广泛、服务群众的群团工作体系”。这里的“群团工作体系”自然包括工会工作体系。中国工会十七大通过的《中国工会章程（修正案）》在总则部分规定了“中国工会坚持以改革创新精神加强自身建设，构建联系广泛、服务职工的工作体系，增强团结教育、维护权益、服务职工的功能”。本次修改增加了工会应“建立联系广泛、服务职工的工会工作体系”的规定，是工会面对基本职责新定位的必然选择，是落实中央深化工会改革的要求的体现，也是更好地发挥工会的“桥梁和纽带”作用的需要。各级工会要改革和改进机构设置、运行机制，形成面向基层、职责明确、运转高效的格局，要以职工为本位，健全服务体系，拓宽服务领域，创新工作方式，成为值得信赖的“职工之家”。

（五）做好与相关法律的衔接

妥善处理《工会法》与相关法律的关系，确保《工会法》与相关法律法规衔接一致，是维护法制统一、推进依法治国题中应有之义，也是保障《工会法》有效实施的需要。《工会法》的修改在三个方面实现了其与相关法律的有效衔接。

第一，实现了《工会法》与《民法典》的衔接。《中华人民共和国民法通则》是 1986 年颁布的。2020 年我国颁布了新中国第一部以法典命名的法律——《民法典》（自 2021 年 1 月 1 日起施行），《中华人民共和国民法通则》（以下简称《民法通则》）同时废止，基层工会组织取得法人资格的法律依据自然从原来的《民法通则》转化为《民法典》。因此，需要把原《工会法》第 14 条第二款中的“民法通则”改为“民法典”。《民法典》具体规定了法人成立的条件[①]。为配合《民法典》的贯彻实施，全总 2020 年 12

① 《中华人民共和国民法典》第 58 条规定：“法人应当依法成立。法人应当有自己的名称、组织机构、住所、财产或者经费。法人成立的具体条件和程序，依照法律、行政法规的规定。设立法人，法律、行政法规规定须经有关机关批准的，依照其规定。”

月专门发布了《基层工会法人登记管理办法》，为基层工会法人资格的取得提供了具体的指引。

第二，实现《工会法》与《法律援助法》的衔接。为符合条件的职工提供法律援助是工会履行基本职责的重要抓手。但是，在工会开展职工法律援助的实践中，有人认为法律援助是公权力行为和政府责任，而工会是群团组织，并没有开展法律援助的职能。因此，有的地方出现对工会法律援助的异议、不支持等不利于工会法律援助工作开展的现象。为解决工会法律援助的上位法依据不足问题，2021 年颁布、2022 年开始施行的《法律援助法》对工会开展法律援助工作作了明确的规定①。本次修改把法律援助作为县级以上各级工会为所属工会和职工提供法律服务的重要内容入法，较好地实现了《工会法》与《法律援助法》的衔接。此外，还把原来法律条文中的"可以"（授权性规范）改为"依法"（职权性规范），明确了工会法律援助的地位，为工会开展法律援助等法律服务提供了高层级的法律依据。

第三，实现《工会法》与劳动法等法律法规的更好衔接。主要体现在：第一，《劳动法》规定了"不得克扣或者无故拖欠劳动者的工资"。《劳动合同法》规定向劳动者及时足额支付劳动报酬是用人单位的法定义务，同时规定了用人单位未及时足额支付劳动报酬属于劳动者可以单方解除劳动合同的法定事由。可见，我国的劳动法律一直强调工资要及时、足额支付。未足额支付构成"克扣"，未及时支付构成"拖欠"。此次修法把原《工会法》第 22 条关于侵犯职工劳动权益情形中的"克扣职工工资"改为"克扣、拖欠职工工资"，实现了《工会法》与《劳动法》《劳动合同法》的衔接。第二，在原《工会法》第 38 条工会参与企业、事业单位管理条款中增加了"工作时间、休息休假、女职工保护"事项，实现《工会法》与《劳动合同法》《中华人民共和国妇女权益保障法》（以下简称《妇女权益保障法》）等法律法规的衔接。《劳动合同法》第 4 条规定了制定涉及劳动者切身利益

① 《中华人民共和国法律援助法》第 68 条规定："工会、共产主义青年团、妇女联合会、残疾人联合会等群团组织开展法律援助工作，参照适用本法的相关规定"。

的规章制度或者重大事项时需要遵循民主程序，并与工会或者职工代表协商确定，而涉及劳动者切身利益的规章制度或者重大事项具体包括“工作时间和休息休假”等。此外，加强女职工权益保护一直是我国妇女权益保障立法的发展方向。我国有《妇女权益保障法》，2012 年国务院还专门颁布了《女职工劳动保护特别规定》行政法规。把“女职工保护”新增为工会代表对企业、事业单位、社会组织管理的参与事项，有利于《工会法》和妇女权益保障方面的法律法规的衔接。第三，在原《工会法》第 31 条中增加“参加职业教育”“推进职业安全健康教育和劳动保护”等内容，较好地实现了《工会法》与《中华人民共和国职业教育法》《中华人民共和国职业病防治法》《中华人民共和国安全生产法》等法律的衔接。

（六）完善工会在集体合同制度中作用的规定

原《工会法》第 20 条规定了工会在签订和履行劳动合同、集体合同中的作用，本次修改从法律层面规范了工会在签订和履行集体合同中作用。

第一，在“签订集体合同”前增加“依法”两字，这种改动有着明确的指向性。集体合同作为协调劳动关系的重要机制，具有弥补劳动立法不足和劳动合同不足的双重功能[①]。我国一直高度重视集体合同在协调劳动关系中的作用，1994 年出台的《劳动法》规定了集体合同制度并将其置于与劳动合同相并列的地位。同年，劳动部制定了《集体合同规定》。2000 年，《工资集体协商试行办法》由劳动和社会保障部颁布。2004 年，劳动和社会保障部颁布经修改的《集体合同规定》。2007 年出台的《劳动合同法》于第五章“特别规定”中专门规定了集体合同，进一步完善了集体合同法律制度。2010 年 5 月，《关于深入推进集体合同制度实施彩虹计划的通知》（人社部发〔2010〕32 号）（以下简称《通知》）由国家协调劳动关系三方（人力资源和社会保障部、全国总工会、中国企业联合会/全国工商联）下发，《通知》提出了“从 2010 年至 2012 年，力争用三年时间在全省各类已

① 林嘉：《劳动法和社会保障法（第四版）》，中国人民大学出版社，2016，第 177 页。

建工会企业基本建立集体协商机制，实行集体合同制度”的目标。2014 年，国家协调劳动关系三方（人力资源和社会保障部、全国总工会、中国企业联合会/全国工商联）下发《关于推进实施集体合同制度攻坚计划的通知》（人社部发〔2014〕30 号），提出要不断扩大集体协商和集体合同覆盖范围，确保 2015 年年末集体合同签订率达到 80%。但是，由于没有国家层面的立法将集体协商规定为强制性义务，集体协商和集体合同全覆盖的目标仍然难以实现①。实践中的集体合同虽然推进很快，但质量并不高，不少地方出现工会“不敢谈、不能谈、不会谈”现象，甚至在极少部分企业出现“假协商、假合同”的现象。此次修法具有非常强烈的指向性和针对性，“依法签订集体合同”意味着工会代表职工与用人单位签订集体合同不仅是权利，也是义务，这对工会工作提出了新的更高的要求。

第二，原条款对违反集体合同，侵犯职工劳动权益的企业，只规定了工会可以依法要求其承担责任，但对于承担什么样的责任即承担责任的方式的规定不明确、不具有可操作性。此次修改在“依法要求企业、事业单位、社会组织”承担责任之前加上“予以改正”。“予以改正”即改正错误的行为，这是承担责任的前提。修改后的条款在逻辑上顺理成章，程序上更完备，操作性更强。

（七）完善工会教育和组织职工条款的规定

原《工会法》第 31 条是关于工会教育和组织职工的规定，本次修改除了增加“参加职业教育”“推进职业安全健康教育和劳动保护”等内容，实现与相关法律较好衔接以外，还增加了“加强对职工的思想政治引领”和开展“劳动和技能竞赛”的内容，完善了工会教育和组织职工条款的规定。

第一，增加“加强对职工的思想政治引领”的规定。教育职工是工会的社会职能之一，工会应当协助用人单位积极宣传党的路线方针政策，加强职

① 汤乃飙、朱鸣：《非公有制企业集体协商：问题、困境与对策》，《中国劳动关系学院学报》2020 年第 6 期。

工思想政治工作，这是工会必须始终站在党和人民立场的重要体现。把“加强对职工的思想政治引领”作为工会履行教育职能的重要内容，有利于引导职工更自觉坚定地团结在以习近平同志为核心的党中央周围，不断增强“四个意识”，坚定“四个自信”，做到“两个维护”，牢记“国之大者”，引导广大职工坚定不移听党话、矢志不渝跟党走；有利于引导职工自觉践行社会主义核心价值观；有利于创新职工思想政治工作，打造健康向上的职工文化。

第二，增加开展“劳动和技能竞赛”的规定。开展社会主义劳动竞赛是工会的优良传统，是工会工作的一个品牌。为适应经济社会发展的变化，促进劳动竞赛的高质量发展，新时期的劳动竞赛现被称为劳动和技能竞赛。中国工会十七大报告强调，要围绕高质量发展深化劳动和技能竞赛。中国工会十七大通过的《中国工会章程（修正案）》把原第 28 条（四）中的“组织职工开展劳动竞赛”修改为“组织职工开展劳动和技能竞赛”。此次《工会法》的修改，新增工会组织职工开展劳动和技能竞赛活动的规定，是贯彻习近平总书记关于工人阶级和工会工作的重要论述的重要举措，是工会围绕中心、服务大局的重要体现，对于深化产业工人队伍建设改革，在推动高质量发展中充分发挥工人阶级主力军作用具有重要意义。

（八）解决社会组织工会工作中的关键问题

原《工会法》第 41 条规定了工会专职工作人员待遇问题，第 42 条规定了工会经费来源与使用。本次修改把上述条款中的“企业、事业单位、机关”改为“用人单位”。如前所述，“用人单位”是“企业、事业单位、机关和社会组织”的统称。因此，关于工会专职工作人员待遇条款的修改为社会组织工会委员会的专职工作人员待遇享受提供了法律依据，关于工会经费来源与使用条款的修改为社会组织工会经费的拨缴和税前列支提供了法律依据。这两个条款的修改从形式上看只是名词术语的改动，实际上却解决了社会组织工会工作中面临的亟须解决的专职工作人员待遇享受和工会经费管理的问题，有利于社会组织建会入会工作的开展，有利于增强社会组织领域工会的引领示范、维权服务等功能。

三 《工会法》的贯彻实施路径

《工会法》的修法成果丰硕，一是修改的内容非常重要。《工会法》的修改实际上是把习近平总书记关于工人阶级和工会工作的一系列方向性、根本性、战略性的重大问题的科学回答通过立法程序上升为国家法律，完成了从党的主张到国家意志的转化，为新时代工运事业和工会工作的创新发展提供了根本遵循，为我们坚定不移走中国特色社会主义工会发展道路提供了法治保障。二是修改涉及《工会法》的诸多方面。从法律条款的数量上看涉及23个条款，新增1条，占整部《工会法》58个条款的41%，虽然修改坚持必要性原则，但涉及的法律条款还是比较广泛的。三是修改的内容大部分分布在总则。总则是对一部法律立法目的和基本内容的纲领性、概括性的表述，具有统摄各章的作用。总则不仅具有指导法律实施的功能，还具有填补法律漏洞，克服成文法局限的重要功能。

法律的生命在于实施。《工会法》修改后，工运事业和工会工作站在了新的起点上。各级工会应不负党的重托，不负职工期待，学好用好修改后的《工会法》，推动《工会法》的有效实施。

（一）贯彻落实《工会法》，前提是提高政治站位

学习贯彻落实修改后的《工会法》，首先要提高政治站位，充分认识贯彻落实新《工会法》的政治意义。中国工会是国家政权的重要社会支柱，是国家治理体系的不可或缺的重要组成部分。政治性是工会组织的灵魂。作为调整工会关系的《工会法》具有非常强的政治性。《工会法》的修改不仅是一项立法活动，也是重大的政治活动，是完成党中央交给的重大政治任务的过程。《工会法》的修改是党中央的正确领导和英明决策部署的结果，体现了党中央对工人阶级的殷切关怀和对工会工作的高度重视。修改后的《工会法》也极大地增强了《工会法》和工会工作的政治性。贯彻落实新《工会法》，首先要从讲政治的高度，深刻认识《工会法》修改的重大政治

意义：《工会法》的修改是贯彻习近平新时代中国特色社会主义思想的必然要求，是切实加强党对工会工作的领导、落实党中央关于工会改革新要求的重要体现，是保持和增强工会“三性”的有力法治保障，是更好履行工会“维护+服务”基本职责的根本保障。

（二）贯彻落实《工会法》，关键是加强学习宣传

贯彻实施《工会法》是全社会的责任。《工会法》并非“工会组织的法”，而是宪法之下行政法规之上法律中的基本法律，是国家的法律，体现了党的主张和国家意志。因此，全社会都有贯彻实施的义务。工会也并非《工会法》的唯一实施主体。按照《工会法》的规定，人民政府或者有关部门、劳动行政部门、公安机关、人民法院、工会组织都可以成为《工会法》的实施主体。企业、事业单位、机关、社会组织等用人单位也有遵守《工会法》、维护职工合法权益的义务。因此，贯彻实施《工会法》是全社会的责任，应该把《工会法》的宣传作为全民普法的内容纳入“八五”普法规划，提高全社会学法守法用法的自觉性和主动性，不断增强工会法治观念。

贯彻实施《工会法》是各级工会组织的重要责任。工会领导干部要带头学习，以发挥“头雁效应”，以“关键少数”带动“绝大多数”。工会要承担学习宣传《工会法》的主体责任，把《工会法》作为干部培训的主要内容，采取集中学习、举办培训班和专题讲座、召开研讨会、座谈会等多种形式全面开展学习培训，创新《工会法》宣传教育的理念、载体、方式方法，确保工会干部理解、拥护和践行这部法律。

学懂弄通是贯彻落实《工会法》的前提和基础。学习贯彻《工会法》，需要深入、完整、准确学习《工会法》的立法精神和法律原意，以正本清源，统一思想，凝聚共识。《工会法》的学习不仅要领会各个法律条款的含义，还要把条款前后联系起来，从《工会法》的整体层面理解具体法律条款的含义。法律条文的学习固然重要，立法精神、法律原则的学习也很重要。《工会法》的学习要和学习习近平新时代中国特色社会主义思想相结合，要和学习习近平法治思想相结合，要和学习宪法和其他法律特别是

《劳动法》《劳动合同法》《劳动争议调解仲裁法》《社会保险法》等法律法规相结合，在中国特色社会主义法律体系的整体架构中理解和把握《工会法》。《中国工会章程》是工会的规章性文件和规范工会内部事务的基本准则，它虽然不是法律，但是对于理解和适用《工会法》也很有帮助。因此，《工会法》的学习也有必要和《中国工会章程》的学习结合起来。

（三）贯彻落实《工会法》，重点是提升工会法治化建设水平

《工会法》的修改，使得工会法律制度更加完善，这为新时代工会工作的高质量发展提供了“良法”保障。各级工会干部要深刻理解《工会法》修改的丰富内涵和实践要求，善于把“纸面上的法”转化为“行动中的法”，推动《工会法》确立的各项制度得到有效贯彻执行。省级总工会要加强和省级人大的沟通协调，推动省级立法机关对标新《工会法》，尽快启动省级《工会条例》或《工会法实施办法》等地方性法规的修改，以实现地方性法规与国家法律的统一。工会需要加强和其他部门的沟通，完善内部管理制度，加强各项工作的规范性建设，牢固树立法治意识和法治观点，自觉以《工会法》等法律为行动依据，强化依法建会、依法管会、依法履职、依法维权，不断提升工会法治化建设水平，为工会工作的高质量发展提供法治保障。

参考文献

郭军：《修改后的〈工会法〉体现了与时俱进的时代精神》，《中国工会财会》2001年第4期。

张勇、许山松主编《中华人民共和国工会法释义》，中国法制出版社，2021。

全国总工会课题组：《深入学习贯彻习近平关于工人阶级和工会工作的重要论述》，中国工人出版社，2021年。

林嘉主编《劳动法和社会保障法（第四版）》，中国人民大学出版社，2016。

汤乃飙、朱鸣：《非公有制企业集体协商：问题、困境与对策》，《中国劳动关系学院学报》2020年第6期。

第七章　竞合空间与生存空间：企业工会可持续能动性的运作逻辑

孟　泉*

摘　要： 我国企业工会改革面临的核心问题就是如何在代表功能和工会组织发展之间实现平衡，以实现企业维护职工利益、协调劳动关系和促进工会组织存续的多重目标。为了挖掘企业工会平衡代表功能和组织发展的行为逻辑，本文引入企业工会的能动性这一概念，对T区6家企业工会实施协调劳资关系机制的过程进行了详尽的分析。本文发现企业工会通过发挥能动性创造了劳资之间的竞合空间，竞合空间的形成和发展，使企业工会具备了多元的身份定位，进而形成稳定企业工会的生存空间。但是，外部因素又进一步影响了企业工会竞合空间和生存空间的边界。弹性的边界导致两个空间在促进企业工会能动性可持续的过程中，也产生了限制性作用。

关键词： 企业工会　协调劳资关系　能动性　竞合空间

一　问题的提出

近年来，针对我国工会的研究，学界出现了两种新的视角转向。其一，

* 孟泉，中国劳动关系学院劳动关系与人力资源学院副教授，主要研究领域为劳动关系政府治理、劳动争议的预防与处理、工会改革、劳动关系基础理论、平台经济与灵活用工。

我国企业工会多大程度上能够发挥协调劳资关系的作用，越来越多的学术研究产生了“工会为什么是这样？”的问题意识，而批判性的研究也在企业工会可以一定程度代表工人权益的前提下，分析企业工会代表性的局限。另一些研究从管理学的角度探究工会选举对工会承诺的影响，并提出了不同程度的工会改革对工人心理变化的影响。这反映出近年来我国工会研究趋向微观化和本土化的转向。但是，这些研究的落脚点仍旧围绕工会与工人之间的关系变化，讨论工会能在多大程度上通过有效的改革策略和推动劳资互动、对话、博弈的机制来增强其代表性，进而改善工会与工人之间的关系，恰好契合党中央对工会改革提出的“强三性、去四化”中增强群众性的要求。

其二，从企业工会组织生存和发展的问题入手，强调工会自身的主观能动性，考察工会在推动集体协商、协调劳资关系等机制过程中的组织目标的定位和影响。例如孟泉在对 DLDA 区工会推进集体协商的研究中，首先提出了工会在执行制度的过程中，要根据企业内部劳动关系的具体状况进行决策，采用更加灵活的策略来维持雇主的包容和工会运行的稳定性。武雅彤和王晶的研究进一步解释了在工会的组织生存成为其核心目标的情况下，在合法性与有效性之间找到平衡就成为工会改革的基本逻辑。诚然，这些研究揭示了企业工会改革行为的动力机制除了依靠其他主体行为的驱动之外，企业工会的主动性逐渐展现出来，进而成为工会改革目标定位和决策中的核心影响因素。

由此可见，在企业层面讨论工会的问题至少形成了两个路径。其一是坚守传统的关系视角，对企业工会的代表性如何改变以及因何改变展开讨论。其二则是强调了企业工会作为组织，维系自身生存发展的逻辑。从这两个视角可以看出企业工会一体两面的特征：既可以成为劳动关系主体“争夺的地带”，又可以成为动员各方力量维系自身组织生存与发展的“动员组织”。然而，企业工会为什么会具有这样的两面性？具体来说，企业工会通过什么样的策略才能兼顾代表工人利益和工会组织的生存发展？支撑企业工会兼具组织发展和代表功能背后的关键机制是什么？

二　工会能动性与分析框架

一些个案研究已经证明了在不同的地域工会在协调劳资关系方面都发挥了重要的作用，例如在争议解决、集体协商等机制的建立和运行方面，确实发挥了预防劳资矛盾的功能。这类工会之所以在协调劳资关系中发挥作用既取决于上级工会和政府对企业工会的要求，又决定于现实工人集体行动的压力和企业希望工会能在解决和预防劳资矛盾中发挥作用。但是，企业工会到底是被动参与还是主动作为？武雅彤和王晶从组织生存的角度，用企业工会的有效性和合法性两个概念来分析企业工会的行为，提出企业工会需要不断平衡有效性和合法性才能确保组织生存的持续性。企业工会的有效性是指企业工会既可以通过某种手段满足工人的利益诉求，也可以完成工会基于组织生存而制定的实际目标。合法性包括了工人作为工会会员对工会组织的承认和雇主对工会组织的认可。

这两个概念揭示了企业工会工作名义上的目标背后的实质目标的不一致性，即在有效性和合法性之间找到平衡才是企业工会维持其生存可持续性的前提。但是如何平衡取决于工会是否能运用有效的策略。而工会做出策略选择的过程也是工会发挥能动性的过程。

（一）重新定义企业工会的能动性

企业工会的改革动力除了来自政府和上级工会自上而下的推动、劳资冲突的“倒逼效应”和劳动力市场的不稳定性等因素之外，与企业工会自身的主动作为密不可分。张璐和杨涛在论文中提出了分析企业工会的视角应该从以国家为中心的结构性视角转向考察工会的能动性。受劳动地理学研究中“受限的能动性”这一概念的启发，他们提出有必要在工会改革中考察的企业工会能动性，工会的能动性是指在现有的国家制度和政治因素的限制下基层/企业工会主动创新、积极努力、策略选择和所需能力等方面的因素，且企业工会在现有体制下通过不断地拓展运作空间来改善劳动条件和提升工人利益。企业工会的能动性决定了企业工会在工会选举、集体协商和区域性或行业性的工会联合会中获得了可以突破的空间，进而帮助工人改善劳动条件和物质利益。

企业工会能动性这一概念的提出，打破了过往从单一的国家与工会关系的结构性视角分析问题的传统，并且延伸了刘明巍等主张的中国工会应该从国家、地方和企业三个层面来考察工会自身不同的行动和运作逻辑的观点。但是，本文认为对于企业工会能动性概念的定义需要从两个维度去考察，才能将能动性这个概念的内涵厘清。界定企业工会的能动性必须首先清楚在中国的情境下讨论企业工会为什么具备能动性。其一，工会作为一个代表和维护工人利益的组织，改善工人的劳动条件必然是一个重要的目标。其二，承前所述，企业工会作为一个组织，其生存和发展也是具备能动性的动力之一。这主要是因为我国企业工会的行为逻辑以及与雇主的互动关系兼具博弈性和合作性的特征，所以能动性的内涵也必然包含了合作、博弈两个面向。

此外，挖掘工会具有能动性的表现，需要从工会改革的行为过程中寻找；这是因为能动性主要体现在工会处理与工人、资本关系时的不同策略方式。Hodder 和 Edwards 在反思英国工会的复兴后提出，在给定的市场、制度和社会条件之下，工会的利益与力量决定了它的身份定位，在受到该工会传统的意识形态的影响之下，其改革的方向和目标定位得以确立。之后工会又根据与会员和雇主互动的需要，并结合与国家互动的要求来制定其行动策略，并产生工会改革的成果。这启发我们从工会改革的过程来看能动性的表现至少涵盖五个方面，包括利益定位、力量形成、目标设定、关系结构、策略选择。对于我国企业工会来说，利益定位可以从能动性的原因中看出，即组织利益和会员利益的整合。从力量形成的角度来看，企业工会力量应该分成两个阶段：资源配置和利用资源的能力。目标的设定也应该包含代表性目标和组织性目标。关系结构则无疑是企业工会与其他主体之间在某一个时期的关系状态。最后，策略选择则是企业工会在具体的工作中所采取的不同类型的策略。

根据对企业工会能动性的原因和表现的分析，我们提出企业工会的能动性可以被定义为在当前制度和政治因素的约束之下，为了平衡代表功能和组织发展，企业工会在制定工作目标、配置相关资源、培育利用资源的能力、处理各方关系和策略选择等活动中主动决策的能力和落实决策的行为。对企业工会能动性这一概念的修正，为研究工会协调劳资关系的目标定位、策略选择和具体行为机制提供了分析工具。

（二）企业工会身份定位、竞合空间和生存空间

企业工会具备能动性可以促进企业工会工作的有效性，但是有效性不意味着企业管理者和工人都接受甚至认同工会的行为，那么就需要工会树立在工人和企业中的公信力。工会的公信力体现在企业工会的合法性之上，也就是企业和工人对工会的身份定位，以及工会自身的身份定位。

部分研究表明，工会通过集体协商可以在处理和避免集体劳资冲突中扮演协调者的角色。对工人来说，协调者的实际作用就是帮助工人解决改善劳动条件的诉求，这也就在一种实用主义的意义上确认了工会作为其代表者的身份。另外，从雇主角度来说，对企业工会的定位从雇主策略中亦可见一斑。Liu 和 Li 的研究显示雇主采用不同的策略应对工会建会和集体协商、民主管理等活动，可说明雇主对于工会认知的态度，如忽略、反对、认同等。

本文认为，企业工会对自身身份的定位和雇主、工人对工会的身份定位反映出工会在企业中具备怎样的生存空间。这种身份定位并非一蹴而就，如果其他主体对工会功能的有效性越来越认同，不同主体对企业工会的身份定位就会趋于稳定。稳定的身份认定也就意味着企业工会的生存空间具有可持续性。在稳定的生存空间中，企业工会为了代表工人利益，必然和企业管理方之间以不同的方式进行互动、沟通和协商。而竞合空间也就随之产生。竞合空间指企业与工会之间保持一种合作式竞争的关系，在这种关系之下，企业工会能够获得为工人争取利益的程序性与实体性空间。

本文将以基层工会的能动性、身份定位、生存空间和竞合空间作为概念工具，考察并揭示工会兼具代表功能和工会自身生存两面性背后的原因，并

进一步探讨企业工会能动性可持续的动力和局限。

三 研究方法与样本描述

（一）研究方法

本文通过 2015~2019 年对天津市 T 区总工会和 6 家企业工会改革行动的深入考察，从 2015~2019 年先后 20 次，对 T 区总工会、区人社局、6 家企业工会的工会干部、工人与管理者共 43 名访谈对象进行了 1.5~2 个小时的半结构化深度访谈。访谈期间，笔者也深度参与了工会改革的活动 10 项，深入其中两家企业观摩工会与资方的沟通协商过程各 1 次，两家企业工会在职代会上与工人代表的沟通过程各 1 次。梳理了 T 区总工会和 6 家企业工会改革的过程，对不同类型的工会采用策略进行比较分析，试图解释我国情境下企业工会主动作为的行为机制。

（二）六家企业工会基本情况

2010 年以来，T 区总工会开始推动企业工会从一次倾听、一次沟通和一次改善的工作法（以下简称“三个一”工作法），过渡到建立一系列倾听渠道，搭建劳资之间一系列沟通机制，并由企业工会实现职工劳动条件、工作环境、生活等方面的一系列改善。以这样一个区总工会推动的工作为平台，每年都有近百家企业工会应用“三个一”工作法，在不同程度上达到了工人获益、企业认可的效果。本文选取了六家工会作为典型案例（见表 1）。

表 1 六家企业基本情况

企业化名	所有制	行业	劳动关系核心机制	工会应用“三个一”工作法时间
NNIT	丹麦独资	生物医药	劳资沟通会	2013（7 年）
FA	日本独资	汽车零部件	劳资恳谈会	2012（8 年）
DS	日本独资	汽车零部件	集体协商	2011（9 年）

续表

企业化名	所有制	行业	劳动关系核心机制	工会应用“三个一”工作法时间
FS	日本独资	汽车零部件	集体协商	2012（8年）
AD	日本独资	汽车零部件	劳资恳谈会	2016（4年）
TY	美国独资	电子制造	劳资沟通会	2010（10年）

资料来源：作者自制。

6家企业都是外商独资企业，都在应用“三个一”工作法之前就已经建立了工会，并认同以“倾听、沟通、改善”的方式可以帮助工会获得更多的优势或者在企业中开拓更多的工作空间。从6家企业应用“三个一”工作法的动力来看，这些工会都在建会之后长年以“三个一”工作法作为协调企业内部劳动关系的核心机制，并保持与区总工会的频繁互动。6家企业工会也因做出突出成绩被区总工会纳入指导企业工会“三个一”工作的导师团导师。6家企业代表了已经建立集体协商为主要协调劳资关系机制的企业工会（DS和FS），具有一定协调劳资关系基础的工会（FA和NNIT），以及直接应用“三个一”工作法的企业工会（AD和TY）。对于不同基础的工会其能动性也存在一定程度的区别。

四 竞合空间的产生与企业工会的能动性逻辑

（一）代表性的可持续问题

对于近年企业工会代表性改善的讨论是以嵌入工会改革的背景中展开的研究，部分研究直接采用了“工会改革”这个概念来描述工会的变化，并直接指出了企业工会可以通过集体协商、工会直选等方式改善工人的劳动条件，同时吸纳一部分工人担任企业工会的委员、工人小组长等职务。例如，尽管企业工会的角色仍受当下制度的约束，但是一些企业工会仍旧可以通过“有节制的集体协商”（Moderated Collective Bargaining），在有限动员工人参与协商过程的条件下，同时实现集体协商制度在企业中改善职工权益和预防劳资冲突的功能。然而，这类集体协商个案的逻辑并不是长期稳定的，其延续性如何取决于工人对集体协商真正的认知，更深层反映出的是工人对工会身份的认知。另外一些个案研究显示，集体协商的功能虽然可以在一定时期帮助工人改善劳动条件，但是，工人对集体协商制度的认知缺失，使其对工会没有强烈的“归属感”，继而导致了集体协商制度在长期运行中，一部分工人认可工会工作，而另一部分则仍旧怀有实用主义的态度。这种不稳定有可能在集体协商制度无法满足工人需求的时候，导致劳资冲突再现。这一问题反映出集体协商制度在企业中的功能性表现和工人对于工会的认同感之间并不呈现出完全匹配的关系。由此可见，仅以集体协商成果作为判断工会获得工人的支持显然是不全面的。一些结构性因素，如企业在供应链的位置对于集体协商结果的影响，区域中企业工会建立的网络关系，地方总工会对于企业工会的支持程度等因素都会对企业工会代表性的持续性产生影响，也都可能造成工会因代表性衰弱而产生组织危机，即工会的有效性与合法性之间的失衡。

对于 T 区的企业工会来说，维持代表性的核心能力就是要激发企业工会的能动性。T 区总工会认为，维持企业工会的能动性一定要让工会在职工和企业之间找到共生共赢的协调机制，而不能和企业形成对抗性的关系。T 区总工会以推行“三个一”工作法作为激活企业工会能动性的主要方法，其目标就是在企业管理方和工会之间形成一个竞合空间，但是对企业工会来说如何利用这一方法决定于不同的策略选择。

（二）“三个一”工作法的差异化策略选择

所谓“三个一”工作法是指通过一次倾听工人的诉求，基于工人的诉求与资方进行一次有效的沟通，进而对工人提出的一个诉求点进行改善，同时实现对生产效率提升或企业劳动关系管理的改善。截至 2019 年，“三个一”工作法成为 T 区 202 家企业工会持续采用的策略。基本诉求的改善使工会迅速获得了雇主和工人的双重认可，T 区总工会认为：区总工会每年都会到企业工会走访，企业工会的倾听和沟通机制非常有效，区总工会期望企业工会可以在维权和企业发展之间找到一个平衡点，并且这种平衡是可以延续的，所以工会工作不能过力，要让职工对工会有认可，让企业对工会放心。

然而，“三个一”工作法在企业工会执行的过程中，并不是完全依照区总工会的规划和设计，顺理成章地被企业所接受并获得员工的认可。对比6家企业工会应用“三个一”工作法的工作情况，其推行路径可分为三类：嫁接型路径、整合型路径和复制型路径（见表2）。

表2　“三个一”工作法在企业中推行的不同路径

“三个一”工作法实施路径	嫁接型	整合型	复制型
企业	NNIT，FA	DS，FS	AD，TY
具体方式	将“三个一”工作法嫁接到企业管理的方法中，寻找工会工作获得企业认可并保证工人认可的路径	具有一定的工会与企业的沟通基础，将“三个一”工作法作为原有沟通方式的补充，进而加强集体协商和职代会的运行效率	将“三个一”工作法直接应用到工会的工作中，从基本诉求开始按部就班推动工会工作

资料来源：作者自制。

对于NNIT和FA两家企业来说，雇主在企业工会试图推行“三个一”工作法的初始阶段，对工会工作充满质疑和排斥的态度。NNIT的外方总经理认为工会的建立本身就存在成为企业博弈对手的隐患，并且企业工会将会影响企业在经营管理中的决策权威，甚至将会组织工人与企业进行对抗。尽管FA企业的总经理对于工会的警惕程度并没有NNIT的外方总经理高，但是仍旧含蓄地提出了“工会需要重视企业方的意见来开展工作”。这种态度对于两家企业的工会主席形成了非常大的压力，而如何克服这种来自资方的压力则成为考验工会主席工作能力的试金石。两家企业的工会最终都选择了从企业管理的角度来构建“三个一”工作法的基本逻辑。NNIT工会引入了企业管理中PDCA管理方法①和鱼骨图管理方法，让工会的工作流程与企业管理的流程具有较高的相似度，并选择工人当时较为关注的电影票问题作为

① PDCA是工业生产中质量管理的一种方法，即计划（Plan），执行（Do），检查（Check），处理（Action）。

突破点，在与工人互动后，将工人表达的意见形成提案，向老板汇报。FA公司的工会则将“三个一”工作法以企业培训的方式推行，设置有关劳动关系的各种问题，在培训课堂上由参加培训的管理层和工人代表共同讨论解决方案。FA 公司工会主席将这种方式定义为“工会搭台、劳资唱戏”，在培训过程中完成了“倾听”和“沟通”。而劳资双方共同议定的解决方案则成为工会推动改善的成果。

对比嫁接型实施路径，DS 和 FS 两家企业则把“三个一”工作法作为其原有协调劳资关系核心机制，即集体协商的补充机制。FS 工会的建立源于 2010 年大规模劳资冲突，最终冲突通过集体协商的手段解决，于是在当地政府和区总工会的推动下，FS 公司同步建立了工会和集体协商机制，并一直延续至今。而 DS 公司并未发生过任何工人集体停工的事件，而是在另一家工厂中发生工人集体停工事件后，资方决定引入集体协商作为预防劳资冲突的核心机制。由于集体协商已经成为两家企业劳资双方都非常认可的稳定劳动关系且改善工人劳动条件的核心机制，故“三个一”工作法的引入并未取代集体协商在协调这两家企业劳动关系中的地位和作用，而是被工会作为一种补充机制，这是针对职工的基础诉求，例如，对食堂、班车、宿舍等方面的需求进行改善。

与以上 4 家企业工会不同，在 AD 公司和 TY 公司，企业工会完全依照区总工会的规划，完成了倾听、沟通、改善三个步骤。应该说，两家公司在“三个一”工作法的推行过程中基本上没有遇到来自资方的阻力，也没有来自职工集体行动的压力，其核心原因在于工会主席与老板之间的信任关系。AD 公司的工会主席精通日语，在企业中负责质量监控和培训事务的管理，其管理能力被日方总经理赏识，因此成为总经理在管理变革中评估风险的中方管理者，双方逐步建立了信任关系。而 TY 公司的工会主席是质量监察部门的负责人，并且是现在的总经理一手提拔的下属，深得器重。在多年的合作过程中，帮助美方管理层解决了很多棘手的问题。所以，从资历和能力来讲，TY 公司工会主席也受到了美方高级管理层的器重和赏识。由此，AD 和 TY 两家企业工会能够顺利推行“三个一”工作法，都是依靠工会主席与资方建立的信任关系。两家企业工会基本上落实了区总工会在“倾听、沟通、改善”中的要求，改善的效果更多体现在本厂职工在吃、住、行和福利方面的一些基础诉求之上。

通过对6家企业工会的比较可以发现，企业工会在推行“三个一”工作法中并不是完全按照T区总工会的规划，而是根据本企业劳资协调机制的基础，来选择推动“三个一”工作法的路径。因此企业工会在协调劳资关系中的能动性体现在工会对于策略的融合能力之上。朱妍认为劳动关系具有嵌入性的特征，雇员多大程度上对雇主产生了组织忠诚要考虑劳动关系契约性嵌入社会关系的程度。企业工会在协调劳资关系方面发挥能动性受到了上级工会和企业的双重影响。企业工会一旦产生响应并推动上级工会部署的协调劳资关系方法的意愿，则一定会考虑依靠原有的资源禀赋形成策略来寻找突破点。但是工会的能动性发挥仍受到工会和企业原有关系的限制，而工会的策略选择则是如何将这种限制转化为能动性的优势。但是，企业工会通过有效的策略实现了其定位的目标说明工会本身具有能动性，也就是积极主动落实并推动“三个一”工作法并获得预期效果。那么这是否意味着工会的这种能动性具备可持续性呢?

（三）持续能动性的弹性边界

1. 基础诉求：能动性可持续的稳定边界

表面上看，“三个一”工作法机制建立之后，6家企业工会都通过有效倾听工人的诉求，与管理者进行有效的沟通，实现了工人在不同类型劳动条件方面的改善。这些劳动条件主要包括三个类型：日常诉求、核心诉求和额外诉求（见表3）。

表3　工人不同诉求类型

类型	日常诉求	核心诉求	额外诉求
内容	食堂、宿舍、班车、劳动保护用具、工作环境	工作稳定性、工资增长、基本尊重、休息时间、职业安全健康、社会保险	生活服务、文娱活动、各种福利、职业生涯、困难帮扶

资料来源：作者自制。

从表 3 中可以看出，工人的日常诉求包括工人的吃、住、行、劳动保护和工作环境等内容。对于 6 家企业的工会来说，解决这些诉求是“三个一”工作法能够持续的重要条件。TY 公司的工会主席深有体会：“我们过去看到 T 区有些企业出现的罢工问题，其实根源很好找。主要就是平时不下功夫，管理层总是要生产效率，不关心员工的想法。为什么？就是不尊重职工。尊重怎么体现？就是把职工当人看，人的需求是什么？就是平时最基础的这些事儿。吃饭、喝水、住宿、班车。尤其是一线员工，你说人家都累了一天了，吃不好、住不好，生产效率能提高吗？所以，我们就是看到这一点，所以每年工会投钱，我们也和老板沟通，让老板出钱。让员工首先吃得好、住得好，那气儿就顺，气儿一顺，就没有那么多抱怨”。

总体来说，6 家工会之所以重视工人的基本诉求基于三个主要原因。其一，基本诉求是最容易让工人感受到工会有能力做实事，更容易形成职工对工会的正面积极的印象。其二，工会在基本诉求上提出改善的方案，雇主和管理者更容易接受，不影响企业的管理权威。其三，工会认为，如果工人的基本诉求都无法满足，那么工人很容累积不满，这些都有可能是造成劳资矛盾的隐患。因此，改善工人的基本诉求是 6 家工会自 2010 年以来就开始推动的重要工作之一，一直延续至 2019 年。

然而，对于其他两个类型的诉求来说，并不是每一个企业工会都可以实现。对于 DS 和 FS 两家企业来说，实现核心诉求的重要方式仍旧是集体协商。FS 工会主席表示：“集体协商对于我们企业来说已经形成了劳资共决的传统，我们依靠运行有效的职工代表大会作为集体协商和资方达成一致的前期基础。T 区这边真正有实力推动集体协商的工会大部分都是日资企业，集体协商的主要作用对于企业来说就是找到了一条劳资双方都承认利用妥协的手段来解决问题的方式，目的是预防劳资冲突。但是，通过‘三个一’工作法解决不了这些核心诉求，劳资双方都习惯用集体协商，所以大家就不调整了。‘三个一’工作法只能解决一些小问题。”

同样，对于 DS 公司工会来说，“三个一”工作法的作用同样也很难替代集体协商的作用。两家企业工会解决核心诉求和额外诉求的机制都是集体协商。

另外4家企业虽然也在推行集体协商机制，但是集体合同签订程序是集体协商机制的主要部分，企业行政方仍旧掌握工资增长、工作时间等重要的劳动条件的最终决策权。工会更多扮演了咨询者和建言者的角色，通过利用各种方式来倾听职工的诉求，工会将职工的意见汇总，之后和资方以“劳资恳谈会”或“劳资座谈会”等形式进行沟通。资方对工会提出的意见会做重点考虑，并在职工诉求和成本控制之间进行平衡。

例如，在FA和AD两家公司中，劳资恳谈会成为集体协商的前置程序，从功能上将劳资博弈性较强的集体协商转化为工会参与建言的咨商机制。在履行集体协商程序之前，恳谈会上工会与资方之间就已经达成了基本共识。对于NNIT和TY两家企业，工会动员职工代表收集工人的意见，由工会将职工的诉求和意见在劳资座谈会上向企业行政方进行汇报，但是不参与具体的决策过程。有趣的是，NNIT和TY两家企业的工会主席认为，资方在多大程度上考虑工会提出的意见本质上并不影响职工对于工会的认可度，因为这两家企业都严格遵守劳动法律，且工资水平在T区同行业中保持领先，工人在收入待遇方面长期保持优越感。

综上，“三个一”工作法机制产生的效果在不同企业工会中也不尽一致。企业工会能在“三个一”工作法推行中保持稳定的能动性，始终依靠对工人基础诉求的落实，不同的禀赋和劳资之间已经形成的惯例也为工会主席提供了拓展能动性边界的条件，使实现核心诉求和额外诉求也可以成为持续能动性达成的条件。

2. 制度化与工会能动性的再生产

工会能动性的效果不仅体现在对于职工诉求的落实之上，还体现在对“三个一”工作法机制的不断改进之上。企业工会对“三个一”工作法机制进行优化取决于三个因素。其一，企业工会在运用倾听和沟通的方式协调劳资关系的过程中发现，企业管理者对“三个一”工作法在协调劳动关系方面的期望会不断提升；同时工人也更希望工会通过“三个一”工作法实现他们不断增加的诉求。因此，应对这种挑战就必须对倾听和沟通的方法进行改善。

其二，T区总工会自2011年开始对“三个一”工作法机制每年进行表彰，并对表现优异，具有示范性作用的企业工会进行大力宣传，并同时提出改进“三个一”工作法的要求和期望。虽然这种要求并不是一种必须要完成的任务，但是区总工会在企业工会中营造的竞争性氛围，还是会让部分企业工会探索新的“工作亮点”，为参加第二年的评比表彰做准备。而对于企业工会主席来说，可以在区工会营造的氛围中继续成为核心人物，保持一种高度的存在感。如 FS 公司工会主席所言：“区总工会总是会召集我们开会，请我们聚餐。久而久之，我们形成了自己的圈子，大概二十多个主席，都成了朋友，遇到问题也会互相帮助，互相借鉴。可以说，各家都有自己的特点和优势。我觉得我以前就是一个工人，可是当了主席，在这个圈子里我的地位就不一样了，大家都不会看不起我，也都把我当朋友。不过我还年轻，跟他们学的东西很多。”

其三，推动企业工会改进倾听、沟通机制的另一个动力来自企业总经理或 CEO 的轮换制度。在 6 家企业中无论是日资、美资还是欧资企业，总经理的人选是由本国总部指派，并都保持了 3~5 年一轮换的制度。这造成了每一个新来的总经理都要重新了解工会和“三个一”工作法的实施状况，不同的总经理经营管理理念不同，对于工会的态度也会有所差异，这就需要企业工会主席和总经理之间不断磨合，彼此适应。而“三个一”工作法的目标相应也要做调整，倾听工人意见和与资方沟通的方式也要随之产生变化。

受以上三个因素的影响，企业工会提出，“三个一”工作法不能仅停留在工作方法的层面，而且需要将这个方法升级为一个长期运作的机制。那么从工作方法到机制的转型就需要对“三个一”工作法进行制度化操作。但是 6 家企业工会推动制度化的程度不尽相同，包含三类路径：整合式制度化、包容式制度化和独立式制度化（见表 4）。

表 4　“三个一”工作法制度化路径

整合式制度化	包容式制度化	独立式制度化
NNIT	FA，TY	FS，AD，DS
“三个一”工作法纳入企业规章制度之中	“三个一”工作法纳入员工守则	“三个一”工作法纳入工会工作规则

资料来源：作者自制。

FS、AD 和 DS 三家企业工会将“三个一”工作法的程序进行了较为细致的整理，并且使之成为工会工作的基本规则之一，对工会委员会、职工代表在倾听工人的心声，与工人和管理者沟通，以及监督企业方推进实施承诺改善的事项等方面的基本职责和程序进行规范。“三个一”工作法成为工会内部的行为守则。但是，企业行政方仍旧将工会的“三个一”工作法定位为工会推动的改善工人劳动条件且帮助企业维持劳动关系稳定的一个常规性活动。对于 FS 和 DS 两家企业来说，尽管工会与企业对是否可以将“三个一”工作法纳入企业规章制度范畴存在分歧，但是管理层认为，“三个一”工作法从功能上只是集体协商机制的补充机制，并不是中国劳动法律规定企业必须肩负的法律责任，故没有必要将“三个一”工作法纳入企业层面的规章制度之中。而 AD 公司工会从未考虑过企业能够接受“三个一”工作法成为企业的规章制度之一，所以也从未向企业提出过类似的意见。

与以上三家不同，FA 和 TY 两家企业工会在推动“三个一”工作法制度化的进程中获得的空间更大，两家企业管理者都认为工会实施的倾听和沟通机制帮助企业了解到了很多以往并不知晓或一知半解的员工诉求和思想变化的状况，这些信息都对企业的人力资源管理和劳动关系管理提供了非常重要的数据。正如 TY 公司的一位部门总监所言：“我们觉得工会的作用非常重要，很多矛盾是在工会的努力之下才避免的。所以我们觉得让员工都能理解如何表达想法、如何和管理者沟通，如何和工会沟通，非常重要。沟通应该是企业所有员工最基本的行为习惯。”

因此，企业工会及时抓住了企业管理方的这一态度，与管理方进行多次磋商，提出将倾听、沟通的机制纳入企业员工守则的请求。两家企业最终与工会达成共识，同意将工会与职工和企业的沟通机制写入企业员工守则，并在员工守则中申明，沟通是解决问题和诉求的最佳方式。

在制度化推动的过程中最有成效的企业工会当属 NNIT 公司的工会。由于 NNIT 工会将倾听、沟通、改善的工作方法和本企业生产管理中的 PDCA 方法，鱼骨图归因分析方法结合在一起，从形式上已经和企业的管理方式别无二致。而工会收集的大量工人对于吃、住、行和福利方面的诉求是企业过去通过人力资源管理部门了解不到的，特别是对于工人的抱怨和不满，企业在工会施行“三个一”工作法前知之甚少。NNIT 工会 Z 主席说：“公司的文化实际上决定了我们必须从企业管理的角度切入，才能把‘三个一’工作法落实到位，也只有这样老板才能支持我们。再有就是我们把员工的很多诉求收集上来，汇报给老板，他也很震惊，他觉得很多问题自己都不知道，员工的心理状态、诉求、抱怨他好像几乎都不了解。他这才觉得工会推行的工作还是有用的，可以解决很多问题。我们就用 PDCA 的方式，让员工代表来参与这个过程，让大家一起想解决办法，工作的问题和诉求的问题就都在一个轨道上运行了。所以几年下来老板才认可，我们才跟着提出了希望把沟通机制写到企业的规章制度之中。他也觉得有必要，沟通应该是有序的，工会的作用和地位也就确立了。”

因此，NNIT 公司工会在 2016 年实现了倾听、沟通、改善机制并在此机制中发挥了主导作用，将此方法写入企业的公司规章制度之中，实现了劳资协调机制的制度化过程。在 T 区同样实现这一目标的还有一家日资企业（LM 半导体公司）。其共同的特点是，工会主席都把“三个一”工作法与企业原有的管理方式进行融合，形成了企业管理方比较容易接受的形式。进而，工会通过多次说服企业高级管理者才能实现制度化的结果。对比将“三个一”工作法写入员工守则，公司规章制度对劳资双方的约束力更强，特别是对于资方来说意味着必须将倾听和沟通作为企业最重要、最核心的协调劳资关系的机制，履行企业与工会进行沟通的义务。而员工守则虽然也属于公司规章制度的一个部分，但是其功能主要是规范员工的行为，而对管理方没有约束力。

“三个一”工作法从一种工会工作的方法到一项制度的过渡意味着工会的能动性的作用范围已经超越了只满足工人提出的利益诉求。在影响企业规则改变的前提下，工会的能动性实际上得到了新的保障条件并得以增强。因此，工会的能动性在协调劳动关系机制的不断进化过程中实现了再生产。从力量来源的角度来看，工会的制度性力量得以增强，这种制度性力量的确立是工会和企业管理方在处理和协调劳资关系上达成协作和共识的结果。因此，制度化又是工会能动性可持续的重要保障，但也注意到，不同企业在接纳制度化的进程中并不一致，因此制度化的边界也是具有弹性的。

从工会行动策略的角度来看，从能动性在“三个一”工作法中得以展现，到保证落实工人基础诉求和一定程度上探究制度化保障，企业工会自身要找到保持其能动性的方法。而这些方法的应用仍旧受到工会生存空间的限制。

五　身份定位与弹性的生存空间

（一）多样化的身份定位和生存空间

6家企业工会的能动性随着协调劳资关系机制不同程度的制度化进程得以增强，但是仍旧呈现出差异性，这不仅决定于工会能动性基础，也决定于工会的生存空间。过往的研究表明，企业工会维持生存空间需要借助合法性力量，工会的合法性力量一部分来自制度，另一部分则源于雇主对于工会的接纳和承认的程度。

然而，在我国，对企业工会“合法性”的分析是在现有制度的大背景之下来讨论，即我国工会是唯一具有代表职工利益的合法组织。而在企业中工会能长期生存并有所作为，则体现在职工、雇主和上级工会对其身份的认定之上，这也都影响了工会对自我身份的认知。6家企业雇主对于工会的身份定位并非完全一致，也有别于过往研究中对于工会无用组织、附属组织和协调组织的概括（见表5）。

表5　企业工会的身份定位

企业工会身份定位	FA，AD	NNIT，TY	DS	FS
雇主定位	争议预防者	第三方咨询专家	决策参与者	员工权益维护者
上级工会定位	职工权益维护者/合作伙伴	职工权益维护者/合作伙伴	职工权益维护者/劳资关系协调者	职工权益维护者/劳资关系协调者

续表

企业工会身份定位	FA，AD	NNIT，TY	DS	FS
企业工会自身定位	职工权益维护者/管理建言者	职工权益维护者/制度建设者	职工权益维护者/争议预防者和协调者	职工权益维护者/劳动关系稳定者

资料来源：作者自制。

从表5中可见，雇主、上级工会对企业工会的身份定位和其自身定位都有所不同，这种差异性主要取决于不同主体对企业工会定位的原则。

首先，FA和AD两家企业的老板认为，工会在倾听职工诉求的过程中有效地发现了企业忽略的各种劳资争议的隐患，并且提出了相关的建议。FA企业工会通过职工代表和企业部分管理者参加培训的方式产出提案，AD则是由工会委员会提交提案，这些方式都使企业的管理者对工会消除隐患的功能表示肯定。因此，对于FA和AD的企业工会来说，争议预防者是企业对工会身份的本质定位。

其次，NNIT和TY开放对工会工作制度化的空间意味着对工会工作效果的肯定。NNIT和TY的管理方都把工会的身份定位为有效的建言者。例如，NNIT企业的管理者认为："我们开始对于工会还是不太信任，不知道工会要做什么。但是工会后来给我们写了很多报告和提案，告诉我们员工心理的真实想法。我想这是我们的人力资源管理部门很难做到的，我们特别需要有第三方的声音告诉我们，我们的员工到底对企业是否满意。如果不满意，那么他们工作效率肯定会降低。作为一个北欧企业我们还是强调以人为本，希望员工和企业一起成长。所以，我们现在对工会还是比较信任的。"

在6家企业工会中，DS企业工会是最受企业尊重的工会，以至于在所有企业做出重大决策的会议上，必须有工会主席出席才能召开。有趣的是，工会主席的座位与副总的座位分立总经理两侧。工会Y主席认为，工会受到资方的认可是多年推动集体协商和"三个一"工作法累积效应。Y主席说："我们刚建立集体协商机制，头三年老板就认为我们是帮助员工维权，涨工资基本上就是我们的职能。所以那个时候老板会让人事部门和工会密切接触，说白了就是盯着工会。员工这边有时候提出来的诉求也让我们觉得很难办，不理性的要求很多。所以，工会的作用还是会受到一些影响。后来有了‘三个一’工作法之后，我们就发现解决员工的诉求不一定只靠集体协商，所以我们就摸索出两个关键点，一个是沟通，一个是生产。‘三个一’工作法就是培养员工沟通的习惯，要提可行的意见，不是想一出是一出。然后我们就强调员工涨了工资，提高了福利待遇，生产效率也要提升。这老板才看出来我们的优势，管理方总体说还是比较开明，让工会参加所有的重要决策的会议，员工的意见就由我们来反映，我们在中间和人事部门找劳资双方的平衡点。”

而 FS 工会在老版心目中的定位则与 DS 企业工会的定位相反。FS 企业自 2010 年同时推动集体协商和“三个一”工作法以来已经更换了三任总经理，而每一任总经理对于工会的基本定位都是职工利益的维护者。这就造成了 FS 企业工会主席要在新的总经理上任之后与其进行较为密切的沟通，试图说服他接受工会作为劳资关系协调者的角色和功能。但是，三任总经理对工会的最终定位仍旧是员工权益的维护者，工会最大的功能就是通过集体协商来改善员工的工资水平。FS 工会 T 主席对这样的问题提出自己的解释：“我总结每一任总经理和工会的关系都是相爱相杀，他们心里很清楚只有工会才能让这个企业的劳动关系更加和谐，我也时时处处都跟总经理谈这个问题。特别是，我还强调我们一直以来就是集团下面效率最高的一个厂，基本上没有亏过。这都是工会在推进集体协商的作用。但是，我们缺少一个媒介，就像 DS，他们工会和老板之间的媒介是人事部门，我们没有人事部门帮助。所以，总经理总体上还是认为我们给员工争取的工资增长幅度太高。总认为工会在和老板博弈。”

综上，雇主对于工会角色的定位具有实用主义的特征，工会协调劳资关系的作用直接影响了管理方对于工会的身份定位。

对比雇主的定位，T 区总工会对于 6 家企业工会的定位则更具相似性。一方面，从工会制度对工会职能的基本要求，以及企业工会工作的结果来看，T 区总工会还是会强调企业工会作为职工权益维护者的身份。另一方面，T 区总工会更加强调企业工会在劳动关系中的重要作用。从区总工会的角度来看，DS 和 FS 两家企业的集体协商仍旧发挥了不可替代的协调劳资矛盾的作用；而其他四家企业工会更像是企业的合作伙伴，博弈性相对更弱。由此可见，区总工会对企业工会的身份定位考虑到工会的制度身份并兼顾了企业工会在劳动关系中的核心功能。这种身份定位折射出区总工会对企业工会能够在代表性和协调性之间平衡的功能定位。

此外，企业工会对自身的身份定位并没有持续性的原则遵循，反倒更加灵活多样。当然，各家工会首先还是会坚守基本的制度角色，即工人利益的维护者。对于这一点，6 家工会主席都表示，维护工人的利益是企业工会坚守的基本立场和原则，不能动摇，否则失信于员工会造成更大的麻烦。但是同时要让企业管理方理解工会并不是和企业对抗，而是谋求与企业建立合作的关系。而各家企业工会的手段不同，导致他们的身份定位也不一样。例如，FA 和 AD 工会都认为它们充当了企业建言者的角色，很多在劳动关系方面人事部门无法做到的地方，工会都会起到替代补充作用。而 NNIT 和 TY 两家工会则认为它们是企业劳动关系制度的建设者和完善者之一，参与制度建设是这两家工会对自身价值的确定，也就成为它们对各自从工会职能角度的定位。

DS 工会则延续了争议预防者和协调者的自我定位；但本质上配合 DS 工会实现协调效果的还有企业的人事管理部门。FS 企业工会认为稳定企业劳动关系的核心部门就是工会，虽然 FS 公司在 2010 年之后劳动关系一直保持较为稳定的状态，但是若非工会利用集体协商和“三个一”工作法持续推动工人劳动条件的改善，则劳资冲突的隐患还是会再次出现。

通过对比发现，T 区总工会对企业工会的身份定位和企业工会自身的定位受到制度约束的影响，因此在维护职工权益的角度上达成统一。但是，雇主的定位则更加偏向实用主义，看重工会的功能和工作的效果；但是工会在博弈程度上由弱到强的变化，雇主也会对其做出不同类型的身份定位。而有趣的是，从工会的自身定位来看，越是博弈性强的工会，反倒更加强调其协调的作用。这种身份定位的区别显示出企业工会在身份定位层面的平衡逻辑，即在博弈性角色和协调性角色之间的平衡。这种行为逻辑背后隐藏的目标仍旧是组织生存和发展的空间需求。而生存空间也是这些工会继续维系其能动性的重要支撑条件，只不过在支撑作用的程度上各家工会仍旧呈现差异化的特征。

（二）工人对企业工会的身份定位

除了其他主体对工会和工会对自身的身份定位存在区别之外，职工对于工会的身份定位也存在很多差别。通过我们对6家企业部分职工代表的访谈可以看出，企业工会的身份在不同类型的工人之中也存在认知层面的差异，这主要取决于该工人参与工会工作的深度，不同程度的工作参与使工人对工会角色的表述自然也产生不同的定位。

本文仅考察了工会委员和职工代表对于企业工会身份定位的看法，因调研条件有限，无法对普通工人较为普遍的意见进行问卷调查，故只选取了参与工会活动和工会日常工作较多的工会委员和职工代表两个群体进行了比较（见表6）。

表6　工会委员与职工代表对工会身份定位的看法

企业工会	工会委员	职工代表
FA	合作型工会	娘家人
AD	合作型工会	劳资问题沟通者
NNIT	协调型工会	职工利益维护者
TY	协调型工会	劳资问题沟通者
DS	维权型工会	职工利益维护者
FS	维权型工会	劳资利益协调者

1. 工会委员对企业工会身份的多样定位

如表6所示，不同企业中工会委员对企业工会的身份定位可以分为三个类型，即合作型工会、协调型工会和维权型工会。这取决于两个因素，一是工会委员参与工会日常工作的深度，二是工会委员对工会工作效果的理解。

首先，三家企业中并不是所有的工会委员都有较为明确的工作责任，由于工会副主席和委员都是兼职，所以部分工会委员参加工会日常工作的深度和投入情况需要根据其本职工作而定。对于DS公司来说，工会推行工会委员实名挂牌上岗，这就决定了所有的工会委员都要肩负日常采用正式或非正式的方式与普通工人进行沟通，了解他们的诉求，并进行记录汇总，定期上报。而FS公司工会则采用了定期工会委员和职工代表培训加提案的方式形成“学习型”组织的工作氛围。因此，这些工会委员深度参与决定了他们对工会推动集体协商的过程和效果都有比其他工人更加深刻的理解。故而，工会委员对企业工会的定位就是维权型工会。

其次，对于FA和AD两家企业工会来说，只有部分工会委员深度参与工会的工作，绝大多数日常工作的完成主要依靠工会主席和工会干事。故而委员对工会身份的认定则主要根据工会工作效果。在委员们看来，由于两家企业的工会主席与资方一直保持融洽的关系，而工会委员认为工会的核心目标是谋求劳资合作。最后，对于NNIT和TY的工会委员来说，建立企业内部制度化协调劳资关系的工作方法是对工会工作最大的成果，工会委员参与讨论最多的工作就是通过收集职工需求，来寻求协调劳资之间各种潜在矛盾的方法和策略。因此，协调型工会是对这两家企业工会恰如其分的概括。

2. 职工代表对企业工会多样化的身份定位

对比工会委员对企业工会身份的定位，职工代表对工会的定位更加多样。这些定位也取决于职工代表参与工会活动的深度，以及职工代表对工会工作效果的理解。FA企业的职工代表参与的核心活动就是企业工会组织的培训式劳资沟通活动，并在这个平台上学习如何表达诉求，如何与企业管理方进行沟通、对话，共同提出可行性较高的改善方案。且工会对改善方案中达成共识的条款逐一落实。职工代表认为工会还是能够站在他们的角度，向企业管理层表达并争取他们的利益，更像是“娘家人”。

而AD企业工会坚持召开的劳资恳谈会和TY公司推行的“三个一”工作法制度化，这些工作主要依靠工会委员会的推动，职工代表只是在前期通过工会的倾听机制来表达了意见。因此，在职工代表的印象中，企业工会更像是代表职工和企业进行沟通的中间人。DS公司工会作为长期坚持集体协商的典范工会，长期广泛通过职工代表来收集职工意见，对职工代表开展培训；并给职工代表配发日常职工诉求记录本。职工代表对工会作为利益代表者的身份深以为然。

而 NNIT 企业工会虽然有 DS 工会维护职工权益的方式，却经常在和职工代表沟通和开会的场合，不断强调工会代表职工利益的基本原则。NNIT 在推动劳资沟通机制在企业内部制度化的效果也得到了职工代表的认可，所以 NNIT 工会在职工代表心目中的身份被界定为权益维护者。有趣的是，与 DS 同样以集体协商制度作为协调劳资关系核心机制的 FS 工会，在职工代表群体中的身份定位并不是权益维护者，而是集体协商者，这主要是因为 FS 工会在集体协商之前会召开职代会，由所有职工代表投票通过协商方案。而在这个协商方案得到绝大多数职工代表认可的过程中，FS 工会主席为统一所有职工代表的诉求，也会出现多种方案有所取舍，某些条款讨价还价的问题。因此，职工代表认为职代会实际上已经成为提前协商的平台，而集体协商的效果更多体现在某些条款的微调之上。因此，职工代表对 FS 的身份定位是劳资利益的协调者。

3. 身份定位和生存空间

通过对不同主体以及企业工会自身对工会身份定位的差异性考察，我们发现参与过协调劳资关系机制的委员和职工代表对工会的身份定位都呈现出实用主义的逻辑，这取决于职工代表和工会委员参与协调劳资关系工作的深度和具体方式。企业方对于工会身份的定位出于对企业的员工关系管理或提升生产效率所发挥的作用，是一种功能性的定位；而上级工会则从制度约束和功能实现两个角度进行定位。而工会自身的定位则反映了对各方身份定位的一种兼容性妥协，即通过强化自身的多重身份来维持工会工作的自主性空间。正如 TY 的工会主席所言："我们对自身的定位从来不是偏向一方的，工会只要让各方都满意，才能做事情。关键的问题是工会的工作怎样才能具备可持续性。大家都说工会有为，所以我们才能有位，在各方的心目中我们都是有作为的，这样我们的工作才能持续下去，我们自己想干的事情才总会有空间。"

由此可见，不同主体对于企业工会多样化身份的定位说明工会工作的效果确实得到了承认，即便是功能性地认定其身份也会给工会带来可以继续推进协调劳资关系机制运行的空间。而工会对自身多样化的定位也反映出兼顾不同功能交织而成的生存空间对于工会组织生存的重要性。企业工会的生存空间的拓展也间接反映了工会能动性的作用效果；反之，工会生存空间的延续也可以成为工会能动性的动力来源。

六　动力亦限制：能动性可持续的条件

（一）竞合空间的弹性边界

通过对6家企业工会能动性的考察，我们进一步发现企业工会的能动性在区总工会提供的平台上效果变得更为明显。企业工会自身的资源禀赋不同，在推动“三个一”工作法时所采用的策略亦有所差异。但是，企业工会仍旧会积极主动地推进协调劳资关系的机制，继而在劳资之间创造了竞合空间。需要注意的是，竞合空间在不同的企业中还是存在差异，这也取决于企业工会在发挥能动性过程中依靠区总工会支持的程度，即企业工会的“借力”能力。

竞合空间的产生既有赖于企业工会能动性的存续，反之也在限制企业工会能动性发挥作用的程度。从工会协调劳资关系机制运行的效果和机制制度化的程度来看，6家企业工会都在寻求不同的制度化路径，其目标在于将竞合空间固化，为工会工作的持续开展创造了制度条件。但是制度条件的生成并不意味着工人所有的诉求都可以落实，企业工会还是会根据企业具体环境条件的变化来判断代表工人实现哪些诉求以及落实的程度。在访谈中，我们发现了三个重要的因素影响了工会落实工人诉求的类型和程度。

其一，企业的经营状况和发展战略布局的影响。例如，FS、FA两家企业都是为丰田集团做零部件代工，丰田的经营状况放缓直接导致FS和FA两家企业的订单减少，在工资增长受到限制的前提条件下，两家企业工会都强调在小处着眼，为本企业员工创造更多的额外福利。而DS公司则由于其生产产品在国际市场上鲜有竞争者，故独树一帜逆势而上，依旧将集体协商作为核心机制，保持从2014年到2018年一直保持工资增长率稳步上升。而AD同为汽车零部件制造业企业，由于其不止为一家品牌供货，因此也会与工会达成一致，在2018年投资200万元来改善的工厂的制冷系统。这与罗斯琦和杨涛提出的企业在生产链中的位置会很大程度上影响工会博弈的空间的结论不太一致。实际上，应该是对于生产链的依附程度决定了竞合空间的变化。

其二，上级工会的工作重点转变。以“三个一”工作法为例，T区总工会对企业工会提出一些新的要求，例如，提升工人生产效率的“金牌团队”“优秀班组”等各类活动。这些要求一方面丰富了“三个一”工作法的功能，另一方面间接促使企业工会要投入更多的精力想方设法在提升工人的生产效率上发挥作用。企业工会可以利用工人生产效率的提升、士气提升，通过与生产部门管理者的沟通，得到生产管理部门的认可。依据企业工会的贡献，进一步在适当的时机，向企业提出改善工人劳动条件或满足工人某项诉求的提议，在新的竞合空间中实现劳资之间利益的平衡。

其三，工人诉求的转变。另一个对竞合空间产生影响的因素就是工人的诉求转变。近年来，由于90后、95后的工人数量不断增长，成为工人群体的主力军。企业工会也在寻求在对工人工作环境、文娱爱好、社团组建等方面进行适应性调整，更能满足新生代工人的偏好和要求。同时，在与工人的沟通方式上，企业工会也在寻求转变，尽量以轻松、活泼的氛围与工人代表沟通。

从以上对三个影响因素的分析可见，企业工会创造的竞合空间不仅在不同类型的企业之间存在区别，在不同的时期和阶段，企业工会也可以根据外部环境的变化来调整竞合空间的边界，即竞合空间的边界具有弹性化的特征。弹性化的竞合空间对于企业工会的能动性来说既是动力，也是限制。

（二）竞合空间与生存空间的关系

尽管竞合空间的弹性边界是无法避免的，但是毕竟只要企业工会发挥能动性，竞合空间就可以保持可持续性。因此竞合空间的存在就意味着企业工会的能力和工作效果被各方认同，进而拓宽了企业工会的生存空间。而承前所述，各方的认可主要体现在上级工会、管理方和工人对企业工会的身份定位之上。各方对工会组织身份定位的多样化，以及工会组织自身定位的灵活化都反映了企业工会生存空间逐步稳定且具有一定的持续性，继而工会可以在生存空间中继续发挥能动性，即能动性的可持续化。反之，能动性的加强又可以促进生存空间的稳定，由此竞合空间的稳定性也会被加强（见图 1）。

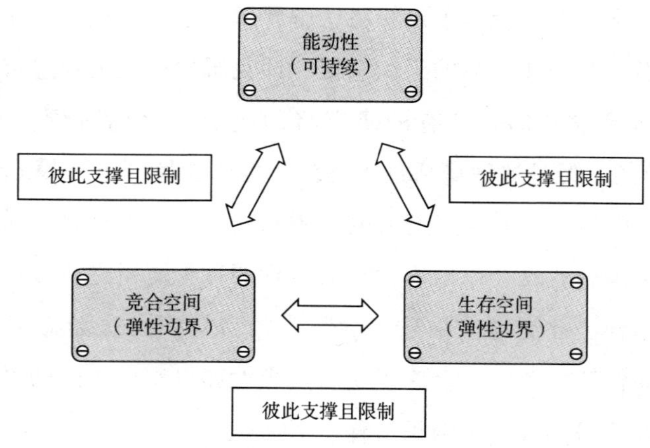

图 1　企业工会可持续能动性的关系

资料来源：作者自制。

值得注意的是，生存空间的边界也并非稳定，也具有弹性化的特点。生存空间的弹性化除了受到竞合空间的影响外，还有一个重要的因素就是工会与其他各方之间的权力关系。如果说竞合空间的出现是加强企业工会自主性的激励机制；那么权力关系就是对于企业工会自主性的约束机制。这里所说的权力关系并不仅是企业工会与资方之间的权力关系，也包括与工人之间的权力关系。本文将这种力量关系描述为互为利用的权力关系（Mutually Appropriated Power）。一方面，企业工会的力量是可以为资方和工人用于实现各自的利益目标，企业工会有可能成为各方“争夺的地带”。另一方面，企业工会作为协调者也会利用来自工人的压迫性力量和来自雇主的合法性力量在工人和雇主之间形成一种相互制约的关系。当工会的自主性边界较为稳定的时候这种互相利用的权力关系在工会与其他主体之间形成平衡，而边界弹性增强的时候，则力量关系发生了较为明显的变化。

七 结语

在关注珠三角地区工会改革的大量研究中，过往讨论的议题集中在工会选举、集体协商、职代会和争议解决，解释了工会多大程度上能发挥代表性的问题。然而，对企业工会的组织意涵，即克服生存压力和追求组织发展的现实需求却时常被忽略。已有的研究将的企业工会的协调性身份概括为“说和人”模式，但是这种概括过于笼统，也未能解释这一模式的内涵以及企业工会具体的行为逻辑。另有研究试图利用组织“有效性”和“合法性”两个概念对中国企业工会以组织生存为目标的行为逻辑进行分析。但是，工会的有效性与合法性更偏向描述工会行为的目标而无法涵盖工会的行为过程。那么，如何解释企业工会为了实现代表性和组织性之间的平衡，保持可持续的能动性，需要进一步给予解释。

本文基于对T区6家企业工会的深入考察，发现企业工会在代表性和组织性之间的平衡在实践中是通过找到工人与企业之间的“竞合空间”，进而获得自身的“生存空间”来实现的。而追溯这两个空间的拓展与稳定，都需要企业工会保持持续的能动性。竞合空间中职工与企业之间形成了合作与博弈的关系并存的状态，工会通过协调性的机制促成工人与雇主之间接受并认同妥协的必要性。在此基础之上，工会的作用和身份获得了工人代表和雇主的承认，继而获得生存空间。在这个过程中，竞合空间的营造依靠企业工会能动性的发挥，也就是工会主动决策的能力决定了竞合空间的形成。竞合空间的出现和稳定逐步让企业工会的功能得到工人和雇主的认可，并进一步形成了对企业工会的身份定位，当企业工会的身份定位逐步稳固之后，则具备了在企业生存的空间。生存空间的稳定意味着工会可以在一定的时期内，不再完全依附于企业或整合在管理层之中，保持稳定能动性。但是，能动性也会受到竞合空间与生存空间弹性边界效应的限制，也就造成了企业工会在策略选择上会继续以竞合空间与生存空间之间的平衡为目标，以实现能动性在限制性环境中的可持续。

根据以上分析，如果将能动性、竞合空间和生存空间之间形成的概念关系作为解释工会协调劳资关系的行为机制，就可以深入理解工会为什么要不断地在代表性和组织发展之间找寻平衡。过往的研究对于企业工会作为一个组织生存发展的关注不足，二者恰好是我国企业工会具有特色之处。研究企业工会的能动性既是对工会改革在基层中显现的效果的挖掘，也是对当下企业工会在实践中如何落实“群众性”提供了具有参考价值的理论解释。在我国工会改革的背景下，本文以工会在协调劳资关系所展现的能动性作为考察对象，挖掘了企业工会的能动性可持续的逻辑，用以解释企业工会为什么可以在代表性和组织性之间实现了动态平衡。进一步的研究可以延续本文的逻辑，一方面继续厘清并丰富企业工会能动性的内涵并对决定工会能动性发挥程度的指标进行解析；另一方面，可以将企业工会能动性作为结果变量，从企业工会委员会内部组织建设的角度深挖工会能动性的原生逻辑。

参考文献

刘丽红：《加强群众性：我国工会改革的理论视角与问题意识》，《中国人力资源开发》2018 年第 5 期。

孟泉：《谈判游戏中的“说和人”：以 DLDA 区工会为例》，载《清华社会学评论》2013 年第 6 辑，社会科学文献出版社。

孟泉：《力量、力量关系与力量的再生产：分析劳动关系主体行为的核心概念》，载《中国政治学年度评论（2018）》，商务印书馆，2018。

孟泉：《集体行动与政府治理研究》，载《中国劳动关系学 40 年（1978-2018）》，中国社会科学出版社，2019。

孟泉：《劳动关系源头治理研究》，中国工人出版社，2020。

闻效仪：《工会主席直选：广东实践的经验与教训》，《开放时代》2014 年第 51 期。

闻效仪：《从“国家主导”到多元推动：集体协商的新趋势及其类型学》，《社会学研究》2017 年第 2 期。

闻效仪：《转型的困惑：当代中国工会研究评述》，《中国政治学年度评论

（2018）》，商务印书馆，2018。

汪建华、石文博：《争夺的地带：劳工团结、制度空间与代工厂企业工会转型》，《青年研究》2014年第1期。

武雅彤、王晶：《企业工会改革的可能性与局限性：基于组织有效性与合法性关系的考察》，《中国人力资源开发》2017年第7期。

吴建平：《地方工会“借力”运作的过程、条件及局限》，《社会学研究》2017年第2期。

杨涛：《化解劳资冲突过程的微观分析：来自基层工会的比较》，《中国人力资源开发》2016年第7期。

杨涛：《三维与一体：中国工会“特色”解析》，载《中国政治学年度评论（2018）》，商务印书馆，2018。

周恋、李敏、杨涛：《工会直选如何提升工会承诺：基于程序民主理论的解释》，《中国人力资源开发》2016年第7期。

周恋、刘明巍、杨涛、奚菁：《基于心理联系视角的员工工会承诺多层次影响机制研究》，《中国人力资源开发》2018年第1期。

Cao, X., Meng, Q.: “Dockworkers’ resistance and union reform within China’s globalised seaport industry”, *Globalizations*, 2017, 14 (2).

Chan, K. C. C., Hui, E.: “The development of collective bargaining in China: From collective bargaining by riot to party-state-led wage bargaining”, *The China Quarterly*, 2014, 217.

Coe, N., Jordhus-Lier, D.: “Constrained agency? Re-evaluating the geographies of labour”, *Progress in Human Geography*, 2010, 35 (2).

Chen, F.: “Union power in China: Source, operation, and constraints”, *Modern China*, 2009, 35 (6).

Dufour, C., Hege, A.: “The legitimacy of collective actors and trade union renewal”, *Transfer*, 2010, 16 (3).

Froissart, C., Liu, Y., Meng, Q.: “Trade-offs between state organisations and workers’ organisations: Chinese unions in search of authoritarian collective bargaining”, *China Perspectives*, 2014, 2.

Gumbrell-McComick, R.: “The international union confederation: From two (or more) identities to one”, *British Journal of Industrial Relations*, 2013, 51 (2).

Hodder, A., Edwards, P.: “The essence of trade unions: Understanding identity, ideology and purpose”, *Work, Employment and Society*, 2015, 29 (5).

Kuruvilla, S., Zhang, H.: “Labor unrest and incipient collective bargaining in China”, *Management and Organization Review*, 2016, 12 (1).

Liu, M. Union organizing in China: “Still a monolithic labor movement?”, *Industrial &*

Labor Relations Review, 2010, 64 (1) .

Liu, M., Li, C.: "Environment pressures, managerial industrial relations ideologies, and unionization in Chinese enterprises", *British Journal of Industrial Relations*, 2014, 52 (1) .

Luo, S., Yang, T.: "Moderated mobilization: A new model of enterprise-level collective bargaining in South China", *The China Quarterly*, 2019, 242.

Luo, S., Yang, T.: "Why worker-supported collective bargaining may still fail: union strategies and supply chain structure in China", *Employee Relations*, 2019, 42 (2) .

Pringle, T., Meng, Q.: "Taming labor: workers' struggles, workplace unionism, and collective bargaining on a Chinese waterfront", *Industrial and Labour Relations Review*, 2018, 71 (5) .

Simms, M., Charlwood, A.: "Trade unions: Power and influence in a changed context", In T. Colling & M. Terry (Eds) *Industrial Relations: theory and practice* (3rd Ed.), London: John Wiley & Sons, 2010.

Zhang, L., Yang, T.: "Workers' activism and enterprise union reform in China: A case study of grassroots union agency in the auto parts industry", *Development and Change*, (forthcoming), 2019.

第八章　中国集体协商制度演变及最新发展

潘泰萍*

摘　要： 集体协商作为调节劳资冲突的核心制度，在近年来经济转型升级、新冠肺炎疫情防控常态化、零工经济兴起的大背景下越发受到人们的重视。本文借助已有研究对改革开放40余年来我国集体协商制度的演变进行了宏观的总结与概括，并重点着眼于近年来我国集体协商制度的最新发展。通过对集体协商相关政策、文件、办法及地方实践案例的归纳分析，结合近年社会时代背景，从集体协商质量提升、疫情下的集体协商及零工经济下的集体协商三个方面入手，对近年我国集体协商制度的最新发展进行了描述性研究，以期为后续更好的认识集体协商制度，并展望、探索其未来发展提供支持。

关键词： 集体协商制度　最新发展　工会

一　中国集体协商制度的演变

集体协商是调节劳资冲突，缓和社会矛盾的重要手段，其不仅为劳资双方针对薪资待遇、工作强度，劳动时长等经济性问题达成交易提供重要媒

---

* 潘泰萍，中国劳动关系学院工会学院、工会干部培训学院副院长，教授，主要研究方向为人力资源管理、劳动经济学。

介，并且为劳资双方互动规则、秩序的制定、磋商搭建了桥梁，是政府进行产业管理，介入劳资矛盾，维护社会稳定的可靠手段。

在我国，集体协商制度的历史可以追溯到新中国成立以前。20 世纪 30 年代，苏维埃地区工厂中就已经普遍实行集体谈判政策。20 世纪 50 年代，随着社会主义改造运动的兴起以及私营企业的公有化，集体合同制度逐渐被废除。直到 1978 年党的十一届三中全会的召开，中央决定将工作重心转向经济建设，实行改革开放的战略，社会主义市场经济逐渐得到发展。在此背景下，集体协商再次受到政府与社会的高度重视，作为市场经济国家调节劳动关系的核心制度，集体协商制度的回归成为历史必然。“对内改革，对外开放”的号角吹响已经 40 余年，在这 40 余年中，我国的集体协商制度得到了长足的发展。其发展演变大致可以划分为四个阶段，分别是日益复苏阶段，正式确立阶段，快速发展阶段以及调整深化阶段。

（一）日益复苏阶段

1978~1991 年可以视为我国集体协商制度的日益复苏阶段，1978 年召开的党的十一届三中全会，标志着我国的发展重心转向经济建设。在这一时代背景下，工作逐渐回到正轨的中华全国总工会开始在众多场合，借用多种机会，呼吁重新重视集体协商的重要价值，恢复集体协商制度。全国总工会在 1979 年召开的九届二次执委扩大会议主张全民所有制企业恢复集体协商机制的运行。又在给党中央的汇报中充分肯定了集体合同制度的价值，并建议将集体合同这一机制在全国企业中普遍推行。在 1983 年 10 月召开的中国工会十大上通过的《中国工会章程》明确指出，基层工会拥有代表职工与企事业单位行政部门签订集体合同的权利。在此基础上，我国的集体协商制度日益复苏。随着我国经济体制与政治体制的改革的推进，工会推进恢复集体协商制度的工作也越发深入。在 1988 年通过的《工会改革的基本设想》中，中华全国总工会进一步强调要大力推进集体合同的签订，促使劳动条件、职工待遇等问题的契约化、具体化。中国工会十一大也明确指出了签订集体合同的必要性。可以说，在此阶段，顺应时代潮流，满足经济需要，在全国总工会的大力推动下，沉寂已久的集体协商制度虽然还没有受到法律的正式承认且只有极少数企业实行，但已经在日益复苏。

（二）正式确立阶段

1992~1999年是我国集体协商机制正式确立的阶段。自1992年4月《中华人民共和国工会法》（以下简称《工会法》）修订开始，国家出台了一系列关于集体合同制度的法律法规，从法律的层面上正式确立了集体协商制度。在1992年修订的《工会法》中明确规定，工会拥有代表职工与企业、事业单位签订集体合同的权利。而在1994年出台的《中华人民共和国劳动法》（以下简称《劳动法》），则较为具体的规定了集体协商制度，可以说标志着集体协商制度的确立。在这样的背景下，原劳动部出台了更具实操价值的《集体合同规定》，在法律上进一步完善了集体协商制度。

（三）快速发展阶段

在2000~2011年，随着社会主义市场经济体制的建设以及经济的高速增长，我国的集体协商制度进入了快速发展阶段。2001年《工会法》再次修订，修订后的《工会法》明确了维护职工合法权益是工会的基本职责。并将集体协商作为工会履行其基本职责的重要手段写入法律。同时，工资问题也逐渐成为劳资冲突的重点。原劳动部顺应时代要求，出台了针对工资问题开展集体协商的《工资集体协商试行办法》。而《劳动合同法》在2007年的出台更是极大地促进了我国集体协商制度的发展。《劳动合同法》中专设“集体合同”一节，对区域性、行业性集体合同等具体方面做出了详细的法律规定。正是在这样的背景下，2011年国家“十二五”规划纲要才信心十足地提出“集体合同签订率达到80%”这一目标。2005~2011年《中国工会组织和工会工作发展状况统计公报》显示，全国签订工资专项集体合同数由2005年的25.2万份增加到2011年的91.2万份，覆盖企业数由41.4万家增加到193.6万家，覆盖职工数由0.35亿人增加到1.16亿人。由此可见，我国的集体协商制度在这一时期得到了快速的发展。

（四）调整深化阶段

2012年以来，随着党的十八大的召开以及我国经济整体形势的变化，我国的集体协商制度发展也面临着新的挑战，总体进入调整深化的阶段。从过往一味追求集体合同的签订率、覆盖率，转而追求集体协商的有效性和集体合同的质量。党的十八大报告明确要求“推行企业工资集体协商制度”，体现了中央对集体协商制度重要性的认识，也表明了中央深化发展集体协商制度的决心。在党的十八届三中全会上，党对集体协商提出了更高的要求，指出要完善企业工资集体协商制度。在这一背景下，全国总工会积极落实党中央的指示，深入推进集体协商制度，调整改进过去实践中的不足之处，着力打造高质量的集体协商。在2014年3月和4月，全国总工会先后出台了两份促进集体协商高质量发展的文件，为此后集体协商工作的开展以及集体协商制度的完善指明了方向。目前，工会针对集体协商工作的调整深化仍在进行中。我国想要实现打造“面广质高”的集体协商体系的目标，仍然任重道远。

二　中国集体协商制度的最新发展

（一）危中寻机——新冠肺炎疫情下的集体协商

针对疫情肆虐所带来的经济下行压力增大，以及工作机会的减少，全国总工会首先明确了在疫情期间坚持开展集体协商的重要性。2020年3月，全国总工会下发的《关于做好新冠肺炎疫情防控期间支持企业安全有序复工复产和劳动关系协调工作的通知》指出，要充分发挥集体协商制度的基础性作用。积极引导职工和企业通过集体协商，共商共谅，妥善处理复工复产前后职工劳动报酬、工作时间、休息休假、劳动保护及女职工生育保护等问题，探索企业职工参与管理的有效方式，依法保障职工群众的知情权、参与权、表达权、监督权，引导职工与企业同舟共济。发挥集体协商指导员作用，深入企业加强指导服务，构建和谐劳动关系。

各地方工会根据全总指示和要求，结合地方实际，积极落实推进疫情下的集体协商工作。重庆市总工会联合市人社局、市企业联合会、市工商业联合会共同制定的《疫情防控期间企业集体协商工作指南》对集体协商的重要意义、重点内容、基本原则、争议处理等方面做出了明确且全面的规定。在整体经济受到冲击，就业形势严峻，职工收入下降，劳资冲突增多的背景下，助力企业实现复工复产，促进了和谐劳动关系的建设。同时，重庆市总工会还特别强调发挥专职集体协商指导员、工会志愿律师等专业队伍的作用。

江苏省盐城市总工会出台的《关于做好疫情防控开展集体协商助力企业行业发展的指导意见》提出，在经济整体压力较大的情况下，集体协商应立足于保障职工的基本权益，以保岗位，保就业为主要目标。同时需根据行业、企业受到疫情影响的大小来确定具体的协商目标，做到分类处理。疫情期间的用工形式，工作时长等内容亦可作为集体协商的内容，进行较为灵活的处理。此外，江苏省盐城市总工会还鼓励企业根据疫情防控的要求，对集体协商的形式进行创新，比如推广网上邀约，进行线上协商等。

2020 年 5 月 25 日，在国内疫情得到基本控制的情况下，中华全国总工会等五个部门联合印发的《关于应对疫情影响进一步做好集体协商工作的通知》强调，要引导企业与职工树立“有事多商量、遇事多商量、做事多商量”的思想，通过集体协商解决疫情带来的劳动关系突出问题，促进劳动关系的和谐稳定。在疫情防控常态化的背景下，集体协商的价值越发凸显。在疫情期间为维护社会稳定，抗击新冠肺炎疫情付出了大量劳动，做出了巨大贡献的劳动者（如医疗、快递、外卖），其加班工资的发放，补贴的增长等问题需要通过集体协商来解决。而受到疫情巨大冲击的行业的劳动者（如餐饮、旅游），其工作的保留，基本工资的保障等问题也需要通过集体协商加以解决。

综上所述，新冠肺炎疫情背景下我国集体协商制度的发展特点可以归纳为以下三点。

重要性得到体现。疫情下频繁爆发的劳资冲突使得集体协商制度这一调节劳资矛盾、促进社会和谐的制度变得尤为可贵。全国各地，由上至下，都对集体协商制度的重要性有了更加深刻的认识。只有通过集体协商制度调动各方力量，社会各界勠力同心，方能共渡难关。所以上到中央，下到地方基层工会，都出台各项文件，采取各种活动，主动推动集体协商制度的落实与发展。

操作更加灵活。由于集体协商涉及众多企业及职工的相关利益，所以针对集体协商程序的规定较为严格。但在疫情下，受限于疫情防控的要求，以及平息劳资冲突的急迫需要，集体协商的操作趋于灵活。比如将重点放在协商上，而非最后集体合同的签订上。因为集体合同的订立，从程序上就需要数月的时间，同时还要通过职工代表大会的表决，这在疫情的条件下显然是难以实现的，所以应将重点放在协商之上。同时在疫情中，协商的形式也更加灵活，充分利用互联网技术，使用电子邀约，开展线上协商。

更加注重实效。由于疫情带来的巨大冲击，企业生存和职工生活都受到了巨大的影响。这在一定程度上要求集体协商将重心放在劳资双方都关心的重要问题上，并尽快将其解决。可以说，较大的经济压力迫使劳资双方坦诚相待，根据双方的实际情况，围绕迫在眉睫的问题展开及时的协商，进行有效的、以尽快解决问题为目标的沟通。在此背景下，集体协商较以往更加注重实效性。

（二）提质增效——集体协商质效逐步提高

由于我国集体协商制度的建设具有“自上而下”的历史特点，所以下级在进行集体协商体系的建设时，经常会一味追求完成上级下达的覆盖率指标，而在一定程度上忽视集体协商的质量水平。这也导致我国此前一些集体协商工作只是浮于表面、流于形式，无法有效维护职工权益，也无法直接反映企业关切。从一定程度上讲，这种低质量的集体协商不仅无益，而且浪费了政府、企业和职工的大量时间与精力。近年来，我国经济已由高速增长阶段转向高质量发展阶段，为适应新时代经济发展的需要，也为纠正此前集体协商存在的问题，国家协调劳动关系三方越发重视提高集体协商的质量和水平。

党的十九大报告中提出要完善政府、工会、企业共同参与的协商协调机制，构建和谐劳动关系。为贯彻落实党中央针对协商协调机制建设提出的要求，全国总工会及各部门多次下发相关文件，从宏观上指导我国集体协商工作提效增质，打造高质量的集体协商体系。全国总工会、人力资源和社会保障部、中国企业联合会/中国企业家协会、全国工商联于2019年6月联合出台了《关于实施集体协商“稳就业促发展构和谐”行动计划的通知》，该通知明确了集体协商工作的指导思想及主要目标。对分类实施企业集体协商、积极开展行业集体协商等问题做出具体指示，并特别强调了要继续深入推进集体协商的提质增效。通过加强协商主体建设，加强协商人才队伍建设，加强对集体协商的指导服务以及通过加强宣传来凝聚共识等机制来保证集体协商机制的高质量发展。在此基础上，还要求各地在落实不可照本宣科，在加强组织领导的同时，要从实际出发、因地制宜。根据当地情况，劳动关系三方各司其职、密切配合，协同推进集体协商制度高质量发展。

2020年8月，为加强劳动关系治理体系和治理能力建设，构建和谐劳动关系，国家协调劳动关系三方制定了《劳动关系“和谐同行”能力提升三年行动计划》，并就三年行动计划进行了部署。关于集体协商，计划中明确指出，鼓励民营企业、国有企业等各类企业通过集体协商等形式增加劳动者特别是一线劳动者劳动报酬，加强技能人才、科技人才薪酬激励，健全股权、期权等中长期激励。强调了要充分发挥集体协商机制的关键作用，推动劳动关系工作方式方法创新。

自2019年国家协调劳动关系三方联合下发《关于实施集体协商“稳就业促发展构和谐”行动计划的通知》以来，各级协调劳动关系三方成员单位全力推进行动计划实施，取得了明显成效，截至2021年年末，全国报送人力资源和社会保障部门审查并在有效期内的集体合同132万份，覆盖职工1.2亿人，同时，形成出了一大批协商协调劳动关系的典型案例。这些案例从不同层次、不同角度代表了三年来全国集体协商工作创新发展的丰硕成果。其中，有通过集体协商维护新就业形态劳动者和灵活用工群体权益的积极探索；有各地指导企业发挥集体协商作用、积极应对疫情冲击，引导企业和职工共渡难关的成功实践；有各地通过集体协商，提高技术工人待遇、助力实现共同富裕的创新做法；还有集体协商老典型企业在三年间的守正创新。面对新冠肺炎疫情防控常态化，各级协调劳动关系三方共同指导企业和工会就做好职工权益保障和支持企业稳岗留工开展协商，在去产能关停企业，协商职工安置方案；在经营困难企业，协商争取不裁员或少裁员；积极探索技能要素和创新成果参与收入分配，推动技术工人和技能人才待遇落实；推广工会集体协商流动指导站、“云协商”、协商信息化平台等方式，集体协商制度日益成为促进企业发展、维护职工权益的有效机制。在下一步的规划中，国家协调劳动关系三方指出，将持续巩固“党委领导、政府主导、三方协同、社会支持、企业和职工积极参与”的集体协商工作格局，深入推进集体协商扩面提质，推动头部平台企业建立协商协调机制，推动完善集体协商相关法律法规，为协商协调劳动关系工作构筑更加坚实的法制保障等。

总体来看，近年来，我国集体协商越发重视质效的提升，全国总工会及中央部委在最近几年出台了多份文件，宏观指导集体协商工作的优化。各地方因地制宜，不断创新，坚持组织领导的同时结合地方实际推进集体协商制度的发展完善。客观而言，近年我国集体协商的质效在不断提高。

（三）攻坚克难——零工经济下的集体协商

随着数字技术对人们生产和生活的深入影响，基于数字平台的“零工经济”迅速兴起。零工经济在稳定就业和增加就业方面发挥了重要作用，但也随之产生了相应的劳动者权益保障问题。零工经济下劳动者相对弱势的地位更为突出，平台企业借助大数据、算法等技术优势单方制定修改接派单规则、提成比例、奖惩规定等，致使相当多的劳动者被“困在系统里”，几乎没有话语权。随着技术提升和平台系统的优化，平台对劳动者的控制不断强化，平台和劳动者之间的力量失衡不断加深，劳动纠纷持续增加，给社会稳定与发展带来了极大的隐患。依靠工会团体代表劳动者与平台进行交涉，通过组织集体协商来克服平台和劳动者之间的不平衡，是零工经济下劳动者权益保护将来最为重要的制度设计。

1. 零工经济下，企业集体协商的积极探索

京东集团、安徽蚌埠网约送餐、福建三明快递、湖北荆州保洁家政等企业进行的集体协商都是成功的案例，代表了各地通过集体协商，维护新就业形态劳动者和灵活用工群体权益的积极探索。以京东集团的集体协商为例，京东集团“产业多元、地域广泛、规模庞大、层级较多、结构复杂”，是平台企业的典型代表。在北京市协调劳动关系三方指导下，京东集团率先在平台企业中建立了全国性、跨区域的集体协商及职工代表大会制度，引发了业界的广泛关注。2021 年 11 月，京东在集团层面和物流板块开展了首次集体协商，既实现了全面覆盖，又重点聚焦了新就业形态劳动者。京东集团工会在全国范围选派职工方协商代表，包含了配送快递员、仓储分拣员、货运司机等一线职工，保障了代表性与参与面。为顺利召开职工代表大会，京东集团开发网上投票系统，选出了 300 名职工代表，其中，一线职工代表 251 名。经双方充分协商最终达成一致，形成了《京东集团集体合同（草案）》《京东物流集体合同（草案）》。其中，《京东集团集体合同（草案）》包含劳动合同管理、劳动报酬、劳动安全、保险福利、职业技能培训、就业保障等各项劳动标准和劳动条件，明确与所有建立全日制劳动关系的员工签订电子劳动合同、缴纳五险一金，在法定产假的基础上，为符合条件的女职工提供额外三十天全薪产假，解决职工后顾之忧。《京东物流集体合同（草案）》，协商内容重点体现配送快递员、仓储分拣员、货运司机等岗位职工签订电子劳动合同、缴纳“六险一金”、提供职工体检、年节礼品、安居计划、伙食标准、结婚生育喜金等多项福利待遇等。

2. 零工经济下行业集体协商的可行性与难点

由于新就业形态还在不断发展变化中，不同行业和不同平台差异较大，目前制定统一的劳动基准尚有难度，因此，工会应根据不同行业和不同企业的特殊情况，通过集体协商不断改善新就业形态劳动者的劳动条件，建立行业集体协商制度成为维护新就业形态劳动者权益的新方向。2021 年，人社部、全国总工会等八部门联合下发《关于维护新就业形态劳动者劳动保障

权益的指导意见》指出“各级工会组织要加强组织和工作有效覆盖……积极与行业协会、头部企业或企业代表组织开展协商，签订行业集体合同或协议，推动制定行业劳动标准”。

（1）国内学者关于零工经济下开展行业集体协商的探讨

国内关于零工经济下行业集体协商的探讨主要从以下三个方面展开：一是行业集体协商的可行性。以往行业集体协商最大的难点是行业协会的建设和代表性问题，如今各类平台在各自行业领域基本占据垄断地位，具有足够的代表性，而产业（行业、地方）工会与平台企业进行集体协商也具有足够的可行性。二是行业工会的组建方式。陈欣分析了行业工会的组建方式和领导体制，提出对同时需要与几个跨区域的平台企业进行集体协商的行业，宜在全国总工会之下组建一级行业工会，或者至少在省级组建一级行业工会，报全国总工会批准。网约工的行业工会不宜采取“以地方工会领导为主”的体制，更宜由中华全国总工会根据网约工所在行业特征，确定其领导体制。钱培坚进行了行业工会建设的案例分析，比如上海市普陀区推进网络送餐行业工会组建的“三步走”，“杭州 e 家”App 和智慧工会平台建设等。三是行业集体协商的重点内容。陈华文从各地行业集体协商的实践出发进行了分析，比如蚌埠市网络送餐行业集体协议明确规定，送餐员在法定工作时间内提供了劳动，企业支付报酬不得低于该市最低工资标准的 120%。班小辉结合互联网平台企业用工的特点，提出了集体协商的四项重点内容：平台工人分类认定问题、费率与服务费提取问题、职业安全健康保障的内容、平台工作数据保护问题。四是算法集体协商的必要性和难点。何勇海分析了“算法取中”的重要性，通过“算法取中”等方式，合理确定订单数量、准时率、在线率等考核要素，适当放宽配送时限，这才是科学而公平的。梅麟分析了劳动者参与“算法取中”的必要性，提出应当推动建立平等对话机制，保障送餐员群体有权提出意见建议，与平台协商“算法取中”操作方案，共同探索更加人性化的工作模式。沈灏分析了实现“算法取中”的难点，指出“算法取中”是一个相对模糊的概念，很难定量，通常是设置一个适当的阈值来进行技术实现。判定阈值设定是否合理，需要针对各个业务领域大量地调研，深入每个场景，最终制定一个相对有量化指标的实施方案。

（2）零工经济下推进行业集体协商的现实障碍

一是行业集体协商相关法律法规存在短板。1992 年《工会法》颁布开始，政府制定了一系列有关集体合同制度的法律和法规，不断强化集体合同的地位和作用。但是，《工会法》《劳动法》《劳动合同法》中关于集体协商的相关规定主要停留在企业层面。《劳动合同法》虽然涉及了行业集体协商，但是规定行业性集体协商是在“在县级以下区域内”开展。目前的法律法规还没有为平台劳动者主张集体劳动权提供足够的支撑。

二是行业集体协商主体的缺位及空壳化。行业集体协商需要规范化的代表性组织，代表性组织缺位是零工经济行业集体协商推进中的另一个难点。我国已经有一些零工经济的行业工会，目前比较普遍的是快递行业工会联合会，外卖骑手行业工会联合会、网约车司机工会联合会等其他零工经济的行业工会联合会也在一些地方进行了试点。但是，多数行业工会联合会还只是一个空壳，没有稳定的经费来源、没有规范的组织构架、没有实际的维权行动。同时，零工经济行业协会的建立也处于初步探索阶段，没有规范化的建立和运作流程。

三是行业集体协商内容的分散性和多元化。平台涉及的行业领域众多，劳动过程、劳动时间、劳动条件、管理规范千差万别，劳动关系领域的问题和劳动者的诉求也大不一样。外卖骑手、快递员、网约车司机等不同职业类别的零工经济劳动者在权益维护方面的利益诉求本就千差万别，在每一职业类别内部又有各种不同的用工模式。比如外卖骑手又分为专送和众包，快递员又分为承包形式和劳务外包形式，同一职业类别内不同用工形式下劳动者的诉求又不一样。因此，零工经济下行业集体协商的内容呈现出多元化和复杂性。

（3）零工经济下构建行业集体协商制度的思考

首先，零工经济下行业集体协商的主体建设。开展行业集体协商签订集体合同离不开健全的谈判主体，行业集体协商需要行业层级的谈判主体，即行业工会和行业协会。一是行业工会的规范化建设。首先是提高劳动者的入会率，我国零工经济劳动者的入会率还不高，把劳动者吸纳到工会中是建设行业工会和开展行业集体协商的前提。因此，研究零工经济下行业集体协商的推进路径，首先要研究如何提高零工经济劳动者的工会组织化程度。其次是行业工会的建设，行业工会不同于产业工会，产业工会在逻辑上包括行业工会。如何在“以地方工会领导为主”的工会组织体制下建立零工经济劳动者的行业工会体系应当是研究的重点。二是行业协会的规范化建设。实践中，行业协会的代表职能具体体现为其对企业会员不同的合法权益、权利诉求以及主观意愿通过协会整合、汇集的集体方式向社会与政府予以表达和倡导，实际扮演的是利益代表（Interest Representation）的角色。虽然相关法律法规对行业协会的定义始终强调“自愿性”这一特征，但从中国改革的实际状况来看，中国政府对于行业协会发展的主导与推动作用不容忽视。

其次，零工经济下行业集体协商的内容建设。由于不同类别零工经济劳动者具有不同的职业特点，所以平台企业的算法管理和劳动者的主要利益诉求也不一样，因此，行业集体协商应根据职业类别的不同，按照“算法取中”原则，设计不同的协商重点，集体协商内容的重心应当围绕工人分类、数据算法和分配结构展开。作为劳动者权益的代表性组织和行业集体协商的劳动者一方主体，工会应当深入零工经济领域的每个场景进行大量实地调研，通过调研确定不同职业类别行业集体协商的重点内容、分别制定相对有量化指标的实施方案，与平台企业协商建立“算法取中”的评价标准体系。以外卖骑手、快递员、网约车司机等代表性零工就业群体为例，在对平台企业进行算法调查和外卖骑手需求调查的基础上，要提出不同职业类别行业集体协商的重点内容和“算法取中”实施方案。一是外卖骑手算法协商的重点内容。由于外卖骑手的工作具有极强的“时效性”，平台系统对配送时间的精密计算将订单的平均配送时间持续压缩，由此引发了外卖骑手与平台和客户之间的大量矛盾和纠纷。笔者认为外卖骑手的协商重点主要包括订单分配、配送时间计算、绩效评估方法等。二是快递员算法协商的重点内容。由于用户付出的快递费用需要在网点、揽件员、分拨中心、总部和快递员之间进行分配，鉴于近年来快递员每单的快递派送费持续不断下降的趋势及由此导致的快递员收入锐减和工作时间的不断延长，笔者认为快递员的协商重点主要包括快递费用分配结构、单件快递派送费、投诉惩罚制度等。三是网约车司机算法协商的重点内容。乘客支付的打车费和司机收到的车费之间的差额被称为网约车平台服务费，也就是所谓的“平台抽成”。目前，出行平台的抽成比例大约在四分之一，由于抽成过高问题而引发的网约车司机和平台之间的矛盾由来已久。笔者认为网约车司机的协商重点主要包括抽成比例、派单的算法管理、工作时间等。

三　结语

只有先回望过去，才能更好地认识现在，展望未来。从20世纪30年代苏区工厂中的雏形初现，到改革开放号角吹响带来的日益复苏，再到以《工会法》的颁布为标志的正式确立。从经济高速增长推动的集体协商制度快速发展，到经济转型升级要求集体协商制度调整深化。纵观我国集体协商制度的发展历史，可以对近年来集体协商制度的演变进行更加深刻的思考。近年来，提质增效是集体协商制度历史发展的必然，危中寻机是对自然界新冠肺炎疫情突然来袭的应对，而攻坚克难则是解决技术、经济日新月异所伴随的新的难题。综上所述，只要我国的集体协商制度还要继续发展，只要新冠肺炎疫情还没能够得到彻底解决，只要技术、经济所推动的零工经济潮流不会停歇，那么提质增效，做好新冠肺炎疫情防控常态化下的集体协商以及零工经济领域的集体协商就将是未来一两年内我国集体协商制度发展的重点。

参考文献

闻效仪：《改革开放四十年之集体协商与集体合同研究：历史演进、制度执行与类型化趋势》，《中国人力资源开发》2018 年第 10 期。

杨成湘：《改革开放以来中国工会推进集体协商制度建设的回顾与前瞻》，《湖南行政学院学报》2018 年第 3 期。

杨成湘：《改革开放 40 年中国集体协商制度变迁及其前景分析》，《现代经济探讨》2018 年第 8 期。

庄玮、王嘉梓：《新冠疫情防控常态化下加强创新集体协商工作的思考》，《天津市工会管理干部学院学报》2021 年第 1 期。

李敏、罗峰：《宜昌：培育行业集体协商典型样本》，《工友》2021 年第 2 期。

杨欣：《平台经济下网约工集体劳动权行使机制革新探讨》，《中国劳动关系学院学报》2021 年第 3 期。

蔡振华：《在全国工会基层工作会议上的讲话》，2021 年 5 月 12 日。

黄洪涛、王伟、林立兵：《江苏省为快递行业"定制"集体协商指导意见》，《工人日报》，2021 年 10 月 29 日。

孟丽、柳青：《"八步工作法"推进行业集体协商提质扩面》，《工会信息》2021 年第 11 期。

班小辉：《超越劳动关系：平台经济下集体劳动权的扩张及路径》，《法学》2020 年第 8 期。

第九章　当前中国劳动争议的特点、趋势及调处经验

张冬梅*

摘　要： 劳动争议与市场化的劳动关系相伴而生。我国的劳动争议处理制度恢复于1987年，经过30多年的发展，形成了以《中华人民共和国劳动争议调解仲裁法》为主要依据的“一调一裁两审”的劳动争议处理体制。劳动争议的数量和特点与当时的经济社会环境、法治环境、国家政策等息息相关。当前劳动争议案件数量仍呈高位运行态势，各地劳动争议案件数差异较大；劳动争议案件的成因与经济政策呈现高度关联性，极易引发群体性劳动争议；民营企业、小微企业劳动争议较多；劳动争议案件纠纷类型多元化和复杂化；涉新业态劳动者的劳动争议数量增加，案件处理难度增大。我国劳动争议处理的经验体现在：坚持依法、快速、平衡保护和注重协商与调解原则；加强劳动争议预防；加强调解、仲裁和诉讼程序的衔接；充分发挥劳动争议多元化解机制作用；充分发挥工会的作用以及创新劳动争议处理的形式等。

关键词： 劳动争议　劳动关系　调处经验

劳动争议（Labor Dispute）与市场化的劳动关系相伴而生。有真正意义的劳动关系即不可避免会产生劳动争议。正如有些学者所言，无论任何社

---

* 张冬梅，中国劳动关系学院法学院副教授，主要研究方向为劳动法、工会法等。

会，每个社会主体都会基于自身需要有着不同的权益诉求。不同的主体根据自己的意愿当然会产生各自不同的社会行为。这样，不同的利益主体之间会不可避免地产生各种冲突[①]。劳动关系的双方当事人作为独立的利益主体，在劳动关系的建立和运行过程中会不可避免地发生矛盾和冲突。

劳动争议的产生、发展及其特征是当时的经济、社会、法治环境的映射。经济环境对劳动争议产生的影响最为直接。经济环境主要包括国家整体的经济发展水平、国家宏观经济政策、产业结构状况等。2021 年，我国经济增速在全球主要经济体中名列前茅。据中华人民共和国人力资源和社会保障部的测算，国内生产总值每增长一个点，对应的城镇新增就业，是 190 万人左右。“放管服”改革持续深化，2021 年年末，我国市场主体总量超过 1.5 亿户，其中企业 4000 多万户，个体工商户突破 1 亿户。新产业新业态新模式快速增长。实物商品网上零售额增长 12.0%，占社会消费品零售总额的比重达 24.5%[②]。国家政策和法律环境也对劳动争议产生深远的影响。面对突发的新冠肺炎疫情，国务院、人力资源和社会保障部以及各地方政府都发布了大量的政策和指导性意见。比如人力资源和社会保障部办公厅发布的《关于妥善处理新型冠状病毒感染的肺炎疫情防控期间劳动关系问题的通知》（人社厅明电〔2020〕5 号）、国务院办公厅发布的《关于延长 2020 年春节假期的通知》、人力资源和社会保障部、中华全国总工会、中国企业联合会/中国企业家协会、中华全国工商业联合会发布的《关于做好新型冠状病毒感染肺炎疫情防控期间稳定劳动关系支持企业复工复产的通知》（人社部发〔2020〕8 号）等。面对平台经济的快速发展，平台从业人员权益受损的情况，人力资源和社会保障部、国家发改委等八部委于 2021 年 7 月 16 日联合发布了《关于维护新就业形态劳动者劳动保障权益的指导意见》。这些政策和指导意见弥补了法律调整失范的盲区，为劳动争议调处提供了直接依据，同时也会引发大量的劳动争议。

---

① 杨荣新：《仲裁法理论与适用》，中国经济出版社，1998，第 1 页。

② 《国家统计局局长就 2021 年国民经济运行情况答记者问》，国家统计局官网，2022 年 1 月 18 日。

一　中国劳动争议处理制度的历史沿革

我国的劳动争议处理制度建立于新中国成立后，劳动争议处理的程序为：发生争议，先由当事人相互协商，协商不成申请劳动行政部门调解，调解不成可申请仲裁委员会仲裁，对仲裁不服可向人民法院起诉。随着我国资本主义工商业的社会主义改造的完成，企业所有制结构和劳动关系趋于单一，中央劳动部于 1955 年 7 月以后陆续撤销了劳动争议处理机构。劳动争议处理工作交由信访部门进行处理。我国的劳动争议处理制度恢复于 1987 年，以国务院颁布的《国营企业劳动争议处理暂行规定》作为标志，确立了“一调一裁两审”的劳动争议处理机制。1987 年发布的《国营企业劳动争议处理暂行规定》因为适用范围的限制，被 1993 年发布的《中华人民共和国企业劳动争议处理条例》所替代，扩大了劳动争议的企业适用范围。1994 年 7 月颁布的《中华人民共和国劳动法》（以下简称《劳动法》）以法律的形式确认了我国“一调一裁两审”的争议处理机制。应该说，劳动争议处理制度恢复之初发挥了积极的作用，对于企业劳动关系的稳定功不可没。但随着我国经济体制改革的进行，社会主义市场经济体制的逐步建立和完善，我国劳动关系领域的矛盾非常突出，集中表现是我国劳动争议数量急剧飙升。从 1994 年的 1.9 万件，飙升到 2007 年的 50 万件①。集体劳动争议案件逐渐显现并呈现上升趋势，涉及的劳动者人数不断增多。集体劳动争议案件变化波动较大，其数量从 2000 年的 8247 件上升到 2007 年的 12784 件。集体劳动争议案件数占整个劳动争议案件数的百分比在 1%～7%之间波动，涉及的劳动者人数占劳动争议涉案人数的 22%～64%②。由此可知，虽然集体劳动争议案件数在劳动争议总案件数中所占比例在 7 %以下，但所涉及的

① 数据来源于人力资源和社会保障部 1994～2007 年统计公报。

② 数据来源于人力资源和社会保障部 2000～2007 年统计公报，其中集体劳动争议案件占劳动争议案件数的百分比和集体劳动争议劳动者占劳动争议劳动者的百分比是根据统计年鉴数据自行计算得出。

人数占比却很大。这些数据表明了劳动关系领域的矛盾突出，劳动争议处理难度加剧，社会影响力不断扩大。

面对劳动关系领域的重重矛盾，我国的劳动争议处理制度也是尝试进行应对。《中华人民共和国劳动争议调解仲裁法》（以下简称《劳动争议调解仲裁法》）于2008年实施，该法针对原有劳动争议处理周期过长、受案范围不统一、仲裁时效期间过短等突出问题，在基本维持“一调一裁两审”处理机制的前提下，在有限的范围内修正了我国的劳动争议处理制度：部分劳动争议案件实行有条件的“一裁终局”制、统一并延长了仲裁时效期间为1年、缩短了仲裁审理期限、仲裁不收费、从程序规范上整合了劳动和人事争议仲裁等。应该说，《劳动争议调解仲裁法》作为劳动争议处理的专门法律，在劳动争议的调解和仲裁制度探索方面具有重要意义。但该法的处理重心是个别争议，并没有将集体劳动争议作为其主要调整对象。我国的集体劳动争议被人为分为了两类，一类是10人以上的争议，另一类是因为签订集体合同和履行集体合同所产生的争议。对劳动者一方达到10人以上，且有共同理由，并集体申请仲裁的争议，通过劳动仲裁诉讼程序解决，是个别劳动争议的叠加，完全可以适用《劳动争议调解仲裁法》。而因为签订和履行集体合同所产生的争议，则按照《劳动法》第84条的规定进行处理。因履行集体合同而发生的争议可以向劳动争议仲裁委员会提起申诉，对仲裁裁决不服，可以向法院起诉，也是按照《劳动争议调解仲裁法》的相关规定进行处理。对于因为签订集体合同而发生的争议，法律规定由劳动保障行政部门会同同级工会代表、企业代表共同进行协调。也就是说，对集体协商过程中的争议，由政府主导、依托协调劳动关系三方机制及时介入和协调处理。但是，劳动行政部门组织哪些方面进行协调？协调的主要原则有哪些？如果协调不能达成共识可否罢工？这些问题都没有明确规定。

2020年5月28日第十三届全国人民代表大会第三次会议通过《中华人民共和国民法典》（以下简称《民法典》），自2021年1月1日起施行。最高人民法院于2020年12月25日通过了《最高人民法院关于审理劳动争议案件适用法律问题的解释（一）》[以下简称《司法解释（一）》]，自2021年1月1日施行。相应的最高人民法院的原有审理劳动争议案件的四个司法解释废止。最高人民法院的《司法解释（一）》沿袭了原有四个司法解释中的与当下劳动关系相适应的相关规定，并在劳动争议的受案范围、管辖、裁决以及劳动合同的解除、终止、竞业限制等方面进行了新的解释和说明。

客观地说，《劳动法》《劳动争议调解仲裁法》《中华人民共和国民事诉讼法》《最高人民法院审理劳动争议案件适用法律问题的解释（一）》以及大量的部门规章，对我国的劳动争议处理程序进行了全方位的规定。未来我国的劳动争议处理制度要适应不断变化的经济社会环境、法治环境以及国际环境进行适当的变革和提升。

二　当前中国劳动争议的特点及发展趋势

2021年，是党和国家历史上具有里程碑意义的一年，是我国现代化进程中具有特殊重要性的一年。2021年召开的中央经济工作会议中指出，我国经济发展和疫情防控保持全球领先地位，国家战略科技力量加快壮大，产业链韧性得到提升，改革开放向纵深推进，民生保障有力有效，生态文明建设持续推进，实现了“十四五”良好开局。会议同时指出，必须看到我国经济发展面临需求收缩、供给冲击、预期转弱三重压力。世纪疫情冲击下，百年变局加速演进，外部环境更趋复杂严峻和不确定。尤其是随着新一轮科技革命和产业变革不断深入，数字经济、共享经济等新业态蓬勃兴起，企业组织形式、管理模式、生产经营方式及用工方式等发生深刻变化，劳动关系的确立与运行、职工权益的维护和保障面临许多新情况新问题。上述背景下，当前我国劳动争议呈现出如下特点。

（一）劳动争议案件数量仍呈高位运行态势，各地劳动争议案件数差异较大

自2008年劳动争议数量出现“井喷”以来，我国的劳动争议案件数量

都呈高位运行状态，其中个别年份稍有回落。据中华人民共和国人力资源和社会保障部公布的人力资源和社会保障事业发展统计公报显示，2018 年，全国各地劳动人事争议调解仲裁机构共处理争议 182.6 万件，涉及劳动者 217.8 万人，涉案金额 402.6 亿元。全年办结争议案件 171.5 万件，案件调解成功率为 68.7%，仲裁结案率为 95.1%。终局裁决 13.6 万件，占裁决案件数的 37.9%。2019 年全年全国各级劳动人事争议基层调解组织和仲裁机构共处理劳动人事争议案件 211.9 万件，涉及劳动者 238.1 万人，涉案金额 489.7 亿元。全年办结争议案件 202.3 万件，调解成功率为 68.0%，仲裁结案率为 95.5%。终局裁决 17.7 万件，占裁决案件数的 41.2%。2020 全年全国各级劳动人事争议调解组织和仲裁机构共处理劳动人事争议案件 221.8 万件，涉及劳动者 246.5 万人，涉案金额 530.7 亿元。全年办结争议案件 212.3 万件，调解成功率 为 70.6%，仲裁结案率为 96.2%，仲裁终结率为 70.5%[①]。2021 年的劳动争议数量仍然处于高位运行态势，较之前几年都有较大幅度的增长。据人力资源和社会保障部 2021 年发人力资源和社会保障统计快报数据显示，2021 年全国各级仲裁机构处理劳动人事争议案件 125.2 万件，涉及劳动者 140.5 万人，全年办结争议案件 125.6 万件[②]。这一数据比 2020 年同期统计快报数据相比，分别增长了 16.73 万件、12.2 万人、15.5 万件[③]。

高位运行的劳动争议案件数在全国各地分布不均衡，经济相对发达地区与相对落后地区案件数量差别较大。从历年劳动争议案件分布情况看，数量多的省份往往是经济发展水平较高的地区，比如北京、上海、广东、江苏、浙江等省市。而西部地区由于经济社会发展相对滞后，案件数量较少。青海全省，2021 年共处理劳动人事争议案件 2649 件，为 2962 名劳动者挽回经济损失 1.2 亿元，劳动人事争议仲裁结案率达到 97.3%[④]。而浙江省，截至

① 数据来源于人力资源和社会保障部 2018~2020 年统计公报。

② 数据来源于人力资源和社会保障部 2021 年人力资源和社会保障统计快报数据。

③ 数据来源于人力资源和社会保障部 2020 年人力资源和社会保障统计快报数据。

④《一图看懂青海人社 2021 成绩单》，青海省人力资源和社会保障厅官网，2022 年 1 月 29 日。

2022年2月17日，2022年一个多月的时间，已经立案劳动争议仲裁案件9220件[①]。

（二）案件成因与经济政策、社会政策呈现高度关联性，易引发群体性劳动争议，化解难度大

劳动争议案件与经济政策以及宏观经济形势息息相关，在一定程度上可以称为经济社会发展的“晴雨表”。上海市虹口区人民法院联合上海市虹口区劳动人事争议仲裁院发布的《上海市虹口区群体性劳动争议案件仲裁与审判白皮书》指出，发生群体性劳动争议案件的主要因素包括经济环境、用人单位用工管理不规范、劳动者维权意识的提高和疫情影响等。白皮书显示，2018~2020年，上海虹口法院劳动争议案件收案数合计为1741件，三年分别为574件、644件、523件，其中群体性劳动争议案件共33批次361件，三年分别为9批次98件、12批次154件、12批次109件。2018~2020年，群体性劳动争议案件收案数分别占当年劳动争议案件收案数的17.1%、23.9%、20.8%，总体平稳、占比较重。2021年是“十四五”的开局之年，“十四五”时期是我国经济高质量发展的关键时期，进一步深化供给侧结构性改革，推进改革创新等，都极容易引发群体性劳动争议。

（三）民营企业、中小微企业劳动争议较多

国家政策的不断优化，使得我国民营企业的营商环境大大改善，民营企业数量大幅增加。这些企业设立时间普遍不长，在此工作的劳动者对企业的归属感不强，人员流动比较频繁。同时，这些企业的劳资沟通、人力资源管理方面软肋较多，容易触发劳动争议。此外，经济新常态下，大量市场竞争力低下的小微企业被市场淘汰，由此引发的劳动争议开始大量出现。以北京为例，2020年上半年，北京市劳动人事争议仲裁委员会受理的案件中，非

① 《浙江省人力资源和社会保障网浙江劳动人事争议调解仲裁》，浙江劳动人事争议调解仲裁官网，2022年2月17日。

公企业争议案件占审结总数的 96.1%。2020 年前三季度河北省受理的私营企业劳动争议案件占受理案件数的 75.1%[①]。

"十四五"规划中明确提出要优化民营经济发展环境，构建亲清政商关系，促进非公有制经济健康发展和非公有制经济人士健康成长，依法平等保护民营企业产权和企业家权益，破除制约民营企业发展的各种壁垒，完善促进中小微企业和个体工商户发展的法律环境和政策体系。可以预见，"十四五"时期，民营企业、中小微企业数量会不断增多，但这些企业由于劳资沟通、人力资源管理方面软肋较多，容易触发劳动争议。

（四）劳动争议案件纠纷类型多元化和复杂化

劳动争议案件纠纷类型多元化。劳动争议案件纠纷类型涵盖了劳动关系的各个方面，但争议内容仍相对集中，主要是涉及劳动报酬、劳动合同、社会保险等争议类型。以河北省为例，2020 年前三季度河北省共受理劳动人事争议案件 22327 件，其中劳动报酬 9288 件，占受理案件数量的 41.6%；社会保险 4569 件，占受理案件数量的 20.5%；解除终止劳动合同 4389 件，占受理案件数的 19.7%。三项占受理案件数量的 81.7%。[②] 但随着社会经济的发展，竞业限制、劳务派遣、股权激励、共享员工等新诉求引发的新类型案件也日渐增多。

劳动争议案件纠纷的复杂化。随着互联网技术的飞速发展和应用，网约车、网络主播等基于网络平台运营的新型行业不断涌现，相应争议也相继出现。这类案件中用工形式、管理模式、报酬支付等都不同于传统劳动关系，因而，处理难度极大、非常复杂。同时，新冠肺炎疫情改变了人民的生活，网络销售、快递等行业蓬勃发展，也进一步催生了新兴的行业和新的人力资源使用方式。涉疫争议与新兴行业争议的交织，可能触及法律法规和司法解

① 北京市劳动和社会保障法学会：《〈京津冀第二十二届劳动人事争议案例研讨会〉会议材料》，2020 年 11 月。

② 北京市劳动和社会保障法学会：《〈京津冀第二十二届劳动人事争议案例研讨会〉会议材料》，2020 年 11 月。

释空白地带，司法尺度不统一，处理起来非常复杂。

（五）涉新业态劳动者的劳动争议数量增加，案件处理难度增大

平台经济灵活用工问题近年来已经引发了社会的讨论和国家的重视，平台经济的出现极大地改变了我国劳动力市场传统上以制造业正规劳动关系就业为主，其他就业方式为辅的格局，催生了一类新就业形态。特别是在劳动密集型的服务消费领域发展更为迅速、比如用车出行、美容美甲、家政保洁、主厨料理等。但是随之而来的是，以互联网平台企业为中心的各类争议明显增多。劳动者与互联网平台之间最主要的争议就是确认劳动关系争议。2021 年 4 月 28 日，北京市第三中级人民法院召开涉新业态用工劳动争议审判观察新闻通报会，在审判实践中发现新业态用工劳动争议案件数量总体呈上升趋势，特别是 2020 年新冠肺炎疫情引发“云经济”热潮，加之互联网经济自身迅速发展，因新业态用工引发的劳动争议案件在短期内呈爆发式增长态势。相关劳动争议案件主要集中在网约车、快递物流、外卖骑手、网络直播、家政服务、互联网金融等多个行业，上述行业大多为服务行业，与居民的日常生活息息相关。用工企业与从业人员之间法律关系的性质往往成为案件的核心争议焦点和审理难点，从业人员要求确认劳动关系的案件数量最多，占比达一半以上。同时，新业态从业人员的劳动基准保障和安全保障问题较为突出。人力资源和社会保障部、国家发改委等八部委于 2021 年 7 月 16 日联合发布了《关于维护新就业形态劳动者劳动保障权益的指导意见》，该意见聚焦新就业形态劳动者权益保障面临的突出问题，健全了符合确立劳动关系情形、不完全符合确立劳动关系情形的新就业形态劳动者公平就业、劳动报酬、休息、劳动安全、社会保险等方面的制度，强化了职业伤害保障。新业态用工主体之间法律关系复杂多样，法律关系性质亟须厘清。在“十四五”规划中，国家明确提出促进平台经济、共享经济健康发展。对新产业新业态实行包容审慎监管。因此，如何平衡平台经济的兴盛和平台劳动者权益维护问题是劳动争议处理中的一个重点和难题。

三 劳动争议处理的中国经验

（一）劳动争议调处的原则

1. 依法处理原则

依法处理原则是劳动争议处理坚持的基本原则。依法处理原则要求劳动争议处理机构在处理争议过程中必须坚持以事实为依据，以法律为准绳的原则。这里的法律既包括劳动实体法也包括劳动程序法，既包括劳动法律、法规、规章也包括司法解释、政策性文件等。

2. 快速及时处理原则

劳动争议与劳动者的生活和企业生产密切相关。一旦处理不好，不仅会影响劳动者及其家人的生活，也会影响企业正常的生产，甚至还会影响社会的稳定。因此，劳动争议与其他争议相比较，更加需要快速及时的处理和解决。各劳动争议处理机构要畅通争议处置“绿色通道”，简化优化案件处理流程，提高案件处理效能。

3. 坚持平衡保护原则

基于劳动关系双方当事人地位的实质不平等，劳动法通过倾斜保护劳动者的立法设计进行两者地位的平衡和矫正。但在劳动争议处理中，尤其是涉及平台经济劳动者权益保护争议，以及涉新冠肺炎疫情争议的处理中，要坚持平衡保护原则，坚持维护劳动者合法权益与促进用人单位生存发展并重原则，既要注重保障劳动者基本生活和就业，又要努力为企业生存和发展创造条件。

4. 注重协商与调解原则

协商与调解，作为一种柔性的争端解决方式，非常适合用来处理当事人之间法律或情感关系复杂，或是有依存关系之当事人之间的争议。劳动关系当事人之间具有稳定性和长期性的特质，相互依存关系非常明确。在此过程中发生的争议，如果能够通过非对抗性、温和的方式处理和解决，对于双方关系的维系及社会的安定都有着很好的作用。协商和调解过程不强调双方当事人的对与错、输与赢，而是强调双方当事人的双赢，是双方当事人合意的结果。达成的协议是双方当事人的真实意愿，更能体现实质正义，更有利于纠纷的处理和解决。

（二）加强劳动争议的预防

劳动争议的预防是将可能发生的劳动争议消弭于无形。有学者指出，以科学的高效的社会治理机制预防纠纷和早期介入，甚至比纠纷解决本身更为重要①。根据党中央国务院“构建和谐劳动关系”的要求和“预防为主、基层为主、调解为主”的工作方针，在企业内部进行预防调解无疑是劳动争议处理的第一道防线。劳动争议处理机构要着力提升基层预防化解劳动争议能力，加强村（居）园区（企业）预防工作，推动企业建立健全内部劳动争议协商解决机制，畅通与职工对话渠道，通过多种方式稳定劳动关系和工作岗位。要引导企业关心关爱职工健康，帮助解决职工实际困难，切实保障职工权益。各级人力资源和社会保障部门要及时研究和解决劳动关系领域中的重大问题，主动回应社会关切，制定有针对性政策，准确解读政策，帮助企业解决发展中的困难。要积极探索新就业形态劳动者集中的行业、区域或头部企业培育劳动争议预防调解工作，推动争议预防工作关口前移。

（三）加强调解、仲裁和诉讼程序的衔接

不断完善劳动人事争议调解与仲裁工作的衔接。各级劳动人事争议仲裁机构加强对基层调解组织的工作指导和业务联系，不断完善劳动人事争议调解与仲裁的业务衔接。各级仲裁委员会建立仲裁员定点联系调解组织制度，仲裁机构加强对辖区内调解组织的业务指导，基层调解组织可邀请仲裁机构参与调处重大疑难争议案件，共同探讨有关问题，确保了劳动人事争议案件的调解和仲裁标准统一。同时，建立调解建议书、委托调解、调解协议仲裁审查确认制度，对基层调解组织调解不成的争议案件，引导当事人进入仲裁

① 范愉等：《多元化纠纷解决机制与和谐社会的构建》，经济科学出版社，2011，第56页。

程序。双方达成调解协议的，可向有管辖权的仲裁机构提出仲裁审查确认申请，确保了劳动人事争议案件的调解和仲裁程序顺畅衔接，不断提高劳动人事争议调解组织的公信力和调解协议的执行力。

强化裁审衔接，统一案件裁判尺度。仲裁和诉讼作为劳动争议处理的两种重要程序，在审理理念、受案范围、法律适用标准方面不统一，在裁审程序衔接方面不够规范，影响了争议处理的质量和效率，降低了仲裁和司法的公信力。2017 年，人社部与最高人民法院共同下发的《关于加强劳动人事争议仲裁与诉讼衔接机制建设的意见》（人社部发〔2017〕70 号），对仲裁和诉讼程序的受案范围、法律适用要求逐步统一，并规范了裁审程序衔接。在新冠肺炎疫情影响下，人社部与最高人民法院联合发布了第一批劳动人事争议典型案例。典型案例共计十五件，按类型分为“涉疫情类”“劳动报酬类”“劳动合同类”“其他类”四类。此次发布的典型案例，对于加大对各地仲裁机构、人民法院办案指导力度，切实提高劳动人事争议案件处理质效具有重要意义。各仲裁机构和人民法院还通过联席会议制度、共同培训、疑难案例指导制度等方式，加强裁审衔接，优化劳动争议处理程序，维护劳动争议当事人的合法权益。

建立劳动人事争议“总对总”在线诉调机制。最高人民法院、人力资源和社会保障部于 2021 年 12 月 31 日发布了《建立劳动人事争议“总对总”在线诉调对接机制的通知》（法办〔2022〕3 号）。最高人民法院依托人民法院调解平台、人力资源和社会保障部依托劳动人事争议在线调解服务平台，通过系统对接与机构、人员入驻相结合的方式，共同推进“总对总”在线诉调对接机制建设，逐步畅通线上线下调解与诉讼对接渠道，指导全国劳动人事争议调解组织与各级人民法院开展劳动人事争议全流程在线委派委托调解、音视频调解、在线申请司法确认调解协议等工作。

（四）充分发挥劳动争议多元化解机制作用

2017 年 3 月，人社部会同中央综治办、最高人民法院等八部门共同下发了《关于进一步加强劳动人事争议调解仲裁完善多元处理机制的意见》

（人社部发〔2017〕26号）提出，建立党委领导、政府主导、综合协调，积极发挥人社部门牵头作用，鼓励各有关部门和单位发挥职能作用，引导社会力量积极参与的争议多元处理格局。劳动争议多元处理格局属于社会治理的重要组成部分，未来应该进一步发挥政府、工会、企业共同参与的协商协调机制，构建和谐劳动关系。

（五）充分发挥工会的作用

加强劳动关系矛盾预防和化解机制建设是工会的一项重要职能。工会充分利用三方协调机制，与企业方、政府方形成合力，共同为稳定劳动关系发挥更大作用。具体而言，第一，工会参与各项劳动关系政策的制定，代表职工发声。参与权是工会的一项重要权能，其重要表现就是工会有权参与涉及职工切身利益的政策、措施的制定。工会充分运用其参与权，将广大职工的要求和困难反映到政策中，将维护职工合法权益的宗旨体现在政策中，从政策源头的角度调和矛盾、化解争议。第二，工会向职工开展普法宣传和政策指引，引导劳动者理性表达诉求。第三，企业工会充分发挥集体协商的功能，将争议消弭于无形。第四，工会积极参与构建和完善矛盾纠纷多元预防机制。劳动争议的预防要突出“多元共治”的理念，将“党委领导、政府主导、各方协同”精神落到实处。由党委政法委牵头，法院、人社、司法行政、工会、工商联、企业联合会、企业家协会等单位参加，建立劳动争议“一站式”联动机制，将纠纷解决端口前移，通过协商、调解等方式构建和完善矛盾纠纷的多元预防机制。第五，工会依托劳动关系动态监测系统，分析研判劳动关系发展态势。

（六）创新劳动争议处理的形式

创新劳动争议处理的形式主要表现在两个方面。

第一，劳动人事争议仲裁机构和人民法院开展“夜间庭审+假日法庭”。北京市各级人民法院深化“夜间法庭”试点，夜间开庭2013次，有效缓解大型社区职住分离上班族诉讼难问题。北京市通州法院积极开展夜间庭审活动，2021 年全年开展夜间庭审 147 次，组织夜间调解、谈话、送达等共计 300 余次；开展假日庭审 196 次，依法维护人民群众合法权益[①]。浙江宁波鄞州劳动人事争议仲裁委员会实行当事人为主导的预约庭、午间庭、假日庭、网络庭“四庭服务”制度，解决群众“上班时间没空办事，休息时间没处办事”的困扰，最大限度保障劳动者和用人单位权益。目前已办结“绿色直通车”工资仲裁案件 73 件，为 85 名劳动者挽回工资损失 46 万元，最快 2 天结案[②]。

第二，“云处理”成为劳动争议处理的重要形式。常规的劳动争议调解、仲裁和诉讼都是在调解员、仲裁员和法官的主持下，当事人面对面的就劳动争议的相关问题进行陈述、提出证据、辩论和质证的过程。在新冠肺炎疫情防控常态化的背景下，为加强疫情防控工作，最大限度地减少人员聚集流动，保护人民群众生命安全，切实做到防疫、维权两不误，劳动争议处理机构充分利用了互联网技术，创新地进行了网上调解、网上仲裁和网上诉讼。

网上调解方式多样，都是借助了互联网、新媒体等作为载体。上海市宝山区通过微信公众号“宝山公信仲裁”，引导当事人借助手机 App 平台开展劳动争议网上调解。考虑到疫情防控期间见面调解存在困难，各街镇园区预防调解中心通过电话、微信等形式开展调解，突破了必须现场立案、纸质案卷归档的固定模式。2020 年 2 月至 6 月，各街镇调解组织通过电话、微信等不见面方式化解争议 815 件，并采取电话录音、微信截屏等形式进行电子归档，让部分当事人足不出户、无须提交任何纸质材料就解决了争议，实现案件处置“不碰面”，调解工作“线上办”。天津市则通过“互联网+调解”服务应用，依托平台，当事人线上提出调解申请后，区级平台管理员参照仲裁管辖范围将案件分配至相关街道乡镇、园区劳动人事争议调解中心。基层调解员接到分配案件后，立即启动调解程序进行调处，并及时登记调解结

---

① 《通州法院通报“我为群众办实事”实践活动典型做法和工作成效》，北京法院官网，2022 年 2 月 10 日。

② 《宁波鄞州：开展工资调解仲裁“24 小时+四庭服务”，让群众“安薪”过好年》浙江省人民政府官网，2022 年 2 月 12 日。

果。2020 年上半年，天津市通过该平台受理人事争议调解申请 731 件。

网上仲裁一般都是通过“云仲裁”视频庭审系统实现劳动争议案件的审理工作。2020 年 3 月 10 日北京市劳动人事争议仲裁系统“云仲裁庭”正式上线。2021 年重庆市劳动人事争议仲裁院大胆探索创新，将复杂的线下劳动人事争议处理流程搬上互联网，建成从申请仲裁到结案归档的全流程仲裁线上智慧服务平台——“重庆易简裁”，创新实现仲裁服务“易简裁”，在提升办案效能的同时，满足群众对仲裁服务便捷、高效、智能的需求。

网上诉讼是“智慧法院”建设成果的集中凸显。按照最高人民法院的顶层设计、规划引领和标准规范，我国智慧法院建设取得了十分显著的成效，全国 3500 多家法院都构建并联通了以中国移动微法院、人民法院调解平台等为载体的在线诉讼和调解平台。北京市高级人民法院 2021 年完善全流程在线诉讼，网上立案率达 71.2%，在线庭审率达 67.4%，持续居全国法院首位[①]。

参考文献

程延园、王甫希：《变革中的劳动关系研究：中国劳动争议的特点与趋势》，《经济理论与经济管理》2012 年第 8 期。

刘强：《“互联网+”时代下劳动争议化解新思维探析》，《中国劳动》2017 年第 1 期。

王文君：《劳动争议案件仲裁与诉讼衔接问题研究》，《法律适用》2019 年第 13 期。

孙瑜香、李天国：《新中国成立 70 年我国劳动人事争议处理制度的演变、成就与经验》，《中国劳动》2019 年第 10 期。

汪雁、丁玲：《我国涉网约工类新就业形态劳动争议问题研究》，《中国劳动关系学院学报》2021 年第 4 期。

① 《北京市高级人民法院工作报告》，北京法院官网，2022 年 1 月 20 日。

第十章　保安员的工作、权益与组织状况研究

——以黑龙江省调查为例

窦学伟 *

摘　要： 保安行业是改革开放过程中，为适应社会主义市场经济发展需要而产生的一个服务行业。经过三十多年的发展，随着保安行业不断规范化、正规化和职业化，一个规模庞大的保安员职业群体已然形成。虽然保安员在提供社会安全服务、协助公安机关维护社会秩序（如参加新冠肺炎疫情期间的防控工作）等方面发挥着重要作用，但无论大众媒体还是学术研究，人们对保安员的认识都比较少。在黑龙江省总工会的大力支持下，本文对黑龙江省保安员群体进行了一次系统而全面的调查研究，重点关注其劳动与工作状况、权益保障状况和组织需求状况。研究发现，保安员的收入水平低、社会地位不高、渴望尊重、工作简单枯燥但艰苦、权益保障状况有待提高，而且其组织化和加入工会方面的需求比较大。针对保安员群体存在的问题，本文提出了坐实行业协会、规范市场秩序、提升劳动价值的认知、促进保安员入会工作等多方面的政策建议。

关键词： 保安员　工作状况　劳动权益　组织需求

* 窦学伟，中国劳动关系学院教师，社会学博士，主要研究方向为产业工人队伍建设、技能形成问题及数字劳动等。

一　研究背景与研究问题

1984年12月，中国第一家保安服务公司——蛇口保安服务公司，在深圳创立。在随后的二十多年，保安服务公司在全国遍地开花，但多以“垄断”“特许”的模式运营。直到2009年《保安服务管理条例》颁布，开放的保安服务市场才逐步形成，保安服务公司和物业公司逐渐成为保安行业的两大主要经营主体。在此进程中，保安员的规模不断壮大，日益成为一个数量庞大的职业群体。截至2021年年底，全国共有1.3万多家保安服务公司、640余万名保安员①。就黑龙江省而言，截至2020年年底，全省共有保安员5.6万余人，其中3.9万人供职于保安服务公司，另有1万多人供职于各类物业公司。黑龙江省的保安服务公司主要集中在哈尔滨，占比超过一半②。由于短工化和人员流动等客观因素的存在，实际从事保安工作的劳动者不只此数。

保安行业的发展与改革开放以来的市场化进程同步而行，在几十年的时间里，保安行业已经成为集门卫、守护、巡逻、押运、安检等于一体的服务行业。不同于传统的由公安机关直接提供安全保障的行政管理模式，保安行业在公安机关的管理和指导下，通过市场化方式为全社会提供服务。从功能的角度讲，保安行业的发展与成熟缓解了改革开放和市场化过程中公安机关警力不足和警务繁重与社会安全需求不断增长之间的矛盾问题，在服务广大人民群众、预防和减少违法犯罪、维护社会治安和保障经济社会发展等方面发挥着越来越重要的作用，已经成为中国社会不可或缺的一个重要的保障性和服务性行业。

保安员是保安服务公司雇佣并向客户提高服务的一种职业类型，保安员与保安公司签署劳动合同，与保安公司之间的关系属于劳动关系的范畴。保

① 董凡超：《三部门表彰全国先进保安公司和优秀保安员》，《法制日报》，2022年2月7日。

② 《黑龙江省公安厅治安管理总队关于对〈关于商情提供“三新”领域、“八大群体”产业工人基础情况的函〉的复函》，2020年12月20日。

安员在日常的工作过程中承担着很多的社会责任，尤其是在新冠肺炎疫情防控中，保安员承担了大量繁重而危险的工作，为我国疫情防控“动态清零”目标的实现做出了重大贡献。可以说，这是一个职责重要的职业。但是，保安员的社会地位和社会声望却与职业的重要性相悖而行。长期以来，人们对保安员的认知包括了以下三种形象。

一是争议缠身的职业群体。在保安行业的发展历史上，围绕着“保安员”的负面新闻不断成为社会热点话题。从早些年的“黑保安”“保安打人、搜身”到近些年的“保安讨薪”“保安被打”等，社会舆论已然习惯了以一种异样的眼光看待保安员。这种大众认知与过去保安行业的不正规有一定关系，但其负面影响的持续性却很强。

二是地位不高的底层劳动者。保安员的工作看上去很简单，技术含量不高，却是一种单调重复、无聊枯燥、艰苦危险的工作。作为服务业的一种类型，保安员的工作还包含了大量额外的“嵌套劳动”[①]，如一些要求付出情感和关系的劳动。保安员的社会地位不高，职业的发展空间比较有限，他们渴望理解却往往不被尊重。

三是隐形的边缘劳动者。保安员的工作价值主要体现在安全防范和危机预防上，尤其在危机情境下（如疫情、突发事故等）其价值才获得更大体现。在无事发生的太平时期，人们眼中的保安员往往“无所事事”，对其工作价值的认可会削弱不少，对其关注度也降低很多。

人们对保安员的关注不多，还表现在以其为研究对象的学术研究总体来说比较匮乏，极少数学者关注到保安员的劳动关系和劳动保障问题，认为保安员处于劳动力市场的底层，在普遍外包的用工模式下，保安员工资低、技能低和流动性强等特点突出[②]。从学术意义上讲，本文以“调查报告”的形式呈现结果，以保安员这一特定职业群体的分析，践行了“劳动多样化形

① 宫宝涵、宋琦、沈原：《嵌套劳动：B 市加油工的工作与生活．北京》，社会科学文献出版社，2022。

② 佟新：《中国保安服务业的劳动关系和劳权保护》，《经济社会体制比较》2012 年第 5 期，第 36~46 页。

态”的研究路线，丰富了人们对劳动多样化形态的认识。

近些年来，全国总工会已认识到保安员这一庞大职业群体的组织化困境，将保安员群体纳入重点推动入会工作的“八大群体”中，将推动保安员等职业群体的入会工作作为每年的重点工作。但由于保安行业和保安员群体自身的一些特点，保安员在入会和权益保障问题上面临特别的困境，虽然保安员与保安服务公司的劳动关系非常明确，但其已然成为灵活用工和不稳定就业的典型职业。

为了更全面地了解保安员群体的整体面貌和独特之处，将其工作、权益和组织状况呈现给公众，笔者在黑龙江省总工会的大力支持下，开展了系统的调查研究。本文主要通过座谈、访谈和问卷调查的方式收集资料。其中座谈包括黑龙江省总工会组织的相关政府部门座谈会，一家位于哈尔滨的保安服务公司的座谈会和位于齐齐哈尔的保安协会座谈会；访谈对象主要是哈尔滨保安服务公司的一名高层管理人员和齐齐哈尔保安协会的秘书长。在问卷调查环节，问卷设计和抽样方案由笔者负责，而问卷发放和信息收集通过问卷星完成，由黑龙江省总工会负责实施。

二　保安员的基本情况

（一）个人基本信息

1. 性别与年龄

本次问卷调查共收回有效问卷 3283 份，其中男性 2751 人（83.8%），女性 532 人（16.2%）。这一比例大致反映了保安员中的性别比例，即男性居多。从区域分布来看，在省会哈尔滨工作的保安员远多于其他地市：来自哈尔滨市的保安员有 2432 人，约占总数的 3/4（74.1%）。这一指标基本反映了保安员的地域分布，也反映了哈尔滨市在黑龙江省保安服务行业中的权重（见表 1）。

表1　保安员的区域与性别

单位:%、人

	男	女	总计
哈尔滨市	71.7	86.5	74.1（2432）
其他地市	28.3	13.5	25.9（851）
总计	100.0（2751）	100.0（532）	100.0（3283）

资料来源：作者自制。

图1数据显示，受访保安员的年龄分布比较分散。其中人数最多的年龄区间是31～35岁，占比15.4%。我们将21～55岁受访保安员的年龄以每五年划分为一个区间，结果发现，每个区间的人数分布相差不大，大致处于11%～15%。

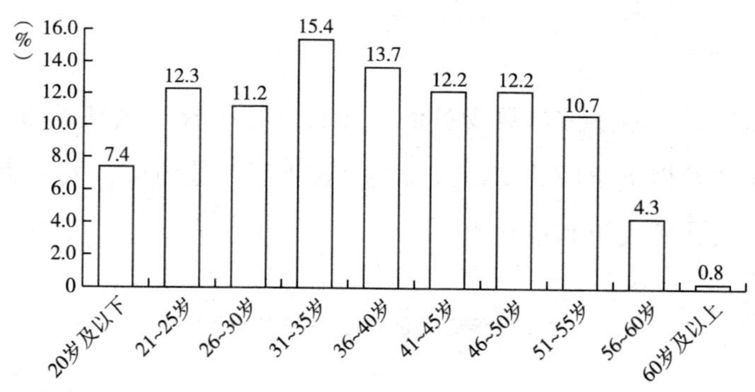

图1　保安员的年龄结构

资料来源：作者自制。

年龄偏大是人们对保安员的一个突出印象，问卷数据大致体现了这一特点，如46岁及以上的保安员占比超过1/4。但这一分布结构与日常印象仍有出入。这可能是因为样本存在一定的抽样偏差。在将样本数据的分析结果应用到黑龙江省的总体时，我们需要格外谨慎。

2. 受教育程度

从表2可以看出，受访保安员大多是高中及以下学历水平，有2114人，占比达到64.4%。除此之外，大专学历的保安员有932人，占28.4%；还有少量受访保安员是本科及以上学历（237人，占比7.2%）。这一学历结构反映了保安员群体的整体文化程度偏低。之所以出现比较多的大专甚至本科以上学历的受访者，可能是样本中掺杂了保安服务公司中的行政人员和管理人员。但总体来说，这一样本偏差对数据分析的准确性影响不大。

表2　保安员的区域与教育程度

单位：%、人

	哈尔滨市	其他地市	总计
初中及以下	18.1	35.1	22.5（738）
高中或中专	43.7	36.9	41.9（1376）
大专	31.2	20.3	28.4（932）
本科及以上	7.1	7.6	7.2（237）
总计	100.0（2432）	100.0（851）	100.0（3283）

资料来源：作者自制。

分区域来看，哈尔滨市保安员的文化程度显著高于其他地市，表现在：哈尔滨市初中及以下学历的受访保安员比例小于其他地市，大专及以上学历的受访保安员比例大于其他地市。

表3　保安员的区域与户口类型

单位：%、人

	哈尔滨市	其他地市	总计
城镇户口	76.5	73.0	75.6（2481）
农村户口	23.6	27.0	24.4（802）
总计	100.0（2432）	100.0（851）	100.0（3283）

资料来源：作者自制。

3. 户口类型

从户口类型来看，绝大部分受访保安员是城镇户口，占总数的3/4以上（2481人，75.6%）；农村户口的保安员占比1/4以下（802人，24.4%）。哈尔滨市与其他地市的受访保安员在户口类型上差别不大。户口类型的这一分布情况与访谈、座谈结果相同，这说明黑龙江省的保安员绝大部分来自城镇，以下岗职工或者其他具有城镇户口的就业人群为主要来源。

4. 是否是党员

从表4可以看出，受访保安员中，党员的比例不大，只有10.3%的受访保安员属于党员。分区域而言，哈尔滨市保安员的党员比例小于其他地市，分别是9.2%和13.5%。

表4 保安员的区域与党员身份

单位:%、人

	哈尔滨市	其他地市	总计
党员	9.2	13.5	10.3（338）
非党员	90.8	86.5	89.7（2945）
总计	100.0（2432）	100.0（851）	100.0（3283）

资料来源：作者自制。

（二）家庭状况

1. 婚姻状况

从图2可以看出，受访保安员中，已婚者占大多数，超过50%，同时还有接近四成未婚者。在访谈和座谈过程中，受访者多次提到保安员的婚恋问题很严重。有的年轻男保安员在恋爱过程中不愿意让女方知道自己的职业，一旦女方知道了就会提出分手。

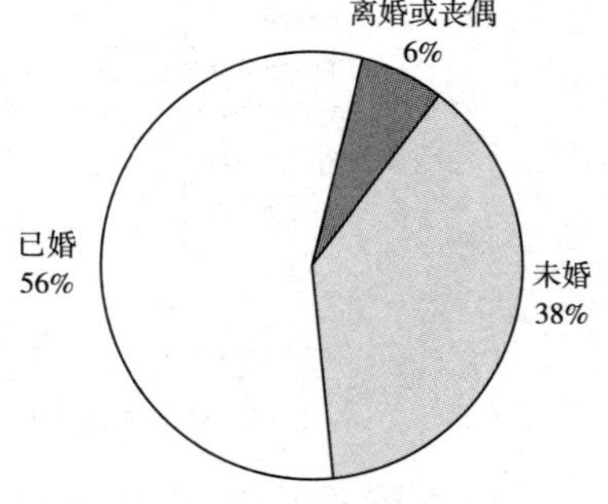

图2 保安员的婚姻状况

资料来源：作者自制。

2. 配偶状况

图3显示了1831名有配偶的受访保安员中，其妻子的职业分布。从中可以看出，妻子处于无业状态的比例最高，达到30.6%。有工作的配偶中，排行前三的职业分别是：商业服务业员工、普通产业工人和个体经营者，占比分别是15.5%，12.0%和11.0%，三者占比总和达38.5%。

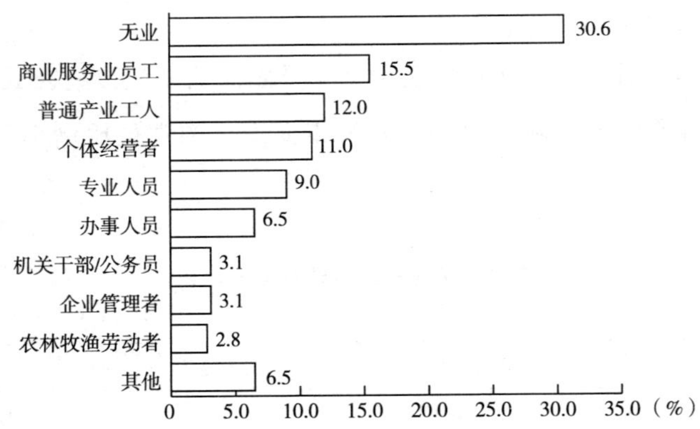

图 3　保安员配偶的职业

资料来源：作者自制。

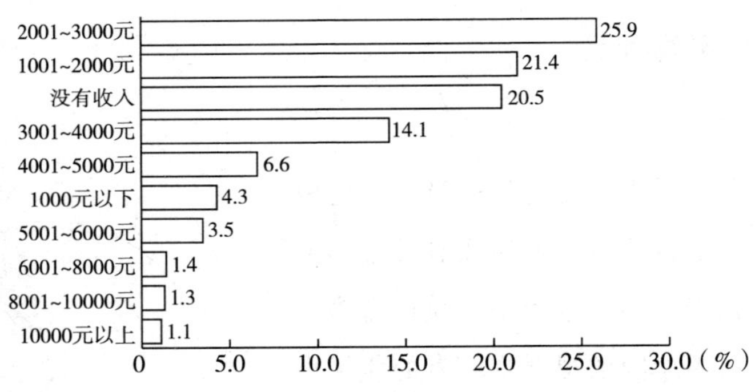

图 4　保安员配偶的收入

资料来源：作者自制。

从收入状况来看，1831 名受访有配偶的保安员中，20.5%的受访者的配偶无收入，这个比例小于无工作的比例。保安员的配偶月收入集中在 2001~3000 元和 1001~2000 元两个区间，比例分别是 25.9%和 21.4%。两者相加比例为 47.3%，接近一半。从图 4 还可以看出，月均收入高于 5000 元的人数占比不到 7%。同时还有 4.3%的受访者配偶月收入在 1000 元以下。从上述数据可以看出，保安员的配偶多从事低技能、低收入的职业，充分说明了受访保安员家庭的经济状况。

3. 孩子状况

从图 5 可以看出，2038 名受访保安员中，大多数有孩子，占 85%。其中只有一个孩子的比例最高，为 75.8%，两个及以上孩子的比例较小，不到 10%。

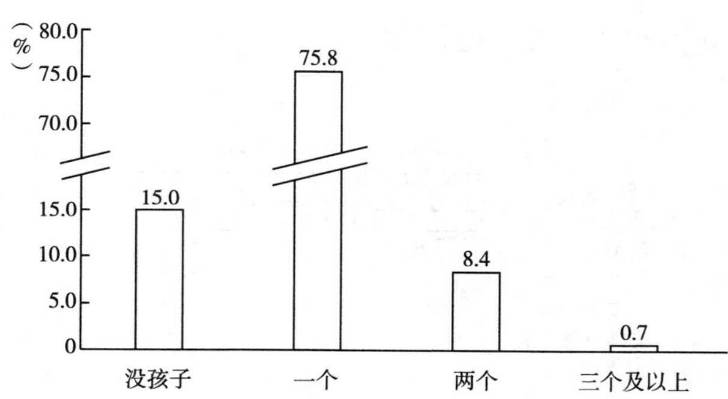

图 5 保安员有几个孩子

资料来源：作者自制。

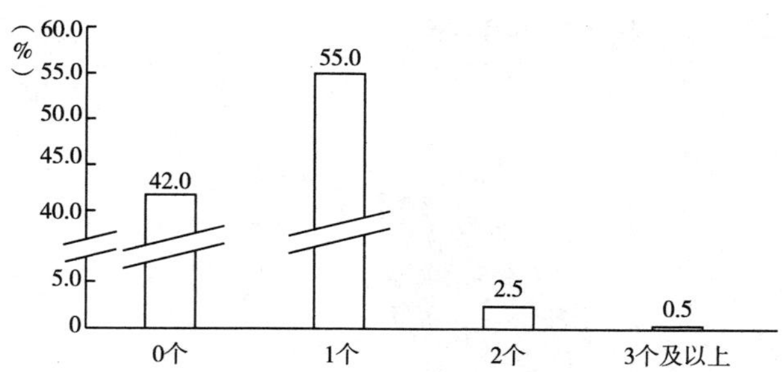

图 6 保安员有几个孩子在上学

资料来源：作者自制。

从图 6 中可以进一步看出，1732 名受访保安员中，多数只有一个孩子还在上学，占比超过一半（55.0%）。没有孩子在上学的比例也很大，达到 42.0%。

4. 父亲状况

数据显示，26.0%的受访保安员的父亲无业，父亲是普通产业工人的比例也接近总数的1/4。除此之外，父亲职业为个体经营者的比例约为10%（见图7）。对于父亲的学历而言，60.0%的受访保安员父亲为初中及以下学历，高中水平学历的超过三成。这两者相加，超过九成受访保安员的父亲学历为高中及以下（见图8）。以上数据说明，总体而言受访保安员父亲的学历水平低，职业类型的分布也比较集中。

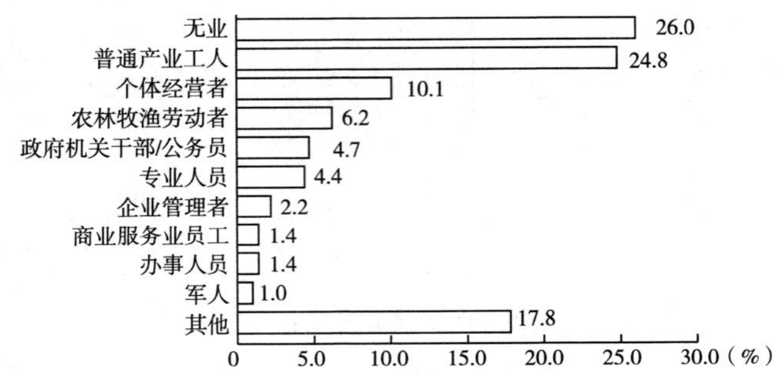

图7　保安员父亲的职业

资料来源：作者自制。

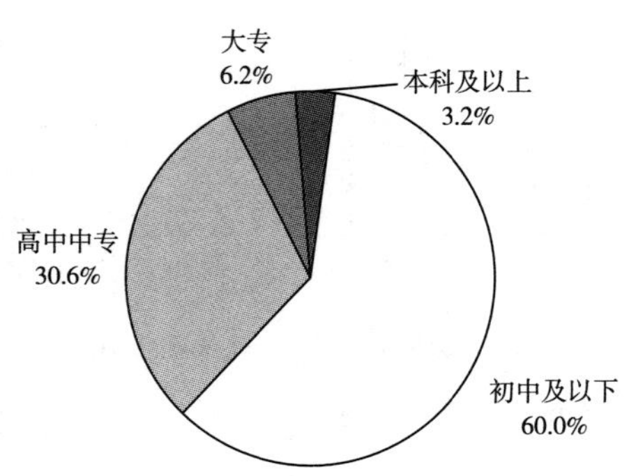

图8　保安员父亲的学历

资料来源：作者自制。

（三）收入与消费

1. 收入情况

从图 9 可以看出，受访保安员个人及家庭的月收入情况。就个人而言，绝大多数受访保安员的月收入在 3000 元以下，其中月收入在 2000 元以下的占 41.4%，月收入在 2000～3000 元的占 37.2%，两者相加占 78.6%。就家庭月收入而言，虽然有超过 20%的受访保安员家庭月收入在 6000 元及以上，但超过一半保安员的家庭收入在 4000 元以下，分别是家庭月收入在 2000 元及以下的（17.5%），家庭月收入在 2000～3000 元的（20.1%）和家庭月收入在 3000～4000 元的（17.3%），合计占 54.9%。

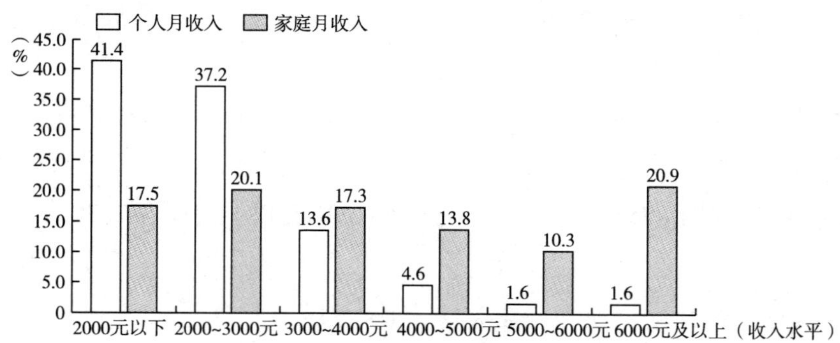

图 9　保安员个人及家庭月收入情况

资料来源：作者自制。

2. 消费情况

从受访保安员的消费情况来看，其主要的消费项目在于生活日用，78.4%的受访保安员选择这一项目，远超其他消费项目。除此之外，各有约 1/4 的受访保安员主要的消费项目是“子女抚养和教育”与“赡养父母”，这说明抚养教育子女和赡养父母依然是保安员的主要生活负担。与此同时，选择休闲娱乐和网络游戏的受访保安员很少，两者相加为 5%（见图 10）。

3. 房子房贷

数据显示，3283 名受访保安员中，超过一半买了房子（1736 人，

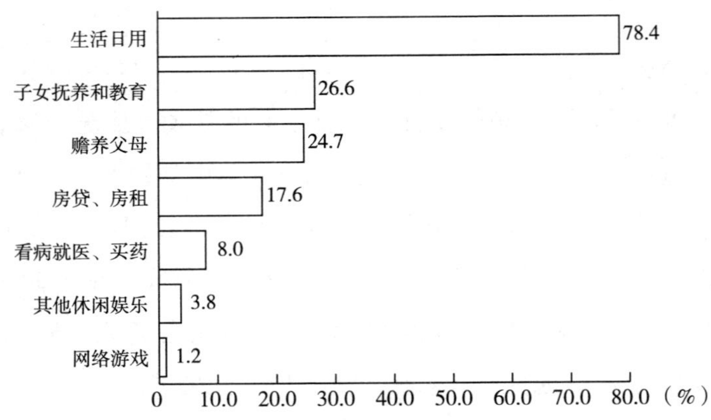

图10　保安员消费情况

资料来源：作者自制。

52.9%)；在1736名买了房子的保安员中，不到一半仍在还房贷（793人，45.7%)。图11展示了仍在还房贷的793人中，绝大部分每月房贷在2000元及以下，占比达75.2%，每个月房贷在4001元以上的仅占3.7%。

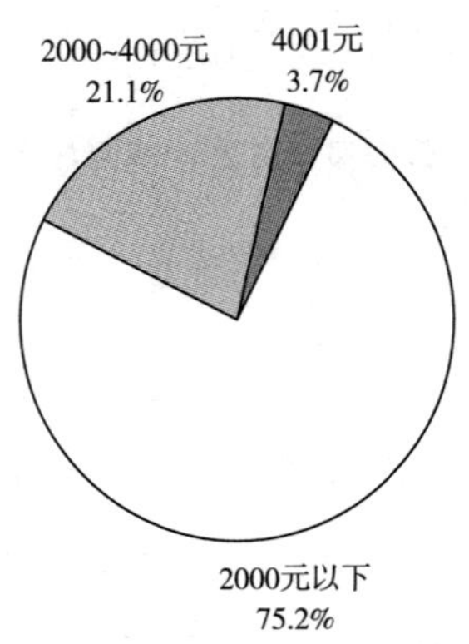

图11　保安员的房贷情况

资料来源：作者自制。

三　工作状况

（一）从业经历

在3283名受访保安员中，2367人在之前从事过其他工作，占比72.1%；目前工作是第一份工作的有916人，占比27.9%。在2367名有过工作经历的受访保安员中，“其他”项除外，排名前三的职业分别是“个体”、“私企员工”和“国企员工”，其比例都在20%左右。由于超过七成受访者有过工作经历，其上一份工作的情况大致说明黑龙江省保安员的主要来源。之前为军人的受访保安员占3.0%，这与保安员多来自复员专业军人的一般印象不同。另外，10.9%有过工作经历的保安员之前的工作也是保安员（见图12）。

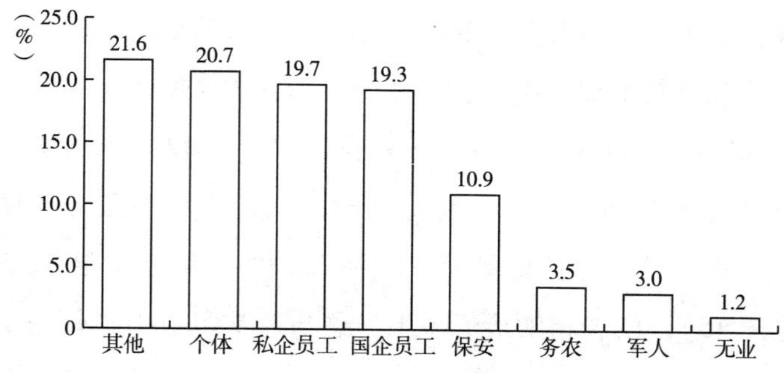

图12　保安员上一份工作情况

资料来源：作者自制。

（二）当前工作的基本情况

1. 工作地点与从业年限

调查数据显示，2823名受访保安员中，接近六成（59.4%）通过朋友介绍获得招聘信息，通过劳务市场和招聘网站渠道的比例很少，分别占

1.6%和6.4%（见图13）。这说明，保安员找工作主要通过朋友、亲戚等强关系，较少通过正式的招聘渠道。

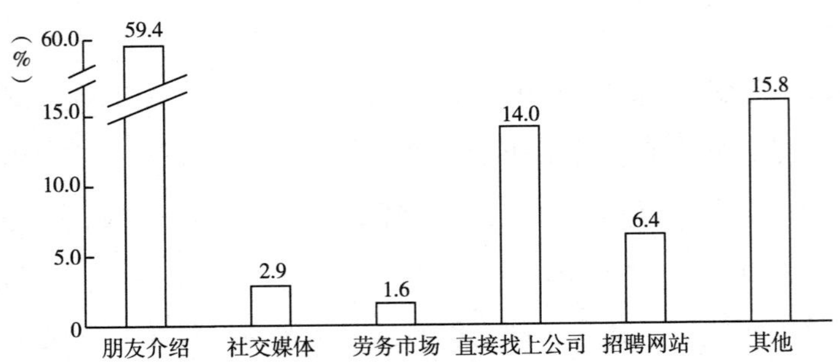

图13　保安员如何知道招聘信息

资料来源：作者自制。

图14显示了3283名受访保安员的工作地点。从中我们可以看出，接近四成受访保安员来自金融和押运部门，占比达到38.6%；来自公共场合所、机关事业单位和学校的保安员比例也不小，分别是14.1%、12.1%和9.7%，三者合计达35.9%。与这几类相比，来自居民小区和商业场所的保安员比例偏少，分别占8.5%和7.0%。与此同时，从保安员的服务年限来看，从事保安员达5年及以上的受访保安员达到33.3%，从业年限3~5年的也有12.1%（见图15），两者相加接近一半。这与通常印象中，保安员的流动性强，从业年限比较短的特点截然相反。以上数据说明，本次调查访问的保安员多数从业时间长、且在金融押运公司或体制内单位提供服务。

2. 兼职工作与兼职收入

调查数据显示，3283名受访保安员中，只有182人承认在保安工作之外还有兼职，占比仅为5.5%。这一比例说明有兼职的保安员很少，但是考虑到数据可能存在的偏差，在外有兼职的保安员应该不止此数。进一步来看兼职工作的收入，在124名报告了兼职收入的保安员中，兼职收入的平均值为每月2029元；高于2000元的只有43人，占比35%；29人的兼职收入为每月2000元，占比23.4%。

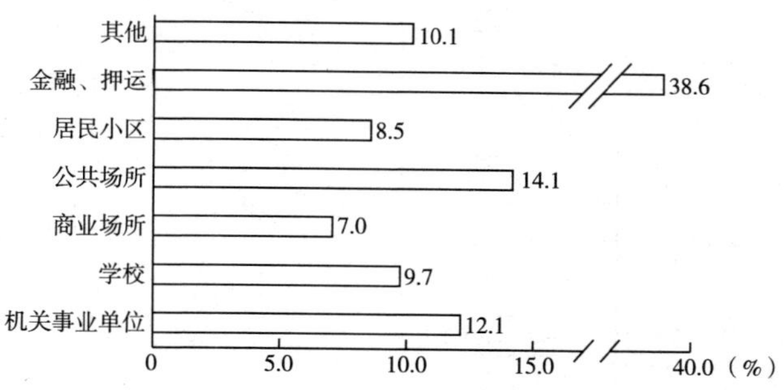

图 14　保安员的工作地点

资料来源：作者自制。

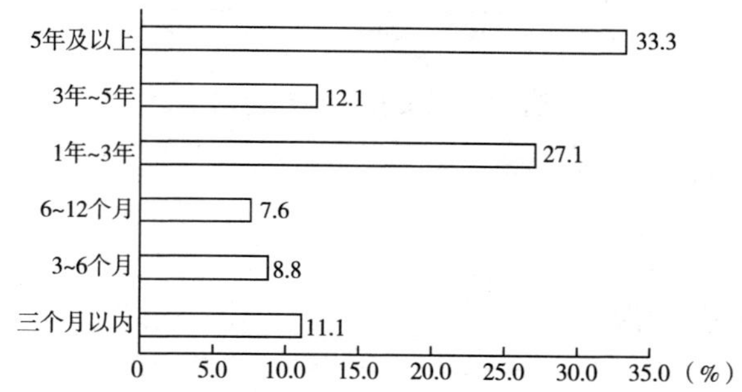

图 15　保安员的从业年限

资料来源：作者自制。

（三）劳动时间与休息时间

从图 16 可以看出，受访保安员的上班时间制度比较复杂，接近一半保安员属于“长白班”，占比为 44.9%；除此之外，四种制度的比例相差不大，分别是“三班倒”占 13.8%，“上 24 小时休 48 小时”占 13.3%，“上 24 小时休 24 小时”占 11.2%，“两班倒”占 11.1%。

从上班时间来看，1641 名保安员在过去一个星期工作 50 小时，其中低于 40 小时占 13.2%，恰好 40 小时的占 21.1%，40~60 小时的占 34.4%，还有31.3%的受访保安员在过去一周工作时间超过60小时。这说明保安员的加班时间很长。

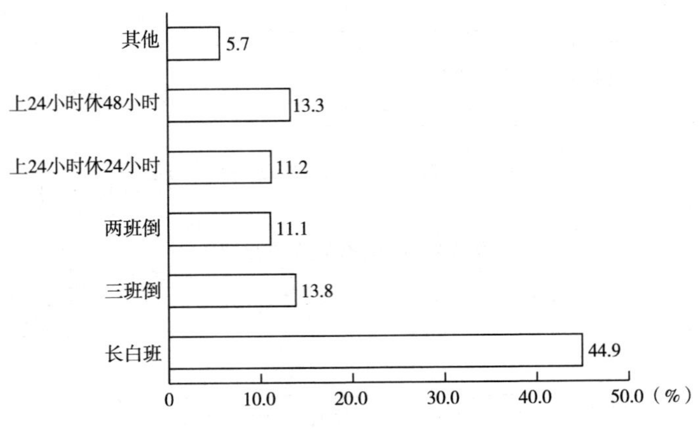

图16　保安员的劳动时间

资料来源：作者自制。

（四）培训状况

在3283名受访保安员中，2334人持有保安证，占比71.1%，没有保安证的人数为949，占比28.9%；回答接受过相关培训的保安员有2795人，占比85.1%，没有接受过相关培训的保安员有488人，占比14.9%。在接受过培训的1141名保安员中，其接受培训的平均时间为58小时，其中小于58小时的占55.9%。

从图17可以看出，2795名受访保安员中，曾经参加过的培训项目与需要的培训项目高度重合。在参加过的培训中，排名前三的项目分别是"工作流程"、"职责权限"和"文明礼仪"，占比均为77.1%，也就是说77.1%的受访保安员参加过这三个项目。而在需要的培训项目中，排名前三的也是这三项，占比分别为43.6%、49.0%和48.1%。

总体来说，受访保安员对于职业培训的需求度较高。3283名保安员中，2712人回答有必要进行职业培训，占比82.6%；回答没有必要进行培训的人数为 171 人，占比仅为 5.2%。

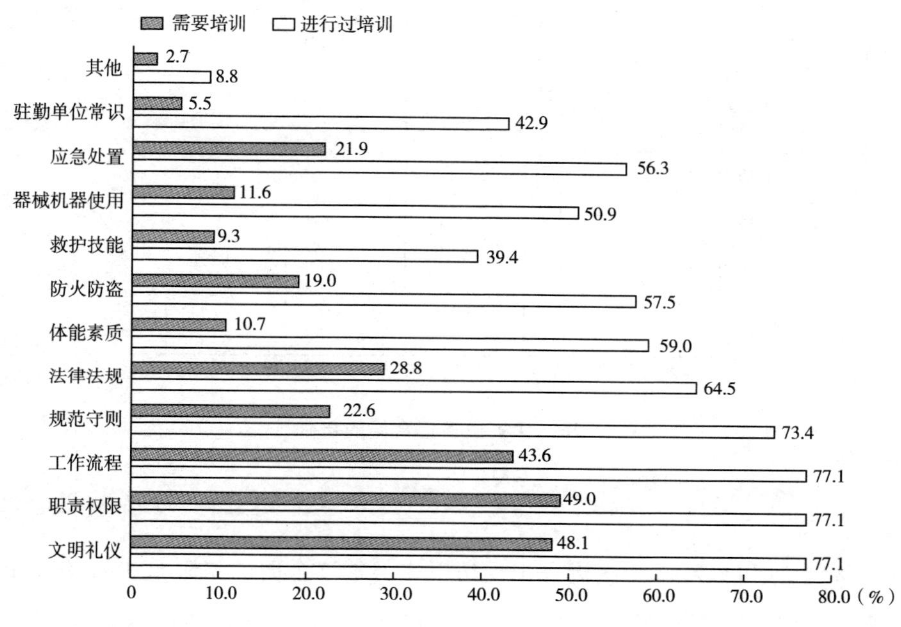

图 17　保安员的培训情况

资料来源：作者自制。

四　权益与保障

（一）合同签署状况

在 3283 名受访保安员中，2906 人与用人单位签订了合同，占比 88.5%。其中，2590 人签订了劳动合同，占样本总数的 79.8%。在 2906 名签订合同的保安员中，2387 人与保安服务公司签订合同，占比 82.1%；另有 298 人与自行招用单位签订合同，仅占 10.3%；另有 7.6%的保安员与其他单位签订合同或者不清楚自己的合同类型。这一方面反映了保安员签订合同的情况总体良好，但仍有很大改善提高空间；另一方面也反映了样本的偏差状况，从访谈和座谈来看，黑龙江省保安服务公司和自行招用单位保安员的总体比例大约为6∶4。本次调查的样本中来自保安服务公司的保安员比例明显偏大。

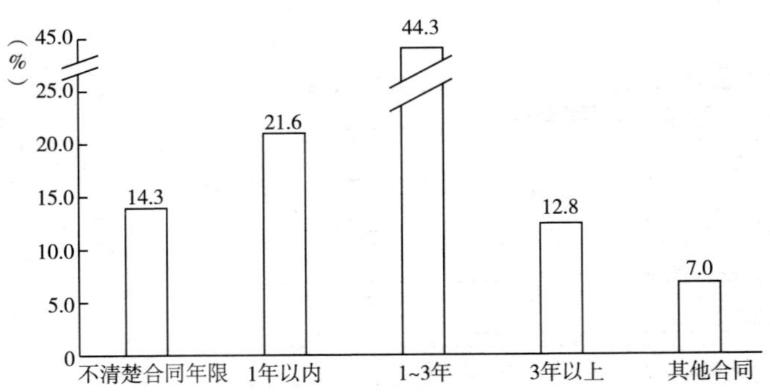

图18　保安员签订合同的年限

资料来源：作者自制。

从图18可以看出，接近一半受访保安员签订合同的年限是1~3年，占比为44.3%。合同年限在3年以上的占12.8%，而1年以内的也有21.6%。与此同时，还有14.3%受访保安员不清楚合同的年限，7.0%的受访保安员的合同类型为其他，如按照工作任务时间来确定合同年限。

（二）保险与公积金缴纳状况

1. 社会保险缴纳状况

在3283名受访保安员中，2280人由公司为其购买了社会保险，占比69.4%，没有购买社会保险的有751人，占比22.9%，另外还有252人不清楚有无购买社会保险，占比7.7%。

在3283名受访保安员中，1501人参加了养老保险，占比45.7%，1561人没有参加养老保险，占比47.5%，同时还有221人不清楚自己是否参加了养老保险，占比6.7%。

2. 公积金缴纳情况

在3283名受访保安员中，1686人没上住房公积金，占比81.8%，上了住房公积金的有 368 人，占比 11.2%，另外还有 229 人不清楚有没有上公积金，占比 7.0%。

3. 商业保险购买状况

在商业保险方面，3283 名受访保安员中，1425 人没有购买商业保险，占比 43.4%，购买了商业保险的有 906 人，占比 27.6%，另外还有 952 人不清楚，占比 29.0%。

（三）劳动纠纷状况

在 3208 名受访保安员中，243 人所在企业在过去一年发生过劳动纠纷，占比仅为 8.0%，与之相比，过去一年所在企业未发生劳动纠纷的受访保安员有 2785 人，占比 92.0%。

1. 劳动纠纷的原因

498 名受访保安员回答了“发生劳动纠纷的原因”。数据显示，最主要的原因是“工资收入”问题，接近一半受访者（49.6%）选择这一项；其次有三个主要原因，分别是“加班问题”、“管理问题”和“岗位调整”，这三项各自的比例分别是 18.5%、17.5%和 14.1%。

2. 劳动纠纷处理方式

在 3283 名受访的保安员中，在回答“如果发生劳动纠纷怎么办”时，62.6%的人选择“自己找队长或公司协商”。排名第二的选项是“找劳动仲裁部门”，38.9%的受访保安员选择这一项目。排名第三的是“向工会组织求助”，21.5%的受访保安员选择这一项，这说明保安员对通过工会组织维权具有很大的期待。

五　组织状况

（一）加入工会组织的状况

1. 是否入会、入会意愿

在 3283 名受访保安员中，2139 人所在企业有工会组织，占比 65.2%，

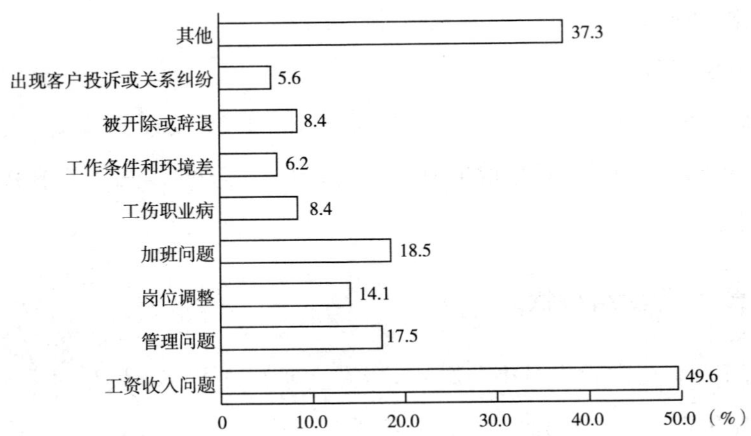

图 19　保安员发生劳动纠纷的原因

资料来源：作者自制。

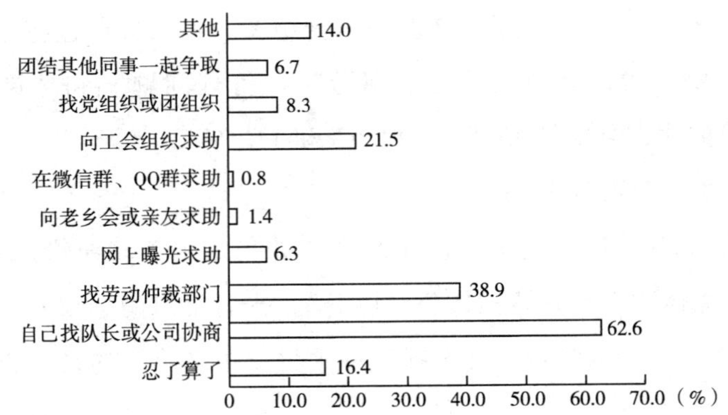

图 20　保安员发生劳动纠纷后的处理方式

资料来源：作者自制。

所在企业没有工会组织的有 564 人，占比 17.2%，另有 580 人不清楚所在企业有没有工会组织，占比 17.7%。1469 人是工会会员，占比 44.7%，不是工会会员的受访保安员有 1814 人，占比 55.3%。

保安员对工会的了解程度比较高。数据显示，1183 名受访保安员（占比 36. 0%）回答了解工会，1299 名受访保安员（占比 39. 6%）回答了解一点点，只有 801 名受访保安员（占比 24. 4%）回答完全不了解工会。

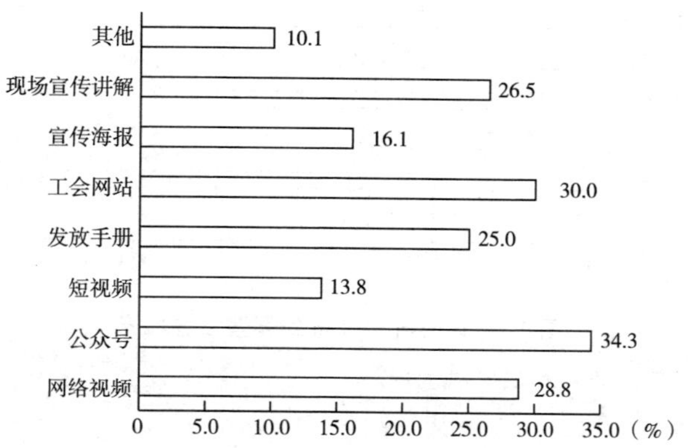

图 21 保安员了解工会的方式

资料来源：作者自制。

保安员的入会意愿很高。数据显示，45. 8%的受访保安员（831 人）回答愿意加入工会，回答不愿意加入工会的只有 159 人，占比仅为 8. 8%。

从图 21 可以看出，保安员了解工会的方式比较多元，最主要的五种方式分别是"公众号"、"工会网站"、"网络视频"、"现场宣传讲解"和"发放手册"，分别由 34. 3%、30. 0%、28. 8%、26. 5%和 25. 0%的受访保安员选择这些方式。这说明保安员主要通过线上与线下相结合的方式了解工会，最主要的是线上方式。

2. 希望工会提供哪些服务

从图 22 可以看出，3124 名保安员中 51. 4%希望从工会得到"送温暖"的服务，排在第一位。除此之外，"困难帮扶"和"技能培训"是保安员希望从工会得到的服务项目第二位和第三位，占比分别是 46. 3%和 39. 8%。

3. 接受过工会哪些服务

从图 23 可以进一步看出，保安员接受过哪些工会服务。在 3124 名受访保安员中，48. 0%没有接受过工会服务。分别有 20. 6%的受访保安员接受过

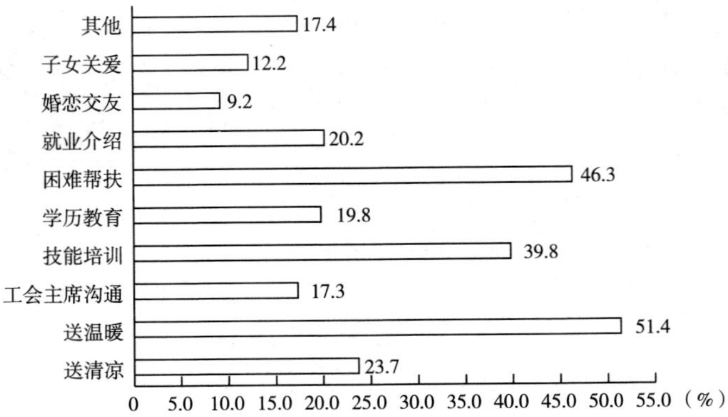

图 22　保安员希望得到哪些工会服务

资料来源：作者自制。

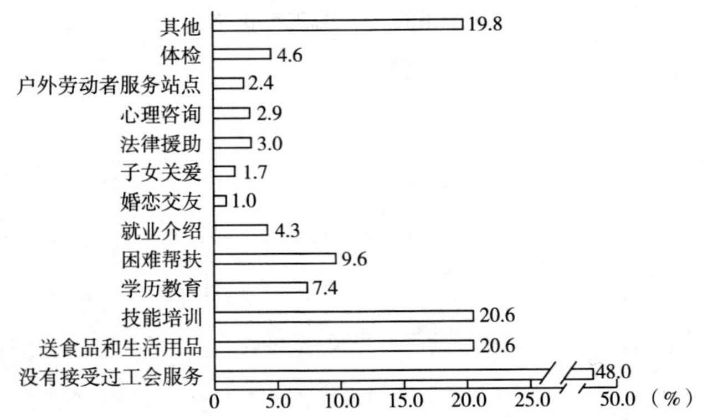

图 23　保安员接受过哪些工会服务

资料来源：作者自制。

“技能培训”和“送食品和生活用品”服务。接受过工会其他类型服务的保安员比重很少，均不超过 10%。

（二）加入其他组织的状况

1. 加入了哪些组织

从图 24 来看，3283 名受访保安员中，加入过其他类型社会组织的很少。68.8%的受访保安员没有加入过任何一家社会组织。保安员加入的社会组织中，最主要的是同学会，15.5%受访保安员加入过同学会；其次是社会公益组织和志愿者协会，分别由8.5%和8.0%受访保安员加入过。

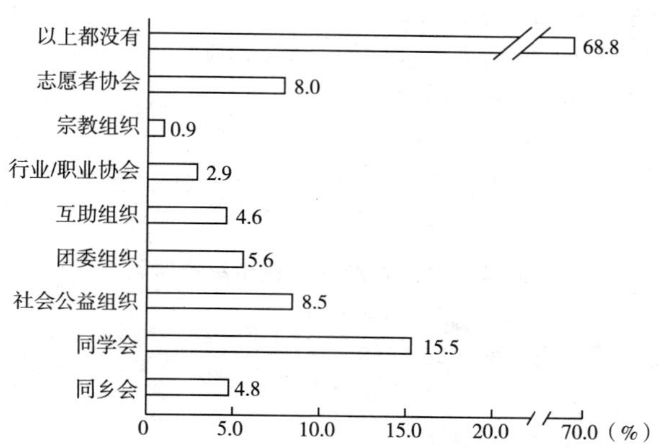

图24　保安员加入过哪些组织

资料来源：作者自制。

2. 加入的原因

从原因角度来分析，保安员加入社会组织的主要原因比较分散。最重要的原因是结交朋友，有29.4%的受访保安员选择这一项；其余三项比较重要原因分别是“维护劳动权益”、“生活互助”和“分享工作情况”，比例分别是18.9%、18.7%和17.8%，比例相差不大（见图25）。

六　问题与期望

（一）主要问题

从图26可以看出，绝大多数受访保安员认为自己当前最主要的问题是收入低，3283名受访保安员中，75.9%选择这一项。排名第二的问题是不被人尊重，接近一半（45.5%）受访保安员选择这一项。这两个选项的选择比重远超其他项目。排名第三的问题是工作累，超过1/4（25.8%）的受

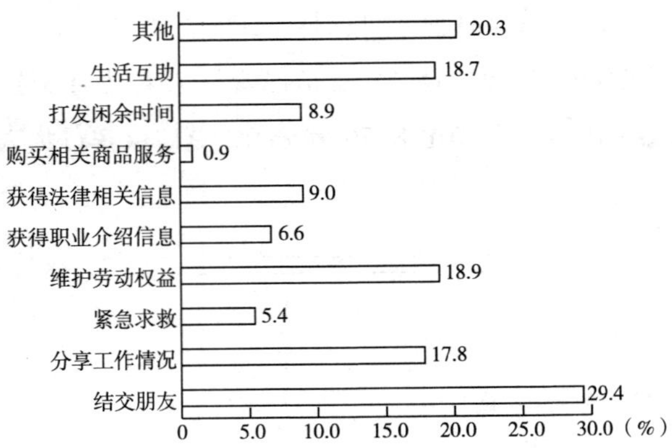

图 25　保安员加入社会组织的原因

资料来源：作者自制。

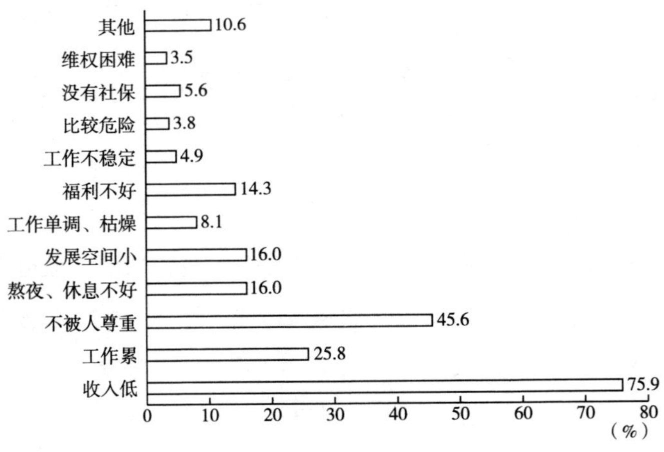

图 26　保安员的主要问题

资料来源：作者自制。

访保安员选择这一项。

（二）对自身社会地位的认知

数据显示，3283 名受访保安员中，认为保安职业“有前途、发展空间大”的比例很小，仅为 14.0%。认为保安职业没有前途的有 22.1%；与之相比，认为保安职业前途一般的有 47.2%。还有 16.7%的受访保安员不知道或者没想过这个问题。

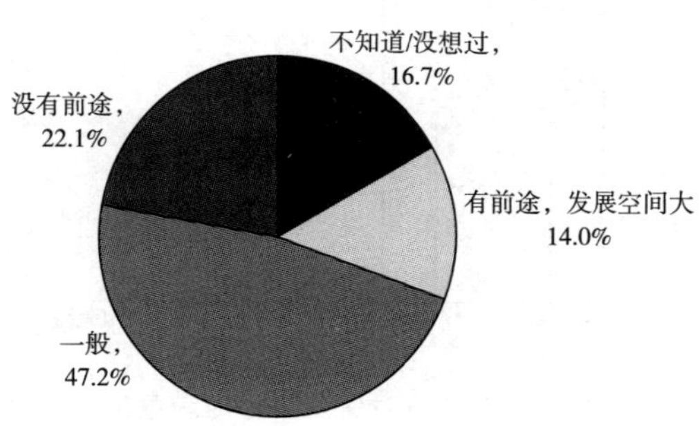

图 27　保安员对保安职业前途的认知

资料来源：作者自制。

图 28 显示出受访保安员对保安员工资的认知程度。从中可以看出，绝大多数受访保安员认为保安工资低。其中，比较低和非常低的比重之和接近一半（49.3%）。认为工资非常高和比较高的分别有 3.9%和 3.8%。除此之外，还有 8.3%的受访保安员不知道或没想过这个问题。

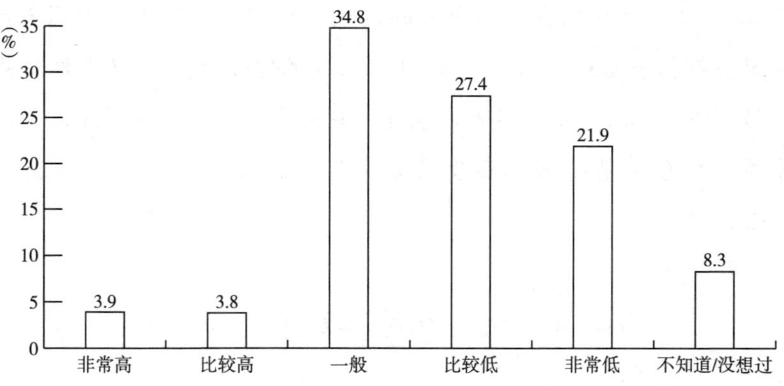

图 28　保安员对收入的认知

资料来源：作者自制。

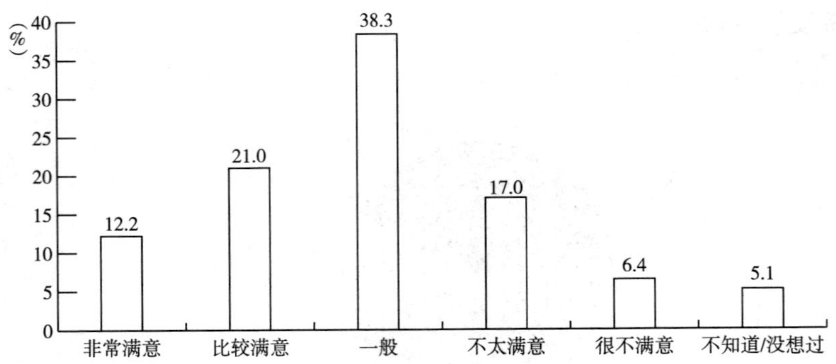

图 29　保安员对保安工作的满意度

资料来源：作者自制。

进一步地，从图 29 可以看出，3283 名受访保安员对保安工作的满意度高于其对收入的满意度。非常满意和比较满意的保安员比例之和为 33.2%，大于不太满意和很不满意的保安员比例之和（23.4%）。认为收入一般的受访保安员比例最大，接近四成（38.3%）。

（三）未来期望

图 30 显示了受访保安员对未来的期望。从中可以看出，相当大比例的保安员没有打算或者还没想好，其中 36.6%的保安员对未来工作地点没有考虑，41.2%的受访保安员对未来职业没有考虑。对于考虑过未来问题的保安员来说，留在本地和继续做保安是其未来的主要可能性，占比分别为 45.6%和 33.5%。

七　结论与对策

（一）主要结论

本文通过问卷调查的方式收集了 3283 名保安员的信息，系统全面地分析了其个人信息、家庭状况、收入消费、从业经历、劳动时间、培训状况、

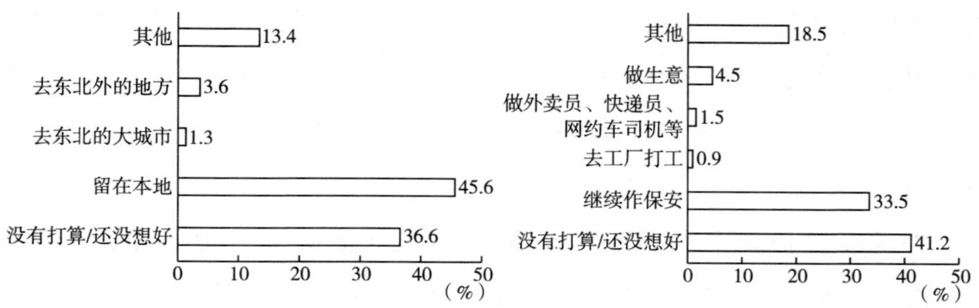

图 30　保安员对未来的期望

资料来源：作者自制。

权益保障、劳动纠纷、加入工会和问题期望等十个方面状况。本研究认为，总的来说，黑龙江省的保安员群体具有如下特点。

1. 黑龙江省保安员的总体特征

调查发现，黑龙江省保安员大多为男性（83.8%），男女性别比大约是5∶1；从年龄来看整个职业群体相对年轻，40 岁以下的保安员占 60% 左右[①]，而且保安员的年龄分布比较均匀，年龄层次和梯队比较完善；多数保安员教育水平为高中及以下（64.4%），城镇户籍保安员占四分之三（75.6%），党员比例为十分之一（10.3%）。

黑龙江省保安员中已婚与未婚的比例约为 6∶4，已婚者的比例相对大；除去未婚者外，大多数保安员有孩子（85%），其中有一个孩子的占75.8%；在有孩子的保安员中，有孩子在上学的比例接近六成，比例为58%。婚姻与孩子的状况在一定程度上反映了保安员的家庭负担情况，即存在一定的家庭负担。

进一步地，保安员的配偶情况大致反映出其个人的负担状况。调查发现，配偶处于无业状态的保安员占三成（30.6%）；有工作的配偶的主要职

① 据中央财经大学发布的《中国人力资本报告 2020》，2018 年中国劳动力人口的平均年龄为 38.4 岁，其中黑龙江省是劳动力人口平均年龄最大的省份之一，其城镇劳动力人口的平均年龄为 40.37 岁，总劳动力人口的平均年龄为 40.19 岁。

业为商业服务业人员、产业工人和个体户，三者比例相加达到48.5%，接近一半。从收入来看，收入为零的比例占两成（20.5%）；对于有收入的配偶，其收入多在1000元至3000元，其比例占47.3%，接近一半。从调查结果来看，配偶可以与保安员分担一部分家庭负担，但是生活压力主要是在保安员这一侧。

黑龙江省保安员大多在从事这份工作之前有过其他工作，比例为72.1%。其中，上一份工作为保安员的占比为10.9%。受访保安员的从业年限比较高，从事本工作1年以下的比例仅为27.5%。从招聘信息的来源看，接近六成（59.4%）受访保安员通过朋友介绍的方式找到本工作，通过招聘网站和劳务市场的仅占8%。

2. 保安员的收入水平很低

从个人收入来看，保安员的月收入多在3000元以下，月收入在3000元以下的保安员比例占78.6%，接近八成。与此同时，2019年黑龙江省城镇非私营单位就业人员平均工资为68416元（折合5701元/月），2019年哈尔滨市城镇非私营单位就业人员平均工资为77981元（折合6498元/月）。保安员家庭月收入低于5000元的比例接近七成（68.7%）。另外，《2020年农民工监测调查报告》显示，2019年从事居民服务修理和其他服务业农民工的月均收入为3337元（2020年为3387元）。与上述数据相比较，黑龙江省保安员的收入水平都比较低。

另外，保安员的兼职收入也比想象中差一些。调查发现，有兼职收入的保安员比例仅为5.5%，在报告了兼职月收入的124名保安员中，兼职月收入等于或低于2000元的比例占65%。

从主观意识上来看，保安员普遍反映工资水平低。在受访的3283名保安员中，超过3/4的保安员将“收入水平低”（75.9%）视为保安职业最主要的问题，或者说最关心的痛点问题。认为保安工作工资高的比例不到一成（7.7%），认为保安工作工资低的比例接近一半（49.3%）。

将收入水平低视为保安员最主要的问题，也与我们在访谈和座谈阶段的发现相一致。每一位访谈中的受访者都认为收入水平低是影响保安行业发展和保安员职业发展的最重要的影响因素。

3. 社会地位低、不被尊重

从主观层面来讲，“不被尊重”是最主要的问题之一，仅排在“收入水平低”之后。接近一半（45.6%）受访保安员将“不被尊重”作为保安员最主要的问题。仅有 14.0%受访保安员认为保安职业有前途，明确提出保安职业无前途的有 22.1%。其他认为“一般”或“没想过”的保安员比例大，主要是因为其对自身的信心不足，认为自身在就业市场上缺乏竞争力，“有一份工作就不错了”甚至“得过且过、难得糊涂”。相当大比例的保安员没有打算或者还没想好，其中 36.6%的保安员对未来工作地点没有考虑，41.2%受访保安员对未来职业没有考虑。

4. 工作比较艰苦

人们一般认为，保安员是比较轻松的工作，既不需要很多的脑力劳动也不需要太多的体力劳动。但调查发现，保安员认为保安员工作比较累的比例很高，超过 1/4（25.8%）受访保安员将工作比较艰苦作为保安员的主要问题。

研究发现，保安员的工作时间比较长，每周工作时间超过 40 小时的超过 2/3。而且，保安员的工时制度比较特殊，长白班的比例不到一半（44.9%），两班倒、三班倒、甚至“上一休二”“上一休一”的情况非常多。这意味着，保安员通常需要上夜班。虽然很多保安员岗位规定上夜班可以休息，但在上班期间很难获得良好的休息，这对保安员的身体健康有非常大的影响。

5. 权益与保障状况比较差

3283 名受访保安员中，劳动合同签订比例为 79.8%，但仍有 20%没有签订劳动合同或者不清楚合同签订情况。虽然受访保安员的从业年限比较长，但是签订 3 年以上劳动合同的比例仅为 12.8%。至少 14%受访保安员不清楚自己的劳动合同期限，这说明相当比例的保安员对劳动合同不了解。

另外，购买社会保险的比例为 69.4%，购买养老保险的比例为 45.7%，缴纳住房公积金的比例为 11.2%。从问卷调查显示的结果来看，受访保安员的社会保障状况并不理想。而访谈和座谈的结果显示保安员购买社保和缴纳公积金的比例更低。

保安员群体的社会保险覆盖较低，保安员群体反映了保安服务公司运营模式的问题。保安服务公司的经营收入主要来自购买服务单位的劳务费用。当保安服务公司通过竞标的方式才得以生存，那么在激烈而无序的竞争环境中，保安服务公司为了获得合同，只能采取压低服务费的方式。为了保证其利润水平，保安服务公司往往通过降低保安员的工资水平和削弱部分社会保险费用等方式来维持运营。

6. 组织化需求高、入会意愿强烈

调查发现，保安员面临的最主要的劳动纠纷集中在工资收入和管理问题上，分别有49.6%和17.5%的受访保安员选择这一项目。在解决劳动纠纷的方法上，虽然自行解决（62.6%）和劳动仲裁（38.9%）的比例最高，但是有21.5%和8.3%的受访保安员表示将向工会组织和党团组织需求帮助。这说明受访保安员在组织化方面的需求很高，尤其是对工会和党团组织的需求比较高。

调查同时显示，受访保安员对工会了解或有所了解（75.9%），其入会意愿也很高，接近一半（45.8%）表示愿意加入工会。若没有工会组织能提供帮助，组织化的刚需将促使保安员寻求其他形式的社会组织，如同学会（15.5%）、社会公益组织（8.5%）、志愿者组织（8.0%）、同乡会（4.8%）和互助组织（4.0%）等。调查显示，受访保安员加入这些组织的主要原因是交朋友（29.8%），但也有相当大比例的其他诉求，如维权（18.9%）、生活互助（18.7%）和分享工作情况（17.8%）。

（二）原因分析

鉴于本次调查研究的主要发现和结果，本文认为，保安员群体存在的最主要的问题，或者说主要的痛点可概括为收入水平低，社会地位低和权益保障差。从收入水平、社会地位和社会保障三个方面来看，保安员群体都属于社会的最底层。本研究认为，其原因可归纳为以下三点。

1.“安全防范” 的价值被低估

保安行业的主要产出是“安全防范”服务，这是一种“准公共产品”[①]。在当下我国社会治安状况总体良好的背景下，市场化运营的保安服务没有太大发展空间，“安全防范”服务的重要性或价值常常被人们低估。无论是住宅小区、商业物业、机关单位还是公共设施，即便不设置保安员，大概率也不存在严重的安全隐患；或者说，即便发生安全事故，保安员也很难有效处置，还得依仗公安部门出警。这使得人们对保安员职业产生一种认知，即“虽然设置上必须有，但实际上作用不大”，保安成为一个“不可或缺”但“用处不大”的行业。

“保安员不重要”，所以不能给高工资，所以不必在人员配备上严格要求（不管年龄、素质等条件怎样，是个人在那个位置上站岗就可以）。“不重要、收入低、谁都能干”的认知又使得人们认为从事保安工作的人都是“懒汉”，不愿意干体力活，不肯“下苦力”，贬低了这一职业的从业人员。另外，由于前些年行业的不规范导致一些保安员被组织从事违法乱纪活动，进一步导致保安行业被污名化。

要提高工资、获得更高的社会认可，保安行业需要提升服务的价值。从理论来说，“保安防范”的价值有很大提升空间。比如，作为一个服务性行业，“服务质量”或者对“顾客”的态度是否存在一定的提升空间？设想一下，如果保安员在提供服务时，像空姐一样微笑、像餐厅服务员一样有耐心、像银行职员一样专业，那么人们会不会愿意为其高质量的服务支付更高价格？

我们发现，以目前保安员的人员构成和素质水平，很难实现上述高质量的服务。其原因背后存在一个糟糕的恶性循环，即：因为工资水平低、社会地位差，无法吸引高素质的人才加入，不可能对现有人员进行高强度的技能培训，服务质量比较差；而以当下的服务质量，无法要求市场提供更高的支

① 任强、盛玉华：《保安服务业市场化改革及其规范——基于准公共产品的视角》，《广东财经大学学报》2018 年第 6 期，第 102~111 页。

付价格；因此只能维持现状，甚至越来越差。这种恶性循环是保安行业存在的一个严重问题。

2. 保安行业的市场乱象

保安是一个市场化程度非常高的行业，也是一个门槛很低、竞争极为激烈和无序的一个行业。在保安行业全面市场化以来，保安行业经历了迅速而野蛮的增长。据省公安厅提供的数据，截至 2020 年年底，黑龙江省共注册了 308 家保安服务公司，3 家保安培训公司和 343 家备案物业公司①。其中备案物业公司是指机关、团体、企业、事业单位和物业服务企业自行招用人员从事本单位和本物业管理区域内的安全防范工作。备案物业公司的规模往往很小，平均拥有保安员约 44 人，不得在本单位以外或者物业管理区域以外提供保安服务。因此，保安服务公司是行业的主要力量，它根据保安服务合同，派出保安员为客户单位提供安全防范服务，平均每家保安服务公司拥有保安员约 127 名。

保安行业的进入门槛较低，据《保安服务管理条例》，申请成立保安服务公司的基本条件是不低于 100 万元人民币的注册资本。而保安服务公司的运营模式是，通过向客户单位派出保安员提供保安服务，其获得服务合同的主要方式是竞标，已经高度市场化。

在门槛较低，市场玩家很多，竞争极为激烈的情况下，为了赢得标的、获得合同订单，保安服务公司在竞标时往往极力压低价格，中标后再以各种方法压低成本。而保安员成为这种恶性竞争的最终买单者和受害者。为了保证利润收益，保安服务公司往往在派出人员规模上做文章。在人头减少的情况下，还要保证在岗人员数量，这促使保安服务公司想方设法延长保安员的工作时间，以少量加班费给保安员一定的补偿。当然，为了控制成本和保证利润，保安服务公司倾向于不给保安员购买社会保险、不为其缴纳住房公积金。这是保安员工资低、权益保障差的主要原因。

① 按照《保安服务管理条例》，保安从业单位主要有三种，即保安服务公司、保安培训公司和备案物业公司（自行招用保安员单位），由于保安培训业务很难盈利，所以保安培训公司比较稀少，保安培训公司大都由保安公司自行完成。

作为一个以人力资源为主要资产的服务行业，只有提高行业准入门槛、优化市场秩序和规范服务标准，才能为保安防范的服务增值提供条件，也才能从根源上解决保安员工资收入低和社会保障水平差的问题。在成熟的市场条件下，保安服务的行业协会应在市场秩序的规范过程中发挥主导作用。据黑龙江省公安厅提供的资料，黑龙江省保安职业协会 2004 年 11 月在民政厅登记注册，主管单位为省公安厅。2017 年，在社会组织管理体制改革的背景下，省保安协会重新登记注册，虽然其主管单位依然是省公安厅，但在组织设置、组织资源和工作模式上与以往发生了很大变化。失去行政资源的加持后，保安协会的威信和效率、影响力和约束力都被大大削弱，在规范行业市场秩序方面难以有效发挥作用。不说优化市场秩序这么高难度的事务，即便是保安员的统一着装规范都难以执行。

3. 保安员群体的组织化现状

保安服务业的主要资产是人力资源，在行业无序发展的背景下，保安服务公司确保盈利的主要方法是压缩保安员的工资和其他权益，如工资水平长期滞长、不为保安员够买社保、不缴纳公积金、控制派遣人数、增加工作时间、雇佣老年工等。在就业市场不景气、找工作困难，同时不得不工作以养活一家人的情况下，保安员只能“被迫”接受这些不利条件。这种“被迫”不是可见的强制，而是在外部条件约束条件下失去了其他选择。

作为个体的保安员无法改变市场供需关系，也无资本与保安服务公司叫板。只有寻求组织化资源，保安员才能获得一定的博弈能力。而当下的情况却是，保安员的组织化资源极为薄弱，保安员的入会率比较低。虽然本次调查中，受访保安员的入会比例很大。但这可能是一个有偏差的样本。因为本次调查通过工会系统发放问卷，收集到的问卷大概率是具有工会会员身份的保安员填写的，不是工会会员的保安员和填答问卷有困难的保安员大概率被忽视了。

保安员的入会困难还表现在建会难。保安员与外卖员、卡车司机和网红群体不同，保安是一种“传统色彩”浓厚的行业。保安员的工作地点是固定，也不需要依赖互联网。保安服务公司和其他人力资源公司的运营模式类似。保安员入会难或者保安服务公司建会难的问题与其他人力资源公司的情况也类似。对于保安服务公司来说，建会不仅会带来潜在的运营风险，而且由于保安员工资水平低，会员费的缴纳也是个大问题。调查发现，已建工会的保安服务公司大都不能保证全员入会，或者说仅以部分保安员的名义加入工会。这样做就可以减少会员费的支出，又可以通过建会获得一些政治资源和来自上级工会的好处。

（三）对策与建议

1. 做实行业协会，规范市场秩序，提升服务价值

如何在脱离行政资源的护持后，依然有效地运作，这是很多行业协会组织面临的问题。市场秩序的规范化，行业标准的制定与执行，以及保安服务的增值都需要一个能够切实发挥作用的行业协会。

调研中发现，并非所有的保安协会都不能有效发挥作用。某市级保安协会在独立登记注册后，依然能够很好地协调各大保安公司之间的利益，协调一些市场竞争带来的矛盾，使市场竞争变得相对有序和规范化。原因是该协会的运营者具有很强的个人威信和领导能力。

当然，这种建立在领导者权威基础上的组织运营难以全面复制，也容易随着人事的变动而失效。在工会改革的实践和理论研究视野中，“借力”一直是焦点和有效的方式。在脱离行政支持后，如何返身借助行政支援增强管理效果，将是各级保安协会需要探讨的主要问题。

省保安厅是省保安协会的主管组织，公安部门也因为审批和备案的程序而对保安服务公司具有一定的行政权力。建议工会加强与公安部门的协作关系，与公安部门和保安协会一起研究改革路径和方法。

为了促进保安行业的健康与稳定发展，切实保障保安员的合法合理权益，提高其收入水平和社会保险的覆盖率，需要进一步完善保安行业的运行规则，尤其是针对竞标获取服务合同的模式。在规则设计上，通过地方保安协会的组织与协调，设置一个符合行业与区域特点的较为公允的最低工资标准，如参照当地社平工资或最低工资等标准；将保证保安员的收入水平和社会保险

作为竞标的底线；按照“限底价、比服务质量”的方式调整竞标规则，倒逼保安服公司提高保安员的培训水平和服务质量，促进保安行业的升级。

2. 切实采取措施，增强劳动价值的社会认知

劳动创造价值，劳动最美丽，劳动最光荣，劳动最伟大，包括保安员在内的劳动者的劳动付出应当得到社会的充分认可，劳动的价值不仅要在物质上体现出来，也应当在精神层面上体现出来。

在条件允许的情况下，采取切实措施，提升劳动者的收入水平，对其劳动价值予以认可。对于保安员来说，虽然新冠肺炎疫情的到来将其推向了危险的抗疫第一线，但也为其工资的提升和社会地位的提高创造了有利条件。在突如其来的疫情面前，保安员成为社会运转不可或缺的“必要劳动者”。在社会隔离政策的执行过程中，保安员的作用凸显。可以说，如果没有数百万保安员的坚守，阻挡疫情蔓延的任务很难实现。

疫情的出现，安全防范的重要性和稀缺性凸显，使得保安员的工作更具价值，全面改善保安员物质待遇和精神褒扬的绝佳时机出现。实际上，在整个抗疫过程中，保安员与民众的关系比之前亲近了很多，保安员的社会形象也改善了很多。遗憾的是，这些向好的变化并未给保安员带来收入上的实质改善和精神层面上的社会褒扬。人们对于“必要劳动”的认知还有待提升，国家和社会对于抗疫先进分子的激励集中在医护等少数职业群体，忽略了保安员等底层劳动者的贡献。

从工会的角度出发，建议工会系统在接下来的抗疫过程中，在后疫情时代认识到保安员等底层劳动者的“社会必要劳动”地位，在评选劳模和先进分子的时候对其予以关注和倾斜。

3. 促进保安员入会工作，创新工作方法，切实维护保安员合法权益

促进保安员入会，通过工会的政治引领作用，将保安员团结在党中央的周围。对于保安员入会的方式，可以采用更加灵活的方式，不断创新和探索。如是否允许在保安协会的组织基础上建设保安员工会，如何探索线上与线下相结合的方式促进保安员的服务等。

如前文所述，保安员与外卖骑手、快递员等新职业群体不同，这份职业

没有太多的互联网和新经济的色彩。保安员的入会难、建会难与其他人力资源公司类似。在很多地方，人力资源公司建会工作比较有效，主要的原因在于政府部门的要求和压力。如广州市环卫行业在市场化过程中演变成外包制，其运营模式与保安行业相同。在经历了多次环卫工人停工、抗议浪潮后，地方政府出台了相关法规，在规范市场秩序和环卫工人的基本权益之外，也要求环卫外包公司成立工会和促进环卫工人入会工作。黑龙江省保安员的入会工作，需要工会与公安部门的密切合作，切实推动建会和入会工作。

（四）政策法规与行业发展

由于行业的特殊性，公安部门一直是保安行业的监管部门。随着改革开放与市场化的逐步深入，保安行业在野蛮生长中出现了一些复杂的问题，严重制约了行业发展。在2000年3月，公安部发布了《关于保安服务公司规范管理的若干规定》，开启了以法治手段规范保安行业的进程。该法规共16条，主要从保安服务公司的性质、与主管部门的关系、资格证书取得方式、娱乐场所保安服务规定、经营范围和不能从事的活动、保安员的职责和不得从事的活动、保安服务公司和保安员之间的关系，以及保安员的着装要求等。

2005年和2006年是保安行业规范化与职业化的重要阶段。先是2005年，公安部发布了《保安培训机构管理办法》，此后的2006年，原劳动和社会保障部发布了《关于印发保安员国家职业标准的通知》，将保安员正式纳入国家认可的职业范围，职业编码为3-02-02-01。上述两份文件与2006年公安部发布的两份文件《保安服务操作规程与质量控制》和《保安员培训教学大纲（试行）》一起，共同为保安员的职业化、保安培训和保安服务的规范化打下基础。

2010年开始实施的《保安服务管理条例》是保安行业发展的重要里程碑。在前期治理经验积累的基础上，第一次以具有法律效力的法规的方式规范保安行业的发展。该条例包括九章52条，分别就保安服务公司、自行招用保安员的单位、保安员、保安服务、保安培训单位、监督管理和法律责任等方面的事项进行了详尽规制。

此后，有关部门对上述政策文件进行了修改和完善。如 2010 年的《国家保安员资格考试大纲》，2014 年和 2019 年分两次对《保安员国家职业标准》进行修订，2016 年和 2020 年对《保安管理服务条例》进行两次修订等。

在不断出台和完善法规以规范行业的基础上，自 2000 年起，由公安部、全国总工会和共青团中央联合开展了保安公司和保安员的评优表彰工作，大约以五年为一届，每届评选出 50 家左右的保安服务公司和 100 名左右的优秀保安员。这是保安行业和保安员职业的最高荣誉，也是我国少有的为单个行业和职业进行全国性的荣誉奖励。

在第五届全国先进保安服务公司和全国优秀保安员的表彰决定上，有关部门充分肯定了保安行业的发展态势，高度赞扬了保安行业和保安员为服务经济社会发展、保障人民群众生命财产安全和维护社会治安稳定作出的重要贡献，特别是在新冠肺炎疫情联防联控和防汛抗洪救灾等工作中发挥的积极作用。

国际比较参考报告

International Comparison Reference Reports

第十一章　日本数字经济的发展与后疫情时代劳动社会的前景

（日）石井知章*

摘　要： 在新冠肺炎疫情带来巨大冲击的背景下，世界劳动社会前景不容乐观，失业人数远超新冠肺炎疫情前的水平；数字劳动力平台飞速发展，基于在线网络平台及基于指定位置平台成为世界数字经济劳动社会新特点；面对新冠肺炎疫情大流行和数字经济扩张齐头并进的趋势，日本在劳动领域做出重大改革，在劳动政策领域推出紧急措施。本文将对新冠肺炎疫情与数字经济共同发展引发日本劳动社会变化的状况和问题进行概括，并结合安倍政府推行的“工作方式改革”，探讨新冠肺炎疫情对劳动社会的影响和未来的前景。

* （日）石井知章（Tomoaki Ishii），日本明治大学商学部教授，主要研究方向为劳工社会学。

关键词： 数字化劳动力平台 劳动政策 劳动社会 劳动改革

国际劳工组织（ILO）在《世界就业和社会展望：2021 年趋势报告》中指出，“新冠肺炎疫情是一场就业危机，也是一场健康危机”对于新冠肺炎疫情中的世界劳动社会的前景，国际劳工组织（ILO）预计 2021 年失业人数至少会达到 2.2 亿人，远超新冠肺炎疫情发生前的水平。报告指出，预计 2022 年全球失业人数将达到 2.05 亿，远高于 2019 年 1.87 亿人。2021 年全球失业率将降至 6.3%，2022 年将降至 5.7%，但仍高于疫情大流行前 2019 年的 5.4%，至少在 2023 年年底之前全球就业市场很难恢复[①]。此外，国际劳工组织（ILO）在同一时间发布的《2021 年世界就业和社会展望：数字劳动力平台在改变工作世界中的作用》中指出，目前全世界数字化劳动力平台可分为两大类型：①工作由工人在线和远程执行的“基于在线网络的平台”，②出租车司机和快递员等，任务由个人在指定位置完成的“基于指定位置的平台”，而这两种主要类型已经成为数字经济中世界范围的劳动社会新特点[②]。

在世界范围内，新冠肺炎疫情与数字经济的扩张在短时间内齐头并进，这已经是不争的事实。面对这些巨大的变化，日本不得不在劳动领域做出重大改革。日本政府原本就计划在 2020 年开始实施各种新劳动政策，例如，根据《工作方式改革推进法》（2017 年）对中小及微型企业实行限制超长时间劳动的规定，对大型企业和派遣企业实施“同工同酬”；根据《劳动施策综合推进法》修正案，规定企业主有义务采取措施防止权力骚扰等。在 2020 年年初，经团联（日本经济团体联合会）的中西宏明会长指出：“利用数字技术提高日本经济竞争力，并采取相应具体行动将是 2020 年的一大主题”。关于就业制度，他认为：“如果现在这样的状态持续下去，日本经

① 国际劳工组织：《世界就业和社会展望：2021 年趋势报告》。

② 国际劳工组织：《2021 年世界就业和社会展望：数字劳动力平台在改变工作世界中的作用》，经济科学出版社，2021，第 40~41 页。

济和社会将无法高效运转。需要对整个就业体制进行重新评估”[①] 这些言论阐明了他对实现数字经济的抱负。

虽然以上法律得以如期实施，但新冠肺炎疫情的蔓延却造成了人们没有想到的局面，劳动政策领域也不得不推出一系列紧急措施。因此，本文将在对新冠肺炎疫情与数字经济在日本同时发展引发的劳动社会变化状况和问题进行概括的同时，结合安倍政府推行的“工作方式改革”，探讨新冠肺炎疫情对劳动社会的影响和未来前景。

一 日本数字化劳动力平台的急速变化和滞后的应对措施

伴随新冠肺炎疫情导致的全球数字经济大发展和劳动社会的变化，日本的劳动平台为女性、年轻人等处于传统劳动力市场边缘的人群提供了新的就业机会。而且在让公司和实体在扩大客户群的同时，获得了更多、更灵活、具有多样化技能的劳动力。但是，劳动条件，以及工作和收入的不稳定、缺少社会保障和结社自由、集体谈判权等新问题也在不断涌现，平台劳动者面临的问题并不少。

按照上述国际劳工组织（ILO）的定义，回顾数字化劳动力平台的现状，在“基于在线网络的平台”和“基于指定位置的平台”这两种形式中，后者从新冠肺炎疫情暴发前就已经在日本有所发展，而前者是在疫情暴发后才得以在日本迅速发展起来的。具体来说，提到“基于指定位置的平台”的典型案例，人们就会自然而然地想起“优步（Uber）”这个车辆调度系统。

日本“Uber Japan 株式会社”于 2013 年 9 月成立，并于 2015 年 2 月与美国和中国等国家一样，开始允许普通用户使用“私家车”进行运输服务。但出租车行业认为，这与美国正在推行的解禁共享乘车（该服务由 Uber 等公司提供）举措相同，并提出抗议。因此，国土交通省以“私家车的运输

---

① 《日本经济新闻》，2020 年 1 月 1 日。

服务相当于违法出租运营行为”为由，发出停止服务的指令，导致该服务仅持续一个月就被迫终止。随后在国家战略特区咨询会议（2015 年）上，时任首相安倍晋三向国家战略特别区域的地方机构发出考虑放松管制、允许普通人使用私家车提供“共享乘车”收费交通服务的指示。但在之后的一段时间里，Uber 服务并没有出现恢复的迹象。

但是在 2020 年 7 月，使用 Uber 应用程序的出租车调度服务 Uber Taxi 在东京都内上市，并因新冠肺炎疫情得以稳步扩大消费群体。大约在同一时间段，出租车行业也开发了自己的车辆调度平台，开始提供各项业务。到 2021 年夏天，包括 Uber 在内，已有多家车辆调度公司以出租车调度系统的形式，而不是以私家车汽车运输服务的形式开展业务。实际生活中，各时间段内，在街上成功打到车的概率存在很大差距。使用打车软件不仅可以为乘客节省时间，还可以增加出租车司机的收入，因此，预计今后出租车调度平台的市场将会扩大到日本全国范围。

虽然运送“乘客”不被允许，但运送“物品”是可以的，基于以上想法，“Uber Eats”开启送餐服务。Uber Japan 株式会社于 2016 年 9 月开始在东京运营这一业务，截至 2020 年 4 月，其服务区域已覆盖了日本 16 个都道府县。提供服务的方法是，服务者通过 App 搜索到用户所在位置后，显示周边正在营业的餐饮店，客户使用在 Uber 注册的信用卡、借记卡付款后，服务者则使用汽车、摩托车或步行送餐。与出租车不同，这里没有既得利益者，主管当局也找不到理由进行干预，因此这种商业模式得以不断扩大。不过，由于配送员被视为“个体户”，配送员在送餐过程中如果遭遇交通事故等，除了身体伤害和财产损失外，Uber 总公司不会支付任何工伤保险和补偿金。另外，由于在报酬和评价方面存在不透明等问题，因此在 2019 年 10 月，一些配送员组成了 Uber 联盟（工会），要求改善工作方式。

而这些“基于指定位置的平台”创造的新的就业机会，进一步模糊了雇佣和个体业者之间曾经明确的界限。虽然工作条件受平台业务合同条款的约束，但这些合同通常是由单方面决定的。计算机计算出来的算法正在越来越多地代替人来负责工作的分配和评估，以及负责管理和监督劳动者的工作。尽管数字化劳动力平台为女性、年轻人等提供了前所未有的就业机会，但能否通过世界性的“社会对话”来应对平台提出的新挑战，劳动者、用人单位和政府是否能够平等和充分地从这一进展中受益，是日本劳动社会面临的新问题。

不可否认的是，日本无论是政府，还是企业和劳动者在制定和实施国家总体战略方面都要远远落后于数字经济发达国家——中国。日本主要期刊之一的《周刊东洋经济》（2020 年 11 月）在新冠肺炎疫情最严重时刊出了特刊“数字大国——中国”，编辑部在“导言”中向读者发出呼吁①，“今天的日本需要有‘窃取’中国最佳技术的势头”，“经营者要近乎贪婪地主动获取有关中国的信息”。在疫情蔓延前的 2019 年，日本政府和企业终于开始认真对待此事，但目前这些政策还仅限于政府职能数字化的规划和执行阶段，而不是向数字经济结构性过渡的阶段。由此可见，日本至今仍未出台一个需要政府、经营者团体（企业）、工会等社会合作方积极参与的，与数字经济转型战略相关的国家统一政策。

二　日本政府《数字政府中长期规划纲要》——经济产业省和厚生劳动省实例

虽然政策制定方面有所局限，包括经济产业省在内的各中央机关还是基于“数字政府实行计划”（2019 年 12 月 20 日内阁会议决定），竞相发布了“数字政府中长期计划纲要”②。尽管该政策的目的仅限于政府职能的数字化，但政策的制定和新冠肺炎疫情蔓延几乎是同时发生的，这一点还是很值得关注的。2019 年 12 月，政府为实现数字政府的目标，已经开始执行《促进行政利用信息通信技术的法律》，该法律是将与“提高信息通信技术的利用率以提高行政手续，实现相关人员方便性等”有关的旧法律修改形成的。

举个例子，负责日本整体工业发展的经济产业省为了向自己的直接用

① 《周刊东洋经济（数字大国：中国特刊）》，2020 年 11 月 21 日，第 13 页。

② 内阁府 IT 综合战略室：《数字政府实施计划》，日本内阁府官网，2020 年 12 月 25 日。

户——民间企事业单位，提供更契合他们的行政服务，提出了以下三个方面的行政机构改革措施：①以用户为中心的服务改革和行政手续的数字化，②平台改革，③能够创造出价值的 IT 管理，以及在业务中使用数字技术。

首先，对于以用户为中心的服务改革和行政手续的数字化改革，政府的目标是修订中长期计划，通过手续在线办理、取消附加文件等方法提高便利度。具体将以下几项举措列为实现目标：(a) 加快专利信息提供服务（加快专利公报的发布，目前大约需要 3 周时间）；(b) 升级补贴金申请系统并提高方便性（在地方政府和其他部委也能使用补贴金申请系统，进一步提高方便性）；(c) 工业安全相关法律程序的电子化（推动每年约 25 万件纸质程序的电子化，提高执行效率）；(d) 能源相关业务申请程序的电子化；(e) 汽油经销商、电力、天然气公司等能源相关申请程序的电子化；(f) 提高基于外汇法的许可审批申请的可用性（大幅提高进出口许可证申请系统的可用性）。

其次，政府以促进云服务的使用为平台改革的目标。(a) 通过普及可以让企业用同一 ID 或密码登录各类行政服务系统的 G-Biz ID 服务，建设 G-Biz Connect，促进数据连接等，建设企业数字化平台，构筑数据在政府和民间部门得到有效利用的基础设施；(b) 搭建中小企业支持平台，实施对中小企业的全面支持，同时通过数据分析平台促进中小企业数据的使用等；(c) 遵循云优先原则，检查内部的云服务系统的统一治理状况。

最后，对于能够创造出价值的 IT 管理，以及在业务中使用数字技术，政府以促进与民营企业的协同合作为目标①。(a) 招聘使用外部 IT 人员，通过有效规划和推行部门内部的数字化，以及数据的利用，促进经济产业省的数字化转型（DX 办公室）；(b) 通过考勤管理实现所有应用程序的数字化，促进与数字化对应的工作环境改革等措施的推进，实现数字化工作方式，(c) 举办活动积极介绍经济产业省 DX 相关信息，促进与 Civic Tech 等的合作，宣传经济产业省 DX。

---

① 《经济产业省数字政府中长期计划》，2020 年 3 月 25 日，第 3~6 页。

厚生劳动省拥有的信息系统、行政服务和行政手续的数量在日本首屈一指，负责管理卫生、医疗、儿童、育儿、福利、护理、养老金、就业、劳动等众多领域，并使用个人编号或企业编号处理这些海量数据。在组织结构方面，该部门除拥有地方福利局、各都道府县劳动局地方分支机构、各类研究所设施等机构之外，还管理着日本养老金机构、独立行政法人等众多机构。因此，该部门管辖的信息系统数量和预算规模，是日本各政府机构中最大的。从仅限于行政部门内部的业务到需要面向公众和企业提供的服务，各信息系统涵盖的业务范围多种多样，而每个信息系统负责的信息性质也各不相同，包括那些应被公众广泛知晓的信息，以及个人和企业相关的敏感信息。

“行政服务100%数字化”已经被列为日本政府实行的计划项目，为了完成这个目标，厚生劳动省的很多行政服务和行政手续目前已经实现了在线办理，例如Hello Work、公共养老金、工伤保险支付等业务。除了实行在线办公，还根据数字优先、互联一条龙、一次性办好的促进方针和实行计划数字三原则，推进了省略提交文件、护理和育儿领域的一条龙服务等业务。

目前，促进方针和执行计划中提出的“要从用户（客户）的角度，而不是从传统的提供者（供应商）的角度设计”行政服务和行政手续等成为未来政府面临的挑战。与民生、企业活动密切相关、服务改革附加值高，且信息系统预算规模特别大的领域，要优先考虑改革并稳步积累成果。为了进一步加速行政服务改革，以及厚生劳动省内部数字技术的使用和业务改革，在继续稳步推进目前正在实行的，作为改革基础设施的IT治理相关举措的同时，日本政府还要寻找能够获得更高附加价值的工作方法①。

三　劳动社会引入数字经济以及劳动者的反应——《远程办公调查》（日本劳动工会总联合会，2020年6月）

新冠肺炎疫情开始全面蔓延的2020年，不仅是全球劳动力市场，也是日本劳动社会被迫发生重大变化的一年。其中最大的变化之一就是基于IT

① 《厚生劳动省数字政府中长期计划》，厚生劳动省官网，2020年3月27日。

技术的居家办公模式迅速普及。同年4月，日本公布全国进入紧急状态后，这种新的工作方式就迅速传播开来。虽然有些职业确实不适合远程工作，但普遍的反映是曾经认为不适合远程办公的职业，在实际尝试后却意外发现可操作。也就是说，与很多人的担心不同，现实中这种新模式在无意间已经被大家接受了。当然，这并不意味着完全没有任何问题存在，但这种疫情时代特有的劳动社会现状正在不断扩散，已是一个既成事实。

日本劳动工会总联合会（联合）面向日本全国1000名18~65岁，对事居家办公（远程办公）的男性和女性（公司职员工、公务员、事业人员、非全职人员），开展了“远程办公调查”（2020年6月）。72.7%的受访者表示，50%以上的工作日采取的是远程办公方式，而且一半以上的远程工作，工作时间超过了正常通勤时的工作时间。此外，65.1%的受访者表示，即使在正常工作时间外或休息日，加了班也没有进行申报，56.4 %的受访者表示，即使在正常工作时间外或休息日加了班，也无法得到雇主的认可承认[①]。

本次调查最让人感兴趣的是提出了几个与远程办公相关工作条件的问题，结果表明有劳动条件恶化的迹象，这也可以说是这种劳动形态的一个特点。具体情况如下：对于进行综合评价这个问题，受访者表示“有时无法区分工作和私人时间”（71.2%）；“有时工作时间比正常工作时间更长”（51.5%）；“有时会在深夜工作（晚上10点至第二天凌晨5点）”（32.4%）；“以远程工作为由下调了工资”（29.0%）。其中，对于“无法区分工作和私人时间”，回答“有”的占71.2%，而且表示“无法在工作时间内享受规定的正常休息”的占53.6%。这意味着在远程办公中，很多人掌握不好工作节奏，或不能适当休息。“工作时间比正常工作（通勤）时间更长”（51.5%），且超过平时工作时间的情况也很多。还有“在深夜工作（晚上10点至第二天凌晨5点）”（32.4%）、“在工作时间之外进行工作相关联络”（55.9%）、“以远程工作为由下调了工资”（29.0%）等，也可以

① 《2020年远程办公调查（新闻发布）》，日本劳动工会总联合会（联合）官网，2020年6月30日。

看出远程办公或多或少会导致劳动条件的恶化。

对于远程办公有哪些缺点的问题，回答中占比最高的是“难以区分工作时间和其他时间”（44.9%），表明许多人感到难以区分工作和非工作时间。紧随其后的是“缺乏锻炼”（38.8%），“缺乏与上司、同事的沟通”（37.6%），“工作效率下降”（20.3%），“担心能否得到正当的评价”（16.6%）。从持续远程办公的意愿程度来看，不希望继续远程办公者中认为“工作效率下降”的占32.4%，比希望继续远程办公者的（17.6%）高出14.8个百分点。由此看出不希望继续远程办公者中，很多人认为与上班工作相比，远程办公会降低工作效率和业绩。

尽管存在这些缺点，还是有81.8%的受访者表示愿意在未来继续远程办公，因为有“不用上下班，可以有效地利用时间”等优点。对于远程办公对生活（与家人的生活）有何影响的问题，回答最多的是“与家人对话时间增加”（29.5%），其次的顺序是，“个人生活更加丰富”（25.4%）、“有更多时间用于兴趣爱好”（20.4%）、“能更多地分担家务”（12.3%）、“因家庭琐事变得烦躁”（9.9%）。按年龄段划分，18～29岁的人回答“个人生活更加丰富”（34.4%）和“有更多时间用于兴趣爱好”（28.8%）的比其他年龄段的人更多。

综上所述，可以发现很多年轻人认为远程办公能让他们确保更多的个人时间，能让生活与工作得到平衡。不过因为很实际的生活问题，超过8成（80.9%）有小学或更小孩子的受访者表示感到远程办公有困难。基于这些结果，调查报告得出结论：很多劳动者愿意居家办公，但如果这种新工作模式会降低劳动效率，企业在后疫情时代可能并不会愿意积极引入这种工作模式[①]。

四　新冠肺炎疫情中劳资双方的居家办公相关现状与问题：“新冠肺炎与远程办公生产力调查”（经济产业研究所，2020年10月）和“引进新数字技术与劳资沟通的研究”（劳动政策研究与研修机构，2020年5月）

2018年政府内阁会议审批的“未来投资战略2018”，重点关注了信息

① 《2020年远程办公调查（新闻发布）》，日本劳动工会总联合会（联合）官网，2020年6月30日。

技术（IT）人才，指出政府将投资培养可以应对第四次工业革命的人才以及促进劳动力顺畅流动。在这种情况下，需要从劳资双方的角度分别明确制造业中对ICT（信息通信技术）等数字技术相关人才的培养以及相关措施的情况。有一项研究表明，生活满意度高的人不仅对远程办公早已有所认识，还会更积极主动地利用数字，是“数字灵活性”（Digital Pliability）很高的人，对个人信息的使用也持肯定态度，这将为促进信息在国家和企业中的利用带来巨大好处①。

经济产业研究所的“新冠肺炎与远程办公生产力调查”站在这个立场上，以雇主的角度进行分析，对不降低生产力的情况下实施远程办公需要的条件和政策做了很好的归纳。这项调查显示，疫情中居家办公的平均生产效率为办公室工作时的60%~70%，尤其是那些新冠肺炎疫情后才开始居家办公的人，比之前就开始居家办公的人效率低很多。也就是说，实施远程办公的公司的居家办公集中度，即居家办公时的劳动力投入比例，平均值约为23%，远程办公员工的生产效率与在工作场所的生产效率相比较的平均值约为68%，而且各公司之间还存在很大的差距。实施居家办公的企业中，近半数的企业在疫情好转后也考虑继续执行居家办公制度，这样的企业对居家办公的相关投资和体制建设，往往也更加积极主动。因此，该调查报告认为，这与以劳动者为对象，含居家办公生产效率内容的调查结果基本一致②。

如此，了解居家办公的普及程度以及它对生产力的影响，成为考虑日本劳动力市场未来变化的重要一点。正因为这样的现实情况，人们也不得不接受远程办公等新的工作方式。而这种情况之所以能成为现实，是因为日本劳动社会中引入了新数字技术。预计人工智能等尖端数字技术将来还会不断发展，并进一步在工作场所普及，届时劳资双方的协商和沟通就更显重要。哪

① 野村综合研究所：《新型冠状病毒感染的传播将改变日本人的生活价值观——提高全体国民的“数字柔韧性”（Digital Pliability）》。

② 森川正之：《新冠肺炎疫情与居家办公的生产率：基于企业调查的概述》，经济产业研究所官网，2020年10月。

怕是为了今后的发展，了解目前已经引进了哪些技术，在每个行业被如何对待，也是非常重要的。

从这个理念出发，劳动政策研究与研修机构进行的“引进新数字技术与劳资沟通的研究”（2020年5月），阐明了新技术引进与劳资沟通之间关系的发展变化。研究着眼于一直以来占据劳资协商核心地位的工会，关注工会存在与否带来的差异。该调查旨在了解在将AI等数字技术引入工作场所时，企业与员工进行了哪些讨论和沟通，以及这种沟通的存在和方式是否影响了引进效果。调查发现的关键点可归纳如下。

首先是目前引进技术的现状。有1264家单位引进了新技术，占总数的33.4%。引进最多的技术类型是“云”，占比超过60%，其次是“机器人流程自动化（RPA）”“机器人”，占比约20%。针对引进时与员工“进行了协商”的企业，询问了当时工会和员工方面的态度，结果显示积极的态度超过了一半。选“两者都不是”的有40%多，选“态度消极”的占5%。然而，这并不一定意味着员工不愿意引进新技术①。

技术引进前进行过协商的单位在被问及采取了什么手段、方法进行协商时，回答“开员工说明会”的最多，占50.2%。其次是“由管理人员进行介绍”和“日常业务中进行介绍”，占比略高于30%。“与劳资协商机构进行协商”和“与工会进行集体谈判”，占比大约为10%，比例偏低②。

从有无工会来看其倾向性。进行“开员工说明会”的单位“有工会”的较多，但在占比排名2~5位的“由管理人员进行介绍”“日常业务中进行介绍”“公司内报上的信息披露”“组建专门组织”中，“没有工会”的企业更多。对于是否与“劳资协商机构、工会”进行协商，回答“是”的受访者比例很高。

其次，对于协商带来的效果，回答“有效”的受访者占整体的90%以

① 《引进新数字技术与劳资沟通的研究》，《JILPT系列调查第210号》2021年5月，劳动政策研究与研修机构官网，第22页。

② 《引进新数字技术与劳资沟通的研究》，《JILPT系列调查第210号》2021年5月，劳动政策研究与研修机构官网，第29~30页。

上。详情为:“反映了一线的意见，得以有效实施”的受访者超过一半，占比最多；其次是“因为得到员工理解，引进工作得以按计划进行”“员工接受度提高，项目实施很顺利”，比例略低于50%[①]。

从有无工会的角度来看，如果有工会，排第二位的“工作得以按计划进行”的回答占比超过60%，比没有工会的高出20个百分点，但在其他回答中，没有工会的反而更多。排第三位的“员工接受度提高，项目实施很顺利”，没有工会的比有工会的高10个百分点。若仅考虑这一结果，可以说企业在没有工会时会更重视员工的接受度。此外，“因进行协商是否引发了问题”这一项，回答“发生问题”的占总数的1/4，并不是很多。具体原因占比排第1和第2位的是“需要时间调整并造成延误”和“成本高于计划”，由此看来工会的存在与否对协商影响不大[②]。

如图1所示，向回答“没有与员工协商”的单位（占整体的51.3%）问询原因时，回答最多的是“因为是经营决策，没必要协商”。结合排在之后的回答来看，有没有工会对回答结果不会有什么影响，但从回答“总部或上级公司的决定”的答案占比上看，有工会的比没有工会的单位高出约7个百分点。因为有工会，所以企业更重视总部的政策，从某种意义上这也说明原本的劳资关系在正常发挥作用[③]。

此外，对各项举措的结果进行调查并进行“可视化”的单位，占比略低于总数的40%。它们最常用的方法是“了解与劳动生产率有关的定性结果”，即就举措的有效性询问员工感受。对此有工会的企业比没有工会的企业更积极，占比相差约10个百分点。对于掌握举措结果状况和进行“可视化”带来的影响，“提高工作效率”和“缩短劳动时间”的回答在总数中占比极高。

① 《引进新数字技术与劳资沟通的研究》,《JILPT系列调查第210号》2021年5月，劳动政策研究与研修机构官网，第29~34页。

② 《引进新数字技术与劳资沟通的研究》,《JILPT系列调查第210号》2021年5月，劳动政策研究与研修机构官网，第29~34页。

③ 《引进新数字技术与劳资沟通的研究》,《JILPT系列调查第210号》2021年5月，劳动政策研究与研修机构官网，第36页。

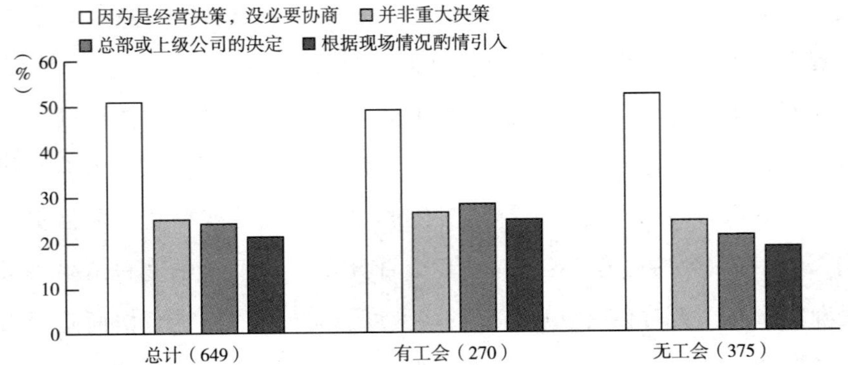

图1　没有与员工进行协商（占整体的51.3%）的具体原因

资料来源：《引进新数字技术与劳资沟通的研究》，劳动政策研究与研修机构官网，2020年5月，第36页。

在其他问题中，有无工会并没有明显的差异，但第三项“减轻员工身心负担”，没有工会的单位比有工会的单位占比高约6个百分点。对于已经掌握的成果相关信息，劳资双方是否会共享，结果显示有工会的单位会倾向于与员工分享更多信息。而且，在充分利用已掌握信息方面，结果显示有工会的利用程度更高。这一结果在某种意义上来说并不令人惊讶，但也有约1/4受访者表示，措施的结果“仅限于分享”①。

综上所述，可以确认引进新数字技术的主要目的是“提高日常工作的效率和生产力”，因此，引进的“有效性”也集中在这个方面。在引进新技术时，企业认为与员工是否进行协商并不重要，因此有一半以上的受访企业没有提前进行过协商。因为他们从根本上认为引进新技术“是经营决策，没必要协商”，即使进行过协商的单位也认为，从后续过程来看，进行协商的时间点不是很重要。详细分析协商方法的类型就会发现，引进时需要在提高员工接受度的同时，进行与能顺利引进相关的协商很重要。引进新技术

① 《引进新数字技术与劳资沟通的研究》，《JILPT系列调查第210号》2021年5月，劳动政策研究与研修机构官网，第37页。

时，企业需要承担各种成本，政府可以考虑出台相关的费用援助政策，以促进更多积极主动的技术引进，这样引进新技术的大纲也就逐步明朗起来了。据此，报告建议，有必要对企业的规模和行业等特点，以及技术本身的不同带来发展的差异等，进行进一步详细研究①。

五 疫情给“工作方式改革”相关的数字经济和劳动社会带来的影响以及未来前景

鉴于以上劳动环境的这些快速变化，最近几年，厚生劳动省对其冠以“类似就业的工作方式”的名称，开展研讨会进行研究。该研讨会认为，“类似就业的工作方式”是与“劳动者”不同的工作方式，基本上不受劳动相关法律法规的保护，而个人的工作方式将会多样化，灵活性工作方式也会不断扩大。在此基础上，要逐一掌握各种“类似就业的工作方法”的实际状态，并对类似就业的工作方法的保护方法开展中长期研究。为此，截至2020年12月，共召开了20次“类似就业的工作方法相关论点整理研讨会”。

在新冠肺炎疫情暴发之前，以IoT（Internet of Things）、大数据、人工智能（AI）等为驱动的“第四次工业革命”已经引起了人们的关注。在新冠肺炎疫情防控常态化的阶段，不仅是大企业，中小企业也要引进并利用这些先进技术，以应对劳动力短缺和提高生产力。但实际情况是，大企业暂且不说，很多中小企业的引进和利用进展不大。在99%以上是中小企业的制造业中，由于应届毕业生的大企业就业意愿提高和年轻人远离制造业、少子化等原因，劳动力短缺问题日益严重。

日本劳动问题研究权威人士滨口桂一郎（劳动政策研究·研修机构研究所所长）指出，当今劳动社会的状况及其规则正在发生巨大变化，但这一事实里面存在着方向性完全不同的两条分岔路，即“日本特有状态”和

① 《引进新数字技术与劳资沟通的研究》，《JILPT系列调查第210号》2021年5月，劳动政策研究与研修机构官网，第70~71页。

“世界共同状态”。《工作方式改革促进法》颁布之前，2017 年 3 月出台的《工作方式改革实行计划》，表明这两条路的转折点在日本相互交织，并且同时推进。从“日本特有状态”这一观点来看，所谓“日本式雇佣制度”，即包括正式员工灵活性在内的各种灵活性，以及在这种灵活性基础上的就业，反而造成了非正规员工、超长时间工作等问题，如何摆脱这种困境是近年来“工作方式改革”的基本主题，讨论聚焦在如何纠正正式员工劳动时间过长，限制岗位调动相关措施、工作方式受限的人的人事管理等①。

换句话说，如何纠正与日本式“灵活性”相辅相成的“正式员工”和“非正规”之间存在的所谓“二元性”差距，成为亟待解决的问题。正式员工具有的“灵活性”（工作内容、工作时间、工作地点的灵活）一直以来都是“日本式雇佣制度”的特点，但现在因为非正规劳动关系的不断扩大，这个特点能否继续延续下去受到了质疑。现在仍在开展的“工作方式改革”，试图或多或少地限制这种日本式“灵活性”，其中“纠正正式员工长时间劳动”被列为首要任务。目前的措施有设置加班上限、引进休息时间等，甚至还考虑对正式员工转岗进行限制，以及作为其中一个环节的限定工作城市的正式员工制度②。

然而，《工作方式改革实行计划》最重要的意义在于它包含世界共同的问题意识。在“创造有利于灵活工作的环境”的标题下，该计划提出了就业型和非就业型远程工作，以及所谓的个人承包，兼职和副业等现实存在的问题。这也意味着数字经济的发展与工作方式的转变正在并行推进。随着 AI、IoT 等技术创新带来的新商业模式的出现，以及产业结构的变化，工作和工作方式将如何变化？经济社会的数字化，正在创造一个不受时间和空间限制，“随时随地”可以进行生产活动的信息通信环境。

数字化使就业式远程工作成为可能，例如，在家、卫星办公室、咖啡馆或上班途中，以及在工作时间、夜间和假日都可以工作。这让需要抚养孩子

① 滨口桂一郎：《数字技术创新对劳动的影响》，劳动政策研究与研修机构官网，2019 年 7 月。

② 《数字经济的发展与工作方式的转变》，第 102 届劳动政策论坛，2019 年 3 月 25 日。

或照顾家庭成员等工作模式受限的人更容易就业，从这个意义上来说确实有利于平衡工作与生活，但也不可否认存在无法控制过度工作的危险。上述工会调查结果也验证了这一点。对这种"随时随地"的工作方式，劳动法中传统的设置工作时间上限的方法已不再有效，这也成为一个新问题。

此外，数字化正在催生出像 Uber Eats（外卖快递）这样的新型"个体户"。回顾历史，以一定数量的工作为单位，签署连续的劳动合同，交换劳动和报酬，是工业革命以来遍及全球的用工方式，而经济数字化正在颠覆这个框架本身。工作可以被分解为多个任务分别派发出去，按结果付费，并正在不断扩展为平台经济、共享经济或众包等全新的劳动方法。许多情况下，这种新的劳动方法被视为"个体户"，无法适用目前以传统"劳动者"为对象的劳动法规和社会保障制度。然而，这些"个体户"也不是完全自由的，他们被各种科技手段强力管控着。比如，根据外卖和打车客户评价进行打分，如果拒绝任务，甚至可以关闭账户等，某种意义上他们将受到比雇佣劳动更强大的控制①。

对此，大内伸哉（神户大学劳动法学教授）表达了一种危机感，即数字化将从两个方面改变劳动法的前提条件。一是关于劳动者的从属性。劳动法认可的工作方式是劳动者受雇于企业，接受企业的"指挥命令"后提供劳动，而数字化会让企业内部组织不可避免地发生重大改变。二是经营场所和经营理念发生很大改变。根据现行法律，"经营场所"这一概念是制定法律的基础。但如果办公室设在网络，员工居家远程办公，就不存在现实空间的"经营场所"和"工作场所"，也就不会有与之相关的经营业务本身，这可能会导致一个严重的问题，即无法根据《劳动基本法》第 36 条缔结劳资协议②。

对于日本目前的工作方式改革所要创造的社会类型，滨口桂一郎的设想是脱离日本式灵活性和二元性，转向与欧洲社会更相似的工作方式，对工作内容、工作时间和工作地点进行更多限制。这是目前不受限正式员工和非正

① 《从日本式灵活性到数字化灵活性?》，第 91 届劳动政策论坛（The Future of Work-工作的未来），2017 年 5 月 12 日。

② 大内伸哉：《数字化改革后的"劳动"与"法律"》，《日本法律》，2020，第 268 页。

规员工，逐渐向部分受限的正式员工靠拢的趋势，是一种新的“灵活性”，即属于“日本特有状态”，同时也可进入“世界共同状态”。在这样与世界共同状态一体化的背景下，滨口桂一郎预测将来的劳动社会可能出现三种工作方式：①“就业型远程办公”，根据雇佣合同，在家、卫星办公室或在不特定工作场所进行移动办公；②“云工作”，也可以说是另一种“非就业型远程办公”，即个人承包型的个体经营，即个人通过网络等承包业务，形成就业；③与多个企业签订劳动合同，或承包其中几个企业业务的模式，即新的“灵活”形式形成的“副业和兼职的升级模式”[①]。

六　结语

自 2016 年 9 月到目前为止，日本政府一直在推行的“工作方式改革”，因预想外的新冠肺炎疫情导致不得不迅速引入数字经济并扩大，而劳动平台也在迅速发展。从结果来看，确实为女性、残疾人、年轻人等在传统劳动市场上处于弱势的非正规劳动者提供了新的工作机会。但与此同时，居家远程办公和数字劳动平台出乎意料的发展壮大，也导致出现长时间劳动、工作（收入）的不稳定、缺乏社会保障和团体交涉权等新问题。而且日本在数字经济总体国家战略的制定和实施两方面都较落后，如何挽回这种消极局面，不仅是日本政府，也是用人单位和工会急待解决的问题。

在新冠肺炎疫情暴发之前，以 IoT（Internet of Things）、大数据、人工智能（AI）等为驱动的“第四次工业革命”已经引起了人们的关注。在疫情防控常态化阶段，不仅是大企业，中小企业也需要引进并利用这些先进技术，以应对劳动力短缺和提高生产力。而日本不仅在引入和使用这些技术时，无法赶上其他发达国家的速度，就连相关环境的营造，也因为要优先抗疫政策，而不能达到令人满意的效果。新冠肺炎疫情导致了劳动社会的状态

① 滨口桂一郎：《数字经济的发展与工作方式的转变》，第 102 届劳动政策论坛，2019 年 3 月 25 日。

和规则发生急剧变化，与此同时，“日本特有”和“世界共同”两种状态的转折点又相互交织在一起，且其各种“内部”和“外部”条件也在同时迅速发展变化着，因此目前很难确定哪一种会占主导地位。

传统日本式就业制度以正式员工的灵活性为主要特点，也正是这种特点造成了非正规员工，以及超长时间工作等问题。如何摆脱这种困境，是疫情前就已经开始的“工作方式改革”的基本主题。而疫情蔓延这一“紧急状态”，使一些改革措施都不得不推迟。

现在，日本在疫情中进行的工作方式改革所要创造的社会类型，会朝哪一种方向发展？是脱离日本工作方式的灵活性和二元性，转向与欧洲社会更相似的工作方式，对工作内容、工作时间和工作地点进行更多限制，还是以保护正式员工的既得利益为特色的传统就业制度，在全面引入数字经济后，与之妥协并得以共存？在新冠肺炎疫情何时结束还无法确定的现在，就连对此做一个初步判断，都似乎为时尚早。

第十二章　澳大利亚平台用工：制度框架、争论要点与监管走向*

（澳）李应芳　王天玉**

摘　要：　在互联网技术和平台经济的推动下，澳大利亚平台用工呈现快速发展的趋势，从业者面临的劳动风险和信息不对称等问题日益凸显。澳大利亚现行劳动法律框架是“独立承包商—雇员”构成的劳动二分结构，雇员是劳动法的保障对象。公平工作委员会（FWC）采取以“控制”为核心的测试标准判断雇员身份，在典型案例中FWC倾向于否定平台从业者的雇员身份。面对从业者法律身份的模糊，工会、平台公司、律师界表达了不同的主张，政府认可了底线保障的观点，就业保障特别委员会报告涵盖了最低工作报酬、工伤赔偿计划、争议处理、组织工会和集体谈判等方面的保障。澳大利亚对平台用工的监管走向是引入“第三类劳动形态”，逐步推动现行劳动二分法向三分法的转型。

关键词：　平台经济　劳动法　劳资关系　独立承包商　雇员　工会

---

* 本章基于由澳大利亚社会科学院和中国社会科学院（2020-2021年）联合资助的“数字平台就业模式与监管影响：中国和澳大利亚的比较分析”研究项目。我们要感谢Qi Li，Yue Shi和Mengtian Xiao对项目的参与和贡献。

** 李应芳（Fang Lee Cooke），莫纳什大学商学院副院长、杰出教授，澳大利亚社会科学院院士，主要研究方向为人力资源管理与劳动关系、雇佣关系、数字化；王天玉，中国社会科学院法学研究所副研究员、社会法研究室副主任，主要研究方向为社会法基础理论、劳动法、社会保障法。

一 引言

在移动互联网技术和共享经济理念的推动下，平台用工在全球范围内大规模兴起。“平台经济”（Platform Economy），又称“零工经济”（Gig Economy）或“按需经济”（On-demand Economy），这是一个被广泛使用却没有统一定义的概念。人们往往根据各自的研究目的来使用“平台经济”这一概念，例如 Florisson and Mandl 提出，数字平台的作用是中介，以多种方式将寻求劳动报酬的个人与需要商品、财产或服务的个人或企业联系起来。平台经济的发展标志着一个新经济领域的出现和一个新劳动力市场的产生。

平台用工的大规模发展始于 Uber、Lyft 和其他（美国）提供在线汽车（出租车）预订公司，其所体现的灵活性导致工作任务碎片化和劳动控制碎片化，一方面是服务提供者的自主权，另一方面是他们与平台合作中存在控制，使得其既不同于独立承包商的完全独立性，也不同于传统劳动关系中雇主对雇员的指挥和监督。这种形式的劳动力配置和相互关系塑造了一种新型的劳动力交易模式，大多数国家的现行劳动法对此都没有（充分）涵盖。正如 Beesley 所说，平台就业的性质和范围受到技术和意识形态的影响，增加了劳动保护和劳资关系的复杂性，使得现行基于传统劳动关系的法律和劳资关系框架在学理和实践上都显得不足。

平台从业者与平台公司之间形成的关系与传统劳动力市场中的劳动关系有巨大的差异，导致规范劳动关系的法律难以规制这类劳动形态。现有文献说明，在缺少法律规制的情况下，平台从业者在劳动条件方面获得的保障，包括工作时间、劳动报酬、职业安全卫生、社会保障、集体谈判等，要低于劳动关系中的“雇员”，甚至低于那些从事兼职工作、临时工作、通过代理公司进行临时工作的人。因此，这一现象在就业性质、就业待遇、工人福祉以及劳动法和劳动关系影响方面引起了越来越多的研究关注。

关于平台经济中用工分类的复杂性已有不少讨论，本文将不再重复这些讨论。本文将着重讨论澳大利亚平台经济发展的一些关键特征及其对劳动法规和劳资关系的影响。近年来，随着澳大利亚经济的快速发展，平台从业者的权益问题引起了澳大利亚联邦与各州政府的重视。在平台经济占比重较大的地方政府分别组织或资助了一批对平台经济的研究项目。在这些项目陆续发布的研究成果中，描述了澳大利亚目前平台经济的一些总体情况，概括了平台从业者权益保障的缺陷，分析了现行劳动法律与权益保障之间的差异，并提出了改进的建议。本文在现有文献（研究报告、个案、成文法律、学术论文、专家评论）的基础上，归纳澳大利亚的平台经济与用工概况，包括澳大利亚平台从业者劳动过程的特点与劳动条件；澳大利亚现行劳动法律体系与对劳动关系的认定；现有文献针对保障澳大利亚平台从业者权益的建议。

二　澳大利亚的平台经济与用工概况

（一）概况

澳大利亚目前尚无官方对平台经济的统计数据。现有数据显示，澳大利亚的平台经济在2015年至2019年持迅速增长趋势，在四年间规模增长了9倍。但与其他行业相比，平台经济尚未成为澳大利亚经济的支柱产业。平台经济涉及的行业包括网约车、送餐、家庭服务、创意产业、信息技术、护理工作和专业服务、包裹递送和货运和卡车运输。在这些行业中，又以网约车和送餐两个行业发展最快、规模最大和从业人数最多。尤其是在新冠肺炎疫情暴发之后，封城令导致了人们消费方式的变化，自2020年3月下旬以来，送餐服务激增，消费者每周此类支出比2020年6月封城前高出70%。维多利亚州的第二轮封锁导致送餐支出上升得更快，在澳大利亚最为常用的平台是Airtasker、Uber、Freelancer、Uber Eats和Deliveroo。澳大利亚对平台从业者的规模尚无官方统计数据。根据澳大利亚统计局（Australian Bureau of Statistics）的统计数据，2020年12月底，澳大利亚的就业人数为12910800人，按照25万平台从业者的估算数据，他们在就业人员中所占比重为

1.9%，在这些人中尚有一部分人兼职从事平台工作。

现有文献显示，在澳大利亚平台从业者中有几个较为明显的人口特征是：①平台从业者中年轻人所占比重最大；②从业者中学生所占比重最大；③失业者所占比重略小于学生；④从业者中英语为第二语言的人所占比重远高于母语是英语的人。这些特征说明，具备这些特征的从业者可能因为其自身就业能力和家庭的原因而不得不选择从事平台工作；这些特征也可能使他们在工作中更容易遭到权益方面的伤害。

澳大利亚平台工作具有平台劳动过程的普遍特征，这些特征使得这个过程与传统的企业劳动过程有巨大的差别：①在平台从业者与平台公司、客户之间存在三角关系而非传统劳动过程中“雇员—雇主”的二维关系。②平台从业者的工作时间具有较大的灵活性。③平台公司对劳动者的劳动过程实行算法管理，在组织协调劳动过程的同时，对从业者的工作进行一定程度的控制与评估。④大部分平台从业者的工作报酬是根据其工作成果而非工作时间获取的。⑤平台从业者通常会自备工作所需的装备。

在参与平台工作的动机方面，现有文献显示，从业者排于前三位的参与动机为：①作为家庭收入的补充，这是排在第一位的动机；②工作具备灵活性，从业者可以自己控制工作时间、工作量、工作地点以及一定程度的工作完成方式；③获得一个就业的机会。这三个动机也与前述从业者人口特征相对应，揭示了平台工作之所以受到这些就业困难群体偏好的原因。

在劳动条件方面，不同文献显示的澳大利亚平台从业者的工作时间是不同的。有文献指出，从业者在主平台上的工作时间均不足每周 40 个小时，其中，在网约车和送餐平台上的工作时间最长，但时间中位数也仅为每周 14.5 个小时。该文献也承认，这仅仅是被调查者在一个平台上的工作时间，他们中间有一部分人还在两个至四个平台上从事工作。还有来自工会的文献则显示，大部分网约车司机与送餐员的工作时间超过了每周 20 个小时，还有一部分人超过了每周 40 个小时。

在工作报酬方面，有文献显示，有一部分从业者的时薪低于澳大利亚的最低工资标准，这种情况在两类平台（基于网络和基于位置的平台）上均有出现。另外，在不同行业的平台，工作报酬差异较大，收入高者为提供专业服务的平台，收入低者为提供文员与信息录入服务的平台。

现有文献显示，绝大部分平台从业者没有养老保险。导致这种现象的原因可能有二：一是大部分从业者是兼职从事平台工作或者同时在多个平台上工作，他们在一个平台上的收入可能少于 450 澳元/月，达不到 Superannuation Guarantee（Administration）Act 要求的缴费基数；二是在从业者与平台公司签订的“服务协议”中，他们被定义为“独立承包商”（Independent Contractor）或者平台公司否认自己是雇主。不过，在 *Victorian Government*（2020）的报告中提及，有几家平台公司表示了为从业者缴纳养老金的意向。尽管在网约车、送餐等行业存在较为严重的职业伤害问题，但在工伤保险与赔偿方面，大部分平台从业者鲜有保障，只有不足三成的受访者称平台公司为他们提供了工伤保险。

（二）平台从业的各种工作风险

由于缺乏“雇主”，平台从业者的各种工作风险徒增。澳大利亚一项调查数据显示，绝大部分平台从业者没有养老保险。这可能有三个原因，其中欠缺员工身份是主要原因。大部分从业者与平台公司签订的是“服务协议”。在这类协议中，他们的身份被定义为“独立承包商”，或者平台公司明确表示自己不是雇主。随着平台经济的发展，从业者在工作期间受伤与死亡的问题逐渐严重。澳大利亚金融评论（*The Australian Financial Review*）于 2021 年 2 月报道：运输工人工会进行的一项调查发现，超过 1/3 的送货司机在工作中受伤，80%的送货司机没有得到他们所在公司的后续支持。自 2020 年 9 月下旬以来，澳大利亚已有 5 名送货司机丧生①。

除了面临严重的伤害与死亡风险外，网约车司机与送餐工人还在工作中遭受攻击、骚扰、性骚扰和歧视。澳大利亚运输工人工会提交的证据表明，

① Natasha Gillezeau, “Tech stars want gig economy reform but no minimum wage”, *Australian Financial Review*, 22 February 2021.

骚扰、攻击和虐待的程度很高：66%的拼车司机受到某种形式的骚扰，17%的人受到人身攻击，44%的女司机受到性骚扰，40%的司机受到种族歧视[①]。

澳大利亚就业保障特别委员会（Select Committee on Job Security）将平台从业者面临的工作风险概括为如下原因：

·工作环境，例如，道路基础设施不足，缺乏监督。

·正在进行的工作的性质，例如，长时间工作、在交通繁忙或潮湿的天气中骑自行车、驾驶醉酒的客户以及疲劳。

·不安全的工作模式鼓励工人走捷径以保持竞争优势，例如，忽视交通信号、工人不得不从事多项工作以最大限度地提高收入，以及平台算法惩罚工人的表现。

·缺乏培训。

·缺乏安全设备。

关于平台从业者的工伤保险，根据澳大利亚2013年《工伤康复和赔偿法》（*Workplace Injury Rehabilitation and Compensation Act* 2013），从事零工经济的工人“几乎没有任何保护和权利”，因为，基于国家的工人赔偿计划（Workers Compensation Scheme［s］）并没有像WHS示范法那样有意广泛地定义工人。正因为如此，零工经济中的运输工人并不明显符合工人或被认为是工人的定义，而是被视为工人赔偿的承包商[②]。

澳大利亚的一些平台虽然提供事故保险和其他保险，但这些都是由公司自愿提供的，可以取消。例如Uber和Uber Eats提供“最低保险”，其中包括50万澳元的死亡赔偿。Deliveroo提供事故和伤害保险，澳大利亚Ola公司曾经为其司机提供事故保险，但由于新冠肺炎疫情对业务的影响，该公司在做出“财务决定”后，于2020年6月停止了这项福利。[③]

McDonald等人发现，截至2019年，有28.9%的平台从业者由平台提供

① ARC Gig Cities Research Team, Submission 5, p. 7.

② TWU, *Submission* 39, pp. 41-42.

③ Ms Tan, Ola Australia, *Proof Committee Hansard*, 12 April 2021, p. 9. 转自：Select Committee on Job Security, 2021.

至少一种与工作相关的保险，而近一半的平台从业者（45.5%）表示他们的主要平台没有为他们提供保险（例如，与工作相关的伤害或职业赔偿）。此外，几乎同样比例的平台从业者（39.7%）指出主要平台要求他们自己购买保险。超过20%的平台从业者不知道平台是否要求他们自己购买保险或者平台是否提供保险[①]。

就平台公司提供的保险来说，工会认为这些保险大多“比通过工人赔偿计划提供的保险要少”[②]。澳大利亚全国工会秘书 Michael Kaine 先生认为，雇员和承包商之间“过时的”二元划分正在导致工人死亡[③]。

（三）信息不对称

尽管算法和实时数字监控可以使劳动过程变得非常透明，但平台公司和平台工作者之间的信息不对称是典型的。不同于固定工作场所中传统的劳动过程，平台公司对从业者的控制是通过算法进行的，包括工作任务的委派、工作过程的控制、工作报酬的支付、顾客的评分系统等。这种控制方式导致了平台公司与从业者之间严重的信息不对称。

在 McDonald 等人的研究中提到，目前的平台从业者在被问到一系列关于他们工作的主要平台的运作问题时相当多的受访者对每个问题都回答“我不知道”（16%～33%）。在某些情况下，这可能只是反映出从业者们没有相关知识的积累，例如受访者可能不知道他们从业的主要平台是否有争端解决程序，是否允许安排替代或协助工人，或是否对优先工作机会收费等。值得注意的是，超过1/4的从业者不知道相关平台是否可以在工作不满意的情况下限制工人进入，或者平台是否可以改变他们工作所依据的任何合同条款和条件。再加上上述与未知的有偿和无偿时间承诺有关的调查结果，数字平台工作在从业者参与的条款和涉及的真实报酬水平方面可能存在高度的模糊性。

① TWU, Submission 39, p. 42.

② TWU, Submission 39, p. 42.

③ Mr. Kaine, TWU, Proof Committee Hansard, 12 April 2021, p. 7.

这种信息不对称直接导致了平台公司与从业者之间的权力不平衡，例如网约车的评分系统（Reputational Rating Systems）将评分的权力交给了乘客。Alamyar 在对悉尼 Uber 司机的访谈中了解到，乘客被要求对每次旅行进行五星评级。然而，他们并没有得到任何标准来作为他们评分的依据。如果一个司机的评分低于 4.6 分，那么他们就会收到 Uber 的警告。如果继续低于 4.46 分，那么该司机会被从平台上删除，其账户也会被停用。司机基本上没有渠道来挑战这一决定。许多司机在被问及星级评定系统时，都表达了一种压力和挫败感，因为这个系统在他们心中一直是一个焦虑的来源。

一旦评分达不到公司的要求，平台公司可以立即对从业者采取行动，而不另行通知，而且有效的上诉或补救机制有限或没有。工会的一项调查结果显示，58%的共享汽车司机曾受到公司的不公平对待，无法为自己辩护，29%的人曾因虚假指控而被停职或停用。

总之，在从业者的劳动过程中，他们与平台公司处于严重的信息不对称之中。盖因这个过程是由算法控制的，与传统劳动过程雇员与雇主之间面对面的接触不同。大部分从业者对算法的运行原理一无所知，与平台公司之间缺少信息的沟通，在工作报酬的计算与消费者的评分中处于被动的状态。

三　澳大利亚现行劳动法律体系与对劳动关系的认定

（一）澳大利亚现行劳动法律体系

澳大利亚有一套劳动法律体系，这个体系是由联邦与州的法律、Modern Awards（现代裁决）和普通法构成的。[①] 《公平工作法》（*Fair Work Act* 2009）在 10 个方面确立了最低劳动标准，它适用于澳大利亚所有类型、规模和行业的企业，并为 Modern Awards 提供了指引。《工作健康和安全法》

① 现代裁决是在国家就业标准（National Employment Standards）之上规定最低就业条款和条件的文件。现代裁决于 2010 年 1 月 1 日生效。现代裁决提供以下权利：薪酬、工作时间。参见：https：//www. fairwork. gov. au/tools-and-resources/fact-sheets/minimum-workplace-entitlements/modern-awards

（*Work Health And Safety Act* 2011）为各州的职业安全卫生提供了立法依据。此外，还有联邦与州的反歧视法律，这些法律共同构建了澳大利亚成文法的劳动法律框架。Modern Award 根据《公平工作法》的最低标准制定，这些 Modern Awards 是针对特定行业或职业制定的，规定了这些行业与职业的最低劳动标准。

澳大利亚法律与英美国家的法律同属普通法系，普通法中的判例构成了一个重要的法律渊源。尽管澳大利亚成文的劳动法律设立了较为完整的劳动标准，但对其保障的对象——“雇员”并无明确的定义。在争议发生之后，劳动者一方是否具备雇员的身份，由司法机构适用普通法的原则予以判断。

在平台从业者与平台公司发生争议后，公平工作委员会（FWC）会首先使用普通法的多因素测试方式，对申请人（平台从业者）是否具备雇员身份进行测试。在本章引用的 4 个案例中（见下），FWC 将申请人的实际情况比照普通法十多个测试因素逐一进行了比较，在衡量各因素的权重之后，将 3 个案例的申请人身份裁定为“独立承包商”而非“雇员”，进而裁决这些申请人不在《公平工作法》的适用范围内。

然而，普通法对雇员身份的测试方式正遭到批评。这些批评的核心观点是，尽管平台经济的劳动过程、平台公司与从业者之间的关系等与传统的工厂劳动过程和劳动关系存在差异，但在雇员的测试因素中，有一部分仍然适用于平台从业者，例如，他们的工作虽然具有一定的灵活性，但依然受到平台公司算法的控制；他们对平台公司具有经济的依赖性；他们对工作报酬缺少议价能力；等等。因此，“独立承包商”与“雇员”的“二分法”难以适用于平台从业者。

（二）平台公司与从业者之间争议的4个案例

与中国近年来频繁发生在平台公司与从业者之间的争议的情况不同，澳大利亚的平台经济虽然也处于发展时期，但两者之间的争议并不多见。笔者在搜索澳大利亚 FWC 的网站与其他网站后，共收集了 4 个案例，分别为：

Michail Kaseris v Rasier Pacific V. O. F［2017］FWC 6610[①]；Amita Gupta v Portier Pacific Pty Ltd；Uber Australia Pty Ltd T/A Uber Eats［2019］FWC 5008[②]；Janaka Namal Pallage v Rasier Pacific Pty Ltd［2018］FWC 2579[③]；Joshua Klooger v Foodora Australia Pty Ltd［2018］FWC 6836[④]。在这些个案的审理中，FWC 使用了上述普通法的多因素测试，用这些因素对平台从业者的身份进行了“雇员/独立承包商”判断。在这种测试中，FWC 会将双方提供的证据对应于各种因素，然后判断各因素的权重。表 1 是 FWC 对各种因素的概括，这些因素被应用于这四个案件的审理中[⑤]。

表 1 FWC 在四个个案中使用多因素测试的结果

	Kaseris 案	Gupta 案	Pallage 案	Klooger 案
控制	I	I	I	E
为他人工作的权利	nil	I	I	E
提供和维护工具设备	I	I	I	I
工人的公开外观（制服（或）其他徽章）	I	I	I	E
独立的工作场所和服务的广告	nil	N	nil	E
所得税扣除的-商品和服务税（GST）	I	I	I	I
提供带薪假期或病假	I	I	N	E

① Fair Work Commission. 2017. Decision on Michail Kaseris v Rasier Pacific V. O. F［2017］FWC 6610. Retrieved May 28, 2021, from https://www.fwc.gov.au/documents/decisionssigned/html/2017fwc6610.htm

② Fair Work Commission. 2019. Decision on Amita Gupta v Portier Pacific Pty Ltd；Uber Australia Pty Ltd T/A Uber Eats［2019］FWC 5008. Retrieved May 28, 2021, from https://www.fwc.gov.au/documents/decisionssigned/html/pdf/2019fwc5008.pdf

③ Fair Work Commission. 2018. Decision on Janaka Namal Pallage v Rasier Pacific Pty Ltd［2018］. Retrieved May 29, 2021, from https://www.fwc.gov.au/documents/decisionssigned/html/2018fwc2579.htm

④ Fair Work Commission. 2018. Decision on Joshua Klooger v Foodora Australia Pty Ltd［2018］FWC. Retrieved May 28, 2021, from https://www.fwc.gov.au/documents/decisionssigned/html/2018fwc6836.htm

⑤ Fair Work Commission（2021）. Unfair dismissals benchbook：An overview of legal procedure & case law. Retrieved May 26, 2021, from https://www.fwc.gov.au/unfair-dismissals-benchbook/coverage/people-excluded/independent-contractors

续表

	Kaseris 案	Gupta 案	Pallage 案	Klooger 案
业务费用上的报酬比例	N	N	N	E
暂停或解雇的权利	nil	N	E	E
委托或分包工作的权利	nil	I	E	E
提供发票/定期支付“工资”的权利	nil	I	I	I
工作的性质（专业、行业或特殊工作）	nil	E	N	E
商誉和其他可销售资产的产生	nil	E	nil	E
FWC 决定	I	I	I	E

注：E：雇员；I：独立承包商；N：中立；nil：未显示。

在上述四个案件中，FWC 都适用了多因素测试，这些因素多达十多个。在对每个因素评估之后，FWC 会做出该因素是否与“雇员”或者“独立承包商”相关的判断，然后根据这些因素的权重，最终决定申请人的身份。尽管因素较多，仍然有一些因素是 FWC 较为重视的，或者说，FWC 赋予这些因素较大的权重。

具体而言，在这四个案例中，“控制”都是重要因素。FWC 在考虑该因素时，尤为重视从业者工作时间的灵活性。例如，在申请人被确定为“独立承包商”的 Michail Kaseris v Rasier Pacific V. O. F（以下简称“Kaseris 案”）、Amita Gupta v Portier Pacific Pty Ltd；Uber Australia Pty Ltd T/A Uber Eats（以下简称“Gupta 案”）和 Janaka Namal Pallage v Rasier Pacific Pty Ltd（以下简称“Pallage 案”）中，FWC 均指出，申请人可以自己选择登入与登出 App，可以自主掌握工作的时间，可以自主操作和维护用于工作的车辆。反之，在申请人被确定为“雇员”Joshua Klooger v Foodora Australia Pty Ltd（以下简称“Klooger 案”）中，FWC 指出，Foodora 有相当大的能力来控制申请人的工作方式，它确定了工作地点和每个工作或轮班的开始和结束时间。

“为他人工作的权利”是 FWC 较为重视的第二个因素。在 Gupta 案中，FWC 指出，Gupta 女士有明确和实际的权利在 Uber Eats 服务协议的同时注册和使用其他食品配送系统。这包括登录多个应用程序的能力，以及使用车辆进行任何其他服务的意图。在 Pallage 案中，FWC 认为，委员会没有被提请注意任何关于 Pallage 先生为他人工作的能力的相关禁令。在 Klooger 案中，FWC 承认，申请人确实在不同时期为其他快递公司做了一些有限的工作，而且证据清楚地表明，这种关系是在非独家的基础上建立的。但同时，FWC 也指出，Foodora 理解并允许其送餐员/司机同时在其他网络送餐平台上操作，如 Tipple 或 Uber Eats。有一些证据表明，同时为两家网络食品递送公司工作会有很大的实际困难。因此认为这一条的权重偏向“雇员”。

“提供和维护工具设备”是 FWC 重点考虑的第三个因素。皆因网约车司机与送餐工均需使用自己的交通工具，完全不同于在固定工作场所使用雇主提供的设备进行生产的“雇员”，故这一条的权重容易决定。例如，在 Kaseris 案和 Gupta 案中，FWC 都指出，“申请人自己提供车辆、智能电话和无线数据计划”。

“工人的公开外观（制服或其他标识）”是 FWC 重点考虑的第四个因素。在 Kaseris 案、Gupta 案和 Pallage 案中，FWC 均指出，三个个案中的平台公司均未要求申请人使用带有公司标志的交通工具，也没有要求申请人穿着带有公司标志的服装。反之，在 Klooger 案中，FWC 指出，在申请人与平台公司签订的服务合同第 4 条规定，申请人应穿着 Foodora 品牌的服装，并使用显示 Foodora 品牌标志的设备。

“所得税的扣除—商品和服务税（GST）”是 FWC 重点考虑的第五个因素。该因素判断的依据是申请人是否需要自己就收入纳税。在 Kaseris 案、Gupta 案和 Pallage 案中，FWC 均认定，申请人被期望维持她自己的私人税务事务，没有证据表明被申请人代表申请人与澳大利亚税务局有任何往来。

（三）平台从业者法律身份模糊

身份模糊（如：是雇员还是自雇）一直是平台就业的一个关键问题，这既是平台从业者劳动力市场地位低下的原因，也是其结果。

国际雇主组织（International Organisation of Employers）指出，澳大利亚雇员与独立承包商在劳动权益保障方面存在差异。这些差异可以概括为：第一，《公平工作法》（*Fair Work Act* 2009）中雇员福利差异；第二，雇主缴费养老金的差异。对于独立承包商而言，因其没有雇主，自然也就没有雇主为其缴纳养老金。第三，劳动者赔偿金的差异；第四，工作终止保护的差异（Differences in Protection from Termination），例如通知期、不公平解雇的法律保护。

澳大利亚的公平工作委员会审理此类争议案件采取普通法中的多因素测试方式，对申请人（平台从业者）是否具备雇员身份进行测试。在本文引用的4个案例中，FWC将申请人的实际情况比照普通法十多个因素逐一进行了比较，在衡量各因素的权重之后，将3个案例的申请人身份裁定为“独立承包商”（Independent Contractor）而非“雇员”（Employee），进而裁决这些申请人不在《公平工作法》的适用范围内。

然而，多因素测试存在人类主观判断的因素，尤其是在平台争议案件数量有限、缺乏裁判依据的情况下，这种人为因素的影响可能更大。FWC也承认这一点。Choi指出，在Gupta案中，尽管FWC确定了Gupta的独立承包商身份，但FWC内部存在不同意见，有些人认为Gupta是独立承包商，有些人认为Gupta既不是雇员，也不是独立承包商。

以上案例揭示了一个事实，即平台从业者“独立承包商”的身份不会因普通法中的多因素测试而变得清晰起来。这些人对于平台公司的“经济依赖”以及平台公司对他们的“控制”说明，相对于平台公司他们并非真正的“独立”。Minter指出，将从业者分为雇员或独立承包商的传统二元分类并没有捕捉到零工经济中依赖型从业者面临的复杂性。平台从业者可以选择他们的工作时间，甚至可以选择是否参加特定的任务，有人因此认为他们不符合“雇员”的严格定义。与此同时，平台从业者的议价能力有限，显然不具备真正独立承包商的多项传统属性。从业者完全依赖数字平台来分配和执行他们的工作，并且平台可以控制工作的执行和补偿方式，还保留了相当大的能力来监控和监督从业者的行为，并利用压力迫使从业者只在该平台上工作。退一步说，即使平台从业者的身份被界定为“独立承包商”，他们中间大量的年轻人与新移民也可能因为对“独立承包商”应有的权利和如何使用这些权利知之甚少而无法维护自己的权益。

自新冠肺炎疫情暴发以来，平台从业者权益保障缺失的问题不断加剧。Liberty Victoria 指出，在新冠肺炎疫情防控期间，享有相关就业权利（例如病假和护理假）的工作者与不享有相关就业权利的工作者之间的区别凸显了人权的紧迫性。许多一线从业者都是按需工人，特别是在清洁和养老行业。尽管存在健康风险，但因为没有带薪休假的权利，按需工人只能尽可能地参加工作。新冠肺炎疫情防控加剧了按需工人与雇员之间已有的不平等，由此更凸显改革的迫切性，以适应劳动关系的相关特征并扩大按需工人就业相关的权利。

对于很多平台从业者来说。平台公司绕开劳动关系体现的是企业故意逃避雇主责任和压低成本策略的延伸。在这个意义上，劳动者最终是与更广泛的社会存在依赖关系，而不仅仅是与其雇主。据此对劳动关系进行考察将拓展至“正义”这一层面，即对依赖型劳动者的一生可能意味着什么，在工作生活之前、之中和之后？即“劳动者在社会中的地位”。最终，劳动法的扩展将在一定程度上重新塑造和重新认识这一主题，关键问题是人们能否放弃“劳动关系”作为重要连接点的观念。当集体谈判、工会、罢工法等不能反映劳动力市场运作的现实时，人们是否会继续关注这些细节？难道我们不应该（也）研究塑造劳动者社会地位的法律和监管政策，例如就业、培训和教育、失业和意外保险、退休金和养老金等？

尽管平台经济为兼职和临时工提供了新的工作机会，但它可能导致新的低效率和不平等现象。人们担心平台经济将创造新的不稳定工作形式，严重侵蚀工人的生计和权利。与平台用工相关的一个主要问题是“使用数字平台的工人缺乏监管保护”。劳动形态的变化意味着工人越来越靠自己实现终身全民社会保障，问题是应当采取哪些做法来使这种普遍的劳动保障需求转变为现实？

国际劳工组织关于数字平台的报告提出了三个标准来调整社会保障系统，以便众包工作者能够获得社保的覆盖：①调整社会保险机制，以涵盖各种就业形式的工人，无须与合同类型关联。②使用技术简化缴费和福利支付。③建立和加强普遍的税收资助的社会保护机制。这对未来澳大利亚的法律调整有借鉴意义。

（四）关于平台从业者身份的争论

以下来自澳大利亚工会、平台公司、和律师们的观点，仍然是围绕着从业者的身份展开的，尤其是工会的观点，凸显了“独立承包商”身份的缺陷。

1. 工会的主张[①]

澳大利亚制造业工人工会（AMWU）将零工经济描述为“劳动力雇佣和承包的突变形式……他们有效地彻底取消了承包公司，使员工成为承包商，而不是在人们工作方式上取得了令人兴奋的进步”[②]。

新南威尔士州工会助理秘书托马斯·科斯塔先生指出，“独立承包商”对应的劳动形态是“法律首次设想时……不包括这种平台用工”[③]。

至少对工人而言，在最低工资下获得报酬的自由不太可能真正与灵活性和选择有关。相反，新南威尔士州工会秘书马克莫雷先生指出，随着工作越来越随意，责任将进一步转移到工人身上，零工经济只是这种现象的延伸：一些雇主正在使用“独立承包商”的传统定义以及在线平台来逃避雇佣义务。事实上，“雇员”的传统定义确保人们实际享有工伤补偿、保险和其他工作场所保护。承包商定义的扩大使用，加上在线平台，意味着雇主正在退出对这些雇员承担任何义务的领域[④]。

同样，新南威尔士州工会指出，在大多数情况下，在零工经济中经营的公司表现出一种或多种就业特征，例如，向使用网站或应用程序的从业者收取工作费；规范从业者的行为；从业者依赖应用程序中的评级来工作；保留解雇工人的权利，从而限制他们的工作能力；提供（有限的）保险保障；

① Education and Employment References Committee（2017）. Corporate avoidance of the Fair Work Act 2009. Retrieved May 30，2021，from https：//www. aph. gov. au/Parliamentary_ Business/Committees/Senate/Education_ and_ Employment/AvoidanceofFairWork/Report。

② Mr. Michael Nguyen，National Research Officer，Australian Manufacturing Workers' Union，Proof Committee Hansard，15 March 2017，p. 6。

③ Mr. Thomas Costa，Assistant Secretary，Unions NSW，Proof Committee Hansard，p. 16.

④ Mr. Mark Morey，Proof Committee Hansard，18 April 2017，p. 15.

提供执行工作的设备；借助调解和仲裁来规范服务合同；控制由谁进行该项工作；面试和筛选从业者；提供培训；安排轮班名单；完成工作的时间限制。这些特征对运营商关于从业者是独立承包商的主张提出了质疑。

工会担心，如果不真正符合独立承包商定义的从业者被归为此类，他们将适用商业法而非就业法。如果这种分类持续下去，从业者将得不到法定最低劳动标准的保护。

2. 平台公司的观点[①]

维多利亚州政府发布的报告显示，商界代表认为普通法测试是适当的，能够推动和规范他们的经营安排[②]。一些行业参与者强烈捍卫独立承包的重要性，并维护这种二分法的必要性。商界意见强调必须维持二分法[③]。Ai Group、ACCI 和 Direct Selling Australia 持这种观点，不同意将“类似雇佣”的权利扩大到个体经营者，他们指出这种区别是劳动与税收监管的长期特征，企业一直使用独立的合同安排，这些安排的目的不是规避工作场所法律[④]。Ai Group、ACCI、VCCI 和公共事务研究所都表示，规范性法律可能会限制创新，从而损害包括从业者在内的整个行业[⑤]。

① Victorian Government (2020). Report of the Inquiry into the Victorian On-Demand Workforce. Retrieved June 3, 2021, from https://s3.ap-southeast-2.amazonaws.com/hdp.au.prod.app.vic-engage.files/4915/9469/1146/Report_of_the_Inquiry_into_the_Victorian_On-Demand_Workforce-reduced_size.pdf.

② Australian Chamber of Commerce and Industry, Submission 10, p.6; Victorian Chamber of Commerce and Industry, Submission 83, pp.4-5 Self-Employed Australia, Submission 67, p.6.

③ Australian Industry Group, Submission 1, pp.4-5; Australian Chamber of Commerce and Industry, Submission 10, p.13; Victorian Chamber of Commerce and Industry, Submission 83, p.2; Institute of Public Affairs, Submission 36, p.11. Direct Selling Australia, Submission 29, paragraph 36; Housing Industry Association, Submission, p.4.

④ Australian Industry Group, Submission 1, pp.4 and 5; Australian Chamber of Commerce and Industry, Submission 10, p.13; Victorian Chamber of Commerce and Industry, Submission 83, p.2; Direct Selling Australia, Submission 29, paragraph 36.

⑤ Australian Industry Group, Submission 1, pp.4 and 5; Australian Chamber of Commerce and Industry, Submission 10, p.13; Victorian Chamber of Commerce and Industry, Submission 83, p.2; Institute of Public Affairs, Submission 36, p.11.

然而，绝大多数讨论者认为法律测试很复杂，缺乏明确性[①]，许多讨论者对澳大利亚监管框架的这种特征持批评态度。他们认为，当法院或监管机构对从业者个人或群体的就业状况进行评估时会产生很大的不确定性，法律测试可能会产生不同的结果[②]。

一些人建议保持二分法的同时，更为清晰地界定"独立承包商"[③]。Ai Group 在最初强烈捍卫现状，而后修改了对法律运作的看法。Ai Group 承认当前的测试正在阻止企业加强对从业者的保护，因为他们担心就业地位的"重新分类"。Ai Group 建议对法律进行修改，允许在不损害从业者基本地位的情况下给予福利[④]。

Ai Group 认为，独立承包商在安全的环境中工作、接受适当的培训、购买意外保险、就工作场所的变化进行咨询，并按时以公平的价格获得报酬符合每个人的利益。Ai Group 提议将《公平工作法》第 12 条修改为：

独立承包商不限于个人，具有普通法含义，但在确定是否存在服务合同时，不应考虑聘用承包商的人提供以下利益：（a）安全系统和设备；（b）培训；（c）保险；（d）标准价格或付款条件；（e）咨询程序[⑤]。

饭店和餐饮协会报告（Restaurant & Catering Industry Association 2021）提出，虽然有一些观点认为雇主应该完全放弃雇用独立承包商，但该协会认为独立合同安排应继续存在于以下基础上：

1）它们很受欢迎并且呈增长趋势，特别是为承包商提供了根据他们意愿执行工作的灵活性。

---

① Menulog, Submission 50, p. 13; Uber, Submission 79, p. 22; Sidekicker, Submission 71, p. 9; Housing Industry Association, Submission 35, p. 9; Unions NSW, Submission 80, p. 8; Jonathan Hunger, Expert360, Platform Business Roundtable Discussion, 22 February 2019; SelfEmployed Australia, Submission 67, p. 6.

② Menulog, Submission 50, p. 13; Uber, Submission 79, p. 22; Sidekicker, Submission 71, p. 9; Housing Industry Association, Submission 35, p. 9; Unions NSW, Submission 80, p. 8.

③ Housing Industry Association, Submission 35, p9; Australian Industry Group (Supplementary Submission), Submission 2, pp. 1-2.

④ Australian Industry Group (Supplementary Submission), Submission 2, pp. 1-2.

⑤ Australian Industry Group (Supplementary Submission), Submission 2, pp. 1-2.

2）填补就业“缺口”，特别是有实际需求的职位和行业，例如送餐服务。

3）鼓励年龄较大的人在劳动力市场中保持活力。

4）它们是协助澳大利亚从疫情大流行中恢复劳动的理想参与形式。

3. 律师界的意见

不少律师指出，将平台工作者视为独立承包商是不恰当的，因为他们没有独立承包商的议价能力或权利。而且这样做也不利于社会。

比如，Kaardal and Bjornson 提出，在零工经济背景下，从业者通常看起来是独立承包商，但传统上独立承包商享有自由市场的好处，零工经济工人通常无法协商价格或合同；他们只能简单地以电子方式接受在线平台的条款才能获取任务或零工。此外，他们可能会被毫不客气地“停用”，而不是在通常意义上的被解雇或终止。就业法是保护弱势从业者的补救性立法和普通法原则，这一结果并不令人满意。

Moratelli 认为，从任何合理的角度来看，这些所谓的“独立承包商”都是雇员。将一名从业者归类为雇员，不仅可以通过提供奖励和不公平解雇的保护来使从业者受益，还可以通过承认其工作的尊严和避免成本转移来提供社会福利。如果从业者事实上是雇员，那么由公众而不是雇主来承担该从业者受伤的费用或由于该从业者疏忽所造成的后果，是不符合公共利益的。立法干预应当明确说明：如果从业者不经营自己的企业，该从业者就应被视为雇员，而不是当前可以归类为独立承包商的状况。

Australian Lawyers Alliance 指出，许多就业权利取决于劳动关系的存在。这种关系是由合同性质和普通法决定的，一般没有在法律中规定。一些行业试图对员工进行错误分类，以规避他们的雇主义务。这种虚假合同和对员工的错误分类经常发生在以下行业中：从业者与雇主之间存在明显的权力差异；使用不安全的工作形式是一种行业惯例；该业务在竞争激烈的行业中运营；由于害怕失去工作或居住身份，从业者对不公平的做法无能为力[①]。

---

① Submission 2, Australian Lawyers Alliance, p 5., Legislative Council, NSW (2020). Impact of technological change on the future of work and workers in New South Wales. Retrieved May 22, 2021, from https://www.parliament.nsw.gov.au/lcdocs/other/13673/Discussion%20Paper.pdf.

四　对澳大利亚平台从业者权益保障的几点建议

（一）关于扩大“雇员”定义范围的看法

要对澳大利亚平台从业者提供权益保障，扩大“雇员”定义范围也许是关键的第一步。在就业保障特别委员会 2021 报告（*Select Committee on Job Security* 2021）中，委员会建议澳大利亚政府扩大 2009 年公平工作法中“就业”和“雇员”的定义，以涵盖新的和不断发展的工作形式。除了根据《公平工作法》扩大“就业”和“雇员”的定义外，还应该有一个机制，公平工作委员会（FWC）可以在必要时将这些权利的覆盖范围扩大到不属于扩大的就业定义的工人，包括低杠杆和高度依赖的工人，以便他们可以根据该法案获得标准和保护。

昆士兰政府建议澳大利亚政府改革《公平工作法》，通过扩大工人（Worker）的定义、提供更广泛的集体谈判、最低工资标准和条件以及获得公平工作委员会受理申诉资格等方式为新兴形式的非传统就业提供合适的涵盖①。

的确，在 2009 年《公平工作法》立法之时，尚未出现平台经济这个领域，目前情况发生了变化，与时俱进地修订法律应当是有必要的。然而，将“雇员”的定义范围扩展到平台从业者，仍然存在建立“第三类”的类似问题，不但修法需要时日，而且是否会因此而影响平台经济的发展也是一个政府需要考虑的因素。例如，*Victorian Government*（2020）中提及，在维多利亚州经济有望强劲反弹的关键时刻，在对现有制度进行实质性改革时，需要综合考虑和谨慎权衡改革的成本和收益，包括：

· 由于所有参与者的工作状态持续不确定而导致的转移成本；

· 监管可能给平台和其他企业带来的负担程度；

· 平台保持竞争力并为许多维多利亚人提供工作的能力；

· 为维多利亚州的平台工作人员提供适当的支持。

① Queensland Government, Submission 104, p. 2.

在其调查中，只有不到一半的澳大利亚运输工人工会（TWU）会员希望成为员工[①]。TWU 表示，如果“做得好”，拼车行业承包商模式提供的灵活工作安排“可以为澳大利亚工人和更广泛的经济带来许多好处”[②]。

（二）政府意愿是权益保障的重要前提

如果撇开法律适用主体的讨论，换一个角度看平台从业者的权益保障问题。那么可以发现解决这个问题的基点应当有三点考虑：一是政府意愿，即是否愿意提供保障；二是保障的底线；三是保障的范围。

政府意愿通常被定义为“政治行为者表现出的可信意图”。这个概念的更详细和面向操作的定义是“政治领导人和官僚承诺采取行动以实现一系列目标并随着时间的推移维持这些行动的成本”。在劳动者权益保障方面，一国政府是否具有为劳动者权益提供保障的政治意愿是这种保障首要前提。

在对平台从业者的权益保障方面，澳大利亚政府的意愿同样是最为重要的前提。无论是立法设立“第三类”，还是扩大现行法律的适用范围，都需要政府有解决这个问题的意愿。从目前的情况看，政府已经有了解决这一问题的强烈意愿。联邦与各州政府也分别组织和资助了一系列的研究项目，这些项目分析平台从业者在工作报酬、劳动条件和职业安全方面的保障缺陷，并探索各种解决方案。例如，2020 年 3 月 24 日，新南威尔士州议会成立了技术和其他变化对新南威尔士州工作和工人未来的影响特别委员会。该委员会的任务包括调查“现行法律和工作场所保护是否适合 21 世纪的目的”。

（三）底线保障的观点

底线保障的观点是国际劳工组织（International Labour Organization，ILO）提出的。笔者认为，对平台从业者的权益保障适用这一观点。2019 年 6 月通过的国际劳工组织关于未来工作的百年宣言规定，“所有工人都应根

① TWU，Submission 39，p. 16.

② TWU，Submission 39，p. 7.

据体面劳动议程享有充分的保护，包括：（i）尊重他们的基本权利；（ii）足够的最低工资，法定的或协商的；（iii）工作时间的最长限制；（iv）工作中的安全和健康”。

在 *Select Committee on Job Security*（*2021*）中，委员会认可了 ILO 底线保障的观点。TWU 的调查也揭示，虽然拼车行业的司机可能对他们是否想成为雇员或独立承包商持矛盾态度，但大多数人都希望有更好的工作条件。根据 TWU 的调查，接受调查的司机中有 72.3%的人希望在夜间、周末和公共假期加薪；64%的人希望“获得最低工资”；64%的被调查司机想要工人赔偿保险；80%的司机认为他们“应该能够组建工会以集体代表他们的利益”①。

对平台从业者的底线保障还应关注两类人，即以零工经济为主要收入来源的工人和长期参与零工经济的工人。如前所述，这两类人应当属于面临就业困难的一个群体，例如，失业者、担负照顾家庭成员责任的人、残疾人、学生、缺少就业所需技能者、母语不是英语者等。他们比那些以平台工作为兼职的人更需要权益的保障，也因为其自身的能力与条件的局限性，需要政府提供更为主动的帮助。

（四）平台从业者需要保障的范围

从本文所引文献分析，对平台从业者的底线保障应当涵盖的范围包括以下几方面。

最低工作报酬：如前所述，有相当一部分平台从业者的工作报酬低于最低工资标准，这又导致了进一步的恶性循环，即从业者不得不延长工作时间从而可能造成安全事故与伤亡。这也是澳大利亚工会基于调查得出的结论。

工伤赔偿计划：本文所引文献证实，因为平台从业者多被定义为“独立承包商”，故不在工伤赔偿计划之内。尽管有公司提供其他赔偿计划，但赔偿数额非工伤赔偿计划的数额可比。在 *Select Committee on Job Security*

① TWU, Submission 39, p. 16. 转自，Select Committee on Job Security, 2021.

（2021）中，委员会对此已经提出建议：澳大利亚政府与州和领地政府合作，牵头改革以州为基础的工人补偿计划，将其扩展到平台工人，无论其签证或工作身份如何，并要求平台公司支付这些工人补偿金的保费。

争议处理：对平台公司与从业者之间发生的争议，FWC 在受理之后所做的工作首先是判断从业者的身份，如确定从业者的身份为“独立承包商”，则会基于这一身份，对申请人的诉求予以驳回，由此导致从业者须经其他司法途径寻求救济。在 *Select Committee on Job Security*（2021）中，委员会已经认识到这个问题并指出，平台工作人员需要可访问的争议解决途径，一个可以审查他们的安排和工作状态（如适用）的地方，以及集体谈判以获得更好的薪酬和条件的途径。因此，委员会建议澳大利亚政府给予公平工作委员会拥有广泛的权力来解决争端并就所有形式的工作制定最低标准和条件。

组织工会和集体谈判：根据 *Fair Work Act*（2009），作为“独立承包商”的平台从业者没有组织工会和集体谈判的权利，这也是导致他们与平台公司之间权力失衡的主要原因。解决这个问题的前提是修订法律，将组织权与集体谈判权给予平台从业者，使他们能够通过集体谈判与平台公司确定基本的劳动条件。事实上，通过集体谈判，Unions New South Wales 和 Airtasker（一个提供一系列家庭维修、一般劳工和“零工”工作服务的数字平台）建立了一定的标准、执行机制和争议解决程序、涵盖最低工资、安全等主题、保险和争议解决。

五 结语

经过几年对平台用工的观察和总结，相关研究和讨论逐步深入和丰富，各国的实践探索成为学术分析的样本，不同治理模式的利弊得失也在比较中渐趋清晰。无论是政策规制，还是学术研究，平台用工治理的一个共同出发点是平台从业者应当获得相应的权益保障，问题的症结是平台用工劳动形态相较于常规劳动关系发生根本性变革，使之无法直接纳入现行劳动法予以解决。同时，一个不能忽略的情况是，平台用工在各国劳动就业的总量中的占比均相对较小，但之所以引发如此广泛的关注和讨论，在于平台用工显示出技术对劳动组织结构的重新塑造，并仍在不断发展演进之中。在这个意义上，政府对平台用工的监管框架和治理思路不是仅针对当下的问题，亦须应对数字时代日益多元复杂的就业形态。

澳大利亚的讨论是在“独立承包商—雇员”的劳动二分法框架下发生的，平台从业者的就业身份判定对应我国的劳动关系认定，保障机制亦如我国当下所讨论之“劳动保障的全有全无”，即认定了雇员就享有全面的保障，否则就属于独立承包商，基本没有强制性劳动保障。这种二分框架遗留了显著的制度空白，无法适应平台用工及各类灵活就业形态的兴起。囿于二分法下，澳大利亚典型案例显示出平台从业者在多数情况下无法被认定为雇员，因而归为独立承包商，由此形成的劳动权益状况是不能令人满意的。

对于未来的制度走向，澳大利亚需要在“二分法下雇员做减法”与“引入第三类做加法”之间选择。其中，“雇员做减法”方案是扩大雇员概念的覆盖范围，提供缩减版的劳动保障，不仅要经过修法等耗时复杂的程序，还要重新建立雇员身份判定标准，也就是重新定义“控制”，以回答平台用工下的平台对从业者的“控制”与常规劳动关系下雇主对雇员的“控制”相比是更强了还是更弱了？从当前文献来看，“平台用工控制更强”显然已被 FWC 否定，而“平台用工控制更弱”则与现有雇员控制判断要素存在严重冲突，形成共识的难度很大。更为务实的方案是将平台对从业者的“控制”视为与雇主对雇员的“控制”不同的，不进行控制强弱比较，将二者置于不同的制度逻辑上，从而引入“第三类劳动形态”，建构劳动权益的底线保障，不但便于形成共识，还能够根据平台用工不同行业和未来形态演变进行弹性调整。

总之，技术推动下的劳动形态变革已经现实地发生，固守劳动二分法是不能有效应对平台用工劳动权益保障问题，也难以适应未来劳动力市场发展的需要。只有引入第三类劳动形态，建立更为弹性的劳动监管模式和多层次的劳动保障体系，才能顺应劳动形态灵活多元的发展趋势，这是各主要国家劳动制度框架均需作出的选择。

参考文献

Actuaries Institute: The Rise of the Gig Economy and its Impact on the Australian Workforce. Green Paper. Retrieved June 10, 2021, fromhttps: //actuaries. asn. au/Library/Opinion/2020/GPGIGECONOMYWEBtest. pdf.

Alamyar, F. M.. Uber and the Future of Work: Formal rights, collective action and experiences of work within the platform economy. *Political Economy*, 2017, University of Sydney. Retrieved June 5, 2021, fromhttps: //ses. library. usyd. edu. au/bitstream/handle/2123/17724/ALAMYAR_ Fiona. pdf? sequence=1&isAllowed=y.

Ashford, S. J., Caza, B. and Reid, E. M.. From surviving to thriving in the gig economy: A research agenda for individuals in the new world of work. *Research in Organizational Behavior*, 2018, 38 (1): 23-41.

Australian Bureau of Statistics. https: //www. abs. gov. au/statistics/labour/employment-and-unemployment/labour-force-australia/dec-2020.

Australian Unions: The Rise of Insecure Work in Australia. Retrieved May 30, 2021, fromhttps: //www. actu. org. au/media/1385243/d88-a4_ the-rise-of-insecure-work_ fa. pdf.

Beesley, L.. *Trade unions* (*Germany*): *Worker power in the platform economy*. Retrieved from: https: //www. europe-solidaire. org/spip. php? article46128. Retrieved on 19th April 2020. 2019).

Brendan C. and Craig, L.. Gender in the gig economy: Men and women using digital platforms to secure work in Australia. Retrieved June 5, 2021, fromhttps: //www. researchgate. net/publication/337952290_ Gender_ in_ the_ gig_ economy_ Men_ and _ women_ using_ digital_ platforms_ to_ secure_ work_ in_ Australia

Brinkerhoff, D.. Assessing political will for anti-corruption efforts: an analytic framework. *Public Administration and Development*, 2000, 20 (3): 239-252.

Cherry, M. A. and Aloisi, A.. 'Dependent Contractors' in the Gig Economy: A Comparative Approach. *American University Law Review*, 2017, 66 (3): 635-689.

Choi, S.. The gig economy and Australian Law. Retrieved Jun 6, 2021, fromhttps: //sprintlaw. com. au/gig-economy-in-australia/.

Daugareilh, I., Degryse, C. and Pochet, P.. The platform economy and social law: Key issues in comparative perspective. *Working Paper*. Retrieved May 26, 2021, from https: //www. etui. org/sites/default/files/WP-2019. 10-EN-v3-WEB. pdf.

Education and Employment References Committee: Corporate avoidance of the Fair Work Act 2009. Retrieved May 30, 2021, fromhttps: //www. aph. gov. au/Parliamentary_ Business/Committees/Senate/Education_ and_ Employment/AvoidanceofFairWork/Report.

Fair Work Commission: Decision on Michail Kaseris v Rasier Pacific V. O. F [2017] FWC 6610. Retrieved May 28, 2021, fromhttps: //www. fwc. gov. au/documents/decisionssigned/html/2017fwc6610. htm.

Fair Work Commission: Decision on Janaka Namal Pallage v Rasier Pacific Pty Ltd [2018]. Retrieved May 29, 2021, fromhttps: //www. fwc. gov. au/documents/decisionssigned/html/2018fwc2579. htm.

Fair Work Commission: Decision on Joshua Klooger v Foodora Australia Pty Ltd [2018] FWC. Retrieved May 28, 2021, fromhttps: //www. fwc. gov. au/documents/decisionssigned/html/2018fwc6836. htm.

Fair Work Commission: Decision on Amita Gupta v Portier Pacific Pty Ltd; Uber Australia Pty Ltd T/A Uber Eats [2019] FWC 5008. Retrieved May 28, 2021, fromhttps: //www. fwc. gov. au/documents/decisionssigned/html/pdf/2019fwc5008. pdf.

Fair Work Commission: Unfair dismissals benchbook: An overview of legal procedure & case law. Retrieved May 26, 2021, from https: //www. fwc. gov. au/unfair-dismissals-benchbook/coverage/people-excluded/independent-contractors.

Florisson, L. and Mandl, I.. Platform work: Types and implications for work and employment-Literature review. Eurofound: Luxembourg. Retrieved May 26, 2021, from https: //www. eurofound. europa. eu/sites/default/files/wpef18004. pdf.

Hall, J. V. and Krueger, A. B.. An analysis of the labor market for Uber's driver-partners in the United States. *Industrial and Labor Relations Review*, 2018, 71 (3): 705-732.

Healy, J., Nicholson, D. and Pekarek, A.. Should we take the gig economy seriously? *Labour and Industry: A Journal of the Social and Economic Relations of Work*, 2017, 27 (3): 232-248.

Heeks, R.. Decent Work and the Digital Gig Economy. Manchester Centre for Development Informatics Working Paper No. 71. Retrieved June 2, 2021, fromhttp: //hummedia. manchester. ac. uk/institutes/gdi/publications/workingpapers/di/di_ wp71. pdf.

International Labour Organization: Digital labour platforms and the future of work: Towards decent work in the online world. International Labour Office, Geneva, https: //www. ilo. org/wcmsp5/groups/public/—dgreports/—dcomm/—publ/documents/publication/wcms_ 645337. pdf.

International Labour Organization: Policy Responses to New Forms of Work: International Governance of Digital Labour Platforms. Retrieved 27 May 2021, fromwww. ilo. org/wcmsp5/groups/public/—dgreports/—cabinet/documents/publication/wcms_ 713378. pdf.

International Organisation of Employers: IOE Policy Paper on Industrial Relations and Independent Contractors. Retrieved May 24, 2021, from https://www.ioe-emp.org/index.php?eID=dumpFile&t=f&f=145718&token=e13c9e5c5c9b7f5b4447db554599f3f7bc05dc5a.

Johnstone, R., McCrystal, S., Nossar, I., Quinlan, M. and Rawling, M.. *Beyond Employment: The Legal Regulation of Work Relationships*. Sydney, NSW, Australia: Federation Press.

Kaardal, R. and Bjornson, A.: The Gig Economy: Dependent Contractors, Workers' Rights, and the Canadian Approach' (Paper presented at the ERR 2018 Midwinter Meeting, Florida, 20 - 24 March 2018). Retrieved May 20, 2021, fromhttps://www.litigationchambers.com/lawyers/pdf/2018 - 02 - 22 - paper-gig-economy-r-kaardal-qc-a-bjornson.pdf.

Kaine, S., Oliver, D. and Josserand, E.: Precarity in the gig-economy: the experience of ride-share drivers. Association of Industrial Relations Academics in Australia and New Zealand Conference, Canberra, ACT, Australia, 8-10 February.

Kaseris v Rasier Pacific V.O.F [2017] FWC 6610 at [66]. Retrieved May 27, 2021, from https://www.fwc.gov.au/documents/decisionssigned/html/2017fwc6610.htm.

Legislative Council, NSW: Impact of technological change on the future of work and workers in New South Wales. Retrieved May 22, 2021, fromhttps://www.parliament.nsw.gov.au/lcdocs/other/13673/Discussion%20Paper.pdf.

Liberty Victoria: Liberty Victoria Rights Advocacy Project-Submission to Select Committee Inquiry on Job Security. Retrieved June 1, 2021, fromfile:///C:/Users/hongs/Downloads/Sub72%20 (3).pdf.

Malena, C.: From Political Won't to Political Will: Building Support for Participatory Governance. Sterling, VA: Kumarian Press, Inc.

McDonald, P., Williams, P., Stewart, A., Mayes, P. and Oliver, D.: Digital Platform Work in Australia: Prevalence, Nature and Impact. Retrieved June 2, 2021, fromhttps://eprints.qut.edu.au/203119/1/65060881.pdf.

Minter, K.. Negotiating labour standards in the gig economy. Economic and Labour Relations Review, 2017, 28 (3), pp. 438-454.

Moratelli, J.. Inquiry into Impact of Technological and other Change on the Future of Work and Workers in New South Wales. Retrieved May 25, 2021, fromhttps://www.parliament.nsw.gov.au/lcdocs/submissions/69002/0004% 20Mr% 20John% 20Moratelli.pdf.

Petriglieri, G., Ashford, S. and Wrzesniewski, A.. Agony and ecstasy in the gig economy: Cultivating holding environments for precarious and personalized work identities. *Administrative Science Quarterly*, 2019, 64 (1): 124-170.

Restaurant & Catering Industry Association: Re: Select Committee on Job Security. Retrieved May 30, 2021, from https://www.aph.gov.au 〉DocumentStore

Select Committee on Job Security: First interim report: on-demand platform work in Australia. Retrieved July 7, 2021, fromhttps://www.aph.gov.au/Parliamentary_Business/Committees/Senate/Job_Security/JobSecurity/Interim_Report/section? id = committees%2Freportsen%2F024635%2F75874#footnote1ref.

Stanford, J.. The resurgence of gig work: Historical and theoretical perspectives. *The Economic and Labour Relations Review*, 2017, 28 (3): 382-401.

Stewart, A. and Stanford, J.. Regulating work in the gig economy: What are the options? *The Economic and Labour Relations Review*, 2017, 28 (3): 420-437.

Wang, Y. and Zhang, L. H.. A study on the new employment pattern of sharing economy in China. *Journal of China University of Labor Relations*, 2019, 33: 49-60.

Wu, Q. J. and Li, W.. Labour process control and job autonomy in sharing economy: A case study of online car-hailing drivers' work. *Sociological Studies*, 2018, (4): 139-141.

Victorian Government: Report of the Inquiry into the Victorian On-Demand Workforce. Retrieved June 3, 2021, fromhttps://s3.ap-southeast - 2.amazonaws.com/hdp.au.prod.app.vic-engage.files/4915/9469/1146/Report_of_the_Inquiry_into_the_Victorian_On-Demand_Workforce-reduced_size.pdf.

Victorian Government: The Victorian Government Response to the Report of the Inquiry into the Victorian On-Demand Workforce. Retrieved July 1, 2021, fromhttps://s3.ap-southeast-2.amazonaws.com/hdp.au.prod.app.vic-engage.files/8016/2080/8849/Victorian_Government_Response_to_Report_of_Inquiry_into_Victorian_On-Demand_Workforce.pdf.

Zhou, I.. Digital Labour Platforms and Labour Protection in China. ILO Working Paper 11. Retrieved June 2, 2021, fromhttps://www.ilo.org/wcmsp5/groups/public/—asia/—ro-bangkok/—ilo-beijing/documents/publication/wcms_757923.pdf.

第十三章　后疫情时代英国零工经济发展和灵活用工的现状与展望

曹学兵*

摘　要： 2021年随着新冠肺炎疫情防控在欧洲取得一定成效，英国经济逐渐开放、劳动力市场重新活跃，劳动力需求增加；零工经济在疫情期间保持良好的增长势头，平台公司利用线上服务的优势持续发展，从业人员不断增加；灵活用工和各种随之而来的问题和矛盾成为社会各界关注的热点，成为劳动关系研究新方向。本文将讨论后疫情时代零工经济在英国的发展，以及灵活用工的现状与展望。

关键词： 后疫情时代　英国零工经济　劳动力市场　劳动关系

一　新冠肺炎疫情防控与经济恢复

2020年肆虐全球的新冠肺炎疫情对英国社会造成了重创，因封城、保持社交距离、居家办公以及政府仓促应对导致经济严重滑坡。好在从2020年下半年开始，英国的抗疫措施质量有所提升，脱欧终于尘埃落定，经济逐渐开始恢复。经过马拉松式的长期谈判，欧盟与英国终于在2020年12月底

---

* 曹学兵，英国基尔大学商学院人力资源管理高级讲师、博士研究生，主要研究方向为比较劳动关系、劳动力市场和工会。

达成历史性的脱欧贸易协定，虽然在渔业等个别问题上仍存分歧，英国将享有零关税进入欧盟市场的权利，为2021年1月1日之后双方今后的新关系奠定了基础。自2016年公投之后长达四年之久的脱欧谈判终于得以画上句号，之前一直持观望态度的国内外工商界重振信心，市场反应比较正面，对经济稳定发展起到长期利好的作用。

从2020年12月底开始，英国在全国开始推广新冠疫苗注射工作。作为全世界最早为民众接种新冠疫苗的国家之一，英国在疫苗接种方面起步早、推广快，接种率在欧洲处于领先地位。尽管2021年疫情多次反复，但疫苗推广使得因病毒住院的人数和死亡率迅速下降，大大减轻了新冠肺炎疫情对英国社会的威胁。2021年5月以后，政府陆续放开各类疫情限制，学校恢复上课，各类组织机构开始逐渐正常运作，居家办公人员也陆续回到办公场所，各种社会活动逐渐恢复正常。

疫苗接种的成功和疫情的逐步缓解使得英国经济在2021年上半年之后开始逐步走出困境，一度严重萎缩的经济得以重新增长，为后疫情时代经济恢复增强了信心，中长期发展前景比较乐观。个别行业，尤其是卫生健康、物流、医药和科技行业增长尤其迅猛。当然，受到新冠病毒多次变异、全球疫情波动以及供应链紧张的影响，2021年下半年以来通货膨胀率上升，国际旅行运输和物资供应受限，新的压力和疫情发展的反复拖慢了英国经济的全面恢复，增长幅度有所放缓，未来经济恢复的走向仍有不确定因素。

二 后疫情时代劳动力市场近况

经济复苏直接影响了劳动力市场发展的走向。截至2021年9月，英国失业率为4.3%，几乎已经降至近15年的最低水平（见图1）。自2020年2月起，领取工资的在职人员增加了23.5万人，总数增至2930万人，已大大超过疫情之前的水平；每周工作小时数强劲反弹，几乎达到疫情前的水平；职位空缺数量达到创纪录的117.2万个，多个行业出现劳动力紧缺的现象，并推动了工资水平的普遍上涨。

经济恢复带来了劳动力需求上升，但个别行业，如交通运输业也出现了比较严重的劳动力短缺现象。由于经济恢复速度超出预期，市场信心比较高，政府的救市措施有效地减缓了疫情期间的失业情况，而且脱欧造成的经济和就业影响也比预期的要小。市场信心上升和劳动力紧缺的矛盾迫使雇主采取新的措施，包括涨薪、培训、聘用学徒工和改善工作质量来应对招聘挑战。但新冠肺炎疫情对经济的影响存在地区、行业、职业和人口的不平衡现象，经济恢复期间这些不平衡现象依然存在，比如结构性的青年就业问题仍然没有解决，劳动力市场依然存在大量低工资、低保障和临时合同的职位，贫富差距持续拉大，同时受疫情影响比较严重的旅游、交通、会展和部分服务业的恢复仍然比较脆弱。2021 年 10 月英国政府宣布将于 2022 年 4 月起大幅提高最低工资，由每小时 8. 91 英镑提高到 9. 50 英镑，增幅为 6. 6%，以适应劳动力市场的需求。

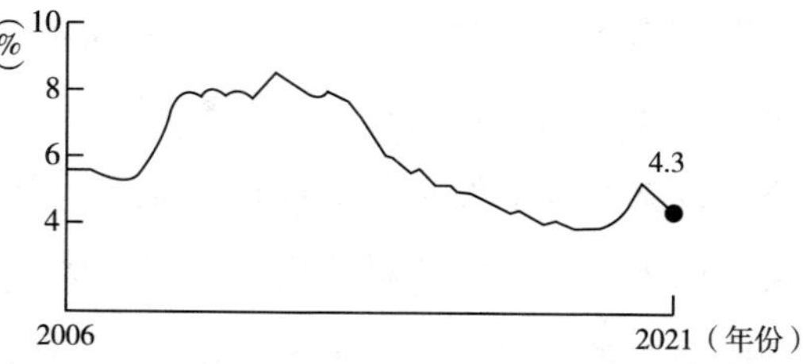

图 1　2006-2021 年英国失业率变化情况

资料来源：ONS 2021

新冠肺炎疫情期间独特的经济发展也推动了英国劳动市场的转变，尤其是在远程办公、电子商务和自动化工作方面起到了积极的作用。在疫情影响下，大量员工因为得到国家救助，在疫情期间得以暂时摆脱失业威胁，为劳动力市场的稳定起到了作用。同时很多英国职工因抗疫而转为居家办公，推动了远程工作比例的上升和电信设备的需求，以及促进了零工经济或数字经济服务的发展。与疫情期间大部分岗位转入远程办公、非全职或停工不同，卫生医疗、食品、超市、交通和物流等传统行业的大部分员工仍需要正常工作。即使在疫情最严重的时候，他们仍然坚守工作岗位，社会各界一度以“关键工人”来尊重和善待这些员工。

在向后疫情时代过渡期间，英国的劳动力需求变化也加快了传统类别工作的转型，电子商务和其他数字交易的显著增长减少了市场对实体经济（比如门店百货零售）劳动力的依赖，但同时也在其他平台（比如仓储物流）创造了大量新的工作岗位，而疫情、隔离、社交安全距离的需要也加速了企业采用自动化和人工智能技术、采用远程办公和互联网会议办公的趋势。根据麦肯锡发布的一项研究报告，今后10年，英国就业岗位的需求将发生以下变化：对新科技岗位、卫生医疗、创意设计、情感支持岗位的需求会明显增加，疫情导致更多的工人需要更换岗位、重新培训，尤其是对于低收入阶层、零售、食品和在写字楼办公等行业来讲，他们比较容易受到电子商务和自动化的冲击并有相当部分员工需要转岗；科技和社会情感支持相关的技术岗位的需求会增加，而劳动力市场对基本技术岗位的需求会相应减少。

三　英国零工经济发展近况

零工经济的高速发展引发了社会各界的关注。尽管零工经济（Gig Economy）与平台经济（Platform Economy）的概念经常被混用，学界对二者的清晰界定仍未取得共识。除此之外，零工经济从业人员与共享经济（Sharing Economy）、零工自由职业（Gig Freelance Working）、零工时合同（Zero-hour Contract）、居家工作（Home-working）和遥距工作（Tele-working）的从业人员多有交叉。由于安全、方便、快捷的特点，电子商务和数字平台经济在疫情期间持续升温，使得从事相关零工经济工作的从业人数急剧增多，影响不断扩大，也带来了对用工、福利、工作条件等劳动关系重大问题的进一步讨论和关注。

目前零工经济在英国仍然是一个被松散定义的概念，常指短期合同或独立完成的工作活动。在英国国家统计局的数据中，至今仍没有关于零工经济的正式官方定义或数字，也没有一个统一的定义规定哪些员工属于零工从业人员。但政府的其他部门也已经开始对零工经济进行规管和研究，比如英国贸易、能源与产业战略部就已经发布权威研究报告，将零工经济定义为个人或企业之间的通过数字平台实现的有偿劳动交换，通常是为实现平台提供者和用户之间的交易而出现的一种短期的、以任务计酬的行为。根据BBC的一项分析，零工经济是指一个由短期合同或自由职业工作、而不是永久全职工作、组成的劳动力市场，而零工经济从业人员可以为多家公司工作，以工作任务计酬。英国工会联合会将网络平台或手机应用程序作为从事零工经济人数的主要统计口径，认为大部分零工经济从业人员是兼职性质并有多重收入来源，而平台工作为他们提供补充收入。

由于各类定义的存在，关于零工经济的非官方统计有很多，在数字上各有出入。大体上零工经济有两种类型，一种是体力工作，包括网约车、送餐服务、平台服务等，如 Uber，Deliveroo，Rappi 和 Gojek 等；另一种是数字工作，指一些与距离无关的围绕数字服务的工作，比如通过数据平台提供的数据输入、翻译和网页设计和数据维护，比较有规模的平台包括 Amazon Mechanical，Turk，Upwork，以及 Freelancer。据英国贸易部在 2018 年的统计，大约有 500 万人在英国的零工经济劳动力市场工作，约占全部劳动人口的 15.6%。英国工会联合会 2021 年 11 月发布的研究报告发现，有 440 万人在英格兰和威尔士地区经常从事零工平台经济工作，即每周至少工作一次；而在过去五年中从业人员几乎增长了三倍，占成年从业人口的 14.7%，相比之下该比例在 2019 年为 11.8%。

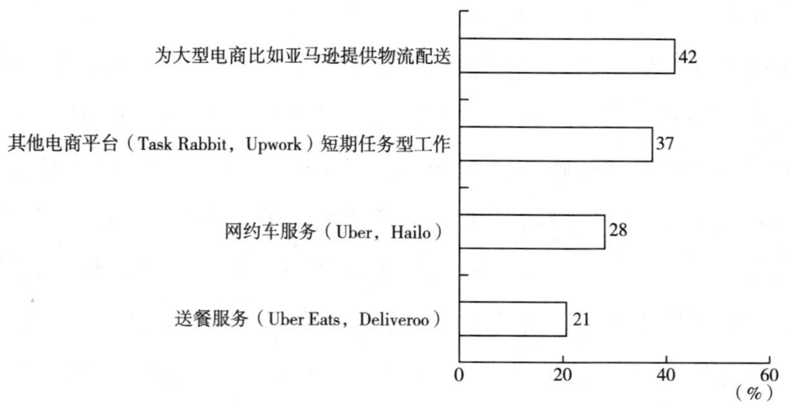

图 2　零工经济从业人员岗位种类

资料来源：BEIS 2018。

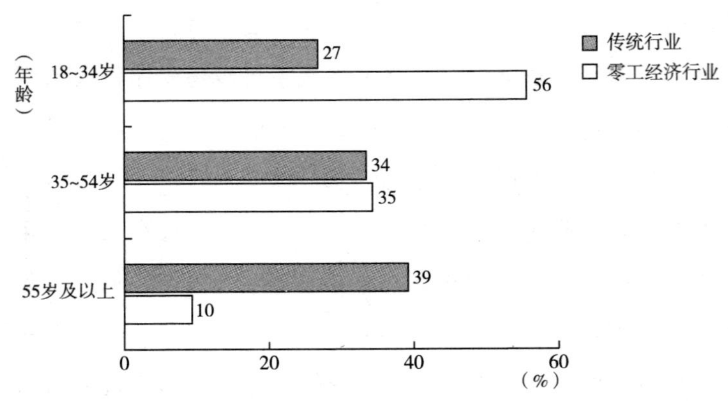

图 3　零工经济从业人员年龄结构

资料来源：BEIS 2018。

零工经济行业的主要优势在于其高度的灵活性和较低的职业准入标准，从业人员可以利用各种互联网、手机 App、电子商务平台寻找工作，零工经济有较强的独立性，从业人员可以有较多选择尝试各类工作，因此吸引了大量人员，尤其是时间比较充裕的年轻人从事此类工作。如图 2 和图 3 所示，零工从业人员大部分为年轻人，56%的从业者为 18～34 岁；比较集中的行业种类是物流配送，工作种类包括个体独立承包商、独立顾问、自由职业者、临时独立合同工或季节合同等，比较有代表性的平台公司有水电燃气维修 Pimlico Plumbers，物流配送 Deliveroo、DPD 和 Yodel，网约车 Uber 和 Addison Lee，网购和仓储平台 Amazon，以及网购食品平台 Ocado 等。

从收入来看，零工经济从业人员工资收入普遍偏低。如图 4 和图 5 所示，大部分人从事零工经济的年收入仅为 5000 磅以下，远远低于传统职业全职的最低工资水平，说明从业者工作时间偏少，这与他们工作的灵活、短期和不确定性有关，很多人将从事零工经济作为补充正常工作收入的渠道，或从事多份零工工作。如图 6 所示，在行业满意度调查中，不可预期和不固定是从业人员最不满意的一项指标，而工作时间不固定直接影响了收入。相当一部分零工经济从业人员身份问题尚未得到解决，劳动工作福利普遍比较

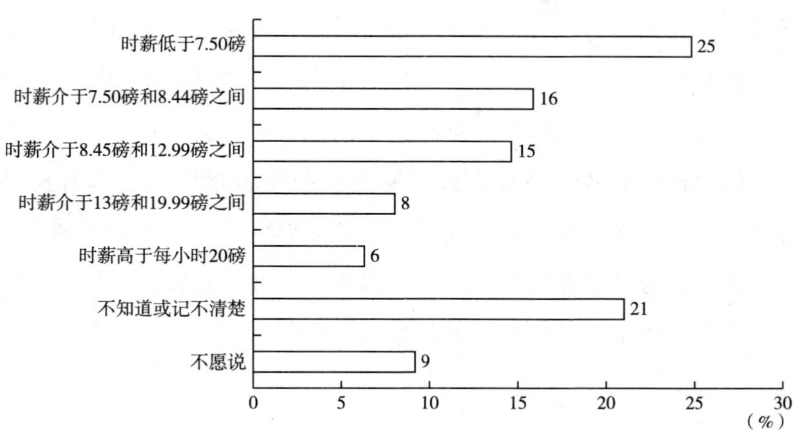

图 4　零工经济从业人员平均时薪

资料来源：BEIS 2018。

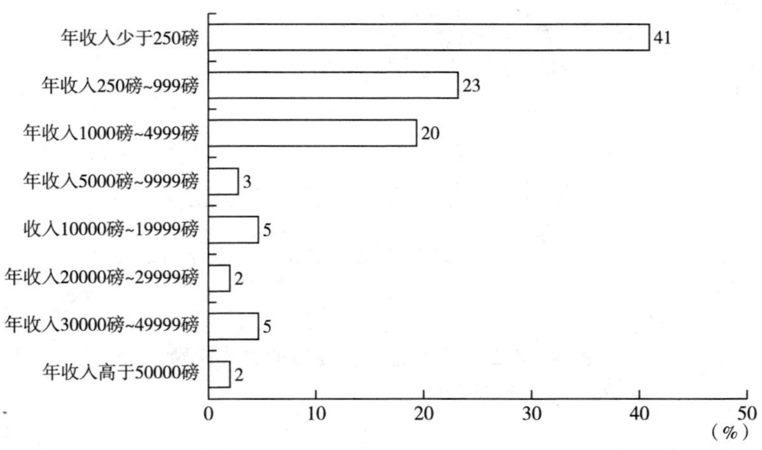

图 5　零工经济从业人员人均年收入结构

资料来源：BEIS 2018。

差；有很多人员，比如网约车司机、送餐员等被视作自雇人员而得不到应有的工作保障和福利，而且需要缴纳税费（见图 6）。2019 年英国健康与安全执行局出台了零工经济职业健康的报告，认可了零工从业人员独特的工作方式：一方面是短期非正式的工作关系，按需工作，以网络平台获取任务、以完成任务获取报酬；另一方面零工经济的特点是临时性、不可预见性、不规律、突然性和暂时性，高强度劳动的机会很高。工作保障低导致很多零工经济从事人员存在压力、焦虑和过度疲劳的问题。平台公司把工人视作独立承包者、个体户或自雇者，当平台公司利用科技平台增强对工作分配的控制时，这些灵活性高的工作往往存在一定的负面健康安全因素，比如有关的工作疲劳、非正式劳动引起的精神压力，当这些从业人员独立完成工作时，缺乏必要的管理组织也会导致相应的健康和安全隐患。

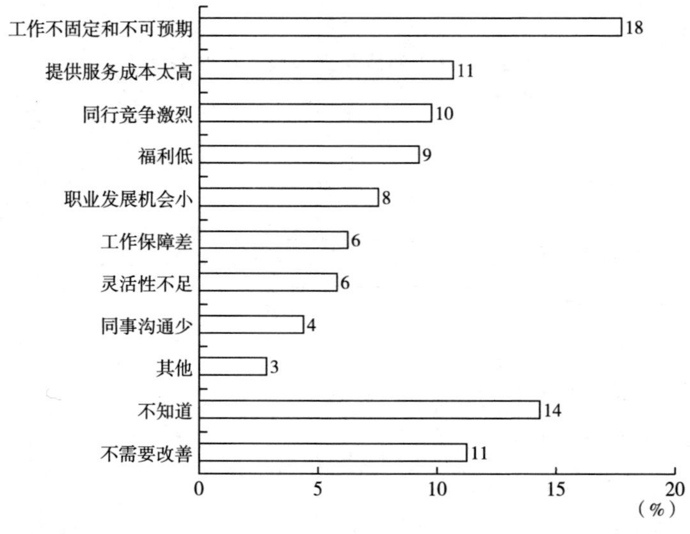

图 6　零工经济从业人员面临的主要问题

数据来源：BEIS 2018。

四　零工经济发展与劳动关系实践

受新冠肺炎疫情的持续影响，社会各界对电子商务、在线购物和物流配送业务的需求大大增加，促进了零工经济的进一步发展。由于高度灵活并与互联网数据平台结合，这种新型的劳动用工形式对劳动关系理论和实践的发展有很重要的启示作用，吸引了理论界不断更新相关的研究与探索。从内涵上讲，零工经济这种新的、非常态的经济模式为大量从业人员提供了一种新的工作方式，促进了大量关于模式监管、规制方式和劳动关系的讨论。从理论上讲，零工经济打破了传统工作的组织方式和雇佣关系模式，提供了一个新的雇佣或劳动关系的平台。有学者认为零工经济的劳动过程是资本主义经济模式的新发展，也有学者通过对用工制度演变的分析，着重研究了从业人员的集体意识和组织模式。由于个体化、分散化和高科技监控管理，零工经济从业人员更加难以被有效地组织起来、并形成集体力量与平台公司抗衡。但最近的一系列的发展说明，平台工人集体行动和组织的案例并不罕见，工会组织的发展也逐渐扩大，为拓展劳动关系研究提供了新的阵地。当然，因为零工经济分散、多样和灵活的特点，掌握从业人员对自身劳动条件和集体意识的看法具有相当的挑战，这对研究者开拓新的专题研究设置了障碍。

零工经济的内涵是各界争论的主要焦点之一。狭义的概念指在线平台中介下的独立任务，而广义上来讲所有独立完成的工作任务，包括线下和在线，都可以归纳为零工经济。在零工经济的规制问题上，主要的争论在于由谁来监管在线平台，如何界定和监管从业人员，如何定义有偿和无偿的零工经济工作任务，以及如何区分零工经济工作收入和共享财产收入。理论方面的主要争议在于是创新劳动关系理论框架，还是利用已有理论范畴比如劳动过程分析理论来讨论零工经济的新问题。

零工经济从业人员的身份是各界争论的另外一个主要焦点。因为法律上仍然没有清晰的界定，和世界上大部分地区一样，英国零工从业人员的劳动身份及其延伸的含义存在争议：是劳动或雇佣关系的一部分、还是一种独立承包的商业关系。尽管如此，随着工人运动的发展和争议案件判例的出台，近年来零工经济从业人员的身份问题已经在英国取得了一定的突破。这些案例的核心争议是零工人员身份属于雇员、工人、还是自雇人员。在英国独特的劳动制度中，从业人员被分为三类，第一类叫雇员，指签订劳动合同、正常定期工作的人，雇员拥有受法律保障的雇佣权益和福利，但必须完成工作任务。第二类叫工人，通常为临时雇用，签订“服务合同”为“实施任何工作或服务的人”，并享受部分权益，除非同意可以不必须完成工作任务。第三类叫自雇人员（Self-employed），这部分人只能享受很少部分劳动关系保护和福利。

近年来在近千起涉及零工经济的劳动权益法律争议案件中，引起关注的问题主要是围绕从业者身份和劳工福利展开。2019 年，物流货运公司 Yodel 与网约车司机关于工人身份的争议被送到沃特福德劳动仲裁庭，该法庭接着向欧洲司法法庭（ECJ）查询。EJC 于 2020 年以欧洲《工作时间法案》为依据做出答复，认为物流配送的任务和时间性质本身并不构成雇佣、工人身份的必要条件。这个答复对货运公司有利，但法庭并没有进一步澄清工人身份。在这些案件中，最有影响的是英国 Uber 司机的劳动权益法律争议一案。2015 年两名前 Uber 司机起诉该公司，要求承认他们享有基本的劳工权益，包括最低工资和带薪年假。2016 年 11 月一家英国劳动仲裁法庭判定司机胜诉。Uber 拒绝承认自己同传统出租车公司相同，认为网约车公司是通过打车软件和个体自由职业司机联系，这些司机应该是自雇人员而不必受约束而必须登录派单平台、随时可以拒绝派单，高度自主。在劳动仲裁上诉法庭和英国上诉法院分别与 2017 和 2018 年维持原判后，Uber 继续上诉。最终在 2021 年 2 月 19 日，英国最高法院通过最终判决，维持原判，支持两名司机，认定他们属于公司员工（Worker），应该由公司提供不低于法定最低工资的薪酬、法定休息时间和带薪假等员工待遇。

Uber 司机起诉一案的最终判决引起社会各界广泛关注，支持司机的工会组织称赞改判决是零工从业人员的一次里程碑式的胜利并改变零工经济模式，而 Uber 公司则声称判决会导致成本上升。因为这是法律上第一次明确认可数字平台零工从业者的劳动者身份地位，说明网约车司机并非独立承包商或自雇者，而判决的原因是网约车公司对司机的劳动或工作时间有影响或控制权。判决之后，Uber 公司声明会给所有司机不低于最低工资的薪酬并向起诉的司机支付赔偿。而其他平台公司也迅速跟进，比如大型送餐平台 Just Eat 已经开始准备提高送餐员待遇，并由 2021 年年底按照工人待遇开始提供法定最低工资、病假酬金和带薪假。

Uber 司机起诉案例给社会各界提供了一次重新审视零工经济的机会。2021 年 5 月，英国的养老金规管部门发出呼吁，建议平台公司考虑向工人提供至今仍未开始覆盖的养老保险。2021 年 4 月 14 日，Uber 欧洲总部所在地阿姆斯特丹地区法院判定 5 名被 Uber 解约的英国司机重新上岗，判决声明 Uber 司机是因错误信息被软件平台自动解约，公司没有提供正当理由。2021 年 4 月 22 日，英国上诉法院判决网约车平台 Addison Lee 的司机身份为“工人”，可能会使该公司为每位司机提供平均 1 万磅的赔偿金，并开始享受最低工资和带薪假。

作为新的商业模式和管理手段，零工经济工作具有零散、独立、分散的特点，工会组织覆盖率低，参会率和会员率都比较低，但英国工人在发展集体组织的道路上进行了不断的探索，并取得了一定的成绩。比如新工会组织英国独立工人工会（IWGB）已经有 3000 多名会员，积极吸纳低收入群体、新移民、零工时人员入会，多次举行在线接力集会，并以帮助 2021 年 Uber 司机取得最终胜诉、赢得具有历史意义的诉讼而闻名。平台司机和送货工人工会（App Drivers & Couriers Union）成立于 2015 年，是最大的网约车司机工会，会员达数千人。拥有 4800 名会员的世界联合建言工会（United Voices of the World）也颇有影响。GMB Union 是英国最大工会之一，传统上以白领产业工人和服务业工人会员为主，近年来也在零工经济领域比较活跃。

在发展工会组织的同时，零工经济从业人员不断以集体行动增强自身力量、向资方施加压力以改善工作条件和待遇。尽管平台公司不愿承认，从业者仍然比较容易认同自身的工人身份，认可形成事实的雇佣关系，而他们的集体行动和普通劳动关系中相类似，仍然可以用人群聚集、物理集体行动和对平台公司施加压力等方式达到自己的目标。比如在 2018 年 9 月 19 日，因 Uber Eats 平台减少送餐费 40%，数百名送餐员举行罢工，地点包括伦敦、卡迪夫、格拉斯哥等地。2019 年 5 月 9 日，为响应 Uber 全球大罢工的号召，伦敦、伯明翰、利物浦、格拉斯哥等地的网约车司机停工集会向资方施压，形成一定的规模和影响。

Deliveroo 是英国最大的送餐平台之一，近年多次爆发集体劳动争议和冲突。2016 年 8 月 11 至 16 日，因公司计划减少送餐费，伦敦 Deliveroo 送餐员举行 6 日罢工，迫使公司收回政策。2019 年 8 至 9 月，Deliveroo 送餐员多次停工或集会反对公司改变薪酬结构，降低最底待遇并要求加薪、给予带薪假和病假待遇。2021 年 4 月 8 日，400 名该公司送餐员在公司伦敦总部集会，要求提高薪酬、改善工作条件和福利待遇。在组织方式上平台公司工人利用科技手段创新组织方式，比如优步的网约车司机就利用自建手机讨论“看不见的组织”来加强联络，并成立“私人司机联合会”的工会组织，同时也继续依靠传统大工会比如 GMB Union 来扩大影响。

五　零工经济发展与劳动关系研究

由于零工经济和平台公司在英国的蓬勃发展，劳动关系学界对由此引发的从业者身份问题和集体劳动争议事件，加大了关注度，并在信息平台、算法管理、劳动过程分析以及劳动关系政策和理论发展趋势方面进行了一系列的研究。因为数据不足以及口径和定义缺失，政府和学术界缺乏有效的零工经济规模统计，系统分析零工经济的有效框架比较薄弱，但学界普遍的共识是应该及时跟进零工经济的迅速发展和研究数百万从业人员的劳动问题。

与大部分传统行业不同，平台公司管理平台的核心靠的是数字与互联网科技的迅猛发展，所以研究人员特别关注数据平台对员工管理的革新和争议。在平台信息科技发展方面，De Stefano、Vallas 和 Schor 概括了数字平台与零工经济的主要进程，Briken 和 Taylor 讨论了平台公司如何更新科技来监控管制工人、确保劳动生产率，并以亚马逊公司在仓储物流现场安装员工个人跟踪装置，以计算机自动算法管理来监控和提高绩效和生产管理。Duggan 等人和 Wood 等人讨论了泰勒科学管理制在数字平台的背景下增强对工人管控的应用。

最近在一些平台经济企业中兴起的算法管理也引起了理论界的关注。这些企业利用算法软件进行自动化组织管理，包括工作安排、优化和评估，也包括标准化管理、员工行为标准化评估和奖惩合作管理。与传统的生产管理相比，算法管理呈现出强大的技术特征并体现在三个方面：程序主导的工作、众筹式工作和资本平台工作。算法管理原则也用于通过员工手持设备、手机和计算机进行自动化、标准管理，而且自动化程度越高，算法系统软件越趋向取代管理人员。算法管理可以为企业带来标准化加快和管理效率的提升，但也会因为减少人性化管理、个性化技术运用而失去管理的灵活性。运用不当可能会出现工作环境恶化，而且会加快增加劳动关系中的不确定因素，比如亚马逊仓公司的算法管理就引起争议，因为机械化的算法管理会引起员工对管理公正性、信任度的质疑，并产生负面情绪反应。在实践过程中，算法管理在外包、分包、代理和数字雇佣平台中常常引起劳动争议，需要有相应的政策对应来确保工人的利益。

在传统劳动关系文献中，劳动过程理论研究占有非常重要的地位。在对零工经济的讨论中，劳动过程分析框架也被学者们多次应用。Gandini 认为，劳动过程理论作为马克思主义的一个重要组成部分，可以帮助我们增强对数字平台所代表的劳资关系的中介作用的理解，并有助于揭示数据和平台结构如何将劳动力转化为商品的本质。通过对零工经济的生产节点、情绪情感劳动和控制的分析，劳动过程理论认为数字平台调节了劳动供给，客户反馈、排名打分成为管理和监控工人的手段，在数字平台上基本的资本主义生产矛盾导致持续的劳资冲突。比如 2016 年伦敦送餐平台公司 Deliveroo 实施新的薪酬架构导致工人收入减少，数百名工人举行连续 6 天的停工集会，抗议公司政策，并得到两个工会组织的支持。劳动过程中的工资收入、工作稳定和公司控制是导致此次对抗的根源，停工事件也显示了送餐平台配送人员的团结意识和集体抗争的决心，但也同时显示在数字平台的背景下，集体行动受到技术控制、分散组织、集体行动参与率低等因素的制约。此次事件说明，尽管有个体化的束缚，送餐人员也可以利用科技手段比如互联网召集会议来增强联合，并以新的方式扩大集体意识，采取低风险、高曝光率的集体行动来赢得胜利。同时，平台人员抗争的案例也说明，集体抗争的发展并非一定要依靠传统工会组织，而是与工人组织意识的培养、方法的创新和多种环境因素紧密关联。

另外一个理论视野关注数字平台工作分配机制及其影响。由于市场调节的、开放式的数字平台经济是以外判工作为主导，工作质量差和远程零工工作比较常见，同时还要受到日益加紧的数字控制，而工人缺乏必要的社会接触和群体支持，同时还要受到缺乏资源和工作低保障的威胁，这使得他们的市场议价力量比较分散和薄弱。远程数字平台经济从业人员主要有两种，一种是从事“众筹工作”的人员，另一种是从事“平台自由职业”的人员。传统上这些人员被当为自由或自雇职业者，他们与平台公司的关系被视为市场或客户关系，而非雇佣关系。尽管远程平台工作高度灵活，为从业人员提供了选择平台、工作时间、任务、类型和方法的自主权，但也会因为工作任务量缺乏保证而导致收入低，而工作独立和灵活特性也意味着孤立、常常非自然时间工作、甚至过度劳累等问题。

Wood 和 Lehdonvirta 研究了远程平台从业人员的集体劳动关系问题。远程平台经济的性质导致了从业人员对平台公司高度依赖，使他们成为某种意义上的“顺从性团体”而服从平台；虽然远程平台人员独立工作、缺乏集体互动，他们也会因为种种原因与平台公司产生矛盾，比较突出的是三种结构性的冲突原因：报酬、竞争和发生机制，由此导致的集体行动有其双重的逻辑：这种顺从的代理性质导致远程人员期盼集体代表、更多的发声机制、甚至组织工会；同时也保留他们同客户的市场和经济关系。

体面劳动是联合国可持续发展目标之一，但相对于传统行业的员工来讲，零工经济从业人员面临一系列身份和工作管理的问题，使得体面劳动讨论的意义更为重要。为增加竞争力和盈利能力，数字平台公司日益加强控制和管理，导致很多零工从业人员在拥有更多灵活性、自主性和多变性的工作任务的同时，也需要面对低工资、社会孤立、反自然工作时间、非规范时长、过劳、睡眠质量差和疲惫等普遍存在的问题。但体面劳动的最初定义由于过于宽泛、难以衡量，有学者建议将数字管理而非传统人工管理作为出发点，以数据和劳工身份为重点，指定了公平工作框架，分为四个方面的标准：公平薪酬、公平工作条件、公平合同、公平管理和公平代表来衡量零工经济的体面劳动水平。根据公平工作的框架，牛津大学研究人员以满分 10 分给英国的大型平台公司的公平工作质量打分，发现著名的网约车 Uber 和送餐平台 Uber Eats 得分很低，只有 2 分，而自行车物流出租公司 Pedal Me 因为注重员工利益而得到最高的 8 分；通过分析和社会监督公平工作等级，研究人员希望给出改善的政策和实践建议，用来增加平台公司公平工作和体面劳动的水平。

作为未来工作的一个重要组成部分，零工经济的劳动和雇佣问题也日益受到重视。在实践过程中，受到最近平台公司劳动法律纠纷案例判决的影响，从业人员的工作性质将更加清晰，将有更多从业人员跟进和寻求法律解释，会影响到更多从业人员可以享受劳动权益。因为在争夺控制权、个人服务以及相互责权利方面平台公司与从业人员存在着各种冲突和矛盾，将来会有更多劳动争议，劳动权益的争夺也会带来集体争议案例增多。工会组织在零工经济的组织会逐渐扩大，增加从业人员的维权手段，但近期在工会组织没有健全的情况下，集体抗争仍将以非组织化、零星的野猫行动为主。同时平台公司的反应也值得关注：是将从业人员劳动权益增加的部分转嫁给消费者、比如提高收费，还是以“优步化”（Ubernisation）的趋势来加强技术手段和控制劳动过程？

理论界对零工经济的跟进思考也呈现出多样化。在劳动关系框架方面，研究集中在法律规制的更新和应对方面，包括抗争、寻求建会、代表、发声和集体谈判，线上抗争与互联网的作用，以及新型小规模工会的组织与传统工会在零工经济的参与，等等。在政策方面，理论界的焦点包括继续澄清从业人员身份和待遇问题，分析新冠肺炎疫情与零工经济发展，以及体面、公平的零工经济劳动问题等。

六　结语

新冠肺炎疫情虽然影响英国经济，但也为电子商务和零工经济的迅速发展提供了一次良好的机遇，促进了就业市场的进一步转变。总体上来讲英国的零工经济仍在发展阶段，规模尚未成为主流，但由于零工经济的前景十分看好，从业人员的大量增长也引发了各种新的矛盾和问题，特别是零工人员的身份问题、劳动关系的界定问题、以及管理过程中出现的各种新型控制与反制的冲突问题，需要在政策理论方面继续探索和规范。尽管重重困难，零工从业人员已经逐渐组织起来加入工会，新的压制与反抗的动态关系已经形成，集体化的劳动关系逐渐显现。展望未来，英国的零工经济仍将持续快速发展，由此引发的理论和实践影响将愈加重要。可以预见，零工经济这种新业态经济模式必将进一步扩大规模，新型数字化劳动关系的实践与理论问题也值得进一步跟踪和探讨。

参考文献

ACAS：Checking your employment rights：Types of employment status. Advisory，Conciliation and Arbitration Service. https：//www. acas. org. uk/checking-your-employment-rights

Adams，A.，Freedman，J.，&Prassl，J. Rethinking legal taxonomies for the gig economy. *Oxford Review of Economic Policy*，2018，34（3），475-494.

BBC：What is the ‘gig’ economy? BBC News，10 February 2017. https：//www. bbc. co. uk/news/business-38930048

Ayentimi，D. T.，& Burgess，J.（2021）Working in the Gig Economy：Drivers and Challenges. SAGE Publications：*SAGE Business Cases Originals*.

BEIS：The characteristics of those in the gig economy：final report. Department for Business，Energy & Industrial Strategy. February 2018.

CIPD：Labour market outlook surveys. 15 November 2021. Chartered Institute for Personneland Development. https：//www. cipd. co. uk/knowledge/work/trends/labour-market-outlook#gref

Doherty，M.，& Franca，V. Solving the ‘gig-saw’? Collective rights and platform work. *Industrial Law Journal*，2020，49（3），352-376.

Duggan，J.，Sherman，U.，Carbery，R.，& McDonnell，A. Algorithmic management and app - work in the gig economy：A research agenda for employment relations and HRM. *Human Resource Management Journal*，2020，30（1），114-132.

Edward, W. TheUberisation of work: the challenge of regulating platform capitalism. A commentary. *International Review of Applied Economics*, 2020, 34 (4), 512-521.

Employee Benefit (2021) Just Eat to offer minimum pay, holiday and sickness rates. https://employeebenefits. co. uk/just-eat-minimum-pay-holiday-sickness/

Fairwork UK Ratings 2021: Labour Standards in the Gig Economy, Oxford.

Gig workers should get pension rights now, says regulator. 19 May 20201, *Financial Times*.

Funtitech: Uber ordered six drivers to be revived by an automated process, 15 April 2021. https://fuentitech. com/uber-ordered-six-drivers-to-be-revived-by-an-automated-process/13328/

Gandini, A. Labour process theory and the gig economy. *Human Relations*, 2019, 72 (6), 1039-1056.

Guardian: UK economy to suffer £ 700bn output loss due to Covid and Brexit, thinktank warns. https://www. theguardian. com/business/2021/may/10/uk-economy-to-suffer-700bn-output-loss-due-to-covid-and-brexit-thinktank-warns. Accessed 20 November 2021

Guardian: Uber drivers entitled to workers' rights, UK supreme court rules, 19 February 2021. https://www. theguardian. com/technology/2021/feb/19/uber-drivers-workers-uk-supreme-court-rules-rights

Healy, J., Nicholson, D., &Pekarek, A. Should we take the gig economy seriously? . Labour & Industry: *a journal of the social and economic relations of work*, 2017, 27 (3), 232-248.

Heeks, R., Graham, M., Mungai, P., Van Belle, J. P., & Woodcock, J. Systematic evaluation of gig work against decent work standards: The development and application of the Fairwork framework. *The Information Society*, 2021, 37 (5), 267-286.

HSE: Understanding the health and safety implications of the gig economy, Health and Safety Executive.

Huws, U., Spencer, N. H., & Coates, M. (2019) Platform Work in the UK 2016-2019. In Brussels and London: Foundation for European Progressive Studies and the Trades Union Congress.

IFS: UK economic outlook: the future isn't what it used to be. Institute for Fiscal Studies. https://ifs. org. uk/publications/15691

IMF: World Economic Outlook. International Monetary Fund. Accessed 15 October 2021

Johnston, H., & Land-Kazlauskas, C. (2018) Organizing on-demand: Representation, voice, and collective bargaining in the gig economy. Conditions of work and employment series, *International Labour Organization*, Geneva.

Joyce, S., & Stuart, M. (2021) Digitalised management, control and resistance in platform work: a labour process analysis. In *Work and Labour Relations in Global Platform Capitalism*. Edward Elgar Publishing.

Kaine, S., & Josserand, E. The organisation and experience of work in the gig economy. *Journal of Industrial Relations*, 2019, 61 (4), 479-501.

Katta, S., Badger, A., Graham, M., Howson, K., Ustek-Spilda, F., & Bertolini, A. (Dis) embeddedness and (de) commodification: COVID-19, Uber, and the unravelling logics of the gig economy. *Dialogues in Human Geography*, 2020, 10 (2), 203-207.

Koutsimpogiorgos, N., Van Slageren, J., Herrmann, A. M., & Frenken, K. Conceptualizing the Gig Economy and Its Regulatory Problems. *Policy & Internet*, 12 (4), 2020, 525-545.

Lee, M. K. Understanding perception of algorithmic decisions: Fairness, trust, and emotion in response to algorithmic management. *Big Data & Society*, 2018, 5 (1) 1-16.

Mayhew, K., & Anand, P. COVID-19 and the UK labour market. Oxford Review of Economic Policy, 2020, 36 (Supplement_1), S215-S224.

McKinsey: The future of work after COVID-19. McKinsey Global Institute, February 2021.

Myhill, K., Richards, J., & Sang, K. Job quality, fair work and gig work: the lived experience of gig workers. *The International Journal of Human Resource Management*, 2020, 1-26.

Newlands, G. Algorithmic surveillance in the gig economy: The organization of work throughLefebvrian conceived space. *Organization Studies*, 2021, 42 (5), 719-737.

ONS: Labour market overview, UK: November 2021. Office for National Statistics. https://www.ons.gov.uk/employmentandlabourmarket/peopleinwork/employmentandemplo-yeetypes/bulletins/uklabourmarket/november2021. Accessed 20 November 2021

People Management: European court issues 'worker' status clarification in Yodel tribunal case, 4th May 2020. https://www.peoplemanagement.co.uk/news/articles/european-court-issues-worker-status-clarification-yodel-tribunal-case#gref

Personnel Today: Addison Lee drivers are workers, Court of Appeal confirms, 23 April 2021. https://www.personneltoday.com/hr/addison-lee-v-lange-and-others/

Resolution Foundation: Labour market outlook Q2 2021. https://www.resolutionfoundation.org/publications/labour-market-outlook-q2-2021/

Reuters: Uber to give UK drivers workers' rights after court defeat. 16 March 2021. https://www.reuters.com/world/uk/uber-give-uk-drivers-workers-rights-after-court-defeat-2021-03-17/

Stewart, A., & Stanford, J. Regulating work in the gig economy: What are the options? *The Economic and Labour Relations Review*, 2017, 28 (3), 420-437.

Tassinari, A., & Maccarrone, V. Riders on the storm: Workplace solidarity among gig economy couriers in Italy and the UK. Work, *Employment and Society*, 2020, 34 (1), 35-54.

Times: Brexit deal is finally done, Boris Johnson announces. 25 December 2020. The Times. https://www.thetimes.co.uk/article/brexit-deal-is-finally-done-boris-johnson-announces-vclmgmzn9

Tirapani, A. N., & Willmott, H. (2021) EXPRESS: Revisiting conflict: Neoliberalism at work in the gig economy. *Human Relations*, 00187267211064596.

TUC: Seven ways platform workers are fighting back. Trades Union Congress: London. https://www.tuc.org.uk/sites/default/files/2021-11/Platform%20essays%20with%20polling%20data.pdf

UK Government: Coronavirus (COVID-19) in the UK: Vaccinations in the United Kingdom. https://coronavirus.data.gov.uk/details/vaccinations

Wood, A. J., Graham, M., Lehdonvirta, V., & Hjorth, I. Networked but commodified: The (dis) embeddedness of digital labour in the gig economy. *Sociology*, 2019, 53 (5), 931-950.

Wood, A. J., Graham, M., Lehdonvirta, V., & Hjorth, I. Good gig, bad gig: autonomy and algorithmic control in the global gig economy. *Work, Employment and Society*, 2019, 33 (1), 56-75.

Wood, A. J., Martindale, N., &Lehdonvirta, V. (2021) Dynamics of contention in the gig economy: Rage against the platform, customer or state? . *New Technology*, Work and Employment. DOI: 10.1111/ntwe.12216

第十四章　疫情时代法国数字用工制度

——以平台用工为例

韩　壮*

摘　要： 以平台送货和网约车为主的平台用工在新冠肺炎疫情期间发展迅速，但是平台劳动者的身份问题至今没有定论。虽然法国最高法院以平台用工具有服从性为理由，态度鲜明地赋予了平台劳动者以雇员身份，但是下级法院并没有完全追随最高法院的判例。政府方面也十分希望维持平台劳动者独立身份，为此咨询了许多专家；众参两院的议员也提出了许多立法议案，但各种方案都存在可行性问题。故此，政府目前积极促进组建平台劳动者代表组织，希望通过双方对话改善平台劳动者的工作条件和社会福利，同时强制平台公司公开信息，以此作为进一步规制平台用工的依据。然而法国政府的意愿面临欧盟法的制约：欧洲议会和欧盟委员会正在筹备立法措施，要求成员国在平台用工领域内适用雇佣关系推定原则。

关键词： 平台用工　雇佣关系　独立经营者　雇员

平台用工是指以网络平台公司利用网络通信技术接受客户的订单，并将其交给网约工去完成的一种用工方式。平台用工的领域非常宽泛，可以涉及第三产业部门的很多方面，诸如家政、日常维修、清洁卫生、学生辅导、老

---

* 韩壮，法国普瓦捷大学国际法研究所研究员，主要研究方向为比较法。

弱的看护。就法国目前情况而言，比较常见平台的用工主要是平台送货（外卖送餐）和平台租车（网约车）。平台送货主要是指网约工通过移动互联网平台接收客户订单，同时根据平台的要求将订购物品送至指定地点的运送服务。而网约车则是指网约司机通过互联网平台接收客户预约，同时根据平台的要求将约车客户送至指定地点的运送服务。新冠肺炎疫情以前，这两个行业内集中了20多万劳动者。[①] 2020年3月，新冠肺炎疫情在法国本土暴发后，法国政府采取的措施在不同程度上限制了人们的行动自由（从全面封国到宵禁等），对平台送货的依赖大大增加，导致这一行业的业务量迅速增长。[②]

平台用工这一新鲜事物的出现和发展提出了其法律性质的问题。传统上，法国劳动法将劳动者[③]分为雇员[④]和独立经营者[⑤]。雇员服从于雇主的指挥权、监控权和惩罚权，同时有权享受劳动法规定的带薪假期、加班工资、最低收入以及劳动卫生与安全保护措施等。独立经营者无权享受这些保护，但是也不受他人指挥，有独立的经营权，可以自主确定服务价格，自己决定处理日常业务。而平台上的劳动者究竟是属于雇员还是独立经营者至今不能确定。

一　平台用工引出的法律问题

网约送货和网约车这两种平台用工方式均在2010后出现在法国。网约车平台以优步（Uber）公司为代表；网约送餐平台则有Just Eats、Deliveroo、Fodoora等品牌。

法国最早的网络平台纠纷案因经营网约车的优步公司引起。优步公司2009年成立于美国，总部位于加州旧金山，以移动应用程序连接乘客和司机，提供租车及实时共乘的服务。2012年优步在法国开展业务，并招募司机。根据优步

① Damien Babet, Le marché du travail en 2017, *Insee Références*, édition 2018, p. 23。

② Adeline Daboval, Livraison de repas: comment la crise du Covid-19 a boosté le secteur, in*Le Parisien*, 23 février 2021。

③ 法语是Travailleur。

④ 法语是Salarié。

⑤ 法语是Travailleur indépendant。

的要求，申请加入其网络的司机除需要通过专业驾驶技能考核以外，还必须以“独立经营者”（个体商人或个人公司）的身份与优步建立“合作关系”。

优步公司经营的网约车与传统的出租汽车形成正面业务竞争，遭到后者的激烈反对，多次游行抗议,[①] 迫使当局介入。2014 年 10 月 1 日议会根据政府的提案通过法律，禁止网约车在路边停车揽客，禁止设立网约车站点，禁止网约车在其本车库以外的固定地点候客（如车站，机场等），力图将网约车的业务限制在网络上。同时建立了行业准入规范：职业培训，考试取得网约车驾驶执照，网约车经营者身份登记，购买载客保险；汽车至少有 4 门 4 座和 115 马力，使用年限不得超过 6 年等。该法律基本是将网约车司机视为独立经营人，没有考虑其成为雇员的可能。

在议会试图规范网约车的同时，政府向平台公司施压，指示社会保险费征收机构（URSSAF）对优步公司进行调查。[②] 社会保险费征收机构认为，优步公司与使用其平台载客的网约司机间存在服从关系（Lien de subordination），属于雇佣关系性质，要求优步公司为司机补缴数百万欧元的社会保险费。在遭到优步公司拒绝后，社会保险费征收机构于 2015 年年底将优步告至社会保障事务法院（TASS）。同时，社会保险费征收机构还在媒体做了广泛宣传。尽管社会保险费征收机构的追缴决定后来因为程序问题而没有结果，但此案毕竟提出了平台用工中的劳动问题，也启发了网约工和他们的顾问。从此，要求认定网络平台与网约工的雇佣关系的声音越来越响。

这里需要说明的是，根据法国判例法，劳动合同存在与否不取决于当事人的意愿或对所提供服务的定性，而取决于劳动者的实际工作条件。[③] 换句话说，雇佣关系的存在与双方对合同的命名（“合作协议”或“劳动合同”）无关，是否属于劳动合同要根据事实确定。而这一事实的核心就是

① Mounia Van de Casteele, Grève des taxis: le conflit expliqué en 10 points, La Tribune, 26 janvier 2016。

② 社会保障组织总署（ACOSS）:《2016 年 7 月 19 日全国讨论会会议记录》，第 20 页（ACOSS, Procès-verbal de l' instance national de concertation du 19 juillet 2016, P. 20）。

③ 参见法国最高法院 1983 年 3 月 4 日第 81-11. 647 号和第 81-15. 290 号判决。

双方的关系是否具有服从性。

服从性的确定标准始于1931年法国最高法院著名的“巴尔杜案”[①]。最高法院在其判决中认为：“雇员的身份必然意味着劳动者与雇用他的人存在着法律上的服从关系。”这一判例被普遍遵守至今。

所谓“法律服从性”后经法国最高法院在1996年著名的兴业银行判例得到更详细的定义。法国最高法院在该案判决中指出：“服从关系的特点在于，工作是在雇主的权威下完成的。雇主有权力发出命令和指示、监控该命令和指示的执行并惩罚下属的失职行为”。[②]

自2015年后，网约工与平台公司的关系是否具有“法律服从性”这个问题引起了一系列的诉讼，成为劳动法领域的核心问题，也引起了政府和议会的关注。

二　平台用工诉讼

网约用工诉讼在法国内部引起了很大分歧。不仅地方法院中有分歧，而且还非常罕见地出现了地方法院对抗最高法院判例的情况。

（一）地方法院的态度

由于网约平台公司总部多设立在巴黎，所以巴黎劳动法院[③]和巴黎上诉法院便成为网约工与网约平台交锋的主要场所。而首先要解决的是管辖权的问题。在2015年6月1日、[④] 2016年11月17日[⑤]和2018年6月28日[⑥]的

① 参见法国最高法院1931年7月6日第D. H. 1931. 489号判决。

② 参见法国最高法院1996年11月13日第94-13. 187号判决。

③ 法国劳动法院（Conseil des prud'hommes）是独立于民事、刑事和商事法院等常规法院的特殊司法机构。法官由劳动者和雇主方面分别选出的代表担任，均非专业法官。审判庭由劳动者和雇主人数相等的代表组成。对劳动法院判决不服者可以到上诉法院上诉。

④ 参见巴黎劳动法院2015年6月1日第F14/7887号判决。

⑤ 参见巴黎劳动法院2016年11月17日第F16/04592号判决。

⑥ 参见巴黎上诉法院2019年1月10日第18/08357号判决。

裁决中，巴黎劳动法院都拒绝接受自己对网约车司机与网约平台纠纷的管辖权，认为此类纠纷不属于劳动纠纷，而是商业纠纷，从而间接否认了网约车司机的雇员身份。

而在另一个案件中[①]，巴黎劳动法院的四名主审法官[②]无法就管辖权问题达成认同，出现了两票对两票的局面，只得要求大审法院[③]另行指派一名法官加入法庭主持审判[④]，方打破了僵局。重新组成的巴黎劳动法院于2016年12月20日做出判决。首先，法院认为对网约车司机的起诉具有管辖权。其次，法院重审了《民法典》第1315条的规定：举证责任由提出主张的一方承担，因此主张雇员身份的原告需要证明他服从于Voxtur平台公司的指挥和监控。在此基础上，法院认为：起诉人提供的资料表明，其所承担的义务远远超过了简单的车辆租赁关系。网约平台在与司机签订的合同中的排他条款，特别是禁止网约车司机接运散客，禁止司机与其他公司合作等限制在事实上导致网约车司机完全依赖于网约平台。法院认为："不能接待其他客户是维持独立经营者身份的严重障碍"。据此，将原告重新界定为Voxtur网约平台公司的雇员。[⑤]

网约平台公司败诉后将案件诉至巴黎上诉法院。巴黎上诉法院在2017年12月13日判决中确认了网约车司机在网约平台公司的雇员身份。[⑥]

巴黎上诉法院认为："在他与Sas Voxtur的合作中，他实际上只有一个客户，只能接送LeCab平台的乘客，对定价策略没有影响力或决策权，只能被动接受；他没有权力选择驾驶车辆的类型，只能接受上诉公司单方决定；他只能使用上诉公司提供的技术手段；他没有任何办法决定营运时间；他完

① 参见巴黎劳动法院2016年12月20日第14/16389号判决。

② 法国劳动法院的审判庭由劳资双方各选出两名业余法官组成。

③ 大审法院（Tribunal de grande instance）为"普通法院"，负责审理不属于特殊法院管辖的案件。

④ 法律规定，如果巴黎劳动法庭出现票数平等的僵局，则应向大审法院要求指派职业法官主持审理。

⑤ 参见巴黎劳动法院2016年12月20日第14/16389号判决。

⑥ 参见巴黎上诉法院2017年12月13日第17/00351号判决。

全属于LeCab旗下服务部门的一个成员，没有实际自主权。”“这样的合作，鉴于前面揭示的迹象，显然是服从性工作的范围”。法官据此断定，网约平台提供的格式合同中的排他条款无非是掩盖雇佣网约车司机的遮掩手段：“经过法院仔细梳理分析的合同内容表明，以‘独立经营者’和‘加盟成员’双重身份与Sas Voxtur公司签约的B. F. 先生在所谓的业务自由组织中没有自主权；上诉人设计的制度是为了规避关于雇用方面的强制性法律规范”。

因此，排他条款以及网约工对网络平台的依赖性便成了巴黎上诉法院判定雇佣关系的标准。根据这个标准，巴黎上诉法院于2016年1月7日、[①] 2017年4月20日、[②] 2017年11月9日[③]驳回了网约工的雇佣身份诉求。

面对法院对网约平台模式的上述解释，法国议会于2016年12月29日通过了格朗吉约姆法律[④]，禁止网约平台公司在格式合同中规定禁止网约工从事竞争业务的排他条款。比如禁止网约车司机以任何方式（与网约平台公司的竞争对手合作或者自由接运散客）从事其他个人业务。格朗吉约姆法律实施后，网约平台公司在格式合同中此后不再附带排他条款。网约车司机要求重新界定身份的诉讼有所减少，但是送餐工依然有认定雇佣关系的强烈诉求。Take Eat Easy案件就是在这样的背景下发生的。

拥有网络送餐平台的Take Eat Easy公司于2016年1月13日与B. D. 先生签订了合作性质的“服务协议”[⑤]，并要求B. D. 先生注册为独立经营者，[⑥] 然后以独立经营者的身份签约。很快，Take Eat Easy公司便遇到经营困难，并于2016年8月30日被法院宣布破产。作为独立经营者的B. D. 先生不享有应发报酬在破产期间的保障，也无权领取失业救济金。B. D. 先生向巴黎劳动法院提起诉讼，要求法院将他与Take Eat Easy公司的关系重新

---

① 参见巴黎上诉法院2016年1月7日第15/06489号判决。

② 参见巴黎上诉法院2017年4月20日第17/00511号判决。

③ 参见巴黎上诉法院2017年11月9日第16-12875号判决。

④ Loi n° 2016-1920 du 29 décembre 2016。

⑤ 法文是Contrat de prestation de service。

⑥ 法文是Autoentrepreneur。

界定为雇佣关系，以求其权利在破产程序中得到更好的保护。

巴黎劳动法院在 2016 年 11 月 17 日的裁决中拒绝承认纠纷双方存在雇佣关系，宣布自己没有管辖权，建议将案件移送至巴黎商事法院审理。巴黎劳动法院的裁决得到巴黎上诉法院的确认。巴黎上诉法院的理由是："送餐员与平台没有任何排他或竞业限制关系，并且自由确定每周需要的工作时间段；如果他不想工作可以不选择任何时间段"。[①] B. D. 先生随上诉至最高法院。

（二）最高法院的判例

最高法院在 2018 年 11 月 28 日的判决中认为，Take Eat Easy 公司要求送餐者使用的用程序中有一个即时定位系统，用于公司和客户实时跟踪送餐者的位置。同时，Take Eat Easy 公司发给送餐者的《常见问题解答》（FAQ）中告诫送餐者：如果回复迟延、不能及时排除车辆故障、不戴安全帽、在指定区域外连接、辱骂调度员或客户、私自保存客户联络方式、送交迟延，等等，公司都会做出相应处理，直至取消送餐者在网约平台上的账户和链接。

最高法院认为，Take Eat Easy 公司发给送餐者的订单就是"指令"，通过定位系统实时追踪送餐者构成了对后者的"监控"，而《常见问题解答》中的有关取消送餐者在网约平台上的账户和切断网络链接就是"惩罚"权的行使。最高法院据此认定送餐者对 Take Eat Easy 公司存在服从性；他们的关系属于雇佣关系。[②]

2020 年 3 月 4 日，在优步公司与其网约司机的纠纷中，法国最高法院认为网约车司机的独立经营人的身份是"虚构的"，也将双方的关系判定为雇佣关系，[③] 将 2018 年 11 月 28 日的判例拓展到网络用工的更大范围。

---

① 参见巴黎上诉法院 2017 年 4 月 20 日第 17/00511 号判决。

② 参见最高法院 2018 年 11 月 28 日第 17-20.079 号判决。

③ 参见最高法院 2020 年 3 月 4 日第 19-13.316 号判决。

（三）地方法院的反应

法国最高法院2018年判例开始时得到下级法院，特别是巴黎上诉法院的遵守。巴黎上诉法院于2019年1月10日在审理优步公司与网约车司机的纠纷案中判定二者的关系具有服从性，认为双方的“合作合同”是“劳动合同”，理由是：

·网约车的价格按照约定由优步平台的系统算法确定，网约车司机不能自主决定；

·网约车司机必须服从系统的定位指示；

·网约车司机接受定位系统的控制；

·网约车司机须接受优步公司的惩罚，包括被切断与优步程序的链接；

·网约车司机不得在优步平台以外从事业务并建立自己的客户群；

·网约车司机进入平台的自由受到限制。[①]

同样，尼斯劳动法院也在2019年1月22日判决中将Take Eat Easy网络平台的网约工重新界定为雇员身份，因为：

·发自Take Eat Easy平台的数份电子邮件中含有包括惩罚在内的指示，尤其当网约工“缺乏可信度”的时候，将被“约谈”；

·网约工必须身着Take Eat Easy公司制服；

·网约工的送餐路线由Take Eat Easy公司单方决定；

·Take Eat Easy公司提供的SIM卡只能用于两个工作系统，并限于短信联络。[②]

但是，在2020年10月8日的两个判决中，巴黎上诉法院却背离了最高法院2018年的判例，接连两次否认了网约送餐工对网络平台的服从关系，驳回其雇员身份的诉求，理由主要是原告没有提供足够的证据，比如：

·劳动者没有证明他必须遵守一定的工作时间；

---

① 参见巴黎上诉法院2019年1月10日第18/08357号判决。

② 参见法国尼斯劳动法院2019年1月22日第F18/00668号判决。

·平台提供一套衣服和一部手机本事并不足以证明服从关系的存在；

·GPS 地理定位系统的使用并不足以证明存在雇主控制权或制裁权；

·劳动者没有个人客户的事实与服从关系的存在没有必然联系；

·合同中规定的终止条件不是惩罚权的表现，因为它与商业关系的终止并无不同。[①]

无独有偶，里昂上诉法院也在 2021 年 1 月 15 日的判决中否认了网约车司机与优步公司存在雇佣关系。[②]

巴黎上诉法院和里昂上诉法院的做法非同寻常。因为尽管最高法院的判例对下级法院没有强制约束力，但通常都会被后者遵守。而巴黎上诉法院却在非常近似的案件中拒绝依从最高法院的案例。表明上诉法院对雇佣关系证据的要求比最高法院更加苛刻，也揭示了法院体系内部对网络用工关系判定标准上存在的严重分歧。

三　平台用工的规制

（一）规制的探索路径

由于法国长期遭受高失业率的困扰，因此法国政府以及现任总统马克龙都对共享经济特别是平台用工寄予厚望，将其视为解决失业问题的突破口。总统马克龙还在担任财政部部长时就被媒体视作“优步的后盾”。[③] 因此，政府的态度偏向于维持网约工独立身份，认为网约工这种灵活就业方式能够增加工作机会。前文提到的 2014 年 10 月 1 日关于出租车和共享租车的法律，以及 2016 年 12 月 29 日通过了格朗吉约姆法律都将网约司机作为独立经营人对待，而这两个法律都是政府起草的。虽然，此后政府开始强化对网约工权益的保护，但这也是以保持其独立身份为前提的。值得注意的是法国政府一直拒绝介于独立经营人和雇员中间的“第三种制度”，认为这只能将

① 参见巴黎上诉法院 2020 年 10 月 8 日第 18/05471 和 第 18/05469 号判决。

② 参见里昂上诉法院 2021 年 1 月 15 日第 19/08056 号判决。

③ Agnès Laurent, Uber contre l' Etat: le grand carambolage, *L' Express*, 15 juillet 2016.

一条模糊的界限变成两条模糊的界限，区分会更复杂。[①] 因此，改革思路是，在坚持网约工独立身份的条件下对现行制度进行修补，主要目标是改善网约工的待遇。

尝试始于 2018 年 6 月 7 日政府提交议会讨论的法律提案。提案中，政府一方面试图强化平台公司的“社会责任”，督促平台公司制定“章程”，分享信息，与网约工协商报酬和工作条件以及社会保险待遇，另一方面又强调双方共同确定“平台预期的服务质量以及可以导致平台与工作者之间商业关系终止的情形”。此外还提出：一旦平台公司的“章程”通过了行政审查，则可以构成双方关系不具有服从性的推定；双方的纠纷不再属于劳动法院管辖，而由普通法院审理。该提案中除了关于法院管辖的条款被宪法委员会认为属于立法者越权而予以否决[②]，其他条款在议会得到表决通过，并构成了新《劳动法典》第 L7342-9 条。[③]

2018 年 9 月 5 日关于自由选择职业未来的法律为独立经营者建立了失业保险制度，但独立经营者必须同时满足以下五个条件：

1. 独立经营者必须从事了至少两年的自雇性业务；
2. 其业务因司法清算或破产接管而停止；
3. 积极寻找再就业机会，并能提供证明；
4. 业务终止前的 2 年中至少带来了每年 1 万欧元的收入；
5. 现有收入低于最低生活标准（每月 55974 欧元）。[④]

2018 年的法律没有给网约工带来实质性的利益，因为很少人能够满足

---

① 参见 Olivia Montel, L' économie des plateformes: enjeux pour la croissance, le travail, l' emploi et les politiques publiques, *Document d' études de DARES*, Numéro 213, août 2017。

② Décision du Conseil constitutionnel n° 2019-794 DC du 20 décembre 2019。

③ 不过也有人认为，即使议案得到通过，也无法阻止法官对平台与网约工关系的重新界定。参见 Florence Mehrez, L' activité d' un chauffeur Uber requalifiée en contrat de travail, *Actu EL-RH*, Editions Législatives, 14. 01. 2019。

④ Art. 51 de la LOI n° 2018 - 771 du 5 septembre 2018 pour la liberté de choisir son avenir professionnel。

这些条件。[①] 同时政府的态度一直没有转变。法国总理于2020年6月5日发给原最高法院社会庭庭长 Yves Frouin 一份委托函，委托 Yves Frouin 承担一项网络用工的课题。函中明确要求课题的目的是：“在不否定独立身份带来的灵活性的前提下”，对网约工的身份、权利以及法律关系稳定性等问题调研。

Yves Frouin 于2020年12月1日向总理提交了报告。[②] 报告中他说明为网约工设立“第三种制度”的做法不可取，也认为那只能将一条模糊的界限变成两条模糊的界限。他除了主张按行业推行集体谈判，要求平台必须披露算法、对网约工评估方式和定价方式，告知网约工路途距离，最低价格和目的地，在断线或减少订单前通知网约工，保障网约工最低报酬，限制网约车最长工作时间以外，比较有特点的是试图通过“经营就业合作社”独辟蹊径。在“经营就业合作社”模式中，网约工成为“领薪业主”，对外的法律身份是独立经营者（有自己的客户和品牌，自主定价），对内的法律身份则是经营就业合作社的雇员，享有雇员的社会保险待遇。“领薪业主”与经营就业合作社签订合同，确定双方权利义务（最低营业额，固定工资和浮动工资比例，参加合作社的经营和费用分担等）。这样，网约工即保持了独立身份，也能够享受雇员的福利和保障。但是，由网约工们建立的“经营就业合作社”有没有能力对每个成员承担起雇主的义务还是一个有待探究的问题。

除了政府以外，一些议会议员也就网络用工制度提出了多个设想。比较晚近的有2019年9月11日议案，建议网约合同解除必须有真实而重大的事由，网约工有权组织工会和集体谈判权，网约工享受普通社会保险，包括工伤与失业保险，平台的算法应该予以事先说明，咨询或谈判，网约工代表有权聘请算法专家。该议案没有通过。

---

① 参见 Sarah Asali，Chômage：un an après sa création，l'échec de l'indemnité pour les indépendants，in *Capital*，9 novembre 2020。

② 参见 Jean-Yves Frouin，*Réguler les plateformes numériques de travail*，*Rapport au Premier Ministre*，1er décembre 2020。

2019 年 11 月 28 日议案建议将网约工身份或确定为雇员，或者确定为经营就业合作社的领薪业主。该议案没有通过。

2020 年 12 月 4 日议案强调允许网约工集体诉讼的方式提出确立劳动合同的诉求，建议通过选举改善网约工代表制度，强化用工企业必须对独立经营人承担“谨慎责任”，尊重后者的基本权利。该议案正在审议中。

通过上述的法律议案，可以看出议会议员在平台用工的制度设计上也存在严重分歧。

（二）最新进展

政府的最新举措首先是加力推动强化平台用工双方的对话机制，其次是迫使平台公司公开信息。

2021 年 4 月 21 日，政府颁布关于平台独立经营者[①]代表选举方式的法令。该法令的实施范围限于目前最主要也是争议最多的网约车和网约送餐这两个用工领域。法令要求在 2022 年 12 月 31 日以前举行网约工代表选举；获得投票总数 5%以上的候选人当选。这个比例比较低，说明政府担心网约工对选举缺乏热情和对候选人了解和信任不够。而法令要求候选人必须与网络平台合作不少于三个月，则是考虑到网约工群体具有很大的流动性，期待当选人能够长期为网约工代言。这些安排都间接揭示了在网络用工的条件下建立集体行动制度的难点。

当选代表享受与传统领域员工代表同样的保护：禁止平台在用工上予以歧视，平台与其解除合同时必须经过行政批准；同时，网约工代表享受社会职能培训的时间和相应收入损失的补偿。但由于他们是独立经营者，所以补偿不能由平台承担。为此，法令设立独立的平台用工关系调节署（ARPE），这是一个具有行政性质的国家公共机构，隶属劳动部和交通部，资金来自平台支付的专用纳税。该署负责组织选举，审查用工歧视和合同解除纠纷，支

① 这里法国政府依然坚持使用“独立经营者”一词。

付网约工代表的培训费，调整平台与网约工的关系。[①]

上述法令颁布的翌日，政府又出台了关于平台业务数据指标公布义务的条例。[②] 该条例主要要求平台公司公开包括服务项目的耗时以及网约工报酬的相关信息，并说明算法。同时还要求平台公司公布从客人上车或货物装载完毕到客人或货物离车的时间等等。公司的信息公开无论是对政府决策还是法律制度改革都是必要的先决条件。

四 结语

2021 年 12 月 1 日，政府任命原法国电讯公司（Orange）人事总监 Bruno Mettling 为平台用工关系调节署第一任主席。当有记者问：国家难道不应该要求网络劳动者都成为雇员吗？Bruno Mettling 的回答是："我注意到，并非所有送货人员和司机都希望这样。那么，选择独立的人就应该被排除在外吗？"[③] 网约工的复杂构成，正是建立统一用工制度的难点。

欧洲议会在 2021 年 9 月 16 日通过的关于平台劳动者的工作条件、权利和恰当社会保护——数字发展相关的新就业形式的决议[④]中，认为对平台用工可以简单推定为雇佣关系，推定可以推翻。这实际是将举证责任倒置，目的在于改善网约工的诉讼地位。这样，发生诉讼时，劳动者没有举证责任，而被他指认为雇主的一方必须提出不存在雇佣关系的证明。

根据欧洲议会的决议，欧盟委员会于 2021 年 12 月 9 日公布了关于改善

① 参见 Décret n° 2021-1461 du 8 novembre 2021 relatif à l'organisation et au fonctionnement de l'Autorité des relations sociales des plateformes d'emploi。

② 参见 Décret n° 2021-952 du 16 juillet 2021 relatif aux données personnelles permettant la valorisation de l'activité professionnelle des travailleurs des plateformes de mise en relation par voie électronique。

③ 参见 Bruno Mettling, in *Ouest-France*, 24novembre 2021。

④ 参见 *Résolution du Parlement européen du* 16 *septembre* 2021 *sur des conditions de travail, des droits et une protection sociale justes pour les travailleurs de plateformes-nouvelles formes d'emploi liées au développement numérique*（2019/2186（*INI*））。

平台用工劳动条件的指令草案。[①] 该草案为平台用工中的雇佣关系推定规定了详细的标准。例如，如果平台公司对工作条件或报酬有决定权，或对工作的实施作出指示，或阻止网约工与潜在客户发展业务联系，可推定存在雇佣关系。而真正的独立经营者对工作的完成和质量直接对客户负责。自由选择工作时间、拒绝业务、借助分包商或替代品或有权为任何第三方工作是真正独立经营的特点。因此，通过一些条件或制裁来限制这样的自由权利，应被视为监控工作。密切监督工作或工作成果的质量，而不仅仅是利用服务对象的评论或评级，也应被视为对工作的监控。因此，也可构成雇佣关系的推定。

欧盟委员会指令草案的上述内容与法国最高法院的雇佣关系判定标准有很多相似的地方，但都与法国政府目前寻求维持现状的努力存在重要差异。由于欧盟指令对成员国有较强的制约性（成员国必须通过相关的国内立法在规定的时间内落实指令的内容），所以如果上述指令草案正式通过，则将对法国政府带来巨大压力。

参考文献

Bruno Mettling, *Transformation numérique et vie au travail*, Rapport au Ministre du Travail, de l' Emploi, de la Formation Professionnelle et du Dialogue Social, Septembre 2015.

Carole Grandjea, Net Danièle OBONO, *Rapport de l' Assemblée nationale du* 20 *janvier* 2021 *déposé par la Commission des affaires européennes sur la protection sociale des travailleurs des plateformes numériques*.

Carole Grandjean, *Rapport de l' Assemblée nationale du* 21 *septembre* 2021 *fait au nom de la commission des affaires sociales sur le projet de loi ratifiant l' ordonnance n°* 2021-484 *du* 21 *avril* 2021 *relative aux modalités de représentation des travailleurs indépendants recourant pour leur activité aux plateformes et aux conditions d' exercice de cette représentation et portant habilitation*

① 参见 *Proposal for a Directive of the european parliament and of the council on improving working conditions in platform work*, *Brussels*, 9. 12. 2021, *COM* （2021） 762 *final*。

du Gouvernement à compléter par ordonnance les règles organisant le dialogue social avec les plateformes.

Cathy Apourceau-Poly, *Rapport du Sénat N°* 471 *du* 27 *mai* 2020 *fait au nom de la commission des affaires sociales sur la proposition de loi relative au statut des travailleurs des plateformes numériques.*

Conseil d'État, *Étude annuelle* 2017 – *Puissance publique et plateformes numériques: accompagner l'ubérisation.*

Conseil national du numérique, *Travail à l'ère des plateformes*, 2020.

Denis Jacquet et Grégoire Leclercq, *Ubérisation, un ennemi qui vous veut du bien ?*, Paris, Éditions Dunod, 2016.

INSEE, *Emploi et revenus des indépendants*, Collection Insee Références, Édition 2020.

Institut Montaigne, *Travailleurs des plateformes: liberté oui, protection aussi*, avril 2019.

Jean-Yves Frouin, *Réguler les plateformes numériques de travail*, Rapport au Premier Ministre, 1er décembre 2020.

Martine Berthet, Michel Canévet et Fabien GAY, *Rapport du Sénat N°* 759 *du* 8 *juillet* 2021 *fait au nom de la délégation aux entreprises relatif aux nouveaux modes de travail et de management.*

Michel Forissier, Catherine Fournier et Frédérique Puissat, *Rapport du Sénat N°* 452 *du* 20 *mai* 2020 *fait au nom de la commission des affaires sociales sur le droit social applicable aux travailleurs indépendants économiquement dépendants.*

Nadine Grelet-Certenais, *Rapport du Sénat N°* 226 *du* 8 *janvier* 2020 *fait au nom de la commission des affaires sociales sur la proposition de loi visant à rétablir les droits sociaux des travailleurs numériques.*

Olivia Montel, *L'économie des plateformes: enjeux pour la croissance, le travail, l'emploi et les politiques publiques, Document d'étudesde DARES*, Numéro 213, août 2017.

第十五章　平台劳动与劳动法挑战

——意大利视角

（意）威廉·克拉罗蒙特*

摘　要： 本文将着眼于意大利数字平台用工给劳动法带来的挑战。迄今为止意大利所采取的立法措施、法院干预以及社会届的倡议主要集中在骑手，或者更确切地说是从事食品配送行业的平台经济劳动者。在概述意大利通过数字平台开展劳动的基本统计信息之后，本文将对平台劳动者的法律定性问题进行讨论，并引用了相关立法条例和司法干预作为参考。随后将继续探讨为保护平台劳动者而制定的法规，主要关注对骑手的健康和安全的保护、算法歧视问题和劳动剥削现象。本文的结尾将会反思，传统工会及非正式工会对平台劳动者的集体保护的作用。

关键词： 数字平台　平台用工　劳动法　劳动保护

一　平台劳动与劳动法：意大利情况概述

在意大利，平台资本①的出现以及首批平台经济运营公司进入市场，仅

---

* （意）威廉·克拉罗蒙特（William Chiaromonte），意大利佛罗伦萨大学法学院劳动法副教授，法学学位课程副主席，主要研究方向为劳动法和高级劳动法。

① N. Srnicek：《平台资本》，Wiley，2016；B. Vecchi：《平台资本》，Manifestolibri，2017。

仅有几年时间。这种全新的商品与服务的生产和配送方式的普及，使物流、食品配送和交通出行等领域的一些平台成为整个经济系统以及我们日常生活的核心。平台的广泛普及，伴随着数字技术的普遍传播，不仅改变了生产实践和消费模式，还改变了劳动条件，对劳动力市场产生了重大影响（并且对劳动法产生了部分影响）[①]。

特别是在就业方面的影响：一方面，数字化提供了巨大的机会，包括生产力的提高（以及劳动者职业技能的适应、提升和继续培训），生产流程和组织模式的转型，劳动条件的改善以及新的工作机会；另一方面，也带来了很多风险，一些工作会消失，而另一些工作则需转型，因为我们对如何改变劳动条件还没有一个准确的想法[②]。

可以肯定的是，平台劳动正在深刻地改变传统的就业模式，在平台、劳动者和客户之间形成了一种三角形的制度关系，并产生一系列不可忽视的负面影响，尤其是对劳动者[③]。迄今为止，在意大利，针对平台劳动者劳动条件的政治辩论以及立法、司法和工会举措，主要集中在平台劳动的众多方面之一，即送货（主要是食品）上门。

相反，对通过数字平台从事非体力劳动和非认知类型的劳动者，例如从事家政服务、护理照护行业、酒店业、零售和餐饮行业的劳动者的关注要少得多。正如我们看到的，这种局限性也反映在采取的立法措施、法官干预和社会届的倡议中。立法机构、司法机关和工会组织，实际上很少考虑平台经济的其他行业，例如家政服务和照护服务，然而，正如笔者在后文中讨论的，在统计中，这些行业的平台劳动者占了很大比重。

在此要强调的是，和其他国家相比，意大利缺失一个重要的行业：私人客运服务。Uber（优步）提供的私人服务因对出租车服务造成了一种不公平竞争，已经遭受了意大利法院的审查。这场纠纷导致平台经济的这一行业无法发展。

---

① M. T. Carinci、F. Dorssemont：《平台劳动在欧洲。走向和谐了吗?》，*Intersentia*，2021。

② R. Del Punta：《劳动权利与数字化的挑战》，《欧洲劳动权利》2021 年。

③ C. Crouch：《如果工作就是打零工》，风车出版社，2019。

基于这些原因，本文的分析也将主要集中在从事外卖行业的平台劳动者——骑手。这些劳动者通过安装在其智能手机上的应用程序直接与客户协调，并且连接到公司管理的数字平台上。登录平台后，他们通过应用程序接收客户发送的订单。他们可以自行决定是否接单；在接单的情况下，配送交付后将被支付酬劳。

此外，骑手通常被视为所谓的“穷忙族”的一员：在意大利，平台劳动通常被视为一种贫困的工作，可理解为尽管劳动者不停工作，但仍处于物质和需求的贫困状态①。在大多数情况下，这些劳动者被归类为自雇劳动者，因此无法享有从属关系劳动者所享有的保护措施；因此，他们是双重意义上的“贫困”：不仅是从经济角度来看，而且从适用于他们的法律制度来看也是如此②。

二 意大利的平台用工情况：基本统计信息

近年来在意大利所发表的研究，都尝试着将平台用工这一现象进行量化。关于意大利平台劳动的基本统计结果主要来自国家公共政策分析研究院（INAPP）于2018年开展并于2019年发布的INAPP-PLUS（参与、劳动、失业、调查）调查结果③。该研究对平台上的213150名劳动者进行了调查，这些受访者主要分布在保洁和家政服务（约30%）、城市交通（约25%）、送餐上门（约15%）、在线业务执行（约5%）和家庭用品的购买或送货（约5%）行业④。

在这一群体中，受访者们学历也不尽相同：46.8%为高中学历，15.8%为本科学位，34.7%为初中学历，2.8%为小学学历。

---

① M. Borzaga、C. Faleri、M. L. Vallauri：《尽管工作，依旧贫穷》，《劳动与权利》2019年第3-4期；M. Tufo：《意大利的穷忙族》，《社会安全权利》2020年，第185页。

② F. Bano：《数字时代的贫困工作》，《劳动与权利》2019年，第129页。

③ 参见https：//inapp.org/it/dati/plus。

④ T. Boeri、G. Giupponi、A. B. Krueger、S. J. Machin：《数字时代独立劳动者的社会保护》，Debenedetti基金会，2018。

在年龄分布上：25~29岁占25.6%，40~49岁占24.2%，30~39岁占20.5%，18~24岁占18.9%，50~64岁占9.2%，64~74岁占1.7%。此外，在性别分布上，男性（54%）与女性（46%）所占比例几乎持平。

如果继续调查合同类型，42.1%的劳动者声称他们以非正式协议来工作，19.2%的劳动者以自雇劳动合同工作，4.9%的劳动者拥有增值税号，2.9%的劳动者具有持续性和协作性合作的自雇劳动合同，而14.4%的劳动者声称不清楚自己的合同状态。不存在从属劳动关系，这就不可避免地缺乏劳动法所规定的保护；因此，在其他国家观察到的自雇劳动起诉增加与平台劳动起诉的层出不穷的情况也因此得以证实①。这看似是在自我辩解，因为能够通过平台来开展劳动所需的手续相对简单，而且所要求的条件也通常容易满足（只需要一辆自行车和一台可以连接到互联网的智能手机）。

就其就业状况而言，平台上39.8%的劳动者还从事另外一个职业，23.8%的劳动者只从事这一职业，并表示自己正在寻找其他职业，17.9%的劳动者只从事这一职业，并表示自己未寻找其他职业，17.1%的劳动者是学生，退休人员占比略高于1%。31.9%的从业者从事兼职工作。

平台上大约一半的劳动者——这是一个特别重要的数字——认为通过这份工作获得的收入对于满足他们的生活需求是必不可少的，或者非常重要的②。特别是，对于近30%的平台劳动者而言，这份收入对于满足他们的基本生活需求至关重要，对于近20%的平台劳动者而言，这份收入是其家庭预算的重要组成部分，但不是基本的组成部分，而其余50%的劳动者则认为是很有帮助的收入来源，并且声称，即使没有这份收入作为主要收入的补充，也能够安心生活。同样令人担忧的是，在过去一年中，平台上多达35.5%的劳动者因经济原因不得不推迟就医。

这份统计信息，尽管只是部分内容，也并非最新信息（试想，在新冠

① N. Colin、A. Landier、P. Mohnen、A. Perrot：《数字经济》，《经济分析委员会的评论》2015年第26期。

② J. Berg：《按需经济中的收入保障：众包工人的调查结果和政策教训》，《劳动和就业条件》2016年。

肺炎疫情防控阶段，这些劳动者的重要性越来越大，包括在数量上），描述了一个正在扩大的商业模式，但其中有一个越发弱化的趋势——从合同和薪酬的角度来看——这表明需要采取行动，加强社会保护，确保适宜的收入水平。

三　对平台劳动者的法律定性

平台劳动的法律认定，也是劳动法学者们走向数字化的主题，它将传统劳动分类，特别是从属劳动关系的分类，置于焦点之下。

在意大利，有关平台劳动者法律定性的问题目前备受关注，主要涉及平台与从事食品或其他货物送货上门的劳动者相关的劳动关系。因此，需要面对的主要问题是平台劳动者，特别是骑手的法律定性，近年来学者就劳动关系的性质认定，基于国家司法对此的干预（虽然还很缺乏）[①] 也展开了激烈的学说辩论。

而辩论的出发点是区分从属关系劳动和自雇劳动的二分法分类法。在意大利的法律体系中，任何类型的劳动都必须在两种类型中归类，因此平台劳动者的法律定性或属于从属关系劳动，或属于自雇劳动，没有中间解决方案。

正如我们所见，平台劳动者们，特别是骑手们，通常被归类为自雇劳动者。这种归类意味着，劳动法的保护性法规并不适用于自雇劳动者，因为这些法规仅仅适用于从属关系劳动者或等同于具有从属劳动关系的劳动者。因此，平台劳动者经常被排除在劳动法的适用范围之外，因此不享有基本的保护权利，例如病假、假期、最低工资、工作时间规定以及防止被非法解雇的保护。

---

① 按时间顺序：米兰法院，2018 年 9 月 10 日，第 1853 号；都灵法院，2018 年 5 月 7 日，第 778 号；都灵上诉法院，2019 年 1 月 11 日，第 26 号；最高上诉法院，劳动科，2020 年 1 月 24 日，第 1663 号；巴勒莫法院，2020 年 11 月 24 日，第 3570 号。参见：A. Donini：《通过数字平台的劳动》，博洛尼亚大学出版社，2019；E. Dagnino：《从物理学到算法：劳动法分析的视角》，ADAPT 大学出版社，2019；A. Perulli：《超越从属关系》，载《劳动法拓展新趋势》，Giappichelli，2021。

在某些情况下，这种作为自雇劳动者的分类也在法官面前受到了挑战，虽然迄今为止还没有对该问题达成明确的解决方案。但不可否认的是，平台通常采用的合同方案和劳动者的劳动方式之间存在着很大的差异。事实上，平台对平台劳动者所行使的一系列权力与“传统的”企业主对其从属劳动者行使的权力相当，因此平台劳动者通常无法自主管理他们的劳动（如果他们是真正的自雇劳动者，则是可以自主管理的）。

劳动法中的所有保护措施，仅适用于从属关系劳动者，这是由《意大利民法典》第2094条所规定的：“因获得薪金而服从于企业主，并在企业主的领导下提供自己的智力或者体力劳动”[①]。从属关系性质劳动的主要特征是“被领导的劳动”，即企业主可以对劳动者行使领导权，并指定劳动者必须提供的劳动。

“被领导的劳动”是法官来验证平台劳动者是否应归类为从属关系劳动者或自雇劳动者的主要标准。例如，该标准指的是：将劳动者纳入公司组织；劳动者使用企业拥有的劳动工具；劳动者服从于预先规定的、固定的和连续的劳动时间；根据劳动时间定期支付薪金；劳动者服从于企业主所行使的控制权或纪律处分权。

另外，自雇劳动者在《意大利民法典》第2222条中规定：“与委托方无从属关系，主要以自己的劳动完成某项工作或者服务，并收取一定报酬”。如果劳动者在与委托方不存在从属关系的情况下提供劳动，因此不受委托方直接领导，可以自主决定如何开展合同中其有义务履行的劳动或服务，那么他就属于自雇劳动者，那些适用于从属关系劳动者的保护措施，适用于自雇劳动者的就非常有限了。

在从属关系劳动与自雇劳动之间，意大利法律体系还规定了另外两种劳动形式：“持续性和协作性合作”以及“受委托方组织的合作”，二者均属于自雇劳动的范畴，属于这两种形式的自雇劳动与《意大利民法典》第2222条款所定义的自雇劳动相比，能够从一套更实质性的保障措施中受益。

---

① 威廉·克拉罗蒙特：《从属关系，自雇及其他》，《劳动法要素》2021年，第57页。

《意大利民事诉讼法》第 409 条款第 3 点，经第 81/2017 号法律修订后，明确指出，在“持续性和协作性合作”的情况下，客户仅仅制定劳动的预期结果，而合作者则主要以自主的方式决定和管理其提供劳动的方式。因此，如果劳动仅受委托方的协调（而非领导，否则将属于从属关系劳动），并且合作者在决定提供劳动的方式方面有很大的自由度，合作者将能够享有一系列有限的保护措施，例如：强制性社会保障保护；工伤和职业病保险；生育津贴；失业补助。

在 2015 年，立法机构引入了一个新形式，适用于被称为“受委托方组织的合作”这种合作关系（第 81/2015 号立法法令第 2 条款）[①]。在这种情况下，委托方并不对合作者行使领导权，但仍由其规定提供劳动的主要方式；事实上，合作者在提供其劳动方面没有任何自主的余地。而从属关系劳动的纪律也适用于这些自雇的合作形式。换句话说，当由委托方来组织开展劳动的主要方式时，该合作适用于所有从属关系劳动的立法规定，即使在形式上仍然是自雇劳动合作。

第 128/2019 号法律第 1 条款中明确规定：关于受委托方组织的合作的新规定同样适用于“通过数字平台组织而提供劳动的方式”，同时还制定了一些针对那些通过数字平台来提供劳动的自雇劳动者——特别是骑手的具体保护措施[②]。

根据《意大利民法典》的第 2222 条款被归类为自雇劳动者，或根据《意大利民事诉讼法》的原第 409 条款第 3 点被归类为持续性和协作性合作者的骑手，在涉及应得到的保护问题时，总是会出现这样的情况：当骑手向劳动法院提起诉讼，法院反对将其劳动关系性质认定为正式的自雇劳动关系，并主张认定其为从属劳动关系，要求雇主提供劳动法规定的所有保护措施。

---

① M. Del Conte、E. Gramano：《望着法官席的另一边：意大利法律体系下独立承包商的新法律地位》，《比较劳动法和政策》2018 年，第 579 页。

② A. Perulli：《“超越从属关系”的劳动权利：受委托方组织的合作以及对自雇骑手的最低保护水平》，欧洲劳动法研究中心（C. S. D. L. E.）文件；U. Carabelli、L. Fassina：《针对骑手和受委托方组织的合作的新法律》，Ediesse 出版社，2020。

在平台劳动者应被归类为自雇劳动者还是从属关系劳动者的标准方面，法官发挥了关键的作用。正如前文所说，在意大利，迄今为止，司法对平台劳动者的法律定性的干预仅仅局限于骑手。

就这一点，具有重要意义的是，最高法院的第1663/2020号判决①，肯定了都灵上诉法院第26/2019号的判决②，推翻了之前都灵法院的第778/2018号的判决结果③：提出上诉的Foodora（外卖平台）骑手，作为受委托方组织的合作者，在排除了其具有从属劳动关系性质的可能性之后，鉴于其可以自主决定是否以及如何执行所需提供的劳动，因此确认，这种自雇劳动关系适用从属关系劳动的规定。

最高法院这次重要的判决结果，很有可能迫使法官在未来把平台劳动者，特别是骑手归类为受委托方组织的合作者。然而，需要指出的是，巴勒莫法院随后的判决（第3570/2020号）反而首次在意大利承认，上诉人骑手与Glovo公司（外卖平台）之间存在从属劳动关系④。这一判决与最高法院的主张一致。最高法院表示，在特定情况下，可以根据单一平台的运营机制将平台劳动者归类为从属关系劳动者，而巴勒莫法院的判决结果则表明，平台劳动者，尤其是骑手的法律定性，仍然是一个悬而未决的问题。例如，佛罗伦萨法院随后于2021年2月9日的判决驳回了Deliveroo（外卖平台）的骑手要求被视为从属关系劳动者的主张⑤。

迄今为止，在意大利提出的平台劳动者法律定性的问题虽然主要与外卖行业有关，然而实际上却与平台经济的所有行业都息息相关。因此，可以假设，法官用来认定骑手从属劳动关系的标准，在现实中可以被认为适用于总

① 参见 http：//www. bollettinoadapt. it/wp-content/uploads/2020/03/Cassazione-1663-2020-riders. pdf

② 参见 https：//www. lavorodirittieuropa. it/sentenze/sentenze-lavori-atipici/415-sentenza-n-26-2019-della-corte-d-appello-di-torino

③ 参见 https：//www. lavorodirittieuropa. it/sentenze/sentenze-lavori-atipici/171-tribunale-di-torino-sez-v-lavoro-sentenza-n-778-2018

④ 参见 https：//www. rivistalabor. it/wp-content/uploads/2020/12/Trib. -Palermo-24-novembre-2020-n. -3570. pdf

⑤ 参见 https：//www. quotidianogiuridico. it/documents/2021/02/23/riders-inapplicabile-il-procedimento-per-condotta-antisindacale

是被归类为自雇劳动者的所有平台劳动者。

值得注意的是，与通常将平台劳动者认定为自雇劳动者，有一个重要的例外事件——Just Eat（外面平台）公司于2021年2月宣称，该公司拟采用一种新的组织模式，该模式基于与骑手签订从属劳动关系合同（全职、兼职或召唤），而非自雇劳动合同[1]。对此，2021年3月29日，经过与工会的长期谈判之后，Just Eat（外卖平台）在意大利首次签署了公司集体劳动合同，从而开启了将2017年专为物流行业订立（后于2020年修订）的全国集体劳动合同适应于骑手，该合同首次将骑手纳入其规定的合同资格[2]。

四　保护平台劳动者的法规

因此，平台劳动者的法律地位，特别是在被归类为自雇劳动者的情况下，在劳动保护方面还存在着重大的空白。需要指出的是，第101/2019号立法法令的批准（该立法法令经修正后转化为第128/2019号法律），引入了第81/2015号立法法令第V-附2章关于“数字平台劳动保护”的内容。在该法律中，规定了“在城市中借助自行车或机动车为他人运送商品的自雇劳动者的最低保护水平”（第47-附2条款，第1段落）[3]。

还要强调的是，这项法律覆盖面越发广泛，且近期有扩张的趋势，这也是近年来意大利劳动法的特点；事实上，该法律正在逐步扩大其保护范围，超越从属劳动关系的界限，认可对自雇劳动者的具体保护[4]。

首先，第128/2019号法律包含了“数字平台”的定义：数字平台被认为是“由委托方所使用的信息技术流程和程序，与制定的地点无关，作为货物交付业务的手段，确定酬金，并制定和执行劳动的方式”（第47-附2

① 参见 https://www.justeat.it/blog/progetti-e-impegno-in-italia/contratto-lavoro-dipendente-per-i-rider-con-il-modello-scoober

② 参见https://www.filtcgil.it/images/Contratti/Mobilità/ccnl_ merci.pdf

③ Carabelli、L. Fassina：《针对骑手和受委托方组织合作的新法律》，Ediesse出版社2020年。

④ A. Perulli：《超越从属关系。劳动法拓展新趋势》，Giappichelli出版社2021年。

条款，第2段落）。

而立法机构的干预并未涉及所有自雇劳动者，也不涉及所有平台劳动者，而只涉及被归类为自雇劳动者的骑手。此外，这些最低水平的保护只有在以下条件下才发挥作用：当事人劳动者无法受益于从属关系劳动的保护措施，或者无法直接受益（如果他们以从属关系劳动者的身份被直接雇佣），或者，更常见于司法的判定取向，由法官将其劳动关系定性为“受委托方组织的合作”。

第128/2019号法律中规定的最低保护水平，包括：

· 劳动者有权利获得“任何有助于保护其利益、权利和安全的信息”（第47-附3条款）；

· 可以由集体劳动合同制定的薪酬标准，或者在不具备该合同的情况下，禁止基于送单数量支付薪酬（对此类劳动影响很大），并保证最低工作时间不得低于类似或同等行业的国家集体劳动合同中所规定的标准（第47-附4条款）；

· 禁止对劳动者的歧视（第47-附5条款；就这一点笔者将在下文中详述）；

· 保护个人信息的权利（第47-附6条款）；

· 工伤事故和职业病的强制保险（第47-附7条款）。

该法规在各个方面都参照了集体劳动合同中的规定。在这方面，可参照2020年11月就自雇骑手权利协议的签订。

显然，被归类为自雇劳动者的骑手们仍然能够求助于劳动法庭，要求将其认定为从属关系劳动者，而非自雇劳动关系。

（一）对骑手的健康和安全保护，尤其是在疫情期间

第128/2019号法律对骑手的健康和安全保护这一事项给予了特别的关注。

特别是，骑手们享有意大利国家工伤和职业病保险局（INAIL）规定的工伤事故和职业病强制性保险。此外，该法律还规定了平台有责任履行其所有义务（例如：薪酬的支付；法律规定的披露义务；接单保底金额的计算）。

平台还有责任遵守骑手健康和劳动安全法律汇编中的规定（第 81/2008 号立法法令），并承担相关费用。然而，目前尚不清楚这是否意味着平台需要适用第 81/2008 号立法法令的全部内容，还是仅适用关于持续性和协作性合作者和自雇劳动者的具体规定。此外，甚至不完全清楚法律汇编中的条例如何适用于这种提供劳动的特殊方式。

法律汇编对骑手适用也是向劳动法庭提出的一些紧急上诉和一些预防性措施的目标，尤其是在新冠肺炎疫情防控紧急情况的第一阶段。事实上，已经有骑手对平台提起了法律诉讼，要求平台配备一次性手套、口罩和消毒凝胶等个人防护用品。佛罗伦萨、博洛尼亚和罗马的法院因此认定一些平台（Just Eat，Deliveroo）没有为骑手提供必要的个人防护用品，并明确要求相关平台应自行承担费用为骑手提供此类用品[①]。

经劳动法官的判决之后，平台企业 Food Delivery 对其骑手的安全防护保护水平普遍提高。

（二）对骑手不利的算法歧视问题

在平台劳动者可能出现的众多问题之中，操控平台运营的算法会对骑手们产生歧视，这一点当然值得关注[②]。

实际上，很多实证研究表明，平台所采用的算法并非中立的、没有偏见的算法，而是会产生歧视性的影响，例如女性劳动者在薪酬方面处于劣势。因此，有必要深入了解平台所采用的机制，这些机制看似中立，实则间接歧视，正如有必要深化劳动者选拔标准、用户评估绩效系统和薪酬水平。只有如此，才有可能验证算法做出的决策是如何影响所有这些元素，目的在于对企业决策的纠正措施进行干预，以弥补人工智能产生的歧视性影响。

---

① 佛罗伦萨法院，2020 年 7 月 22 日；博洛尼亚法院，2020 年 7 月 1 日；佛罗伦萨法院，2020 年 5 月 5 日；博洛尼亚法院，2020 年 4 月 14 日；佛罗伦萨法院，2020 年 4 月 1 日；罗马法院，2020 年 3 月 31 日。参见 S. Bologna：《大流行时期对骑手的健康和安全保护》，《劳动与社会保障法制杂志》2020 年第 2 期，第 486 页。

② R. Santagata De Castro：《意大利法院的反歧视法：算法时代的新前沿》，欧洲劳动法研究中心（C. S. D. L. E.）文件，2021。

此外，现在可以确定的是平台劳动中存在间接性歧视。例如，在 Uber（优步）或 Lyft（网约车平台）等服务平台上进行的大量研究都揭示了种族歧视的重要证据，黑人司机被迫面临比白人司机长 35% 的等待时间和频繁的订单取消。在意大利也同样存在出于工会原因而对骑手歧视的现象，参与工会活动的劳动者会被委托方无理由停用账号。

从这个角度来看，博洛尼亚法院做出过一个引人关注的判决（2020 年 12 月 31 日第 2949 号），该判决接受了一些工会组织提起的集体歧视上诉，认定 Deliveroo（外卖平台）公司所使用的算法，偏向于那些可以保证在全预订时段接单的骑手，而对于那些因健康原因、照顾家人或参加工会罢工而无法保证在全时段接单的骑手，则给予处罚，慢慢地不给其派单，这实际上阻碍了骑手参加工会的抗议活动①。

因此，法官认为适用于第 216/2003 号立法法令中所规定的反歧视条例，一方面承认工会代表骑手推动反歧视保护倡议具有充分的合法性，另一方面确认，不论具有何种劳动关系，骑手在获得劳动条件方面都享有不受歧视的权利。

迄今为止，这是意大利法官就通过管理平台运营的算法进行的歧视性做法作出的唯一判决。

五　对骑手的劳动剥削

在意大利，与平台劳动者相关的另一个问题是他们有时不得不在劳动剥削的条件下工作②。

乍看之下，将劳动剥削现象与平台经济的扩张联系起来似乎有些格格不入，劳动剥削现象通常被认为是“过去”存在的，其特点是数字技术使用率低。

另外，数字技术的普遍传播和密集使用也造就了真正的剥削的条件，剥

① 参见 M. V. Ballestrero：《再谈骑手。平台对歧视的无视》，《劳动者》2021 年第 1 期，第 103 页；A. Perulli：《算法歧视：博洛尼亚法院条例之外的简短介绍性说明》，《欧洲劳动权利》2020 年，第 1 页。

② A. Aloisi、V. De Stefano：《你的老板是算法。反对不人道的劳动》，Laterza 出版社，2020。

削至少有以下含义。

可以说是非技术性含义，即雇主利用其优势条件或劳动提供者的需求状况，从其劳动中获益而不支付劳动者适当的报酬；而立法机构所采用的则是将其限定在《意大利刑法典》第603-附2条款中所描述的两种犯罪假设（强迫屈从的行为，即招募劳动者并将其分配给第三方在剥削性条件下劳动并利用劳动者的需求状况，以及使用、雇用或租用劳动者，即使没有强迫屈从的中介，使其遭受剥削性条件并利用其需求状态的行为），在所有未遵守劳动关系法规的核心要点的案例中，从本质上对剥削进行认定（报酬、劳动时间、劳动场所的安全和卫生等）。

在这种含义之下，骑手们处于社会、经济和法律的弱势地位，正如本文多次提到的，他们通常被归类为自雇劳动者，而不是为平台提供劳动的从属关系劳动者，这就使他们很容易成为剥削现象的受害者。实际上，我们所面对的这些“穷忙族”，且多数为外国人，他们在相互竞争的条件下工作，最终的结果就是工资倾销和自我剥削。

然而，在劳动剥削的“技术性”含义层面，在由意大利检察院已经开展的以及正在开展的违反《意大利刑法典》第603-附2条款的众多调查中，不止一个案例暴露出了数字化非法雇佣的现象。

值得一提的是，米兰检察院于2020年5月结束的调查，下令将Uber（优步）意大利公司执行外部监管，该公司作为被执行人，虽然与法官认定的非法中介和在剥削条件下利用劳动力（特别是寻求庇护的移民）的部分行为无关，但该公司从上述犯罪活动的结果中获益[①]。

此外，在2021年10月，一位中介公司的负责人因向米兰的Uber Eats（外卖平台）提供骑手而以非法中介和劳动剥削的罪名被法院判刑。根据法官的公诉词，中介公司的负责人招募骑手，然后将这些骑手分配到Uber（优步）集团在剥削条件下劳动。这是一个创新的判决，因为它承认在数字

---

① 米兰法院，预防措施科，2020年5月27日，第9号。参见V. Torre：《意大利刑法典》第603，《劳动与法律问题》2020年第2期，第90页；A. Loffredo：《我们是人还是跨国公司?》，《劳动与社会保障法制杂志》2020年第2期，第639页。

经济中也存在非法劳动中介，不仅如此，正如之前曾发生过的，对那些在意大利各地农村采摘农产品的雇农，特别是对移民的剥削[①]。

除了法官，值得一提的是，在这场反对劳动剥削的斗争中，一些诞生在当地的以及传统工会以外的骑手集体也发挥了重要作用。

六 平台劳动者有哪些集体保护

平台劳动者对平台的畏惧也加速了劳动者的动员行动[②]。并非偶然，伴随着平台经济的爆炸性增长，随之而来的是劳动者与平台之间冲突的增加，特别是在食品配送行业[③]。

在大多数情况下，推动倡议和动员抗议的并不是传统工会，尽管必须承认，欧洲的许多工会都支持平台劳动者，尤其是骑手的动员活动，或是直接对他们的抗议负责[④]。

另外，这些主张要求和动员倡议也得到了一系列非正式工会的推动和支持，这些工会通常以城市为基础组织起来，要求通过推动与平台尤其是食品配送公司的对话来主张劳动条件的改善，并且在组织实践和斗争策略方面采用创新的解决方案[⑤]。

保护平台劳动者的劳动条件，这一问题非常复杂，工会（包括传统工

① 参见 https：//ilmanifesto. it/rider-lo-sfruttamento-e-caporalato-risarcimenti-per-440-mila-euro/。

② A. Tassinari、V. Maccarone：《零工经济下意大利快递员的动员倡议：工会运动的一些启示》，《运输》2017 年第 3 期，第 353 页。

③ L. Cini、B. Goldmann：《从控制到动员。意大利骑手与物流快递员的斗争》，《劳动与法律问题》2020 年第 1 期，第 1 页；C. Giorgiantonio、L. Rizzica：《零工经济下的就业。意大利外卖市场的实证》，《经济和金融问题》，第 472/2018 号。

④ N. Countouris、V. De Stefano：《针对新就业形式的新工会战略》，欧洲工会联合会，2019。

⑤ M. Marrone：《与机器作斗争！外卖，数字平台与非正式工会》，《劳动与法律问题》2019 年第 1 期；A. Lassandari：《使用数字技术的劳动者的集体保护的代表性问题》，《数字平台劳动》；《新机遇、新形式的剥削、新的保护需求》，《劳动与社会保障法制》2017 年第 2 期，第 59 页；威廉·克拉罗蒙特：《通过数字平台的就业（贫困），非正式工会与传统工会之间的代表与集体保护》，《贫困的维度》；L. Chies、M. D. Ferrara、E. Podrecca：《经济和法律层面》，Giappichelli 出版社，2021，第 263 页。

会和非正式工会）也在努力解决这个问题。这个问题，旨在试图加强对骑手的保护，正如我们提及多次，这些骑手在平台上的性质通常被归类为自雇劳动者。因此，今天，让平台资本重新洗牌的赌注，比以往任何时候都要高。如果不能充分迎接这一社会和政治挑战，那么劳动在未来唯一出路就是底层劳动者在两个轮子上的奔波。

后　记

摆在读者面前的是第三本《中国劳动关系报告》。仅就劳动争议数据而言，2019 年以来呈现节节上升态势，说明劳动关系已成为影响中国发展的最为突出的经济和社会问题，且直接关系到整个国家和社会的稳定和发展。近年来，伴随国际环境不确定性增加与产业链重构，疫情反复肆虐，经济增速趋缓，数字经济异军突起，劳动关系（包括去劳动关系）的特殊性、重要性增强。如何构建和谐劳动关系，已成为中国推进高质量发展和“共同富裕”事业的当务之急。

本书致力于从年度报告的角度记录研究劳动关系的主体、过程、特点、主题、事件、政策与国际经验比较。以期为劳动关系的知识体系增加新的内涵，推动劳动关系学科的深化研究和发展。

总报告聚焦于迈向高质量发展和“共同富裕”的劳动者权益保障与劳动关系规制。2021 年度被称为数字平台用工的“规制之年”，因此，描述和分析我国政府部门规制数字平台用工的劳动政策特点与修法和完善工会组织体系来保障新业态劳动者的团结权是主报告的核心内容。

在专题报告方面，我们组织编写了九章内容，各章既相互独立，又构成一个相对完整的论述体系。第二章中国“七普”人口数据变化趋势对劳动力市场的影响与未来劳动政策展望，主要着眼于中长期人口发展趋势对劳动力市场的总体影响。第三章人力资源算法管理相关研究的回顾、评述和文献概述与第四章中国的职业伤害保障现状与政策展望，紧密围绕平台用工，从理论和机制上进一步说明平台用工的运作机理，以及中国通过实施职业伤害保障维护新业态劳动者权益的理论与实践。第五章到第八章主要述及工会法修改、工会参与共同富裕服务体系建设和集体劳动关系的协调。第九章对当前中国劳动争议的特点、趋势及调处经验做出概述分析。第十章保安员的工作、权益与组织状况研究探讨了一个特殊群体的权益保障。通过各专题报告，基本勾勒出2021年以来我国劳动关系的一个整体轮廓。

在国际比较参考报告方面，从第十一章到第十五章，我们组织了来自五个国家的中外作者，主要围绕着各国数字经济和平台用工的发展、劳动者现状、政策规制及经验撰文，以形成对我国的参考互鉴。

在研究方法上，本书力求从多学科、多层次、多栏目对年度劳动关系动态进行研究，构造劳动关系的多侧面立体形态。其特点为：第一，应用社会学、管理学、劳动法学、劳动经济学等不同学科，分主报告、专题报告、国际报告等栏目，多层面多主题动态描述劳动关系的年度进展，有利于更精确把握劳动关系进展的现状和特点。

第二，将本年度报告定位为数字平台用工规制与新业态劳动者权益保障，从多侧面展示平台用工对劳动关系的影响及其政策回应，新业态劳动者的权益保护，是这一年度报告的突出特点。其他论文也从不同层次和角度探讨了集体劳动关系规制及劳动争议的新特点和调处经验，展示了特殊与一般相结合的劳动关系研究特点。

第三，将国际比较劳动关系作为重要研究对象。邀请部分有代表性的国别作者专门为文，介绍这些国家数字经济与平台用工情况及规制经验，也是本书的一大特色。

参加本书各章编写的均为国内外大学和研究机构的教师与研究人员。第一章乔健；第二章张勇 王珊娜；第三章叶迎；第四章许素睿；第五章郭宇强；第六章杨思斌；第七章孟泉；第八章潘泰萍；第九章张冬梅；第十章窦学伟；第十一章石井知章（日本明治大学商学部）；第十二章李应芳（澳大利亚莫纳什大学商学院）王天玉（中国社科院法学所）；第十三章曹学兵（英国基尔大学商学院）；第十四章韩壮（法国普瓦捷大学国际法所）；第十五章威廉·克拉罗蒙特（意大利佛罗伦萨大学法学院）。除标明工作单位外，其他撰稿人均为中国劳动关系学院教师。全书由乔健审改定稿，张依在本书编辑过程中做了大量工作。

虽然编写者尽了自身的努力，但限于水平，特别是由于劳动关系年度数据的缺乏，给编写分析工作带来不少困难，期待方家批评指正。

这里，感谢参与中国劳动关系报告编写的所有作者，特别对在本书编辑出版过程中给予关心支持的校领导、科研处同仁及出版社编辑表示衷心感谢！

乔　健　于壬寅暑中

2022年7月21日

图书在版编目(CIP)数据

中国劳动关系报告 . 2021-2022 / 乔健主编 . --北京：社会科学文献出版社，2022. 10
ISBN 978-7-5228-0748-5

Ⅰ. ①中… Ⅱ. ①乔… Ⅲ. ①劳动关系-研究报告-中国-2021-2022 Ⅳ. ①F249. 26

中国版本图书馆 CIP 数据核字(2022)第 171701 号

中国劳动关系报告（2021~2022）

主　　编 / 乔　健

出 版 人 / 王利民
组稿编辑 / 任文武
责任编辑 / 徐崇阳
责任印制 / 王京美

出　　版 / 社会科学文献出版社 · 城市和绿色发展分社（010）59367143
地址：北京市北三环中路甲 29 号院华龙大厦　邮编：100029
网址：www. ssap. com. cn
发　　行 / 社会科学文献出版社（010）59367028
印　　装 / 三河市龙林印务有限公司

规　　格 / 开 本：787mm × 1092mm　1/16
印 张：21. 5　字 数：330千字
版　　次 / 2022 年 10 月第 1 版　2022 年 10 月第 1 次印刷
书　　号 / ISBN 978-7-5228-0748-5
定　　价 / 88. 00 元

读者服务电话 4008918866